P9-CDG-325

PUENTES

SPANISH FOR INTENSIVE AND HIGH-BEGINNER COURSES

SIXTH EDITION

Patti J. Marinelli

University of South Carolina

Lizette Mujica Laughlin

University of South Carolina

HEINLE
CENGAGE Learning·

Australia • Brazil • Canada • Japan • Korea • Mexico • Singapore • Spain • United Kingdom • United States

HEINLE
CENGAGE Learning

Puentes, Sixth Edition
Marinelli and Laughlin

Vice-President, Editorial Director: P.J. Boardman

Publisher: Beth Kramer

Senior Acquisitions Editor:
   Heather Bradley Cole

Senior Content Project Manager:
   Esther Marshall

Assistant Editor: Claire Kaplan

Associate Media Editor: Patrick Brand

Editorial Assistant: Daniel Cruse

Executive Brand Manager: Ben Rivera

Senior Marketing Communications Manager:
   Linda Yip

Market Development Manager:
   Courtney Wolstoncroft

Manufacturing Planner: Betsy Donaghey

Senior Art Director: Linda Jurras

Rights Acquisitions Specialist: Jessica Elias

Image Research: PreMediaGlobal

Production Service: PreMediaGlobal

Text Designer: Carol Maglitta/One Visual Mind

Cover Designer: Hecht Design

Cover Image: © Toniflap | Dreamstime.com

© 2014, 2011 Heinle, Cengage Learning

ALL RIGHTS RESERVED. No part of this work covered by the copyright herein may be reproduced, transmitted, stored or used in any form or by any means graphic, electronic, or mechanical, including but not limited to photocopying, recording, scanning, digitizing, taping, Web distribution, information networks, or information storage and retrieval systems, except as permitted under Section 107 or 108 of the 1976 United States Copyright Act, without the prior written permission of the publisher.

For product information and technology assistance, contact us at
Cengage Learning Customer & Sales Support, 1-800-354-9706
For permission to use material from this text or product,
submit all requests online at **www.cengage.com/permissions**
Further permissions questions can be emailed to
permissionrequest@cengage.com

Library of Congress Control Number: 2012948794

Student Edition:

ISBN-13: 978-1-133-95878-9

ISBN-10: 1-133-95878-8

Loose Leaf Edition:

ISBN-13: 978-1-133-95877-2

ISBN-10: 1-133-95877-X

Heinle
20 Channel Center Street
Boston, MA 02210
USA

Cengage Learning is a leading provider of customized learning solutions with office locations around the globe, including Singapore, the United Kingdom, Australia, Mexico, Brazil, and Japan. Locate your local office at **www.cengage.com/global**

Cengage Learning products are represented in Canada by Nelson Education, Ltd.

To learn more about Heinle, visit **www.cengage.com/heinle**

Purchase any of our products at your local college store or at our preferred online store **www.cengagebrain.com**

Instructors: Please visit **login.cengage.com** and log in to access instructor-specific resources.

Printed in the United States of America
2 3 4 5 6 7 18 17 16 15 14

Contents

P — Paso preliminar p. 1

Vocabulario temático	Gramática	Cultura
▶ En la sala de clase; las instrucciones del / de la profesor(a)	▶ Los sustantivos y los artículos	
▶ El abecedario ▶ Los números de 0 a 100		▶ Los números mayas
▶ Para presentarnos ▶ Cómo hablar con tu profesor(a)		

1 — ¡Así somos! • *Puerto Rico* p. 11

	Vocabulario temático	Gramática	Cultura y Conexiones	Estrategias
A primera vista p. 12			▶ Yo soy… mi música	
Paso 1 p. 14	▶ Cómo saludar a los compañeros y a los profesores ▶ Información básica	▶ Los pronombres personales, el verbo **estar** y los adjetivos ▶ Los verbos **ser, tener, ir**		
Paso 2 p. 25	▶ La familia y los amigos ▶ Nuestra rutina entre semana	▶ Cómo indicar la posesión ▶ El tiempo presente de los verbos regulares		▶ Previewing a lesson
Paso 3 p. 36	▶ El tiempo libre	▶ El verbo **gustar** ▶ Las preguntas	▶ Los pasatiempos	
¡Vamos a Puerto Rico! p. 46			**Imágenes de Puerto Rico** ▶	
Un paso más p. 46	▶ ¡Vamos a hablar! ▶ ¡Vamos a ver! *En la Hacienda Vista Alegre,* Episodio 1 ▶ ▶ ¡Vamos a repasar!			
Gramática suplementaria p. 333		▶ El presente progresivo		
Cuaderno de actividades				▶ Reading: Deciphering unfamiliar words ▶ Writing: The writing process

Contents *continued*

Contents *continued*

Contents *continued*

8 Somos turistas · *Ecuador* p. 263

Contents **ix**

Contents *continued*

Note to Students

Welcome to *Puentes*

Learning another language has been called by many "the journey of a lifetime." As we learn a new way to communicate, we meet remarkable new people and become acquainted with intriguingly different ways of life. Whether you have studied Spanish for one year or three, ***Puentes*, Sixth Edition,** will help you cross the bridge into the next level of language proficiency as you continue your journey into the Spanish-speaking world.

Suggestions for Success

Since you have studied Spanish prior to this course, you will discover that you are somewhat familiar with many of the points of study in this textbook. ***Puentes*, Sixth Edition,** has been designed to help you move from recognition of the various elements of language to active, practical use of this material. This program will also help you deepen your knowledge of the Spanish-speaking cultures.

Keep in mind that learning a language is a lot like learning how to drive a car, play a musical instrument, or play a sport. To become successful at any of them, it isn't enough to read a manual about the topic. Ultimately, you have to put in many hours of intense practice to finally learn how to parallel park, play a song on the guitar, or swim across the pool. The same is true for learning to speak, read, and write Spanish.

Here are some tips to help you on your way to success:

- Set aside a time each day to study and practice Spanish. It is important to study regularly and not get behind.
- Choose a place that is free of distractions so that you can concentrate on your assignments.
- Consult regularly the **Vocabulario temático: español e inglés** at the back of your textbook to practice new words and expressions.
- Speak Spanish outside of class with a study partner in order to improve more quickly and feel more comfortable participating in class.
- Know the difference between recognizing a point of information and mastering it. Review "old material" often so that you can use it to communicate your own thoughts in writing or speech.
- Remember that it is normal to make errors as you learn a new language. Learn to monitor yourself and correct as many errors as you can.

¡Buena suerte! ¡Buen viaje!

P.J.M.

L. M. L.

Acknowledgments

This sixth edition of *Puentes* reflects the dedicated work of the Heinle Cengage Learning team as well as the generous assistance of many colleagues and friends. We are grateful to each of you for your contributions and thank you all for your support.

We are delighted to welcome Karin Delius Fajardo as a collaborating author. Her expertise and creative energy permeate this edition and we are immensely grateful for her numerous contributions to the text, workbook, and video program.

Our deep appreciation goes to Heather Bradley Cole, Senior Acquisitions Editor, Introductory Spanish, for providing us with leadership, direction, and inspiration. We are also indebted to Sarah Link, Developmental Editor, for helping us hone the manuscript into an infinitely stronger work.

The *Puentes* program is greatly enriched by its top-notch ancillary materials, expertly managed by Claire Kaplan, Assistant Editor. We extend our sincere thanks to Kristen Chapron (Instructor's Resource Manual and Transition Guide), Brittany Kennedy, *Tulane University* (PowerPoint Presentations), Catherine Wiskes, *University of South Carolina* (Diagnostic Tests), Flavia Belpoliti, *University of Houston* (Testing Program – Strand A), Peggy Patterson, *Rice University* (Testing Program – Strand B), Jan Underwood, *Portland Community College* (Tutorial Quizzes and Web Searches).

From beginning to end, *Puentes* has benefitted from the careful planning and creative solutions of the Heinle team. For their dedication and consummate professionalism we recognize the following team members: Esther Marshall, Senior Content Project Manager; Linda Jurras, Art Director; Ben Rivera, Executive Brand Manager; Patrick Brand, Associate Media Editor; and Dan Cruse, Editorial Assistant. And, finally, our thanks also go to all the other people involved with the production of this edition and, in particular, Michael Packard, Project Manager on behalf of PreMediaGlobal, Luz Galante, native reader; and Alicia Fontan, proofreader.

This edition of *Puentes* features exciting new videos in **A primera vista**. We congratulate the actors and native informants for their fine work in these vignettes: Jaime de Souza, Liván Adames, Manuel Almeida, Audrie Cortés Puentes, Alba Domenech, Juan Rodríguez, and Tamara Rodríguez. We would also like to recognize the meticulous work of Assistant Editor, Claire Kaplan, and the AV team in producing these outstanding videos.

Adam Abelson – Media Producer

Andy Kwok – Media Producer

Stephanie Berube – Media Producer

Carolyn Nichols – Sr. Media Producer

Peter Schott – Senior Manager, Audio Video Production

A special note of thanks is due to Karin Fajardo for being on location for the filming and for helping to coordinate the interviews.

We would also like to thank our colleagues that provided valuable comments and suggestions throughout the review process.

Eileen Angelini – Canisius College

Bárbara Ávila-Shah – University at Buffalo, SUNY

Antonio Baena – Louisiana State University

Diana Barnes – Skidmore College

Marita Bell-Corrales – Macon State College

Timothy Benson – Lake Superior College

María José Bordera – Randolph-Macon College

María Bustos – University of Montana

Miriam Carrascal-Nagy – Front Range Community College

Esther Castro – Mount Holyoke College

An Chung Cheng – University of Toledo

Irene Chico-Wyatt – University of Kentucky

Beatriz Cobeta Gutierrez – George Washington University

Gregory Cole – Newberry College

Adam Crofts – College of Southern Idaho

James DeJong – Trinity University

Lisa DeWaard Dykstra – Clemson University

David Fiero – Western Washington University

Amy George-Hirons – Tulane University

Darris A. Hassell – University of South Carolina-Lancaster

Robert Hawley – West Shore Community College

Marilyn Kiss – Wagner College

Michael A. Kistner – University of Toledo

Robert Lesman – Shippensburg University of Pennsylvania

Katherine Lincoln – Tarleton State University

Alicia López Ópere – University of Richmond

Paula Luteran – Hutchinson Community College

Juan Martin – University of Toledo

Constance Montross – Clark University

Patricia Moore-Martínez – Temple University

Antje Muntendam – Radboud University-Nijmegen

Teresa Perez-Gamboa – University of Georgia

Alejandro Puga – DePauw University

Alice Reyes – Marywood University

Amy Richardson Carbajal – Western Washington University

Gabriel Rico – Victor Valley College

Regina Roebuck – University of Louisville

Esperanza Román Mendoza – George Mason University

Anne Rutter – University of Georgia

Nuria Sabaté-Llobera – Centre College

Ruth Sánchez Imizcoz – Sewanee: The University of the South

Bethany Sanio – University of Nebraska-Lincoln

Nohemy Solorzano-Thompson – Whitman College

Christine Stanley – Roanoke College

Jonathan Stowers – Salt Lake Community College

Laurie Tomchak – Windward Community College

Julie Wilhelm – Iowa State University

Theresa Zmurkewycz – Saint Joseph's University

Finally, for their unwavering support and never-ending supply of love and encouragement, we send our love and thanks to our families.

P. J. M.
L. M. L.

América del Sur

MAR CARIBE

Barranquilla
Cartagena
Maracaibo
Caracas
Puerto de España
TRINIDAD Y TOBAGO

R. Orinoco

OCÉANO ATLÁNTICO

Medellín
Manizales
Cali
Bogotá
VENEZUELA
GUYANA
Georgetown
Paramaribo
Cayenne
SURINAM
GUAYANA
FRANCESA

COLOMBIA

Quito
Guayaquil
ECUADOR

Iquitos

ECUADOR

PERÚ

R. Amazo

Manaus
Belem

Cajamarca

R. Madeira

Machu Picchu

Lima
Ayacucho
Cuzco

BRASIL

Recife

BOLIVIA
L. Titicaca
La Paz
Sucre
Potosí

Arequipa
Arica
Iquique

Brasilia

Salvador

Belo Horizonte

OCÉANO PACÍFICO

Antofagasta

PARAGUAY
Asunción

São Paulo
Santos
Río de Janeiro

Salta
Tucumán

CHILE

Córdoba
Mendoza
Valparaíso
Santiago
Concepción

R. Paraná

R. Uruguay

Porto Alegre

Rosario
Buenos Aires
La Plata

URUGUAY
Montevideo
Río de la Plata

ARGENTINA

Bahía Blanca

TRÓPICO DE CAPRICORNIO

Puerto Montt

CORDILLERA DE LOS ANDES

ISLAS MALVINAS

0	200	400	600	800 millas
0	200	400	600	800 kilómetros

Punta Arenas
TIERRA DEL FUEGO
Cabo de Hornos
Estrecho de Magallanes

España

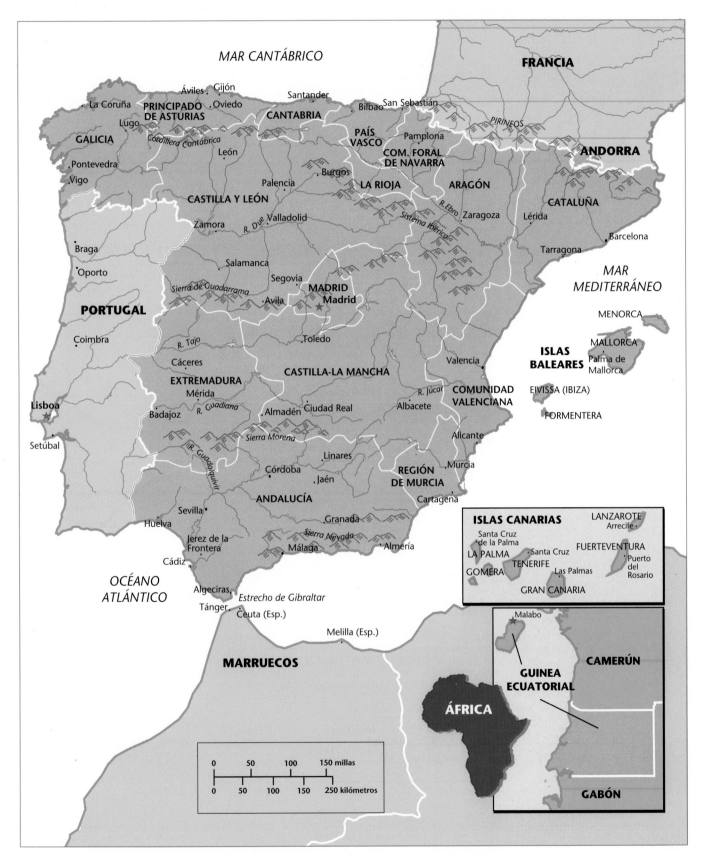

MAR CANTÁBRICO

FRANCIA

Áviles • Gijón
Santander
La Coruña • PRINCIPADO • Oviedo   CANTABRIA   Bilbao • San Sebastián
Lugo • DE ASTURIAS
GALICIA   Cordillera Cantábrica   PAÍS
VASCO   Pamplona   PIRINEOS   ANDORRA
León
Pontevedra   Burgos   COM. FORAL
Vigo   Palencia   LA RIOJA   DE NAVARRA   ARAGÓN
CASTILLA Y LEÓN   CATALUÑA
Zamora   Valladolid   R. Ebro   Zaragoza   Lérida
R. Due   Sistema Ibérico
Braga   Tarragona   Barcelona
Oporto   Salamanca
Segovia   MADRID   MAR
Sierra de Guadarrama   Madrid   MEDITERRÁNEO
PORTUGAL   Ávila
MENORCA
Coimbra   Toledo
R. Tajo   MALLORCA
Cáceres   Valencia   ISLAS   Palma de
BALEARES   Mallorca
EXTREMADURA   CASTILLA-LA MANCHA
Mérida   R. Júcar   EIVISSA (IBIZA)
R. Guadiana   Almadén   Ciudad Real   COMUNIDAD
Lisboa   Badajoz   Albacete   VALENCIANA   FORMENTERA
Setúbal   R. Guadalquivir   Sierra Morena   Alicante
Linares
Córdoba   Murcia
Jaén   REGIÓN
DE MURCIA
ANDALUCÍA   Cartagena
Sevilla   ISLAS CANARIAS   LANZAROTE
Granada   Santa Cruz   Arrecife
Huelva   Sierra Nevada   de la Palma   FUERTEVENTURA
Jerez de la   Málaga   Almería   LA PALMA   Santa Cruz
Frontera   GOMERA   TENERIFE   Puerto
Cádiz   Las Palmas   del
OCÉANO   Rosario
ATLÁNTICO   Algeciras   GRAN CANARIA
Tánger   Estrecho de Gibraltar
Ceuta (Esp.)   Malabo
Melilla (Esp.)   CAMERÚN
GUINEA
ECUATORIAL
MARRUECOS   ÁFRICA
GABÓN

0	50	100	150 millas	
0	50	100	150	250 kilómetros

México, América Central y el Caribe

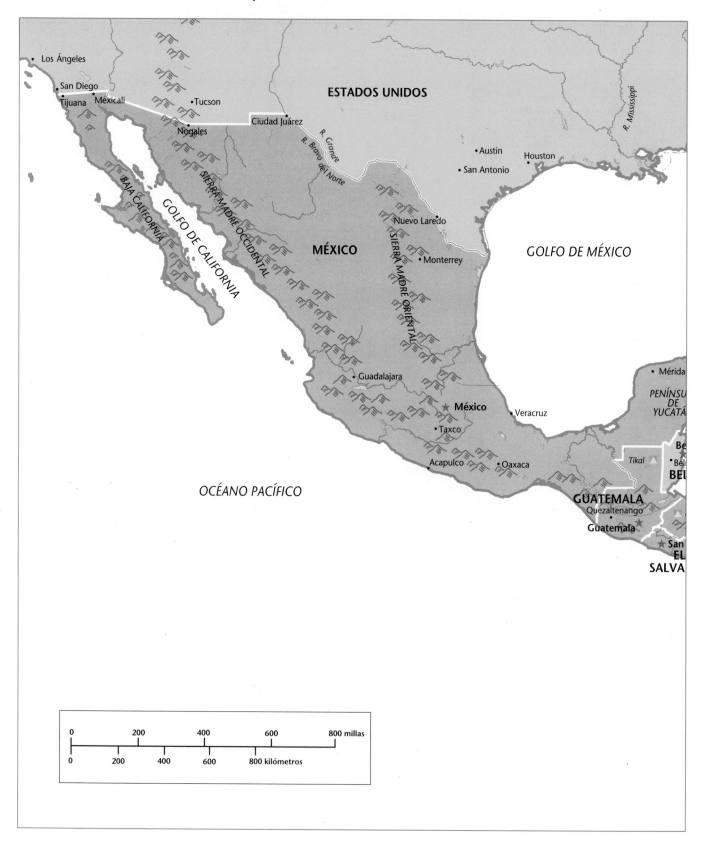

Los Ángeles
San Diego
Tijuana
Mexicali
Tucson
Nogales
Ciudad Juárez

ESTADOS UNIDOS

R. Grande
R. Bravo del Norte

Austin
Houston
San Antonio

R. Mississippi

BAJA CALIFORNIA

SIERRA MADRE OCCIDENTAL

GOLFO DE CALIFORNIA

Nuevo Laredo

MÉXICO

SIERRA MADRE ORIENTAL

Monterrey

GOLFO DE MÉXICO

Mérida

PENÍNSULA
DE
YUCATÁN

Guadalajara

México
Veracruz
Taxco

Tikal

Belice
Belice

BELICE

Acapulco
Oaxaca

GUATEMALA
Quezaltenango
Guatemala

San
EL
SALVADOR

OCÉANO PACÍFICO

0	200	400	600	800 millas
0	200	400	600	800 kilómetros

OCÉANO ATLÁNTICO

LAS BAHAMAS

Miami

Estrecho de Florida

Canal de Yucatán

La Habana
• Matanzas
• Pinar del Río
Cienfuegos
CUBA
• Camagüey
Santiago de Cuba • Guantánamo

REPÚBLICA
DOMINICANA

HAITÍ
Port-au-Prince
Santo Domingo

PUERTO RICO
San Juan
Mayagüez • Ponce
ISLAS VÍRGENES

• Kingston
JAMAICA

ANTIGUA

GUADALUPE

DOMINICA

MARTINICA

SANTA LUCÍA

SAN VICENTE

ANTILLAS MENORES

BARBADOS

ILA
N
lice
mopán
LICE

HONDURAS
Copán
Tegucigalpa
Salvador
NICARAGUA
DOR
León
Managua
L. de Nicaragua

MAR DEL CARIBE

ARUBA
CURAÇAO
BONAIRE
ISLA DE MARGARITA

GRANADA

TRINIDAD
Y
TOBAGO
Puerto de España

COSTA RICA
Puntarenas •
San José
Canal de Panamá
Colón
Panamá
PANAMÁ

GOLFO
DE
PANAMÁ

R. Magdalena

COLOMBIA

Bogotá

Caracas

VENEZUELA

R. Orinoco

GUYANA

BRASIL

....

To my uncle, Colonel Nevo F. Capitina, USAF, Retired, with much love and admiration.
Thank you for always being there for our family and for your service
to our country in World War II.

P. J. M.

Paso preliminar

Scott T. Baxter/Photodisc/Jupiter Images

OBJETIVOS

Speaking and Listening
▶ Naming things in a classroom

▶ Using the alphabet

▶ Numbers from 0 to 100

▶ Talking with your professor about class routines

Grammar
▶ Nouns

▶ Gender and number of nouns

▶ Definite and indefinite articles

Culture
▶ Mayan numbers

🌐 Go to the *Puentes* website for extra vocabulary practice using the Flashcard program.

The English equivalents of the **Vocabulario temático** sections are found at the back of the book.

Vocabulario temático

En la sala de clase *(In the classroom)*

🔊 CD1 Track 1-2

—¿Qué hay en la sala de clase?

—Hay *un reloj, una computadora, una puerta…*

También hay *un calendario, un mapa…*

La sala de clase

la pizarra · Hola Soy la señora Wing · la profesora · un borrador · una tiza · un libro · una mesa · una silla · un reproductor de MP3 · un bolígrafo · una puerta · una ventana · un lápiz · un cuaderno · una hoja de papel · una mochila · un diccionario · una estudiante · un pupitre · un reloj · un calendario · un mapa · MÉXICO · un cartel · un teléfono celular · una computadora · una impresora

© Cengage Learning

Las instrucciones del profesor / de la profesora
(Classroom instructions)

🔊 CD1 Track 1-3

Abran el libro en la página…

Repitan.

Contesten en español.

Lean la información.

Estudien las páginas…

Cierren el libro.

Escriban/Hagan el ejercicio.

Escuchen.

Trabajen con un(a) compañero(a).

Hagan la tarea para…

Los sustantivos y los artículos

A. Los sustantivos. The words for people, places, and things—such as **profesor, universidad,** and **libro**—are known as nouns. In Spanish, all nouns are classified as masculine or feminine.

> ▶ A noun is masculine if it refers to a male, regardless of its ending: **estudiante, profesor.** For inanimate objects, a noun is generally masculine if it ends in **-o**: **libro, diccionario.**

> ▶ A noun is feminine if it refers to a female, regardless of its ending: **estudiante, profesora.** For inanimate objects, a noun is usually feminine if it ends in **-a**: **mochila, mesa.**

> ▶ Nouns that end in **-e** or a consonant may be masculine or feminine. If the noun does not refer to a person, you must learn the gender of these nouns on a case-by-case basis: **pupitre** (masculine); **reloj** (masculine); **clase** (feminine).

B. Singular y plural. A noun that refers to just one person or thing is **singular;** one that refers to two or more is **plural.**

> ▶ If a noun ends in a vowel, add **-s** to make it plural.
> diccionario + s → diccionario**s**

> ▶ If a noun ends in a consonant, add **-es** to make it plural.
> papel + es → papel**es**

C. Los artículos definidos. The English definite article *the* has four equivalents in Spanish; you must choose the one that matches the noun in gender (masculine or feminine) and in number (singular or plural).

	MASCULINO	FEMENINO
SINGULAR	**el** cuaderno	**la** silla
PLURAL	**los** cuadernos	**las** sillas

D. Los artículos indefinidos. The English indefinite articles *a/an* and their plural *some* also have four equivalents in Spanish; once again, you must choose the indefinite article that matches the noun in gender and number.

	MASCULINO	FEMENINO
SINGULAR	**un** diccionario	**una** mesa
PLURAL	**unos** diccionarios	**unas** mesas

🌐 **Heinle Grammar Tutorial:** Nouns and articles

A few nouns ending in **-a** are masculine: **mapa, problema.**

A few nouns ending in **-o** are feminine: **moto, mano** *(hand).*

P-1 ¿Qué hay en la sala de clase? Observa el dibujo de la página 2. Para cada oración, selecciona los artículos correctos. Luego di si es cierto o falso *(Then say if it's true or false).*

> **MODELO** En (el / la) sala de clase hay (un / una) reloj.
>
> En <u>la</u> sala de clase hay <u>un</u> reloj. *cierto*

_____ 1. Hay (un / una) profesora. Es (el / la) señora Wing.

_____ 2. (Los / Las) estudiantes están en (el / la) clase de inglés.

_____ 3. Hay (una / unas) ventana en (el / la) puerta.

_____ 4. Hay (un / una) mapa de España en (el / la) sala de clase.

_____ 5. (Un / Una) estudiante usa (el / la) teléfono celular.

_____ 6. Hay (unos / unas) borradores en (el / la) silla.

_____ 7. (Un / Una) estudiante escribe mensajes de texto en (el / la) teléfono celular.

_____ 8. Hay (un / una) libro en (el / la) mesa de la profesora.

P-2 Singular y plural. Completa la tabla con el singular y plural de las palabras.

Singular	Plural
la profesora	
	los bolígrafos
	los pupitres
el papel	
	unas mochilas
una ventana	
un reloj	
	unos carteles

P-3 Sigan las instrucciones. Trabaja con dos o tres compañeros(as). Un(a) estudiante lee *(reads)* una serie de instrucciones y los demás *(the rest)* siguen *(follow)* las instrucciones.

Instrucciones A
1. Escuchen.
2. Abran el libro en la página 7.
3. Lean la información en Comentario cultural.
4. Cierren el libro.

Instrucciones B
1. Escuchen.
2. ¿Qué hay en la sala de clase? Repitan la pregunta.
3. Contesten en español.

Vocabulario temático

El abecedario *(The alphabet)*

—¿Qué es esto?

—Es *un pupitre.*

—¿Cómo se escribe "pupitre"?

—Se escribe *pe-u-pe-i-te-erre-e.*

CD1
Track 1-4

© Cengage Learning

a	a	Argentina	ñ	eñe	España
b	be	Bolivia	o	o	Omán
c	ce	Colombia	p	pe	Perú
d	de	Dinamarca	q	cu	Quito
e	e	Ecuador	r	erre	Rusia
f	efe	Francia	s	ese	Suiza
g	ge	Guatemala	t	te	Tailandia
h	hache	Honduras	u	u	Uruguay
i	i	Inglaterra	v	uve	Venezuela
j	jota	Japón	w	uve doble	Washington
k	ka	Kenia	x	equis	México
l	ele	Luxemburgo	y	ye	Yemen
m	eme	Mónaco	z	zeta	Nueva Zelanda
n	ene	Nicaragua			

> Some of the letters of the alphabet have different "names," which can vary by country. For example, the letter v can be called **uve, ve,** or **ve chica;** the letter **y** can be called **ye** or **i griega.**

Ponerlo a prueba

P-4 El ahorcado *(Hangman).* Trabaja con un(a) compañero(a). Piensa en una palabra para cosas en la sala de clase e incluye un espacio para cada letra. Luego, escribe la primera letra de la palabra. Entonces, tu compañero(a) debe adivinar *(guess)* el resto de las letras en la palabra. Por cada error que tu compañero(a) cometa *(makes),* puedes dibujar una parte del cuerpo hasta terminar el ahorcado.

| MODELO | B_L _ _ RA_ _ *(bolígrafo)* |

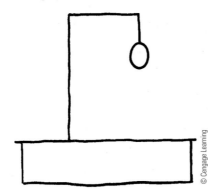

© Cengage Learning

Vocabulario temático

Los números de 0 a 20 *(Numbers from 0 to 20)*

🔊
CD1
Track 1-5

—¿Cuántos pupitres hay en la sala de clase?

—Hay *veinte (20)*.

—¿Cuántas sillas hay?

—Hay *veintiuna (21)*.

0	cero		11	once
1	uno		12	doce
2	dos		13	trece
3	tres		14	catorce
4	cuatro		15	quince
5	cinco		16	dieciséis
6	seis		17	diecisiete
7	siete		18	dieciocho
8	ocho		19	diecinueve
9	nueve		20	veinte
10	diez			

Los números de 10 a 100

🔊
CD1
Track 1-6

10	diez (once, doce, trece…)
20	veinte (veintiuno, veintidós, veintitrés,…)
30	treinta (treinta y uno, treinta y dos…)
40	cuarenta (cuarenta y uno, cuarenta y dos…)
50	cincuenta (cincuenta y uno, cincuenta y dos…)
60	sesenta (sesenta y uno…)
70	setenta (setenta y uno…)
80	ochenta (ochenta y uno…)
90	noventa (noventa y uno…)
100	cien (ciento uno, ciento dos, ciento tres…)

The numbers 21–29 are sometimes spelled **veinte y uno, veinte y dos,** etc. Also, the number one uses the feminine form **una** before feminine nouns; for example, **una ventana** *(one window)*, **veintiuna sillas** *(twenty-one chairs)*.

Ponerlo a prueba

P-5 Secuencia de números. ¿Qué número no pertenece *(doesn't belong)* a cada secuencia? Identifica el número incorrecto y da el número correcto.

> **MODELO** diez, veinte, treinta, ~~catorce~~, cincuenta, sesenta
> *cuarenta*

1. diez, once, veinte, trece, catorce, quince
2. dos, cuatro, seis, ocho, diez, once
3. cinco, diez, cincuenta, veinte, veinticinco, treinta
4. cien, noventa, ochenta, siete, sesenta, cincuenta
5. veinticinco, treinta y cinco, cuarenta y cinco, cincuenta y cinco, setenta y cinco
6. ochenta y dos, ochenta y cuatro, ochenta y siete, ochenta y ocho, noventa

P-6 Matemáticas. ¿Eres bueno(a) en matemáticas? Trabajando con un(a) compañero(a), sigan el modelo para hacer problemas de adición.

> **MODELO**
> Tú: Quince más quince son… (15 + 15 =…)
> Tu compañero(a): Treinta (30). Veinte más treinta son… (20 + 30 =…)
> Tú: Cincuenta (50). Ocho más…

P-7 El inventario. Con un(a) compañero(a), di *(say)* cuántas de las siguientes cosas/personas hay en tu sala de clase.

> **MODELO**
> Tú: ¿Cuántas puertas hay?
> Tu compañero(a): Hay una puerta.

1. cuántas sillas
2. cuántos pupitres
3. cuántas ventanas
4. cuántas computadoras
5. cuántos borradores
6. cuántos estudiantes

Comentario cultural *Los números mayas*

¿Conoces el sistema de números de los mayas? ¿Sabes escribir el número 2 con el sistema de los mayas?

Long before Columbus made his famous first voyage to the New World in 1492, numerous indigenous civilizations were flourishing in the Americas. One of those civilizations is especially well known for its achievements in mathematics.

Muchos años antes de la llegada *(arrival)* de Cristóbal Colón al Nuevo Mundo, existían grandes civilizaciones indígenas en las Américas. Una de las civilizaciones más avanzadas era *(was)* la de los mayas. Los mayas vivían donde hoy se encuentran México y Centroamérica. Los mayas son famosos por sus cálculos matemáticos; fueron uno de los primeros pueblos *(one of the first peoples)* en usar el concepto del cero. A diferencia de nuestro sistema decimal, el sistema maya se basaba en *(was based upon)* el número veinte. Los números se escribían como una serie de puntos y barras. Mira los números mayas de 0 a 14. ¿Puedes escribir el número 15 según el sistema maya?

Vocabulario temático

Para presentarnos *(Introducing ourselves)*

🔊 CD1 Track 1-7

AMANDA: Hola. Me llamo *Amanda*.

CHRIS: Hola, *Amanda*. Soy *Chris*.

AMANDA: Mucho gusto.

CHRIS: Mucho gusto, Amanda.

Cómo hablar con tu profesor(a) *(Talking with your professor)*

🔊 CD1 Track 1-8

Image Source/Jupiter Images

Más despacio, por favor.	Tengo una pregunta.
¿Cómo se dice…?	¿Qué quiere decir…?
¿Puede repetir, por favor?	¿En qué página?
Sí. / No.	No sé.
Gracias.	De nada.
Perdón.	Con permiso.

Use **perdón** if you bump into someone or need to interrupt a conversation. Say **con permiso** when walking or reaching in front of someone.

Ponerlo a prueba

P-8 Los compañeros de clase. Completa la conversación con las palabras más lógicas de la lista.

Hola   gusto   llamo   Mucho   Soy

ANA: (1) _____. Me (2) _____ Ana.

LARA: Hola, Ana. (3) _____ Lara.

ANA: (4) _____ gusto, Lara.

LARA: Mucho (5) _____, Ana.

P-9 ¿Qué se dice? Con un(a) compañero(a), usa una expresión adecuada para reaccionar en cada situación.

1. A classmate thanks you for the use of your pen.
   You respond: _____

2. You want to ask your professor how to say *backpack* in Spanish.
   You ask: _____

3. You want to thank your professor.
   You say: _____

4. You need to walk in front of a classmate to get to the chalkboard.
   You say: _____

5. You didn't catch the page number.
   You say: _____

6. Your partner asks you a question and you don't know the answer.
   You respond: _____

7. Your professor is speaking very quickly.
   You say: _____

8. When moving to sit next to a new partner, you step on someone's foot.
   You say: _____

9. You want to ask your professor a question.
   You say: _____

10. You want to ask your professor the meaning of the word **silla.**
    You say: _____

P-10 En nuestra sala de clase. ¿Qué dicen las personas en esta sala de clase? Escribe pequeños diálogos.

© Cengage Learning

Vocabulario

Sustantivos

el bolígrafo *ballpoint pen*
el borrador *eraser*
el calendario *calendar*
el cartel *poster*
el (la) compañero(a) *partner; classmate*
la computadora *computer*
el cuaderno *notebook*
el diccionario *dictionary*
el (la) estudiante *student*
la hoja de papel *sheet of paper*
la impresora *printer*
el lápiz *pencil*
el libro *book*
el mapa *map*
la mesa *table*
la mochila *backpack*
la pizarra *chalkboard*
el (la) profesor(a) *professor*
el pupitre *desk*
el reloj *clock*
el reproductor de MP3/MP4 *MP3/ MP4 player*
la sala de clase *classroom*
la silla *chair*
el teléfono celular *cell phone*
la tiza *chalk*
la ventana *window*

Expresiones

Abran el libro en la página… *Open the book to page . . .*
Cierren el libro. *Close the book.*
¿Cómo se dice…? *How do you say . . . ?*
¿Cómo se escribe…? *How do you write . . . ?*
Con permiso. *Excuse me.*
Contesten en español. *Answer in Spanish.*
De nada. *You're welcome.*
Escriban el ejercicio. *Write the exercise.*
Escuchen. *Listen.*
Estudien las páginas… *Study pages . . .*
Gracias. *Thank you.*
Hagan la tarea para… *Do the homework for . . .*
Hay… *There is/are . . .*
Lean la información. *Read the information.*
Más despacio, por favor. *More slowly, please.*
Perdón. *Pardon me; Excuse me.*
¿Puede repetir, por favor? *Could you repeat that, please?*
¿Qué quiere decir…? *What does . . . mean?*
Repita. *Repeat.*

Tengo una pregunta. *I have a question.*
Trabajen con un(a) compañero(a). *Work with a partner.*

Alphabet: p. 5
Numbers 0–100: p. 6

For further review, please turn to **Vocabulario temático: español e inglés** at the back of the book.

Go to the ***Puentes*** website for extra vocabulary practice using the Flashcard program.

¡Así somos!

CAPÍTULO 1

Fuse/Jupiter Images

For a selection of musical styles from this chapter's country of focus, access the **Puentes**, Sixth Edition, iTunes playlist at www.cengagebrain.com

OBJETIVOS

Speaking and Listening
▶ Introducing yourself
▶ Greeting others and saying good-bye
▶ Expressing some physical and emotional conditions
▶ Providing basic information about yourself, your family, and friends
▶ Talking about some of your daily activities at work, home, and school
▶ Expressing likes and dislikes
▶ Asking questions

Culture
▶ Music and cultural/personal identity
▶ Puerto Rico

Grammar
▶ Subject pronouns and adjectives
▶ **Estar, ser, tener,** and **ir** in the present tense
▶ Possessive adjectives
▶ Present tense of regular **-ar, -er,** and **-ir** verbs
▶ Basic sentence formation: statements and questions

Video
▶ Imágenes de Puerto Rico
▶ En la Hacienda Vista Alegre: Episodio 1

Gramática suplementaria
▶ El presente progresivo

Cuaderno de actividades

Reading
▶ Strategy: Deciphering unfamiliar words

Writing
▶ Strategy: The writing process

Playlist
🌐 www.cengagebrain.com

A primera vista

Yo soy... mi música

La música es expresión de una identidad cultural y personal. Cada región tiene sus propios ritmos, canciones y bailes. El flamenco, la cumbia, el merengue, la norteña, el son... la lista de tradiciones musicales de España y Latinoamérica es innumerable. ¿Con qué estilo de música te identificas tú?

Para hablar de la música

▸ **Tipos de música:** el rock, el jazz, el hip hop, el *country*, el techno, la música clásica, la música alternativa, el pop, el reguetón.

▸ Me gusta escuchar... *I like to listen to . . .*

▸ Mi canción favorita es... *My favorite song is . . .*

▸ (No) Canto / Bailo muy bien. *I'm (not) a very good singer / dancer. (Literally: I [don't] sing / dance well.)*

▸ Sé tocar el piano / la guitarra / los tambores / varios instrumentos. *I can play the piano / guitar / drums / several instruments.*

▸ Me identifico con la música... *I identify with . . . music.*

A. ¿Comprendes? Lee la información sobre la música en la página 13. ¿Con cuál(es) de los tres tipos de música asocias estas palabras?

la percusión	las flautas	canciones poéticas	Marc Anthony
sensual	bailar	Carlos Gardel	Argentina
música melancólica	ritmos rápidos	espiritual	los incas

B. Comparaciones. Vamos a comparar (*Let's compare*) las tradiciones musicales de los Estados Unidos con las de los países hispanos. Trabajando con un(a) compañero(a), completen las oraciones con diferentes estilos de música típicos de los Estados Unidos.

1. La salsa tiene ritmos rápidos. La música _____ también tiene ritmos rápidos.

2. La música andina tiene un elemento espiritual. La música _____ también tiene un elemento espiritual.

3. El tango siempre se baila entre dos personas. El baile _____ también se baila entre dos.

C. ¿Qué dices tú? Habla con un(a) compañero(a) sobre la música. Completen las oraciones y comparen sus respuestas.

1. Me gusta escuchar la música... ¿Y a ti? (*And you?*)

2. Mi canción favorita es... ¿Y la tuya (*yours*)?

3. (No) Canto muy bien. ¿Y tú?

4. (No) Bailo muy bien. ¿Y tú?

5. (No) Sé tocar... ¿Y tú?

6. Me identifico con la música... ¿Y tú?

La salsa

En Nueva York, en la década de 1960, los inmigrantes del Caribe buscan una expresión de su realidad. Ellos combinan varios estilos musicales —el son, la cumbia, el mambo, el jazz— y crean un nuevo género: la salsa. La salsa representa la identidad cultural caribeña y urbana. Hoy, la gente *(people)* de muchos países *(countries)* baila a los ritmos rápidos generados por los instrumentos de percusión.

El puertorriqueño Marc Anthony es "el rey de la salsa". ▶

La música andina

La música andina es la música de los descendientes de los incas. Esta música se oye en Perú, Bolivia, Ecuador y partes de Colombia, Chile y Argentina. Aquí, entre las majestuosas montañas, los músicos producen sonidos melancólicos, monótonos y hermosos. Estos sonidos expresan la espiritualidad de un pueblo muy antiguo, un pueblo con una profunda relación con Pachamama *(Mother Earth)*.

◀ Los instrumentos andinos incluyen el bombo, la zampoña (flauta de pan), el charango y la quena (flauta de caña).

El tango

El tango se origina en el Río de la Plata (en Argentina y Uruguay) en el siglo *(century)* XIX. Inicialmente, el tango se asocia con los burdeles *(brothels)* y se considera vulgar. Más tarde, en la década de 1920, el carismático Carlos Gardel populariza el tango en las grandes ciudades. Ahora, el tango se asocia con canciones poéticas, y el baile —de una coreografía estructurada— se considera sensual.

Se necesitan dos para bailar el tango. ▶

To access the audio recordings, visit **www.cengagebrain.com.**

PARA INVESTIGAR

¿Quieres aprender más sobre música? En Internet, escucha ejemplos de estos estilos musicales: tango, salsa, música andina, flamenco, música ranchera, cumbia y merengue.

Vocabulario temático

In this *Paso* you will practice:

▶ Introducing yourself

▶ Greeting others and saying good-bye

▶ Talking about how you feel

▶ Exchanging personal information

Grammar:

▶ Subject pronouns and adjectives

▶ The verbs **estar, ser, tener**, and **ir** in the present tense

🌐 Go to the ***Puentes*** website for extra vocabulary practice using the Flashcard Program.

A female speaker would respond **Encantada**.

Each **Vocabulario temático** section introduces new words and expressions in model sentences and questions—the building blocks you need to create your own conversations.

To speak with a professor, express "you" with the formal **usted (Ud.)**.

Other common titles: **señor** (Mr.), **señora** (Mrs.), **señorita** (Miss), **doctor(a)** (Dr.).

Las presentaciones informales
(Introducing yourself to classmates)

FRANCISCO:	Hola. Soy ***Francisco Martín***. ¿Cómo te llamas?
ELENA:	Me llamo ***Elena Suárez Lagos***.
FRANCISCO:	Mucho gusto, ***Elena***.
ELENA:	Mucho gusto, ***Francisco***.

CD1 Track 1-9

Las presentaciones formales *(Introducing yourself to professors)*

RAFAEL:	Buenos días. Me llamo ***Rafael Díaz***. ¿Cómo se llama usted?
PROFESORA:	Soy ***Carmen Acosta***.
RAFAEL:	Encantado.
PROFESORA:	Igualmente.

CD1 Track 1-10

Los saludos informales *(Greeting classmates and friends)*

MARGARITA:	Hola, ***Patricia***.
PATRICIA:	Hola, ***Margarita***.
MARGARITA:	¿Cómo estás?
PATRICIA:	***Bien***, gracias. ¿Y tú? ***Regular***.
MARGARITA:	Muy bien. ***Hablamos*** más tarde.
PATRICIA:	Está bien. ***Hasta luego. Nos vemos***.

CD1 Track 1-11

Los saludos formales *(Greeting your professors)*

ESTUDIANTE:	Buenas tardes, ***profesor(a)***.
PROFESOR(A):	Buenas tardes, ***Roberto***.
ESTUDIANTE:	¿Cómo está usted?
PROFESOR(A):	***Estoy bastante bien***. ¿Y usted? ***Ocupado(a), pero bien***.
ESTUDIANTE:	***Bien,*** gracias. Bueno, nos vemos en clase.
PROFESOR(A):	Adiós. ***Hasta mañana***.

CD1 Track 1-12

Más saludos y despedidas *(More ways to greet and say good-bye)*

CD1
Track 1-13

Buenos días.
(from morning to mid-day)

Buenas tardes.
(from after mid-day to dusk)

Buenas noches. *(from dusk on)*

Chao. *(informal)*

Hasta pronto.

¡Que pases un buen fin de semana!
(informal)

¡Que pase un buen fin de semana!
(formal)

The English equivalents of the **Vocabulario temático** sections are found at the back of the book.

Para expresar los estados *(Expressing how you feel)*

CD1
Track 1-14

—**¿Qué tal?** *(informal)*

—**Estoy... de maravilla.**

—**¿Cómo estás?** *(informal)*

—**Estoy muy** *enfermo(a)*. **¿Y tú?**

—**¿Cómo está Ud.?** *(formal)*

—**Estoy un poco** *cansado(a)*. **¿Y Ud.?**

Use the informal **tú** with friends, family, and peers of your own age group.

Use the formal **Ud.** with professors, bosses, doctors, older people, and strangers.

© Cengage Learning

Algunos estados *(How you feel)*

CD1
Track 1-15

de maravilla	cansado /cansada
(bastante) bien	contento/contenta
regular	enfermo/enferma
mal	enojado/enojada
de buen humor	nervioso/nerviosa
de mal humor	ocupado/ocupada
	preocupado/preocupada
	triste

ESTRUCTURAS ESENCIALES

Los pronombres personales, el verbo *estar* y los adjetivos

A. Los pronombres personales. Subject pronouns identify the person who performs the action or is the main focus of a sentence. Notice that there is no Spanish equivalent for the subject pronoun *it*.

yo	*I*	**nosotros(as)**	*we*
tú	*you (informal)*	**vosotros(as)**	*you (plural, informal, used in Spain)*
usted (Ud.)	*you (formal)*	**ustedes (Uds.)**	*you (plural, formal in Spain; both informal and formal in Latin America)*
él	*he*	**ellos**	*they (males, mixed group)*
ella	*she*	**ellas**	*they (females)*

B. Estar *(to be)*. To create sentences, you must "conjugate" the verbs. That means you must use the verb form that corresponds to the subject of the sentence. Here is the conjugation of **estar** in the present tense.

estar *(to be)*

yo	**estoy**	nosotros(as)	**estamos**
tú	**estás**	vosotros(as)	**estáis**
usted (Ud.)	**está**	ustedes (Uds.)	**están**
él/ella	**está**	ellos/ellas	**están**

The verb **estar** is used to express how someone feels or where a person or thing is located.

Estoy un poco cansada.	*I'm (feeling) a little tired.*
Mis amigos **están** en casa.	*My friends are at home.*

Subject pronouns are generally not used because the verb ending indicates the subject of the sentence.

¿Cómo **estás**?	*How are you?* (The subject is **tú**, or *you*.)

C. Los adjetivos. Adjectives (**enfermo**, **cansado**, **contento**, etc.) have different endings, depending on the word they describe. Use the **-o** ending to refer to a man; the **-a** ending, to a woman. Adjectives that end in **-e**, like **triste**, can refer to a man or a woman without a change of ending. Add an **-s** to describe two or more people. We refer to this kind of matching as "making adjectives agree in gender and number."

Roberto está enferm**o**.	*Roberto is sick.*
Anita está enferm**a**.	*Anita is sick.*
Roberto y Anita están enferm**os**.	*Roberto and Anita are sick.*

Ponerlo a prueba

CD1
Track 1-16

1-1 Por el campus. Tamika es una estudiante de Arizona. Estudia español en la Universidad de Puerto Rico. Escucha las conversaciones de Tamika. ¿Cómo responde Tamika a las diferentes situaciones?

To access the audio recordings, visit **www.cengagebrain.com.**

MODELO *You hear:* ¡Mucho gusto, Tamika!

You read and select how Tamika would respond:

| a. Nos vemos en clase. | b. Me llamo Tamika. | (c.) Mucho gusto. |

1. a. Estoy bien.   b. Me llamo Tamika.   c. Mucho gusto.
2. a. De maravilla. ¿Y tú? b. Nos vemos en clase.   c. Adiós.
3. a. ¿Cómo estás?   b. Igualmente.   c. Buenos días, profesor.
4. a. Regular. ¿Y tú?   b. Encantada.   c. Bien, gracias. ¿Y usted?
5. a. Está bien. Chao.   b. Hola. ¿Cómo te llamas?   c. Estoy enojada.
6. a. Estamos cansados.   b. Estoy cansada.   c. Estás cansada.

1-2 En la Universidad de Puerto Rico. Estás en Puerto Rico para estudiar español. ¿Cómo respondes a las situaciones siguientes *(following)*? Escribe tu respuesta.

MODELO *You read:* Tu profesora de español: Buenos días.

You write an appropriate response: Buenos días, profesora.

1. Una compañera de clase: Hola. Soy Clarisa Estrada. ¿Cómo te llamas?
2. Un compañero de clase: Mucho gusto.
3. Tu profesor de literatura: Nos vemos en clase. Hasta pronto.
4. Tu amiga silvia: Hola. ¿Cómo estás?
5. Tu profesor de español: ¡Que pases un buen fin de semana!
6. Tu amigo marcos: Hablamos más tarde.
7. Tu profesora de historia: Buenas tardes.
8. Tu amiga rosa: Estoy un poco cansada. ¿Y tú?

1-3 Entre estudiantes. Preséntate *(Introduce yourself)* a tus compañeros de clase. Sigue el modelo.

MODELO
—Hola. Soy Josh Aranson. ¿Cómo te llamas?
—Me llamo Chrissy Hill.
—Mucho gusto, Chrissy.
—Mucho gusto, Josh.

1-4 Mis compañeros de clase. Saluda *(Greet)* a cinco o seis compañeros de clase. Sigue el modelo.

MODELO
—Hola, Sam.
—Hola, Megan.
—¿Cómo estás?
—Ocupada, pero bien. ¿Y tú?
—Muy bien, gracias.
—Bueno, hablamos más tarde.
—Hasta luego.
—Chao. Hasta pronto.

1-5 ¿Cómo estás? ¿Cómo te sientes *(do you feel)* en las situaciones siguientes *(that follow)*? Responde con oraciones completas con el verbo **estar** y un adjetivo apropiado. Compara tus respuestas con las de un(a) compañero(a) de clase.

nervioso(a)	de buen humor	de mal humor	triste
contento(a)	ocupado(a)	preocupado(a)	de maravilla
cansado(a)	enojado(a)	enfermo(a)	

MODELO

You read: Tienes un examen importante mañana.

You say how you might feel: Estoy nervioso(a). ¿Y tú?

Your classmate says how he/she might feel: Estoy preocupado(a).

1. Tu compañero(a) de cuarto *(roommate)* usa tu computadora y la daña *(breaks it)*.

2. Necesitas leer tres novelas y escribir tres composiciones para la clase de inglés.

3. ¡Tu profesor(a) de español cancela la clase!

4. Tu perro *(dog)* está muy enfermo.

5. Participas en un maratón.

6. No encuentras *(You can't find)* tu celular.

7. Unos amigos te invitan a comer en un restaurante.

8. Sacas A+ en una composición en la clase de inglés.

1-6 En nuestro campus. Trabaja con uno(a) o dos compañeros(as) de clase. Preparen breves diálogos para los dibujos. Después *(Afterward)*, presenten uno de los diálogos a la clase.

© Cengage Learning

1-7 Dramatización. Con un(a) compañero(a) de clase, dramaticen *(role-play)* la siguiente situación.

ESTUDIANTE	PROFESOR(A)
1. It's 2:15 P.M. You want to meet your professor before class starts, so you go to his/her office. Greet him/her and introduce yourself.	2. Respond to the student's introduction. Then ask how he/she is doing.
3. Express how you feel. Then ask the professor how he/she is doing.	4. Say that you are well but very busy.
5. You don't want to waste the professor's time, so you say that you'll see each other in class.	6. Say good-bye to the student.

Vocabulario temático

Información básica *(Exchanging basic information with classmates)* 🔊

CD1
Track 1-17

ROBERTO: **¿Cómo te llamas?**

VICTORIA: **Me llamo *Victoria Rosati Álvarez.***
Todos me dicen *Viki.*

> In Spanish, a full name **(nombre completo)** consists of the first and middle names and two surnames, or **apellidos**-the paternal (father's) last name followed by the maternal (mother's) last name. Lists are alphabetized by the paternal surname.

ROBERTO: **¿De dónde eres?**

VICTORIA: **Soy de *Nueva York.***
Nací en *San Juan, Puerto Rico.*

ROBERTO: **¿Dónde vives?**

VICTORIA: **Aquí en la universidad vivo en *la residencia Capstone.***
una casa en la calle Azalea los apartamentos Greenbriar,
cerca del campus

> For street addresses **(la dirección)**, say the street name first, then the number: **calle Main, 161.**

ROBERTO: **¿En qué año (de estudios) estás?**

VICTORIA: **Estoy en *primer* año.**
> *segundo*
> *tercer*
> *cuarto*

> To express *your*, use **tu** with friends and family; use **su** with older persons and strangers.

ROBERTO: **¿Cuántas clases tienes este semestre?**

VICTORIA: **Tengo *cuatro clases y un laboratorio.***

ROBERTO: **¿Cuál es tu número de teléfono?**

VICTORIA: **Mi celular es el *7-98-46-16 (siete, noventa y*
*ocho, cuarenta y seis, dieciséis).***

> Phone numbers are often given in groups of two, but area codes are often given as single digits.

ROBERTO: **¿Cuál es tu dirección de correo electrónico?**

VICTORIA: **Es Viki278@yahoo.com *(Viki, dos, siete, ocho, arroba*
*yahoo punto com).***

> Some Spanish speakers use the English words *email* or *mail*. To say *underscore* in email addresses, use **guión bajo.**

Victoria Lourdes Rosati Álvarez

Calle Azalea, # 358   Tel: 754-2608
Nueva York, N.Y.   Cel: 798-4616

Email: Viki278@yahoo.com

Ponerlo a prueba

CD1
Track 1-18

1-8 Dos compañeros. Es el primer día de clase. Sonia y Francisco son compañeros en la clase de historia. Escucha su conversación. Completa la tabla con la información apropiada.

¿Cómo se llama?	_____ López	_____ Díaz Feliciano (Paco)
¿De dónde es?	_____	Ponce, _____
¿Cuál es su dirección?	_____ Barnwell, número _____	_____ Rosewood, número _____
¿Cuál es su número de teléfono?	696-_____	677-_____
¿Cuál es su dirección de correo electrónico?	_____	Eljefe968@hotmail.com

1-9 El primer día de clase. Vivian y Débora hablan antes de *(before)* clase. ¿Cómo responde Débora a las preguntas de Vivian?

LAS PREGUNTAS DE VIVIAN	LAS RESPUESTAS DE DÉBORA
____ 1. ¿Cómo te llamas?	a. Mi celular es el 254-6776.
____ 2. ¿En qué año estás?	b. Me llamo Débora, pero todos me dicen Debi.
____ 3. ¿Cuántas clases tienes este semestre?	c. Nací en Río Grande, pero ahora mi familia vive en San Juan.
____ 4. ¿De dónde eres?	d. Es coqui123@yahoo.com
____ 5. ¿Dónde vives?	e. Vivo en la Residencia Maxcy, 45.
____ 6. ¿Cuál es tu número de teléfono?	f. Estoy en segundo año.
____ 7. ¿Cuál es tu dirección de correo electrónico?	g. Tengo tres clases y dos laboratorios.

1-10 Los números de teléfono. ¿De quién es el número de teléfono? Toma turnos *(Take turns)* con un(a) compañero(a). Una persona dice un número y la otra persona dice a quién corresponde.

> **MODELO**
> —El siete, veinte, treinta y ocho, cero, cinco.
> —Es el número de Joaquín Pérez.
> —¡Sí!

Contactos

Nayla Báez	**Miguel Ángel Mercado**
880-4792	786-0947
Luis Delgado	**Joaquín Pérez**
880-3501	720-3805
Mónica García	**Daliana Rivera**
720-8611	880-6391
Claribel Hernández	**Reinaldo Toledo**
815-5422	815-7816

1-11 La tarjeta. Recibes esta tarjeta *(business card)* en una recepción. Lee la información y contesta las preguntas.

1. ¿Cuál es el nombre completo de la agente de viajes *(travel agent)*? ¿Cuál es su apellido paterno? ¿Cuál es su apellido materno?

2. ¿Cuál es el nombre y la dirección de la agencia de viajes?

3. ¿Cuál es el número de teléfono de la agencia? ¿Cuál es el número personal de la agente?

4. ¿Cuál es la dirección de correo electrónico de la agente?

Viajes Marlo
Calle Colón, 25
San Juan, PR 00919
Tel. (787) 722-8400
Fax (787) 722-8490
Celular (787) 845-6754
MarilúGR@wepa.com

Marilú García Romero
Agente

1-12 Mis compañeros. Habla con tres o cuatro compañeros de clase. Entrevístense con las preguntas y tomen apuntes *(take notes)*. ¿Con quién tienes más en común *(the most in common)*?

1. ¿Cómo te llamas?

2. ¿De dónde eres?

3. En la universidad, ¿vives en una residencia, en un apartamento o en una casa?

4. ¿En qué año de estudios estás?

5. ¿Cuántas clases tienes este semestre?

6. (Haz una pregunta original. *[Ask an original question.]*)

1-13 Un directorio. Habla con varios compañeros de clase y prepara un pequeño directorio con sus datos *(information)*. Incluye el nombre completo (nombre y apellido), el teléfono y la dirección de correo electrónico.

MODELO
—¿Cómo te llamas?   —Me llamo Mark Graciano.
—¿Cómo se escribe *Graciano*?   —Se escribe ge-erre-a-ce-i-a-ene-o.

Nombre completo	Teléfono	Dirección de correo electrónico
1.		
2.		
3.		
4.		
5.		

Gramática

Los verbos *ser, tener, ir*

CD1
Track 1-19

Read and listen to the conversation between Marcos and his friend Tomás. Find examples of the following verbs and circle them: **ser, tener, ir**. Can you figure out the corresponding subject in each case?

—¿De dónde eres, Marcos?

—Soy de Vieques, pero estudio en la Universidad de Puerto Rico aquí en Arecibo.

—Yo también. ¿Tienes muchas clases este semestre?

—Sí, tengo cinco. La clase de física es muy difícil (*difficult*).

— Yo tengo física también. Mira, voy a clase ahora (*now*), pero ¿estudiamos juntos más tarde?

—Sí, de acuerdo.

Heinle Grammar Tutorial: Present
Indicative: Irregular verbs

A. Tres verbos importantes. As you have seen in the **Vocabulario temático** section and in the dialogue above, the verbs **ser, tener,** and **ir** are among the most commonly used in Spanish. Here are the conjugations in the present tense.

	tener (*to have*)	**ser** (*to be*)	**ir** (*to go*)
yo	tengo	soy	voy
tú	tienes	eres	vas
usted	tiene	es	va
él/ella	tiene	es	va
nosotros(as)	tenemos	somos	vamos
vosotros(as)	tenéis	sois	vais
ustedes	tienen	son	van
ellos/ellas	tienen	son	van

B. Los usos de *tener*, *ser*, *ir*. Here are the main uses of these three verbs.

Tener *(to have)*

► ownership

Tengo una computadora.   *I have a computer.*

► with **que** + infinitive, for obligation (what you "have to" do)

Tenemos que trabajar ahora.   *We have to work now.*

► age

Tengo veinte años.   *I'm twenty (years old).*

► special phrases

Tengo (mucho) frío/calor.	*I'm (very) cold/hot.*
Tenemos (mucha) hambre/sed.	*We're (very) hungry/thirsty.*
Tenemos (mucha) prisa.	*We're in a (big) hurry.*
María tiene (mucho) cuidado.	*María is (very) careful.*
¿Tienes (mucho) sueño?	*Are you (very) sleepy?*
¿Tienes (mucho) miedo?	*Are you (very much) afraid?*
(No) Tienen razón.	*They are (not) right.*
(No) Tienen ganas de estudiar.	*They (don't) feel like studying.*

Ser *(to be)*

► before nouns, to identify a person or thing or state someone's nationality, political party, religion, etc.

Marcos y yo somos estudiantes.	*Marcos and I are students.*
Somos puertorriqueños.	*We are Puerto Rican.*

► to provide information such as telephone numbers and addresses

¿Cuál es tu teléfono?	*What is your phone number?*
Es el 254-2760.	*It's 254-2760.*

► with the preposition **de**, to say where someone or something is from

¿De dónde eres?	*Where are you from?*
Soy de los Estados Unidos.	*I'm from the United States.*

Ir *(to go)*

► with the preposition **a** *(to)*, to tell where someone is going

¿Adónde van Uds.?	*Where are you (all) going?*
Vamos a la cafetería.	*We're going to the cafeteria.*

► with the preposition **a** + infinitive, to say what somebody is going to do

Vamos a tomar algo.	*We're going to have something to drink.*
Vamos a estudiar juntos.	*We're going to study together.*

Ponerlo a prueba

1-14 Una entrevista. Tienes que entrevistar a Miguel y a Felipe, dos nuevos *(new)* estudiantes en tu universidad. Lee la conversación y escoge *(choose)* el verbo más lógico. Escribe el verbo en el tiempo presente.

TÚ:	Hola, Miguel. Hola, Felipe. Tengo unas preguntas para Uds. Primero, ¿de dónde (ser / ir) 1. _____ Uds.?
MIGUEL:	Felipe y yo (ser / ir) 2. _____ de Bayamón, Puerto Rico.
TÚ:	No conozco *(I'm not familiar with)* Bayamón. ¿En qué parte de Puerto Rico (estar / ir) 3. _____? ¿(Ser / Tener) 4. _____ muchas atracciones turísticas?
MIGUEL:	Bueno, Bayamón (estar / ir) 5. _____ más o menos en la región central de Puerto Rico. Y sí, hay muchas atracciones. Por ejemplo, el Parque de las Ciencias Luis A. Ferré (ser / tener) 6. _____ muy popular.
TÚ:	¡Qué interesante! Bueno, tengo una pregunta más. ¿Qué (ser / ir) 7. _____ a estudiar Uds. aquí en la universidad?
MIGUEL:	Yo (ser / ir) 8. _____ a estudiar farmacia y Felipe (ser / ir) 9. _____ a estudiar biología.
TÚ:	Gracias por contestar mis preguntas. ¿(Tener / Ir) 10. _____ (nosotros) a un café ahora?
MIGUEL:	Sí, de acuerdo.

1-15 En Puerto Rico. Estás en Puerto Rico con tu familia para las vacaciones. Responde a las situaciones con oraciones completas.

> **MODELO** As you go through the security checkpoint, the guard asks your full name and age.
>
> **You reply:** Me llamo John Edward Kent. Tengo veinte años.

1. At immigration, the agent asks your profession and country of origin. You reply: _____.

2. The porter helping with the luggage inquires about what cities you and your family are going to visit (**visitar**) during your stay in Puerto Rico. (See the map at the beginning of the book.) You reply: _____.

3. At the hotel, the desk clerk asks for your home address and phone number. You reply: _____.

4. During a family excursion later that day, you need to tell the taxi driver that you and your family are going to **La Fortaleza**, so you say: _____. Then, to add that you are in a hurry, you say: _____.

5. As the taxi cab goes flying through the streets, you decide to show off your Spanish and ask your little brother in Spanish if he is afraid. You ask: _____.

La Fortaleza, residencia del gobernador de Puerto Rico, es la mansión ejecutiva más antigua de las Américas.

 1-16 Una presentación. Preséntate a tus compañeros de clase. Incluye la siguiente información y sigue el modelo:

▶ Tu nombre completo
▶ Tu edad *(age)*
▶ El año de estudios en la universidad
▶ Tu ciudad *(city)* de origen
▶ Información interesante sobre *(about)* tu ciudad

> **MODELO** Me llamo Rita Luisa Quevedo Lorca. Tengo diecinueve años y soy estudiante de la Pontificia Universidad Católica de Puerto Rico. Estoy en mi primer año de estudios. Soy de Isla Verde, Puerto Rico. Isla Verde está cerca de *(near)* la capital y es muy popular con los turistas. Tiene playas *(beaches)* bonitas y muchos restaurantes. Con frecuencia, mis amigos y yo vamos a los clubs en el centro de la ciudad.

Vocabulario temático

La familia y los amigos *(Family and friends)*

CD1
Track 1-20

—¿Cómo es tu familia, *Dulce*?

—Aquí tengo una foto. Mira.

Esta es mi tía *Felicia*. Es *soltera* y vive con nosotros.

Este es mi hermano mayor, *Carlos*. Tiene *veinte* años.

Este es mi papá. Se llama *Arturo*.

Esta soy yo. Tengo *diecisiete* años.

Esta es mi mamá. Se llama *Beatriz*.

Estos son mis buenos amigos, *Marcos y Sara*.

Esta es mi hermana menor, *Elisa*. Tiene *diez* años.

© Cengage Learning

El cumpleaños de Dulce

In this *Paso* you will practice:

▶ Sharing information about your immediate family and friends

▶ Talking about everyday routines

Grammar:

▶ Possessive adjectives

▶ Regular **-ar**, **-er**, and **-ir** verbs in the present tense

▶ Creating basic sentences

Use **Este es...** *(This is . . .)* to refer to a male. Use **Esta es...** for a female. For several males or a mixed group, say **Estos son...** *(These are . . .)*.

Other words for marital status: **estar casado(a)** *(to be married)*; **estar divorciado(a)** *(to be divorced)*; **ser viudo(a)** *(to be a widow [widower])*.

Otros familiares *(Other family members)*

los abuelos	los padres	los esposos	los hijos	los tíos
el abuelo	el padre	el esposo	el hijo	el tío
la abuela	la madre	la esposa	la hija	la tía
			los gemelos	

Otros amigos *(Other friends and acquaintances)*

CD1
Track 1-21

los novios	unos (buenos) amigos	los vecinos	mis compañeros de cuarto
el novio	un (buen) amigo	el vecino	mi compañero de cuarto
la novia	una (buena) amiga	la vecina	mi compañera de cuarto

⌒ Estrategia *Previewing a lesson*

Previewing the day's lesson before you begin your assignment will help you focus your energies and make the most of your study time. Ask yourself these questions and then plan accordingly.

- Which topics in the lesson am I already familiar with?
- Which themes and structures seem to be the most important?
- On which of the sections will I need to spend the most time?

ESTRUCTURAS ESENCIALES

Cómo indicar la posesión

A. Los adjetivos posesivos. Possessive adjectives indicate who owns what or show relationships between people or things.

mi(s)	*my*	**nuestro(s)/nuestra(s)**	*our*
tu(s)	*your (informal)*	**vuestro(s)/vuestra(s)**	*your (informal)*
su(s)	*your (formal)*	**su(s)**	*your (informal/formal)*
su(s)	*his/her/its*	**su(s)**	*their*

B. La concordancia. Like all adjectives, possessive adjectives agree in number (singular or plural) with the noun they describe. Additionally, **nuestro** and **vuestro** agree in gender.

(singular noun: **casa**)	su casa	*their house*
(plural noun: **casas**)	sus casas	*their houses*
(singular, feminine noun: **familia**)	nuestra familia	*our family*

C. "Your." The possessive adjective *your* can be expressed in different ways. When speaking to a friend or family member, use **tu;** with a superior or a stranger, use **su.**

Familiar:	**Tu** hermana es muy simpática, José.
	Your *sister is very nice, José.*
Formal:	**Su** hermana es muy simpática, Sr. Gómez.
	Your *sister is very nice, Mr. Gómez.*

D. Su(s). The Spanish word **su** and its plural **sus** can mean *your, his, her, its,* and *their.* When the context is not clear, it is common to replace **su** with a special phrase: **de** + *corresponding subject pronoun* (**él, ella, ellos, ellas, Ud.** or **Uds.**).

Enrique y Alicia viven en Georgia.	*Enrique and Alicia live in Georgia.*
La casa **de él** está en Atlanta.	***His*** *house is in Atlanta.*
La casa **de ella** está en Augusta.	***Her*** *house is in Augusta.*

E. Un caso especial. Spanish never uses *'s* to indicate relationships and possession. This idea is expressed with the phrase **de** + *person's name.*

la hija **de María**	*María's daughter*
los hermanos **de mi padre**	*my dad's brothers*

Ponerlo a prueba

CD1
Track 1-22

1-17 La foto. Mercedes describe una foto a su amiga. Escucha la descripción. Identifica a todas las personas en la "foto". Escribe una oración completa con el parentesco *(relationship)* de cada persona.

 MODELO   ***You hear:*** Mira, esta es mi madre, Carmen.

You write a sentence stating the relationship to Mercedes:
Carmen es la madre de Mercedes.

1. Ana
2. Elena
3. Paco

4. Francisco
5. Luisa
6. Alberto

7. Teresa
8. María
9. ¿ ?

© Cengage Learning

1-18 La familia de Gregory. Gregory escribe un correo electrónico a su familia anfitriona *(host family)* en Venezuela. Completa la descripción de su familia con los adjetivos posesivos más lógicos: **mi(s), tu(s), su(s), nuestro(s), nuestra(s).**

(1) _____ familia no es muy grande. Somos solamente cinco y vivimos en Arlington, Virginia. **(2)** _____ padre se llama Gregory, como yo.
(3) _____ mamá se llama Gloria. Ella nació en Cuba pero inmigró a los Estados Unidos con **(4)** _____ padres en 1962. **(5)** _____ hermanos se llaman Ana y Marcos. Como *(Since)* mamá es cubana, Ana, Marcos y yo siempre hablamos español con ella y con **(6)** _____ abuelos maternos.

No estoy casado pero sí tengo una novia, Ángeles. Ella nació en Puerto Rico y ahora vive con **(7)** _____ familia en Arlington. **(8)** _____ apartamento no está muy lejos *(far)* de **(9)** _____ casa y nos vemos casi todos los días *(almost every day)*.

1-19 Dulce. Trabajando con un(a) compañero(a), miren el dibujo *(drawing)* en la página 25 y contesten las preguntas sobre la familia y los amigos de Dulce.

1. ¿Cómo se llaman los padres de Dulce? ¿Cómo se llaman sus hijos?

2. ¿Cuántos hermanos tiene Dulce? ¿Cuántos años tienen ellos?

3. ¿Quién *(Who)* es Felicia? ¿Es soltera o está casada? ¿Dónde vive ella?

4. ¿Quiénes son Marcos y Sara?

5. ¿Qué celebra Dulce? ¿Cuántos años tiene?

1-20 Mi mejor amigo. ¿Quiénes son tus buenos amigos? Trabaja con un(a) compañero(a) de clase y entrevístense *(interview each other)* con las preguntas. (Nota: *If you have a photo of your best friend, show it to your classmate as you talk.*)

1. ¿Cómo se llama tu mejor *(best)* amigo o amiga?

2. ¿De dónde es él/ella?

3. ¿Tiene hermanos o hermanas?

4. ¿Es soltero(a)? ¿Tiene novio(a)?

5. ¿Es estudiante aquí?

6. ¿En qué año de estudios está?

7. ¿Cuántos años tiene él/ella?

8. (Haz una pregunta original. *[Ask an original question.]*)

1-21 Mi familia. Describe tu familia a un(a) compañero(a) de clase. Comenta sobre tus padres, tus hermanos, tus abuelos y otros familiares. ¿Cuál de Uds. tiene la familia más grande?

MODELO
(padres) Mi padre se llama Christopher y mi madre se llama Rachel. Están divorciados.

(hermanos) Tengo dos hermanos. Mi hermano mayor se llama Eric y tiene 22 años. Mi hermana menor se llama Alyssa y tiene 15 años.

(abuelos y otros familiares) Mis abuelos paternos viven en Florida, pero mis abuelos maternos murieron hace unos años *(died a few years ago)*. También tengo cuatro tíos, cinco tías y nueve primos *(cousins)*.

Monkey Business Images/Shutterstock

Vocabulario temático

Nuestra rutina entre semana

En casa

🔊 CD1 Track 1-23

Entre semana mis padres trabajan mucho. Están súper ocupados.

Mi hermanito pasa el día en el colegio. Aprende a leer y a escribir.

Por la noche mis padres y mi hermano comen juntos y conversan.

© Cengage Learning

En la universidad

Mis amigos y yo asistimos a clases todos los días.

Por la noche tenemos que estudiar mucho.

A veces practicamos deportes o miramos televisión.

© Cengage Learning

Otras actividades

🔊 CD1 Track 1-24

Normalmente yo...

    paso mucho tiempo en las redes sociales.

    voy al gimnasio por la mañana / por la tarde.

    escucho música / mi iPod.

A veces yo...

    limpio el cuarto / el apartamento.

    preparo la comida.

    tomo café con mis amigos.

1-22 ¡Mi pobre (poor) hija! Escucha la conversación entre Maritza y Ceci. Después, completa las oraciones con la información correcta.

CD1
Track 1-25

1. Maritza y Ceci _____.
   a. conversan por teléfono b. leen una novela c. miran televisión
2. La hija de Maritza _____.
   a. está divorciada b. está muy ocupada c. está súper contenta
3. Entre semana, Talía pasa el día en _____.
   a. la universidad b. el gimnasio c. el colegio
4. Por la noche, Talía _____.
   a. mira televisión b. prepara la comida c. asiste a clases
5. El esposo de Talía _____.
   a. trabaja mucho b. estudia por las noches c. va mucho al gimnasio

1-23 La familia de Valeria. Valeria te muestra (shows you) fotos de su familia. Relaciona (Match) los elementos de las dos columnas para formar oraciones lógicas.

1. Estos son mis padres. Ellos tienen un restaurante y... _____.

   a. la comida.

2. Esta es mi hermana menor Mía. Tiene quince años. Ella va... _____.

   b. trabajan mucho.

3. Este es mi tío José. Es crítico literario; tiene que... _____.

   c. café con él.

4. Este es mi abuelo Tacho. Por la noche, él y yo miramos... _____.

   d. televisión juntos.

5. Esta es mi prima (cousin) María. A veces nosotras practicamos... _____.

   e. leer y escribir mucho.

6. Estas son mis compañeras de cuarto. Ellas y yo asistimos... _____.

   f. al colegio, cerca de casa.

7. Este es mi novio Sebastián. Todos los días yo tomo... _____.

   g. a la Universidad Politécnica.

8. Y esta soy yo. Estoy en el restaurante de mis padres y preparo... _____.

   h. deportes.

Andresr/Shutterstock

1-24 ¿Cómo es tu rutina? Camilo está en primer año de universidad. Su tía tiene curiosidad de saber *(know)* cómo es su rutina. Trabajando con un(a) compañero(a), completen la conversación entre Camilo y su tía y léanla en voz alta *(read it aloud)*.

TÍA: ¿Cómo es tu rutina entre (1. semana / casa)?

CAMILO: Bueno, tía, por la (2. normalmente / mañana) asisto a dos clases. Por la tarde, tengo una clase; luego (3. tomo / paso) café con mis amigos.

TÍA: ¿Y por la noche? ¿Vas al gimnasio o practicas (4. música / deportes)?

CAMILO: No. Por la noche tengo que (5. tiempo / estudiar). Todos los días tenemos que (6. limpiar / leer) mucho para la clase de literatura.

TÍA: ¿(7. Pasas / Preparas) mucho tiempo en la biblioteca?

CAMILO: No, (8. rutina / normalmente) estudio en casa.

Monkey Business Images/Shutterstock

1-25 El estudiante típico. ¿Cómo es la rutina del estudiante típico en tu universidad? Trabajando con un(a) compañero(a), completen la primera oración para describir el estudiante típico en su universidad. Luego *(Afterwards)* completen la segunda oración con su información personal.

1. En nuestra universidad, el estudiante típico vive (en casa / en una residencia / en un apartamento). Yo vivo...

2. Normalmente, los estudiantes van al gimnasio (todos los días / a veces). Yo voy...

3. El estudiante típico pasa mucho tiempo (con su familia / con sus amigos / en las redes sociales). Yo paso...

4. El estudiante típico toma café (por la mañana / por la tarde / por la noche). Normalmente, yo (no) tomo...

5. El estudiante típico escucha música (clásica / rock / pop / country). Yo escucho...

6. El estudiante típico normalmente (prepara la comida / come en la cafetería o en casa). Yo preparo... / Yo como...

1-26 Mi rutina. ¿Cómo es tu rutina en un lunes *(Monday)* típico? ¿Haces estas cosas *(Do you do these things)* por la mañana, por la tarde o por la noche? Trabajando con un(a) compañero(a), comparen sus actividades y completen la tabla *(chart)*.

MODELO

Tú: En un lunes típico, yo asisto a clases por la mañana.

Tu compañero(a): Yo asisto a clases por la mañana y por la tarde.

	Por la mañana	Por la tarde	Por la noche
Yo asisto a clases...			
Mi compañero(a) asiste a clases...			
Yo tengo que estudiar...			
Mi compañero(a) tiene que estudiar...			
Yo practico deportes...			
Mi compañero(a) practica deportes...			
Yo miro televisión...			
Mi compañero(a) mira televisión...			
Yo paso tiempo en las redes sociales...			
Mi compañero(a) pasa tiempo en las redes sociales...			
Yo trabajo...			
Mi compañero(a) trabaja...			

Gramática

El tiempo presente de los verbos regulares

Read and listen to this conversation between Silvia and her father. Beside each verb in boldface, write down whether it is an **-ar**, **-er**, or **-ir** verb. Can you figure out what the corresponding subject is in each case?

🌐 **Heinle Grammar Tutorial:** The present indicative tense

—Bueno, hija, ¿cómo es un día típico para ti?

—Ay, papá, siempre estoy muy ocupada. Primero, **asisto** a mi clase de inglés. En la clase, **leemos, hablamos** y **escribimos** en inglés.

—¡Qué bien! Vas a aprender mucho así. ¿Tienes otras clases por la mañana, o **regresas** a la residencia después de *(after)* tu clase de inglés?

—No, generalmente **estudio** un poco en la biblioteca y después **como** en la cafetería con mi compañera de cuarto. Mis otras clases son por la tarde.

A. El tiempo presente. The present tense, or **el presente del indicativo**, is used to express these ideas:

- ▶ an action that occurs regularly or routinely

  Estudio en la biblioteca todos los días.   *I study at the library every day.*

- ▶ an ongoing action or condition

  Nuestro amigo vive en una residencia este semestre.   *Our friend is living in a dorm this semester.*

- ▶ an action that will take place in the near future

  Mis compañeros y yo vamos a una fiesta mañana.   *My classmates and I are going to a party tomorrow.*

B. Los infinitivos. Spanish verbs are classified into three basic groups based upon their infinitive endings (**-ar, -er, -ir**). Each group uses a different set of endings when the verb is conjugated. To use these verbs in a sentence, first you remove the **-ar, -er,** or **-ir**, then you add the ending that matches the subject of the sentence.

	-ar verbs	-er verbs	-ir verbs
	tomar *(to take, drink)*	**comer** *(to eat)*	**asistir** *(to attend)*
yo	tom**o**	com**o**	asist**o**
tú	tom**as**	com**es**	asist**es**
usted/él/ella	tom**a**	com**e**	asist**e**
nosotros(as)	tom**amos**	com**emos**	asist**imos**
vosotros(as)	tom**áis**	com**éis**	asist**ís**
ustedes/ellos/ellas	tom**an**	com**en**	asist**en**

Some common regular verbs:

- ▶ *ar* verbs:

  conversar *(to talk, chat)*   **pasar** *(to spend [time])*

  estudiar *(to study)*   **preparar** *(to make, prepare)*

escuchar *(to listen to)*	**practicar** *(to play/practice [sports])*
hablar *(to speak, talk)*	**regresar** *(to return, go back)*
limpiar *(to clean)*	**tomar** *(to take, drink)*
mirar *(to watch, look at)*	**trabajar** *(to work)*
necesitar *(to need)*	**visitar** *(to visit)*

▶ **-er verbs:**

aprender *(to learn)*	**comprender** *(to understand)*
comer *(to eat)*	**leer** *(to read)*
correr *(to run)*	

▶ **-ir verbs:**

asistir *(to attend)*	**vivir** *(to live)*
escribir *(to write)*	

C. Cómo formar oraciones. To form a complete sentence (**una oración**), follow these guidelines.

▶ To create a sentence, include a subject, a conjugated verb, and words to complete the thought.

SUBJECT	+	VERB	+	THE REST OF THE THOUGHT
Juan		**tiene**		**tres clases este semestre.**
Juan		*has*		*three classes this semester.*

▶ To make a sentence negative, add the word **no** before the conjugated verb. English includes the words *do* and *does* in negative sentences, but Spanish does not.

Carla **no** tiene laboratorios este semestre.
Carla does not (doesn't) have any labs this semester.

▶ If the subject is a pronoun (**yo, tú, él, nosotros,** etc.), you can omit it. The subject is understood from the verb ending.

¿Vives en Ponce?
Do you live in Ponce? (The understood subject is **tú**.)

No, vivo en Mayagüez.
No, I live in Mayagüez. (The understood subject is **yo**.)

▶ Include subject pronouns when you want to **emphasize** or **clarify** the subject. This is commonly done when you give contrasting information for two different subjects.

<u>Él</u> vive en Miami, pero <u>ella</u> vive en Boston.
He lives in Miami, but **she lives in Boston.**

D. El presente progresivo. You may be familiar with another present tense in Spanish called the "present progressive." You can recognize it because the conjugated form of **estar** is used together with another verb that ends in **-ando** or **-iendo.** For more information on this tense, see the **Gramática suplementaria** section at the end of your textbook.

¿Qué **estás haciendo**, Pepe?	Nada en particular. **Estoy mirando** la tele.
*What **are you doing**, Pepe?*	*Nothing special. **I'm watching** TV.*

1-27 Las actividades de mi familia. Iván y su familia pasan mucho tiempo juntos. Completa la descripción de sus actividades. Escoge *(Choose)* el verbo más lógico y escríbelo en el tiempo presente.

Mi familia y yo **(1)** (pasar / regresar) _____ mucho tiempo juntos. Durante *(During)* el día, papá y mamá **(2)** (necesitar / trabajar) _____ en el sector turístico. Mis hermanos y yo **(3)** (leer / asistir) _____ a clases. Pero por la noche **(4)** (nosotros: comer / visitar) _____ en casa, **(5)** (conversar / aprender) _____ y **(6)** (mirar / escuchar) _____ televisión. A veces **(7)** (nosotros: regresar / ir) _____ al cine.

Los fines de semana **(8)** (nosotros: ir / ser) _____ más activos. Normalmente yo **(9)** (correr / comprender) _____ los sábados por la mañana. Mis hermanos y mi papá **(10)** (practicar / tomar) _____ el tenis y mi mamá **(11)** (escribir / limpiar) _____ la casa. Por la tarde, todos nosotros **(12)** (visitar / vivir) _____ a nuestros abuelos.

1-28 Una reunión familiar. Una vez al mes *(Once a month)*, Fernanda invita a toda la familia a su casa. ¿Qué hacen *(do they do)* en una fiesta típica? Escribe un mínimo de seis oraciones completas.

MODELO   Normalmente, Fernanda y Mirta preparan la comida para los invitados.

© Cengage Learning

1-29 Las actividades de mi familia. ¿Qué hacen tu familia y tú (o tus amigos y tú) los fines de semana? Habla con dos o tres compañeros de clase y descríbanse *(describe to each other)* cinco de sus actividades. ¿Quiénes pasan mucho tiempo juntos? ¿Quiénes son muy activos? ¿Quiénes son menos *(less)* activos?

MODELO   Normalmente, mi familia y yo _____.
              También _____ y _____.
              A veces _____.

Vocabulario temático

In this *Paso* you will practice:

▶ Talking about free-time activities

▶ Expressing likes and dislikes

▶ Asking and answering questions

Grammar:

▶ The verb **gustar**

▶ Question formation

To say what you like to do, use **me gusta** + *infinitive.*

El tiempo libre *(Free-time activities)*

¿Qué te gusta hacer en tu tiempo libre?

CD1
Track 1-27

Me gusta ir a fiestas y bailar.

Me gusta montar en bicicleta o correr en el parque.

Me gusta practicar *el tenis.*
(*el básquetbol, el fútbol americano, el béisbol*)

Me gusta mirar *películas* y *partidos de fútbol.*

© Cengage Learning

Practicar and **jugar** mean *to play a sport.* **Tocar** means *to play an instrument.*

To say that you never or hardly ever do something, place **(casi) nunca** before the verb: **Casi nunca practico tenis.** Place other expressions of frequency at the end of the sentence: **Practico tenis a menudo.**

Otros pasatiempos *(Other pastimes)*

¿Con qué frecuencia *vas de compras*?

CD1
Track 1-28

               vas al cine

Voy de compras *a menudo.*

        a veces

        casi todos los días

Casi nunca voy al cine.

Nunca

¿A tus amigos y a ti les gusta *jugar videojuegos*?

          patinar (sobre hielo)

          nadar

Sí, nos gusta mucho. / No, no tanto.

To say what you and your friends like to do, use **nos gusta** + *infinitive.*

1-30 La clase de inglés. Los estudiantes en la clase de inglés están presentándose *(are introducing themselves)*. Escucha las presentaciones y completa la tabla.

Nombre	País *(Country)* de origen	Pasatiempos
1. Marta		
2. Cristián		
3. Gabriela		
4. Antonio		
5. Rosa		

1-31 Charadas. ¿Eres actor/actriz? Dramatiza una de las actividades a continuación. Tu compañero(a) tiene que adivinar *(guess)* cuál es. Tomen turnos. ¡No se permite hablar!

montar en bicicleta

practicar el tenis

bailar en una fiesta

correr por el campus

practicar el básquetbol

jugar videojuegos

mirar una película de terror

ir de compras

leer el periódico

Shock/Shutterstock.com

1-32 El tiempo libre. ¿Con qué frecuencia participan tus amigos y tú en estas actividades? Compara tus respuestas con las de un(a) compañero(a) de clase. Tienen que conjugar los verbos y usar estas expresiones: **nunca, casi nunca, a veces, a menudo, casi todos los días.**

> **MODELO**   jugar videojuegos
>
> TÚ: Mis amigos y yo jugamos videojuegos **casi todos los días**.
>
> TU COMPAÑERO(A):   Mis amigos y yo **nunca** jugamos videojuegos.

1. ir al cine
2. patinar sobre hielo
3. correr por el campus
4. ir de compras
5. practicar el básquetbol
6. bailar salsa
7. montar en bicicletá
8. nadar

Gimnasio Arias

¡Más de 15 años contigo!

Somos tu gimnasio del barrio y ofrecemos todas las alternativas para mantenerte en forma:

- ► Artes marciales (Karate, Taekwondo)
- ► Pilates y yoga
- ► Aeróbics (con alto y bajo impacto)
- ► Entrenamiento con pesas
- ► Natación
- ► Masajes y sauna
- ► Clases colectivas de baile
- ► Sala cardiovascular
- ► ¡Visita nuestro café!

Dirección: Ave. Ponce de León 1539
San Juan, PR 00925
Teléfono: (787) 274-7642
Email: gimnasioarias@gmail.com

1-33 El Gimnasio Arias. Aquí tienes el anuncio (*ad*) para un gimnasio en Puerto Rico. Lee la información y contesta las preguntas. Si quieres, trabaja con un(a) compañero(a) de clase.

1. ¿Cuál es la dirección del Gimnasio Arias?, ¿el número de teléfono?, ¿la dirección de correo electrónico?

2. En tu opinión, ¿tienen una selección variada de actividades y de servicios?

3. ¿Cuáles de las actividades te gustan más?

4. ¿Cuáles de estas actividades ofrece el gimnasio de tu universidad?

5. ¿Cuál te gusta más, el Gimnasio Arias o el gimnasio de tu universidad? Explica.

1-34 Nuestras preferencias. ¿Qué les gusta hacer en su tiempo libre a tu compañero(a) de clase y a ti? Habla con un(a) compañero(a) sobre sus preferencias. Sigan el modelo.

MODELO
You ask the question:
¿Qué tipo de música te gusta escuchar?
Your partner answers and makes a recommendation:
Me gusta escuchar la música reggae. Te recomiendo la música de Bob Marley.
You agree and add another recommendation:
A mí me gusta también. (*Me, too.*) Yo te recomiendo Toots Hibbert.
Or, you disagree and offer an alternative:
No me gusta escuchar la música reggae. Prefiero (*I prefer*) el jazz. Te recomiendo la música de Miles Davis.

1. ¿Qué tipo de música te gusta escuchar? ¿La música clásica, la música reggae, el rock, el jazz, la música alternativa, el hip-hop?

2. ¿Qué tipo de película te gusta mirar? ¿Las películas cómicas, las románticas, las de ciencia ficción, las de acción, las de terror, las de suspenso?

3. ¿Qué deportes te gusta mirar en la tele? ¿El fútbol americano, el básquetbol, el béisbol, el tenis, el boxeo, el fútbol, el golf?

4. ¿Qué te gusta leer? ¿Las novelas, las biografías, la poesía, la ciencia ficción, las novelas de misterio, las revistas, los blogs sobre política?

1-35 ¿Te gusta? Habla con un(a) compañero(a) sobre los pasatiempos. Sigan el modelo y háganse (*ask each other*) ocho preguntas.

MODELO
TÚ: ¿Te gusta patinar?
TU COMPAÑERO(A): No, no tanto. ¿Te gusta jugar videojuegos?
TÚ: Sí, mucho.

Gramática

CD1
Track 1-30

El verbo *gustar*

Read and listen to the conversation between Marcos and his new roommate, Pablo. Find examples of the verb **gustar** and circle them. How many different verb forms do you see?

🌐 **Heinle Grammar Tutorial:** Gustar and similar verbs

—Pablo, ¿qué te gusta hacer en tu tiempo libre?

—Me gusta leer. Me gustan mucho las novelas de misterio y las de ciencia ficción. ¿Y a ti te gusta leer?

—No, me gusta más jugar deportes, sobre todo el fútbol. Mis amigos y yo vamos mucho al cine también. Nos gustan las películas de terror.

© Cengage Learning

A. Gustar. Unlike other verbs in Spanish, **gustar** *(to like)* commonly uses only two main forms, which in the present tense are **gusta** and **gustan**. The subject is the thing that is liked and is often placed after the verb.

Indirect Object Pronoun	+	Gusta/ Gustan	+	Subject	
Me		**gusta**		**leer.**	*I like to read. (Reading is pleasing to me.)*
Me		**gusta**		**el golf.**	*I like golf. (Golf is pleasing to me.)*
Me		**gustan**		**los deportes.**	*I like sports. (Sports are pleasing to me.)*

▶ Use **gusta** in front of one or more infinitives.

Me gusta ir a fiestas y bailar salsa.
I like to go to parties and to dance salsa. (Literally: Going to parties and dancing salsa are pleasing to me.)

▶ Use **gusta** before **el/la** + singular noun.

Me gusta la música jazz.
I like jazz music. (Literally: Jazz music is pleasing to me.)

▶ Use **gustan** before **los/las** + plural noun, or before a series of singular nouns.

Me gustan los deportes.
I like sports. (Literally: Sports are pleasing to me.)
Me gustan el béisbol y el hockey.
I like baseball and hockey. (Literally: Baseball and hockey are pleasing to me.)

B. Otras personas. To express **who** likes a particular activity, you must use **gusta** and **gustan** with a special kind of pronoun called an *indirect object pronoun.*

Nos gusta jugar deportes. *We like to play sports.*
A los niños **les** gusta jugar deportes. *Children like to play sports.*

I like	**me** gusta (gustan)	*we like*	**nos** gusta (gustan)
you (fam.) like	**te** gusta (gustan)	*you (pl., Spain) like*	**os** gusta (gustan)
you (formal) like	**le** gusta (gustan)	*you (plural) like*	**les** gusta (gustan)
he /she likes	**le** gusta (gustan)	*they like*	**les** gusta (gustan)
(name) likes	**a María le** gusta (gustan)	*(names) like*	**a mis amigos les** gusta (gustan)

C. Aclaración y énfasis. You have seen that with most verbs, we use subject pronouns to clarify or emphasize *who* is doing what.

Yo leo novelas, pero **ella** lee poesía. *I read novels, but **she** reads poetry.*

With the verb **gustar**, however, a special phrasing is used. Prepositional pronouns are used together with the indirect object pronoun.

A mí me gustan las novelas, pero **a ella** le gusta la poesía.
*I like novels, but **she** likes poetry.*

The prepositional phrases used in this way with **gustar** are: **a mí, a nosotros(as), a ti, a Ud., a Uds., a él, a ella, a ellos, a ellas.**

D. Expresiones afines. While it is correct to use **gustar** to indicate that you like the professional work of musicians, artists, actors, or writers, you should choose from the following phrases to say that you like someone *personally.*

Julia **me cae bien**. *I like Julia. (Julia strikes me as a nice person.)*
Aprecio a Julia. *I like Julia. (I hold Julia in esteem and appreciate her.)*

1-36 ¿Son compatibles? Óscar y Félix son nuevos compañeros de cuarto. En tu opinión, ¿son compatibles?

PRIMERA PARTE: Completa las conversaciones con: **me, te, gusta** y **gustan**.

MODELO 　　ÓSCAR: ¿Te gustan los deportes?

　　　　　　FÉLIX: Sí, ¡___me gustan___ mucho!

1. ÓSCAR: ¿Te gustan los deportes?

　　FÉLIX: ¡Sí! _____ mucho mirar el boxeo. También _____ el fútbol americano y el rugby.

2. FÉLIX: ¿_____ mirar deportes en la televisión?

　　ÓSCAR: Bueno, _____ los partidos de fútbol americano, pero no me gusta nada *(at all)* el boxeo. Prefiero practicar los deportes y no mirarlos *(not watch them)*.

3. ÓSCAR: ¿_____ leer? Yo leo mucha ciencia ficción.

　　FÉLIX: Sí, _____ las novelas de Agatha Christie. Y también leo la poesía de Pablo Neruda, pero no _____ la ciencia ficción.

SEGUNDA PARTE: Escribe un resumen *(summary)* de las preferencias de Óscar y Félix. Incluye un mínimo de **cuatro** oraciones completas.

MODELO 　　A Óscar y a Félix les gusta leer. A Óscar le gusta mucho la ciencia ficción. A Félix le gusta más la poesía...

1-37 Un día en el parque. ¿Qué les gusta hacer a estas personas en el parque? Con un(a) compañero(a), tomen turnos para inventar oraciones sobre el dibujo *(drawing)*. La otra persona tiene que decidir si la oración es cierta *(true)* o falsa y corregir *(correct)* la información falsa.

MODELO 　　***You say:*** A Augusto le gusta patinar.

　　　　　　Your partner says: Falso. A Augusto le gusta practicar tenis.

© Cengage Learning

1-38 Nuestras actividades favoritas. ¿Qué les gusta hacer a tus amigos y a ti en el tiempo libre? Conversa con dos o tres compañeros(as) de clase y comparen sus actividades favoritas.

MODELO 　　Mis amigos y yo tenemos mucho en común *(in common)*. Nos gustan mucho las películas de suspenso. Vamos al cine a menudo. También nos gusta bailar en fiestas. A veces bailamos salsa. ¿Qué les gusta hacer a tus amigos y a ti?

Gramática

🌐 **Heinle Grammar Tutorial:**
Interrogative words

Las preguntas

🔊 CD1
Track 1-31

Read and listen to the conversation between Carolina and María, a new acquaintance. Underline all the questions. Which questions could be answered with a *yes* or *no*? Which call for responses with specific information?

CAROLINA: ¿Estudias ciencias marinas aquí?

MARÍA: Sí, el programa es fabuloso. Y tú, ¿qué estudias?

CAROLINA: Biología. Por cierto *(By the way)*, eres puertorriqueña ¿verdad?

MARÍA: No, mi familia es de Cuba.

CAROLINA: ¿De veras? *(Really?)* Tengo varios amigos cubanos en Miami. ¿Dónde viven Uds.?

MARÍA: Bueno, mis abuelos viven en Miami, pero mis padres y yo vivimos en Carolina del Norte.

A. Las preguntas de *sí* o *no*. A yes/no question, as its name implies, can be answered by saying **sí** or **no**.

▶ To form a yes/no question, place the subject right after the verb. Notice that English *do* and *does* are not translated in questions. An "upside-down question mark" is placed before the question.

VERBO + SUJETO + OTROS ELEMENTOS

¿Vive + Martín + en Vieques?
Does Martín live in Vieques?

¿Vives + (tú) + en San Juan?
*Do you live in San Juan? (The subject **tú** is understood.)*

▶ "Tag" questions are another kind of yes/no question, formed by adding a short phrase *(isn't it?* or *don't you?)* at the end of a statement. In Spanish, add **¿no?** to the end of an affirmative statement, and **¿verdad?** to the end of a negative or affirmative statement.

María estudia en la universidad, **¿no?/¿verdad?**	*María studies at the university, doesn't she?* (affirmative statement)
No te gustan los deportes, **¿verdad?**	*You don't like sports, do you?* (negative statement)

▶ To answer yes/no questions in the affirmative, first say **sí**. Then add a related comment to keep the conversation going.

¿Te gustan los deportes?	*Do you like sports?*
Sí, me gustan mucho, especialmente el tenis.	*Yes, I like them a lot, especially tennis.*

▶ To answer yes/no questions in the negative, first say **no**. To continue, add a negative statement. Or, elaborate by providing the correct information. In the reply below, the first **no** answers the question, while the second **no** is the equivalent of *doesn't* or *isn't*.

¿Practica María el tenis?	*Does María play tennis?*
No, María **no** practica el tenis. Le gusta más el golf.	*No, María **doesn't** play tennis. She likes golf better.*

B. Las preguntas de información. Information questions require a response with specific facts, rather than a simple *yes* or *no*.

¿De dónde eres?	*Where are you from?*
¿Cómo te llamas?	*What's your name?*

▶ Information questions start with special question words or phrases. Notice the accent marks and the upside-down question marks.

¿Quién? ¿Quiénes? *Who?*	**¿Con qué frecuencia?** *How often?*
¿Qué? *What?*	**¿Cómo?** *How?*
¿Dónde? *Where?*	**¿Cuánto/Cuánta?** *How much?*
¿Adónde? *To where?*	**¿Cuántos/Cuántas?** *How many?*
¿De dónde? *From where?*	**¿Cuál/Cuáles?** *Which one(s)?*
¿Cuándo? *When?*	**¿A qué hora?** *At what time?*
¿Por qué? *Why? How come?*	**¿Para qué?** *What for?*

▶ To form an information question, use this word order:

EXPRESIÓN INTERROGATIVA	+	VERBO	+	SUJETO
¿Dónde	+	**estudian**	+	**Marcela y Miguel?**

Where do Marcela and Miguel study?

▶ Place prepositions (**a, de, con,** etc.) **before** the question words.

¿De dónde eres?	*Where are you **from**?*
¿Con quién hablas?	*Who are you talking **with**?*

▶ Choose the proper ending for gender and/or number for **cuánto(a)**, **cuántos(as), quién(es),** and **cuál(es).**

¿Cuántas hermanas tienes?	*How many sisters do you have?*
¿Cuáles son tus hermanos?	*Which ones are your siblings?*

▶ The expression **¿Cuáles?** is used much more in Spanish than in English, especially to ask for specific information such as names, phone numbers, addresses, favorite books, etc. Notice the English translation *What is . . . ?*

¿Cuál es tu número de teléfono?	*What is your phone number?*
¿Cuál es tu película favorita?	*What's your favorite movie?*

▶ The expression **¿Qué es...?** is used to ask for definitions and explanations.

¿Qué es un "coquí"?	**What is** *a "coquí"?*
Es una rana pequeña y un símbolo de Puerto Rico.	*It's a little frog and a symbol of Puerto Rico.*

1-39 ¿Cuál es la pregunta? Esther está en Puerto Rico para estudiar español. Acaba de conocer *(She has just met)* a su "familia" puertorriqueña. ¿Cuáles son las preguntas de Esther? Escribe las preguntas. *(¡Ojo! Should Esther use **tú** or **Ud.** with Mr. Maza?)*

> **MODELO**
> *You read the reply:* Sr. Maza: Siempre comemos **en casa.**
> *You write the probable question:* Esther: ¿<u>Dónde</u> comen Uds.?

1. Esther: ¿_____?
   Sr. Maza: Tenemos **tres hijos:** Alberto, Cecilia y Marta. Pero Marta no vive aquí con nosotros.

2. Esther: ¿_____?
   Sr. Maza: Marta vive **en Río Piedras.**

3. Esther: ¿_____?
   Sr. Maza: Vive en Río Piedras **porque** *(because)* **es estudiante en la UPR.**

4. Esther: ¿_____?
   Sr. Maza: La UPR es **la Universidad de Puerto Rico.**

5. Esther: ¿_____?
   Sr. Maza: Alberto tiene **13 años** y Cecilia tiene **16 años.**

6. Esther: ¿_____?
   Sr. Maza: Trabajo **en el Banco Central** en el departamento de divisas *(foreign currency).*

7. Esther: Es un trabajo interesante, ¿_____?
   Sr. Maza: **Sí,** me gusta mucho.

8. Esther: ¿Y su esposa? ¿_____?
   Sr. Maza: **No,** ella no trabaja en el banco. Pero es voluntaria en un hospital y pasa mucho tiempo allí *(there).*

COMENTARIO CULTURAL *Los pasatiempos*

¿Cómo pasas tu tiempo libre? ¿Cuáles son algunos de tus intereses?

Los intereses de los hispanos son tan diversos como sus culturas. La pasión por el fútbol es casi universal aunque *(although)* el béisbol también es muy popular, especialmente en el Caribe. En el sur de Chile y Argentina hay importantes centros para esquiar en la nieve *(snow)*, mientras que *(while)* en las costas de México hay oportunidades para practicar muchos deportes acuáticos. Otros pasatiempos comunes incluyen ir al cine, mirar televisión, salir con los amigos o con la familia y bailar.

1-40 Lotería biográfica. Tus compañeros y tú van a jugar a la lotería. El objetivo es encontrar (*find*) a personas que hagan estas actividades (*engage in these activities*).

MODELO

You ask a yes/no question based on an activity in the chart:
Beth, ¿corres todos los días?
Your classmate may not engage in that activity and replies:
No, no corro todos los días.
You ask a different classmate the same question:
Brian, ¿corres todos los días?
This classmate may engage in that activity and replies:
Sí, corro todos los días.
You write that person's name in the chart.

Actividad	Nombre
practicar yoga a veces	
leer blogs a menudo	
trabajar en un restaurante	
vivir en un apartmento	
nadar a menudo	
comer comida vegetariana a veces	
bailar bien	
ir al gimnasio todos los días	
escribir poesía	
hablar francés (*French*) un poco	

1-41 Situaciones. Estás en Puerto Rico para estudiar español. ¿Qué preguntas (*do you ask*) en las siguientes situaciones? Dramatiza las situaciones con un(a) compañero(a) de clase.

MODELO

You are studying Spanish at a language institute in San Juan and have just been introduced to your teacher. Ask three questions to keep the conversation going. Your classmate will play the role of your teacher and answer the questions.

Tú: ¿De dónde es Ud.?
Tu compañero(a): Soy de Arecibo.
Tú: ¿Dónde está Arecibo?
Tu compañero(a): Está en el norte de la isla.
Tú: ¿Qué le gusta hacer en Arecibo?
Tu compañero(a): Me gusta nadar.

1. You have just arrived at the home of your host family in Puerto Rico. Sra./Sr. Fuentes has shown you your room, and you would now like to strike up a conversation with him/her. Ask at least three friendly questions. Your classmate will play the role of Sra./Sr. Fuentes.

2. The Fuentes children—Mayra, 17 years old, and Pablo, 16—have just arrived home from school. You'd like to find out more about the life of teenagers in Puerto Rico. What do you ask them? Your classmate will play the role of Mayra or Pablo.

3. It's your first day on campus and you see a friendly face in the cafeteria. He/She seems to be about your age and you'd like to talk for a while. After you introduce yourself, what do you ask? Your classmate will play the role of the new student.

© Cengage Learning

¡Vamos a Puerto Rico!

DATOS ESENCIALES

Nombre oficial: Estado Libre Asociado *(Commonwealth)* de Puerto Rico

Capital: San Juan

Población: 4 000 000 de habitantes

Unidad monetaria: dólar de EE.UU.

Economía: turismo, productos farmacéuticos y electrónicos, textiles, agricultura (caña de azúcar, café, piña)

🌐 **www.cengagebrain.com**

Go to the **Un paso más** section in the *Cuaderno de Actividades* for additional reading, writing, review, listening, and pronunciation activities.

Additional activities on Puerto Rico may be found in the **Un paso más** section of the *Cuaderno de actividades*.

Luquillo, en el extremo noreste de Puerto Rico, es una playa *(beach)* muy popular. Las aguas son tranquilas y cristalinas: perfectas para practicar deportes acuáticos como kayaking y snorkeling. La playa está bordeada por palmas de coco y a la distancia, se ven las montañas del bosque *(forest)* tropical El Yunque.

Imágenes de Puerto Rico

Después de *(After)* mirar el vídeo, contesta estas preguntas con tus compañeros de clase.

1. ¿Cómo es San Juan? *(What is San Juan like?)*

2. Aparte de los indígenas, ¿qué culturas o grupos étnicos han tenido *(have had)* un impacto en Puerto Rico?

3. ¿Cuáles son algunas de las atracciones turísticas de San Juan y Ponce?

La gastronomía

La cocina criolla (*Creole cuisine*) es una deliciosa fusión de las tradiciones culinarias de los taínos (los indígenas de la isla), los españoles y los africanos. Se prepara con ingredientes frescos (*fresh*) como maíz, batata (*sweet potato*) y carne de cerdo (*pork*). Las frutas tropicales —el coco, la piña, la papaya y el mango— forman la base de muchos postres (*desserts*).

▶ El mofongo, un plato a base de puré de plátano verde (*green plaintain*), tiene sus orígenes en África.

La historia

Los taínos son los habitantes nativos de Borinquén (el nombre indígena de Puerto Rico). Cristóbal Colón llega a la isla (*island*) en 1493 y a esta fecha siguen (*there follow*) 400 años de dominación española. Puerto Rico pasa a ser territorio de los Estados Unidos en 1898. Hoy es un Estado Libre Asociado, o *commonwealth*. Los residentes son ciudadanos (*citizens*) de los Estados Unidos, pero no pueden votar en las elecciones presidenciales.

▶ Puerto Rico tiene dos idiomas oficiales: el inglés y el español.

Los deportes

Puerto Rico es la cuna (*birthplace*) de numerosos atletas de fama internacional. Probablemente el deporte más importante es el béisbol. Desde 1942, más de 240 puertorriqueños han jugado (*have played*) en las ligas profesionales de los Estados Unidos. Otros deportes populares incluyen el baloncesto, el boxeo, el vóleibol, el tenis y el fútbol.

▶ El gran jugador y humanitario Roberto Clemente es el primer latinoamericano elegido (*elected*) al Salón de la Fama del Béisbol.

El mundo es un pañuelo (*It's a small world*)

Lee la información y completa las oraciones para comparar Puerto Rico con el resto de los Estados Unidos. (*Note: Use your personal knowledge to complete the parts about the United States.*)

1. Una playa popular en Puerto Rico es...; un lugar (*place*) similar en los Estados Unidos es...

2. En Puerto Rico,... es una de las bases de la economía. En los Estados Unidos, una base económica importante es...

3. La cocina de Puerto Rico representa una combinación de tres culturas: ... En los Estados Unidos, la influencia de... es evidente en la cocina del país.

4. Los primeros habitantes de Puerto Rico son... Los primeros habitantes en Estados Unidos incluyen...

5. En Puerto Rico, los idiomas (*languages*) oficiales son... En los Estados Unidos,... es el idioma que se usa más.

6. En Puerto Rico,... es el deporte más importante; una de sus figuras legendarias es... En los Estados Unidos,... es el deporte más importante. Una figura legendaria es...

This is a pair activity for **Estudiante A** and **Estudiante B.**

If you are **Estudiante A,** use the information below.

If you are **Estudiante B,** turn now to Appendix A at the end of the book.

¡Vamos a hablar!

Contexto: In this activity, you (**Estudiante A**) and your partner will become better acquainted with two celebrities from Puerto Rico. Each one of you has a chart with partial information. By taking turns asking and answering questions, the two of you will share the information needed to complete the chart.

You will begin by asking your partner a question about Daddy Yankee.

MODELO
ESTUDIANTE A: ¿Cuál es el nombre completo de Daddy Yankee?
ESTUDIANTE B: Se llama...

Daddy Yankee

▸ **Nombre completo:** _____

▸ **Edad** *(Age):* _____

▸ **Ciudad de origen:** _____

▸ **Familia: Nombre de su esposa** _____
  Número de hijos _____

▸ **Profesión:** _____

▸ **Información de interés:** _____
_____

La India

▸ **Nombre completo:** Linda Viera Caballero.

▸ **Fecha de nacimiento:** 9 de marzo de 1969.

▸ **Lugar de nacimiento:** Río Piedras, Puerto Rico.

▸ **Familia:** Casada con Louis Vega (1989) y divorciada en 1996.

▸ **Profesión:** Cantante de música salsa y otros géneros. Tiene un estilo emocional y original.

▸ **De interés:** Empezó *(She began)* su carrera en la ciudad de Nueva York. Es conocida como "La Princesa de la Salsa" por sus colaboraciones con muchos célebres artistas, tales como Tito Puente, Celia Cruz, Gloria Estefan y Marc Anthony.

¡Vamos a ver!

Episodio 1 • En la Hacienda Vista Alegre

Anticipación

A. Hablando se entiende la gente. Habla con un(a) compañero(a). Describe a tus cantantes, actores o escritores favoritos. Incluye detalles sobre su origen, edad, estado civil, familia y personalidad. ¿Por qué son tus favoritos?

B. ¿Cómo se dice...? Expresiones útiles. Relaciona (*Match*) las frases de la primera columna con las expresiones de la segunda.

_____ 1. ¿Qué te parece la casa?   a. Un poquito largo.

_____ 2. ¿Qué tal el viaje?   b. Es muy bonita.

_____ 3. ¡Bienvenido(a)!   c. Encantado(a) de conocerte.

_____ 4. Te presento a Julián.   d. Muchas gracias.

▶ Vamos a ver

C. La Hacienda Vista Alegre. Mira el Episodio 1 del vídeo y observa la foto. ¿Cómo se llaman los personajes (*characters*) del episodio? ¿De qué nacionalidad son?

Nombres: Alejandra, Antonio, Javier, Sofía, Valeria

Nacionalidades: argentino, colombiana, española, mexicano, venezolana

D. ¿Cómo son? Después de ver el episodio, escribe dos o tres oraciones sobre cada personaje. Describe su estado físico y emocional, estado civil, edad y ocupación. Con un(a) compañero(a), compara y comenta tus respuestas.

En acción

E. Charlemos. Comenta con tus compañeros(as).

1. ¿Cómo se saludan los personajes (*characters*)? ¿Cuántos besos (*kisses*) se dan para saludarse? ¿Hay alguna diferencia entre (*between*) la forma hispana de saludarse y la de tu país?

2. A primera vista (*At first glance*), ¿qué personaje te gusta más? ¿Por qué? ¿Qué quieres saber (*do you want to know*) sobre los personajes de la Hacienda Vista Alegre?

F. 3, 2, 1 ¡Acción! Interpreten la siguiente situación en grupos de tres o cuatro estudiantes.

Ustedes están en la Hacienda Vista Alegre y van a conocer a nuevos amigos. Saluden a sus compañeros. Pregunten de dónde son, dónde viven, su edad, etcétera. Conversen con sus compañeros sobre la familia y los pasatiempos.

¡Vamos a repasar!

A. En una recepción. Tus compañeros de clase y tú están en Puerto Rico, donde van a tomar clases de español en la universidad. Ahora (*Now*), están en una recepción para nuevos (*new*) estudiantes. Sigan las instrucciones para dramatizar la situación.

1. Primero, crea (*create*) una nueva identidad. Usa la imaginación para completar el formulario de una manera interesante y creativa.

2. Con tus compañeros de clase, imaginen que están en la recepción para nuevos estudiantes. Sigan las instrucciones y circulen por la clase.

   - Saluda (*Greet*) y preséntate (*introduce yourself*) a varias personas. (Hola, me llamo...)
   - Haz (*Ask*) preguntas personales. (¿De dónde eres? ¿A qué universidad asistes? ¿Dónde vive tu familia?)
   - Haz preguntas sobre los pasatiempos. (¿Te gusta...? ¿Qué más te gusta hacer en tu tiempo libre?)
   - Termina (*Conclude*) la conversación de una manera natural. (Bueno, hablamos más tarde. / Nos vemos en clase mañana.)
   - Repite el proceso con cuatro o cinco personas.

> Nombre: _____
>
> Ciudad de origen (*City of origin*): _____
>
> Edad (*Age*): _____
>
> Universidad: _____
> _____
>
> Familia: Vive en _____:
> Tengo _____ hermanos.
> Pasatiempos: _____

B. Baldo. *Baldo* es una tira cómica creada por Héctor Cantú y Carlos Castellanos. Baldo tiene quince años y es latino. Vive con su hermana menor, su papá y la tía del papá. Lee estas dos tiras cómicas de Baldo y contesta las preguntas.

Vocabulario útil: oye, loco *hey, dude*
                          piérdete *get lost*

1. ¿Con quién está Baldo: con un amigo o con un hermano? ¿Qué hacen: patinan o nadan?

2. ¿Tiene Baldo novia? ¿Por qué Sylvia Sánchez no es su novia?

3. ¿Quién es Beatriz? ¿Por qué Beatriz no es su novia?

4. ¿Cuál es el nombre completo de Baldo? ¿Y de la chica en bikini?

5. ¿Cómo está Baldo cuando conversa con la chica en bikini?

6. ¿Cómo se llama el compañero de Baldo? ¿Se llama James o Piérdete u otro *(some other)* nombre? ¿Cuál es su apellido?

C. ¡Sabelotodo! *(Know-it-all!)* To play, form teams of two or three students. Two teams face off and another student, acting as the moderator, directs the play. Team A chooses a question (for example: **El tiempo libre por $10**) and the moderator reads the question aloud. The members of Team A collaborate and answer within 30 seconds. The moderator uses the answer key provided by the instructor to check the answer. If the answer is correct, Team A wins the money; if not, Team B has a chance to steal it. For the next round, Team B chooses the question.

	Paso preliminar	Información básica	La familia y los amigos	El tiempo libre	Los verbos y las preguntas	Puerto Rico
$10	¿Es masculino o femenino? **calendario; mochila**	¿Cuáles son tres saludos *(greetings)*?	¿Qué significan en inglés? **vecino; novio**	Nombra *(Name)* cuatro deportes.	¿Cuál es la forma **yo** en el presente? **ir; ser; estar**	¿Cuál es la capital de Puerto Rico?
$25	¿Cuál es el plural? **estudiante; profesor**	¿Se usa **tú** o **usted**? con un(a) compañero(a) de clase; con tu profesor(a)	¿Cuáles son seis miembros *(members)* de una familia? (Incluye **el/la**.)	¿Qué verbos usamos en estas oraciones? Yo___ música. Tú ___de compras.	¿Cómo se dice en español? *Who? When? Why?*	¿Cómo se llama el legendario jugador de béisbol, el primer latinoamericano en el Salón de la Fama?
$50	Cuenta de 10 a 100, de diez en diez. *(Count by tens to 100.)*	¿Cómo se expresa este número de teléfono? (803) 545-9316	¿Cómo se dice en español? *our family; his sisters; María's father*	¿Se dice **me gusta** o **me gustan**? patinar; los deportes	Conjuga el verbo en el presente. **pasar**	¿Qué deportes son populares en Luquillo?
$75	¿Cómo se dice en español? *I have a question.*	¿Cómo se dice en español? *Where are you (informal) from? What year are you in?*	Describe a tu amigo con esta información: Juan; Puerto Rico; 19 años.	¿Qué verbos usamos en estas oraciones? Nosotros ___ en bicicleta. Ellos ___ sobre hielo.	Conjuga los verbos en el presente. **leer; escribir**	Nombra *(Name)* las tres culturas que tienen mucha influencia en la cocina criolla de Puerto Rico.
$100	¿Cuáles son 10 cosas en la sala de clase? (Incluye **un/una**.)	¿Cuál es el apellido de nuestro(a) profesor(a)? ¿Cómo se escribe?	Describe las actividades de tu familia en oraciones completas con estos verbos: **comer, mirar.**	¿Cómo se dice en español? *never; often; sometimes*	¿Cómo se dice en español? *Do your parents like to dance?*	¿Cuál es el nombre taíno (indígena) de Puerto Rico?

Vocabulario

Sustantivos

la **actividad** *activity*
el **apartamento** *apartment*
el **apellido** *surname, last name*
la **biblioteca** *library*
la **calle** *street*
la **canción** *song*
la **casa** *house*
el **colegio** *elementary school, high school*
la **comida** *food*
la **compañía** *company*
la **computadora** *computer*
el **cuarto** *room*
el **dato** *fact, information*
el **deporte** *sport*
la **dirección** *address*
la **familia** *family*
la **fiesta** *party*
el **fin de semana** *weekend*
el **fútbol** *soccer*
el **fútbol americano** *football*
el **gimnasio** *gym*
la **gramática** *grammar*
el **inglés** *English (language)*
la **música** *music*
el **nombre** *name*
el **número** *number*
el **parque** *park*
el **partido** *game*
la **película** *movie*
la **poesía** *poetry*
la **pregunta** *question*
el (la) **profesor(a)** *professor, teacher*
la **red social** *social network*
la **residencia estudiantil** *residence, dormitory*
la **respuesta** *response, answer*
el **restaurante** *restaurant*
el **semestre** *semester*
la **televisión** *television*
el **tenis** *tennis*
el **tiempo libre** *free time*
la **universidad** *university*
el (la) **vecino(a)** *neighbor*

Verbos

aprender *to learn*
asistir *to attend*
bailar *to dance*
cantar *to sing*
comer *to eat*
comprender *to understand*
contestar *to answer*
correr *to run*
escribir *to write*
escuchar *to listen to*
estar *to be*
estudiar *to study*
gustar *to like, to be pleasing*
hablar *to talk, to speak*
hacer ejercicio *to exercise, to do exercise*
ir *to go*
jugar (ue) *to play*
leer *to read*
limpiar *to clean*
mirar *to watch, to look at*
montar en bicicleta *to ride a bike*
nacer *to be born*
necesitar *to need*
pasar *to spend (time)*
patinar (sobre hielo) *to (ice) skate*
practicar *to play (a sport), to practice*
regresar *to return, to go back*
ser *to be*
tener *to have*
tener calor/frío *to be hot/cold*
tener cuidado *to be careful*
tener ganas de + *infinitive* *to feel like (doing something)*
tener hambre/sed *to be hungry/thirsty*
tener miedo *to be afraid*
tener prisa *to be in a hurry*
tener razón *to be right*
tener sueño *to be sleepy*
tocar *to play (a musical instrument)*
tomar *to take; to drink*
trabajar *to work*
visitar *to visit*
vivir *to live*

Otras palabras

a menudo *often, frequently*
a veces *sometimes*
algo *something, anything*
bien *well, fine*
casado(a) *married*
casi nunca *hardly ever*
cerca (de) *close (to)*
con *with*
divorciado(a) *divorced*
entre semana *during the week*
juntos(as) *together*
lejos (de) *far (from)*
mal; malo(a) *bad*
mucho(a) *much, a lot*
normalmente *usually, normally*
nuevo(a) *new*
nunca *never*
poco(a) *little, not much*
por la mañana *in the morning*
por la noche *in the evening*
por la tarde *in the afternoon*
soltero(a) *single*
todos los días *every day*
un poco (de)... *a little (of) . . .*
vuestro(a) *your (informal, plural)*
y *and*

Music: p. 12
Greetings and introductions: pp. 14–15
Titles of address: p. 14
Feelings (Adjectives): p. 15
Numbers: p. 19
Family members and friends: p. 25
Free-time activities: p. 36
Question words: p. 43

For further review, please turn to **Vocabulario temático: español e inglés** at the back of the book.

Go to the *Puentes* website for extra vocabulary practice using the Flashcard program.

¡De viaje!

CAPÍTULO 2

Blend Images / Alamy

For a selection of musical styles from this chapter's country of focus, access the **Puentes**, Sixth Edition, iTunes playlist at www.cengagebrain.com

OBJETIVOS

Speaking and Listening
▶ Telling time and giving dates
▶ Making travel and hotel arrangements
▶ Using numbers from hundreds to millions

Culture
▶ Popular vacation destinations in Spanish-speaking countries
▶ Mexico

Grammar
▶ Verb phrases (conjugated verb + infinitive)
▶ Stem-changing verbs in the present tense (e → ie; o → ue; e → i)
▶ Irregular verbs in the present tense

Video
▶ Imágenes de México
▶ En la Hacienda Vista Alegre: Episodio 2

Gramática suplementaria
▶ El futuro

Cuaderno de actividades

Reading
▶ Strategy: Scanning for detail

Writing
▶ Strategy: Keys to composing social correspondence

Playlist
🌐 www.cengagebrain.com

A primera vista

Espíritu aventurero

En España y las Américas los destinos turísticos son innumerables. Hay ciudades grandes, playas espectaculares y montañas impresionantes. ¿Qué lugares *(places)* quieres visitar?

Para hablar de los destinos turísticos:

- ▶ **Lugares turísticos:** la playa, las montañas, las ciudades grandes, las zonas arqueológicas
- ▶ Uno de mis destinos favoritos es… *One of my favorite places to go is…*
- ▶ En el centro, hay mercados / restaurante / tiendas. *In the center (downtown), there are markets / restaurantes / stores.*
- ▶ Es interesante visitar los museos / los teatros / los monumentos históricos. *It's interesting to visit the museums / theaters / historic monuments.*
- ▶ Está cerca de muchos lugares turísticos / un parque nacional. *It's near many tourist sites / a national park.*
- ▶ Es muy bonito(a) / fascinante / impresionante. *It's very pretty / fascinating / impressive.*

A. ¿Comprendes? Lee la información sobre los destinos turísticos en la página 55. Luego mira la lista de palabras. ¿Con cuál(es) de estos destinos asocias las palabras: México, El Yunque o Boston?

playas bonitas	un mercado histórico	una zona arqueológica
una ciudad grande	un parque nacional	buenos restaurantes
turismo ecológico	un centro histórico	museos

B. Comparaciones. Vamos a comparar *(Let's compare)* algunos destinos turísticos de los Estados Unidos y de los países hispanos. Trabajando con un(a) compañero(a), completen las oraciones con información sobre diferentes lugares turísticos.

1. Cancún es un destino popular en México. Una playa popular en los Estados Unidos es _____. Está en el estado *(state)* de _____. Es una playa _____. Está cerca de _____.
2. En Puerto Rico, muchos turistas visitan el Parque Nacional El Yunque. En los Estados Unidos, muchos turistas visitan el parque nacional _____. En este parque es interesante ver _____.

C. ¿Qué dices tú? Con un(a) compañero(a), contesten las preguntas para hablar sobre sus destinos turísticos favoritos.

- ▶ ¿Cuál es uno de tus destinos favoritos?
- ▶ ¿Dónde está?
- ▶ ¿Por qué te gusta?

🌐 Tamara Rodríguez MÉXICO

Hola. Me llamo Tamara Rodríguez. Yo soy de Monterrey, Nuevo León, México. Mi destino turístico favorito en México es Cancún. Primero, sus playas son bellísimas y sus restaurantes, riquísimos. También tiene zonas arqueológicas que puedes visitar, como Tulum, donde la pasas muy bien y aprendes mucho.

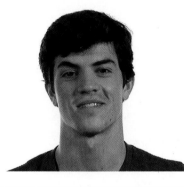

🌐 Juan Rodríguez PUERTO RICO

Me llamo Juan Carlos Rodríguez. Yo soy de San Juan, Puerto Rico. Mi destino turístico favorito es mi isla de Puerto Rico. Hacia el noroeste de la isla está el Parque Nacional El Yunque. Ahí puedes caminar por el bosque y hacer varios tipos de turismo ecológico. Por ejemplo, uno puede ver diferentes animales y diferentes plantas. Uno también se puede meter al agua, que me fascina.

🌐 John Andrews ESTADOS UNIDOS

Me llamo John y soy estudiante en una universidad en Boston. No soy de Boston originalmente, pero creo que Boston es un lugar fantástico. Me gustan los edificios históricos; por ejemplo, el mercado Faneuil Hall. Faneuil Hall está en el centro de la ciudad y tiene muchos restaurantes y tiendas.

D. Después de ver los vídeos. Completa la tabla con la información de los tres entrevistados *(interviewees)*.

	¿De dónde es?	¿Qué le gusta hacer en su tiempo libre?	¿Qué lugares turísticos y actividades menciona?
Tamara			
Juan			
John			

Vocabulario temático

In this *Paso* you will practice:

▶ Telling time
▶ Giving the date
▶ Making travel arrangements

Grammar:

▶ Verb phrases
▶ Stem-changing verbs in the present tense (e → ie; o → ue; e → i)

🌐 Go to the *Puentes* website for extra vocabulary practice using the Flashcard program.

The English equivalents to all **Vocabulario temático** lists are found at the back of the book.

Use the singular verb form **es** with **una**, **mediodía**, and **medianoche**, and the plural form **son** with all other hours.

To tell time up to 30 minutes past the hour, add **y** + *minutes/fraction of the hour:* **la una y cuarto/quince** (1:15); **las dos y veinte** (2:20); **las ocho y media** (8:30). For times greater than 30 minutes, use **menos: las dos menos veinte** (1:40); **las nueve menos cinco** (8:55). You can also say **la una y cuarenta** and **las ocho y cincuenta y cinco**.

Cómo hablar de horarios *(Talking about schedules)*

CD1
Track 1-32

—¿A qué hora sale *el vuelo 245?*

—Sale a *la una.*

—¿A qué hora llega?

—Llega a *las tres.*

—¿A qué hora abre *el museo?*

—Abre a *las nueve y media.*

—¿A qué hora cierra?

—Cierra a *la una y media.*

Cómo decir la hora *(Telling time)*

CD1
Track 1-33

—¿Qué hora es? / Perdón, ¿me puede decir la hora?

Es mediodía.   **Es la una.**   **Es la una y media.**   **Son las dos.**

Son las dos y cuarto. / Son las dos y quince.   **Son las cinco.**   **Son las ocho menos veinte. / Son las siete y cuarenta.**   **Es medianoche.**

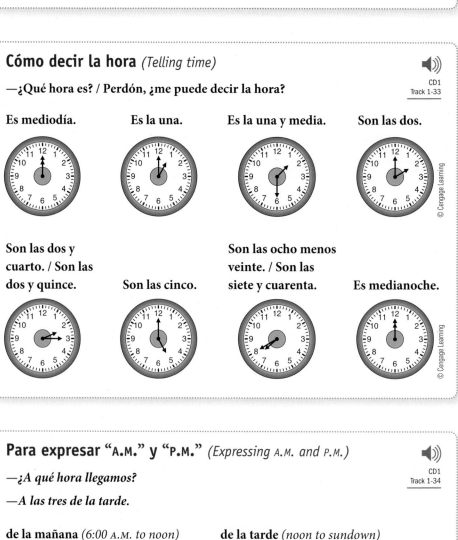

Para expresar "A.M." y "P.M." *(Expressing A.M. and P.M.)*

CD1
Track 1-34

—¿A qué hora llegamos?

—*A las tres de la tarde.*

de la mañana *(6:00 A.M. to noon)*   **de la tarde** *(noon to sundown)*

de la noche *(sundown to midnight)*   **de la madrugada** *(early morning hours)*

CD1
Track 1-35

2-1 La estación de autobuses. En México es muy popular viajar en autobús. Con frecuencia, se usa el sistema de 24 horas para expresar los horarios. Escucha los anuncios en la estación de autobuses. Completa la tabla con las horas adecuadas. Escribe la hora en el sistema de 24 horas y también en el sistema de 12 horas.

In Spain and Latin America the 24-hour system of telling time is frequently used to give schedules for movies and theater functions as well as arrival and departure times for buses, trains, and planes. To convert the 24-hour clock, subtract 12:00 from the hour. For example, if flight #752 arrives at 22:05, it is expected at 10:05 P.M.

MODELO **You hear:** Señores pasajeros, el autobús para Cuernavaca sale a las veintidós horas, de la plataforma número 3.

You write the time two ways: 22 h; 10:00 P.M.

Autobús	Salida *(Departure)*	
	Reloj de 24 horas	Reloj de 12 horas
MODELO Cuernavaca	22 h	10:00 P.M.
1. Puebla		
2. Acapulco		
3. Veracruz		
4. Mérida		
5. Guadalajara		

2-2 Es cuestión de horas. Completa las conversaciones de una manera lógica. (**¡Ojo!** *Refer to the times indicated in parentheses and spell out any numbers.*)

1. En el aeropuerto

   TURISTA: Por favor, ¿ _____ qué hora sale el vuelo 339 a Cancún?

   AGENTE: Sale a _____ dos y _____. (2:30)

2. En el hotel

   TURISTA: ¿A qué _____ abre el museo?

   EMPLEADO: Abre a las _____ (9:00). Y _____ a _____ una (1:00).

3. En la agencia de viajes

   TURISTA: La excursión a Veracruz sale a las _____, ¿verdad? (11:00)

   AGENTE: Sí, pero es mejor *(it's better)* estar aquí a las once _____ cuarto. (10:45)

4. En el autobús

   TURISTA: Perdón, ¿a _____ hora llegamos?

   CHOFER: Llegamos a Chihuahua _____ las cinco y _____ de la _____. (5:15 P.M.)

5. En el teléfono

   TURISTA: ¿A qué hora _____ el vuelo 1704?

   AGENTE: Sale a las _____ y cinco de la _____. (10:05 P.M.) _____ a Veracruz a _____. (12:00 A.M.)

2-3 Los vuelos. Estás en la capital de México —el Distrito Federal— y quieres *(you want)* visitar otras ciudades. Con un(a) compañero(a), usen el horario de vuelos de Aeromexicano para formar diálogos entre tú y un(a) agente de viajes. Sigan el modelo.

MODELO

> Tú: ¿A qué hora sale el vuelo a Acapulco?
>
> AGENTE: Tenemos dos vuelos a Acapulco. El vuelo setenta y tres sale a las diez y cuarto y llega a las once y veinte. El vuelo sesenta y seis sale a las tres y cuarto y llega a las cuatro y media.

Aeromexicano

Vuelo	Origen	Destino	Salida	Llegada
73	México DF	Acapulco	10:15	11:20
66	México DF	Acapulco	15:15	16:30
52	México DF	Guadalajara	17:00	18:15
98	México DF	Guadalajara	19:00	20:25
40	México DF	Monterrey	6:00	7:30
85	México DF	Monterrey	11:00	13:30

© Cengage Learning

2-4 Perdón, ¿me puede decir la hora? Trabajas en el aeropuerto de Miami, Florida, donde varios turistas te preguntan la hora. Con un(a) compañero(a), usa los relojes para contestar sus preguntas.

MODELO

> TU COMPAÑERO(A): Perdón, ¿me puede decir la hora?
>
> TÚ: Es la una y veintiocho.

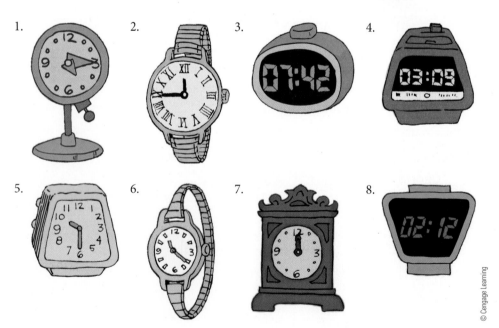

Vocabulario temático

Los días de la semana *(Days of the week)*

CD1
Track 1-36

—¿Qué día es hoy?

—Hoy es *lunes.*

lunes	martes	miércoles	jueves	viernes	sábado	domingo

Museo de Historia
Abierto todos los días, excepto los domingos.

© Cengage Learning

—¿Cuándo está abierto *el museo?*

—Está abierto *todos los días, de lunes a sábado.*

—¿Cuándo está cerrado?

—Está cerrado *los domingos.*

Note: The first day of the week is usually **lunes.**

Los meses del año *(Months of the year)*

CD1
Track 1-37

—¿Qué fecha es hoy?

—Es el *25 (veinticinco)* de *noviembre.*

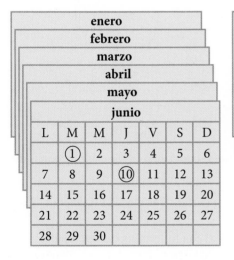

| enero |
| febrero |
| marzo |
| abril |
| mayo |
| junio |

L	M	M	J	V	S	D
	①	2	3	4	5	6
7	8	9	⑩	11	12	13
14	15	16	17	18	19	20
21	22	23	24	25	26	27
28	29	30				

| julio |
| agosto |
| septiembre |
| octubre |
| noviembre |
| diciembre |

L	M	M	J	V	S	D
	1	2	3	4	5	6
7	8	9	10	11	12	13
14	15	16	17	18	19	20
21	22	23	24	25	26	27
28	29	30	31			

Use the cardinal numbers for most dates: **el cinco (5) de octubre, el veinte (20) de diciembre.** But say **primero** for the first day of the month: **el primero de febrero.** Give years as any other large number, NOT in groups of two: **1935 = mil novecientos treinta y cinco; 2015 = dos mil quince.**

—¿Cuándo salimos para *Mérida?*

—Salimos el *martes, primero de junio.*

—¿Cuándo regresamos?

—Regresamos el *jueves, diez de junio.*

CD1
Track 1-38

2-5 El conserje (*The concierge*). Tres turistas tienen reservaciones para el Hotel Sevilla Palace en el Distrito Federal de México. Escucha y escribe en español toda la información.

Nombre	Número de personas	Habitación sencilla (*single*) o doble (*double*)	Día y fecha de llegada	Hora de llegada
1.				
2.				
3.				

2-6 Los exploradores. El Club de Viajes ofrece varias excursiones este año. ¿Cuándo son? Lee la información y completa las oraciones de una manera lógica. Escribe los números en palabras.

MODELO El tour a Panamá sale <u>el seis de septiembre</u> y regresa <u>el veinticuatro de septiembre</u>.

> When dates are written as numerals in Spanish, the day is placed before the month. For example: **06/09/13 = el seis de septiembre del 2013.**

CLUB DE VIAJES

Programación para el año

¡Hagan sus reservaciones hoy!

DESTINOS	SALE	REGRESA
Panamá	6/9	24/9
Chile	31/1	11/2
Colombia	30/3	7/4
Honduras	24/6	2/7
Costa Rica	1/8	22/8

© Cengage Learning

1. El tour a Chile sale _____ y regresa _____.
2. Salimos para Colombia _____ y regresamos _____.
3. La excursión a Honduras sale _____ y regresa _____.
4. Salimos para Costa Rica _____ y regresamos _____.

2-7 Nuestras preferencias. Conversa con un(a) compañero(a) de clase sobre sus días y meses favoritos.

1. ¿Qué día de la semana prefieres? ¿Por qué te gusta? ¿Qué día te gusta menos? Explica por qué.
2. ¿Qué día de la semana estás súper ocupado(a) con tus clases y tus actividades? ¿A qué hora sales de casa (o residencia) ese día (*on that day*)? ¿A qué hora regresas?
3. ¿Qué mes prefieres? Explica por qué te gusta.
4. ¿En qué mes te gusta viajar? ¿Adónde te gusta ir?

> To answer question 2, use the irregular verb form **salgo: Salgo de casa a las...** *I leave the house at* . . .

2-8 Una atracción turística popular. Estás en México, D.F., y quieres visitar unas atracciones turísticas populares de la capital. Lee este anuncio para el Museo Nacional de Antropología. Con tu compañero(a), contesta las preguntas.

Museos de la Ciudad de México

Hay muchos museos en la capital. Puedes encontrar obras de arte, artefactos antiguos, tecnología y mucho más. A continuación tienes una lista de los museos principales:

Museo Nacional de Antropología

Dirección:	Paseo de la Reforma y Calzada Gandhi
Teléfono:	35-33-23-16
Horario:	De martes a domingo de 10:00 a.m. a 6:30 p.m. El lunes está cerrado.
Costo de admisión:	Entrada general $51.00.
Reseña:	Exposiciones sobre la cultura prehispánica y la de los pueblos indígenas actuales. Conferencias y visitas guiadas.

© Cengage Learning

The symbol **$** stands for **pesos** in Mexico.

1. ¿Qué días está abierto el Museo de Antropología? ¿A qué hora abre? ¿A qué hora cierra? ¿Dónde está? ¿Qué número necesitas llamar para más información? ¿Qué exposiciones tienen?

2. ¿Cuál es la atracción turística más popular de tu ciudad? ¿Qué días está abierta? ¿A qué hora abre y a qué hora cierra? ¿Por qué es tan popular?

COMENTARIO CULTURAL *El calendario maya*

¿Qué culturas indígenas vivían *(lived)* en tu estado antes de la época colonial? ¿Qué sabes sobre su estilo de vida *(way of life)*?

Varias civilizaciones indígenas existían en México y Centroamérica antes de la llegada de los españoles. La civilización de los mayas era *(was)* una de las más avanzadas. Sus cálculos exactos en la astronomía sorprenden a los científicos.

© Cengage Learning

Su calendario solar, el **haab,** es más preciso que el calendario que usamos hoy. El año de 365 días se divide en 18 meses de 20 días cada uno, más 5 días al final. Otro calendario maya (que todavía se usa en algunas comunidades mayas) es el **tzolkin,** basado en un ciclo de 260 días.

Vocabulario temático

Para planificar un viaje *(Making travel plans)*

AGENTE:	**¿En qué puedo servirle?**
TURISTA:	**Me gustaría hacer una excursión este fin de semana. ¿Qué me recomienda?**
AGENTE:	**¿Prefiere ir a la playa, o visitar una zona arqueológica?**
TURISTA:	**Quiero visitar una zona arqueológica.**
AGENTE:	**Le recomiendo la excursión a Chichén Itzá.**

CD1
Track 1-39

TURISTA:	**¿Cuándo sale la excursión?**
AGENTE:	**Sale el viernes a las ocho de la mañana. Regresa el domingo por la noche.**

TURISTA:	**¿Cuánto es la excursión?**
AGENTE:	**El paquete cuesta cinco mil pesos.**

TURISTA:	**¿Qué está incluido en el paquete?**
AGENTE:	**Incluye el transporte, el hotel y los desayunos. El transporte es en *autobús*.**
	tren
	avión

AGENTE:	**¿Cómo quiere pagar?**
TURISTA:	**Voy a pagar *en efectivo*.**
	con tarjeta de crédito/débito
	con cheque de viajero

Planes, preferencias y obligaciones: las frases verbales

A. El futuro. To talk about what you are going to do in the future, use the verb phrase: **ir** + **a** + infinitive.

> **Voy a hacer** una excursión a Taxco en abril.
> *I'm going to take an excursion to Taxco in April.*

Heinle Grammar Tutorial: The uses of the infinitive

B. Los planes. In addition to **ir,** several other verbs can be used to express future plans. Notice that you conjugate the first verb of the phrase and leave the second one in its infinitive form (ending in -**ar,** -**er,** or -**ir**).

▸ **esperar** + infinitive *(to hope to do something)*
Espero visitar el famoso museo en la capital.
I hope to visit the famous museum in the capital city.

▸ **pensar** + infinitive *(to plan on doing something)*
Pienso salir el viernes y regresar el domingo.
I plan to leave on Friday and return on Sunday.

C. Las preferencias. Other verb phrases are used to express your wishes or desires. With these phrases you must conjugate the first verb, but leave the second one in its infinitive form.

▸ **preferir** + infinitive *(to prefer to do something)*
Prefiero comer en el restaurante Tío Lucho.
I prefer to eat at Tío Lucho's Restaurant.

▸ **Me gustaría** + infinitive *(I would like to . . .)*
Me gustaría viajar en primera clase.
I would like to travel in first class.

▸ **querer** + infinitive *(to want to do something)*
Quiero salir el 8 de junio.
I want to leave on June 8th.

D. Las obligaciones. Here are three ways to express obligations.

▸ **deber** + infinitive *(must/should do something)*
Debo hacer las reservaciones.
I should make the reservations.

▸ **necesitar** + infinitive *(to need to do something)*
Necesito salir por la mañana.
I need to leave in the morning.

▸ **tener** + **que** + infinitive *(to have to do something)*
Tengo que hablar con el agente.
I have to talk with the travel agent.

🔊
CD1
Track 1-40

2-9 Una excursión a la playa. Escucha la conversación entre el señor Santana y una agente. Completa las oraciones de una manera lógica, según la información.

___ 1. El señor Santana quiere…
    a. regresar a los Estados Unidos.
    b. hacer una excursión.
    c. viajar en avión.

___ 2. La señorita le recomienda…
    a. pagar en efectivo.
    b. ir a Playa del Carmen.
    c. viajar en tren.

___ 3. El paquete NO incluye…
    a. la comida.
    b. el transporte.
    c. el hotel.

___ 4. El señor Santana prefiere salir…
    a. el sábado y regresar el lunes.
    b. el jueves y regresar el viernes.
    c. mañana y regresar la próxima semana.

___ 5. Al Sr. Santana le gustaría hacer la excursión pero primero *(first)* tiene que…
    a. pagar en efectivo.
    b. leer sobre el parque Xcaret.
    c. hablar con su esposa.

2-10 Una excursión a Barranca del Cobre. Mariluz habla con un agente para planificar una excursión a Barranca del Cobre *(Copper Canyon)*. Relaciona las dos columnas de una manera lógica.

AGENTE

___ 1. ¿En qué puedo servirle?

___ 2. ¿Para cuántas personas?

___ 3. ¿Cuándo piensa hacer la excursión?

___ 4. ¿Prefiere la excursión de cinco o siete días?

___ 5. ¿Le gustaría hacer el viaje al cañón en tren?

___ 6. Le recomiendo nuestro paquete clásico. ¿Está bien?

___ 7. ¿Quiere reservar la excursión?

___ 8. ¿Cómo quiere pagar?

MARILUZ

a. De una semana completa.

b. Me gustaría hacer una excursión a Barranca del Cobre.

c. Para dos: para mi esposo y para mí.

d. La próxima semana.

e. Sí, debo hacer las reservaciones hoy.

f. Sí, claro. Es más interesante, ¿no?

g. Voy a pagar con tarjeta de débito.

h. ¿Cuánto cuesta el paquete?

2-11 ¿Para ir a Morelia, Michoacán? Estás estudiando en México y quieres hacer una excursión a Morelia, en el estado de Michoacán. Completa el diálogo con el agente de viajes.

1. AGENTE: ¿En qué puedo servirle?
   Tú: _____

2. AGENTE: ¿Cuántos días piensa estar en Morelia?
   Tú: _____

3. AGENTE: ¿Cuándo quiere ir?
   Tú: _____

4. AGENTE: ¿Le gustaría visitar las zonas arqueológicas? Están a 60 kilómetros.
   Tú: _____

5. AGENTE: Le recomiendo nuestro paquete para estudiantes. Todo está incluido.
   Tú: ¿_____?
   AGENTE: Dos mil pesos.

6. AGENTE: ¿Cómo quiere pagar?
   Tú: _____

2-12 Con el agente de viajes. La Srta. Salas está hablando con un agente de viajes para planificar su viaje. Con un(a) compañero(a) de clase, dramatiza la conversación. Tienen que incorporar la información en las imágenes.

© Cengage Learning

2-13 Unas vacaciones de ensueño (Dream vacation). Participas en un concurso (game show) en la televisión y ganas (you win) $5000 para hacer un viaje fabuloso. Describe tus planes para este viaje. Compara tus planes con los de un(a) compañero(a) de clase.

1. Para mis vacaciones de ensueño, pienso ir a _____. ¿Y tú? ¿Adónde piensas ir?
2. Quiero pasar _____ semanas allí. ¿Y tú? ¿Cuánto tiempo quieres pasar en tu destino?
3. La primera (first) semana, espero _____ y _____. ¿Y tú? ¿Qué esperas hacer la primera semana de tus vacaciones?
4. El resto del tiempo me gustaría _____ y _____. ¿Y a ti? ¿Qué más (What else) te gustaría hacer?

Gramática

Heinle Grammar
Tutorial: The present
indicative tense

CD1
Track 1-41

🔊 Los verbos con cambio en la raíz en el tiempo presente

Listen and read along as Marcos and Laura discuss their plans for the upcoming break. Find examples in the present tense of the following verbs: **empezar, pensar, poder, preferir, querer, volver.** What looks different about the way these verbs are conjugated?

MARCOS: Oye, Laura. Las vacaciones empiezan muy pronto. ¿Qué piensas hacer?

LAURA: Voy a la playa Progreso. Salgo el próximo domingo y vuelvo el sábado.

MARCOS: Todos dicen que es un pueblo muy tranquilo.

LAURA: Sí, es cierto. Puedo dormir y descansar *(rest)* toda la semana. Y tú, Marcos, ¿qué vas a hacer?

MARCOS: Bueno, yo prefiero las vacaciones más activas. Quiero ir a Tulum y explorar las ruinas mayas.

A. Verbos con cambios en la raíz. In Spanish, all infinitives are composed of two parts: a stem (or root) and an ending.

Infinitive	Stem	+	Ending
pensar	pens-		ar
volver	volv-		er
preferir	prefer-		ir

When certain verbs are conjugated in the present tense, the stressed vowel in the stem undergoes a change. For example, the **e** in **pensar** changes to **ie**:

Infinitive	Stem	Stem change	Example of conjugated form
pensar	pens-	piens-	¿Qué p**ie**nsas hacer?

B. Los tres tipos de verbos. There are three basic patterns of "stem-changing verbs" or **verbos con cambio en la raíz.** They are identified in the glossary and in most dictionaries with cues in parentheses like this: **pensar (ie); volver (ue); servir (i).** Notice that the stem changes occur when the verb is conjugated in any person except **nosotros** and **vosotros.**

Here the **e** in the stem changes to **ie.**

Here the **e** in the stem stays the same.

¿Adónde **piensan** ir Uds.?	*Where do you (plural) plan on going?*
Pensamos ir a Tulum.	*We're planning on going to Tulum.*

Stem change e → ie

pensar (ie) *(to think, to plan [to do something])*

yo	p**ie**nso	nosotros(as)	pensamos
tú	p**ie**nsas	vosotros(as)	pensáis
Ud./él/ella	p**ie**nsa	Uds./ellos/ellas	p**ie**nsan

Stem change o → ue

volver (ue) *(to return, come back)*

yo	v**ue**lvo	nosotros(as)	volvemos
tú	v**ue**lves	vosotros(as)	volvéis
Ud./él/ella	v**ue**lve	Uds./ellos/ellas	v**ue**lven

Stem change e → i

pedir (i) *(to ask for, request)*

yo	p**i**do	nosotros(as)	pedimos
tú	p**i**des	vosotros(as)	pedís
Ud./él/ella	p**i**de	Uds./ellos/ellas	p**i**den

C. Verbos comunes. Here are some common verbs that follow the three stem-changing patterns. All these verbs use the same endings as regular **-ar, -er,** and **-ir** verbs.

Stem change e → ie

empezar (ie) *to begin, to start*	Las vacaciones emp**ie**zan pronto.
pensar (ie) *to plan, to think*	P**ie**nso ir a playa Progreso.
preferir (ie) *to prefer*	Pref**ie**ro las vacaciones activas.
querer (ie) *to want, to love*	Qu**ie**ro ir a las montañas.
recomendar (ie) *to recommend*	Le recom**ie**ndo el Hotel Miramar.

Stem change o → ue

costar (ue) *to cost*	Los boletos c**ue**stan 300 pesos.
dormir (ue) *to sleep*	D**ue**rmo mucho en las vacaciones.
poder (ue) *to be able, can*	¿P**ue**des salir el jueves?
volver (ue) *to return*	Mis padres v**ue**lven de su viaje mañana.

Stem change e → i

pedir (i) *to ask for, request*	El turista p**i**de una recomendación.
seguir (i) *to follow, continue*	Mis amigos s**i**guen el plan del agente.
servir (i) *to serve*	En el tour s**i**rven comida típica.

The **yo** form of **seguir** also has a spelling change: **sigo.**

D. El verbo *jugar*. The verb **jugar** is the only verb with a **u →ue** stem change.

jugar (ue) *(to play [a sport or game])*

yo	j**ue**go	nosotros(as)	jugamos
tú	j**ue**gas	vosotros (as)	jugáis
Ud./él/ella	j**ue**ga	Uds./ellos/ellas	j**ue**gan

When using this verb in a sentence, place **a** + definite article before the name of the sport or game. Notice that **a + el** forms the contraction **al.**

Juego **al** vóleibol en la playa.	*I play volleyball on the beach.*

2-14 Recuerdos de Guadalajara. Durante un viaje a México, Iván le escribe un mensaje por correo electrónico a su familia. Escoge los verbos más lógicos y escríbelos en el tiempo presente.

De: Iván Bernal
Enviado el: sábado, 11 de junio
Para: lbernal66@yahoo.com
Asunto: Saludos de Tepatitlán

Querida familia:

Les escribo desde Tepatitlán, un pueblo al noreste de Guadalajara. ¡Es realmente fenomenal! Mis amigos y yo (1. querer / volver) _____ verlo todo. Esta mañana (2. nosotros: pensar / dormir) _____ hacer un tour de una planta de tequila. Luego, vamos a la plaza central donde el equipo local (3. costar / jugar) _____ al fútbol. Esta noche vamos a comer en un restaurante que (4. pedir / servir) _____ chivo *(goat)*, una de las especialidades del pueblo. Pero, de todas las actividades (5. yo: preferir / seguir) _____ caminar y conocer a la gente del pueblo. Todos son muy simpáticos.

Bueno, no (6. yo: recomendar / poder) _____ escribirles más por el momento, porque nuestro tour (7. empezar / jugar) _____ en quince minutos. Mañana mis amigos y yo (8. pensar / volver) _____ a Guadalajara y entonces *(then)* (9. yo: seguir / pedir) ___ contándoles *(telling you)* de nuestro viaje.

Muchos abrazos,
Iván

 2-15 Las vacaciones. Un(a) compañero(a) de clase y tú van a hablar de las vacaciones. Tomen turnos para hacer y contestar las preguntas.

1. Por lo general, ¿prefieres vacaciones tranquilas o activas? Normalmente, ¿duermes mucho en las vacaciones? ¿Qué deportes juegas? ¿Qué más *(What else)* te gusta hacer en las vacaciones?

2. ¿Qué país *(country)* quieres visitar en el futuro? ¿Qué lugares quieres visitar allí? ¿Cuesta mucho hacer un viaje a ese país?

3. Cuando viajas, ¿prefieres ir la playa, a las montañas o a las ciudades grandes? ¿Cuál es tu destino favorito? ¿Qué te gusta hacer allí? Por lo general, ¿pides la ayuda *(assistance)* de una agencia de viajes para planear tus viajes?

4. ¿Te gusta viajar por avión? ¿Qué haces en los vuelos? ¿Duermes? ¿Escuchas música? ¿Qué línea aérea tiene el mejor servicio en tu opinión? ¿Sirven buena comida?

2-16 Mi próximo viaje. Con dos o tres compañeros(as) de clase, hablen de sus planes para las vacaciones. Incluyan muchos detalles:

▸ adónde vas y con quién(es)
▸ qué día sales y cuándo vuelves
▸ qué piensas hacer
▸ qué necesitas hacer antes de *(before)* salir

© Cengage Learning

Vocabulario temático

En el hotel *(Hotel arrangements)*

Para conseguir una habitación *(Getting a room)*

CD1
Track 1-42

RECEPCIONISTA:	¿En qué puedo servirle?
TURISTA:	Quisiera *una habitación.* *hacer una reservación*
RECEPCIONISTA:	¿Para cuántas personas?
TURISTA:	Para *dos.*
RECEPCIONISTA:	¿Para cuándo?
TURISTA:	Para *el ocho de abril.*
RECEPCIONISTA:	¿Por cuántas noches?
TURISTA:	Por *tres noches.*
RECEPCIONISTA:	¿Qué tipo de habitación quiere?

TURISTA:	Quiero una habitación *con dos camas.*
	      sencilla
	      doble

RECEPCIONISTA:	Su nombre y apellidos, por favor.
TURISTA:	*Roberto Rivera Moreno.*
RECEPCIONISTA:	Aquí tiene la llave. Su habitación está en el *tercer* piso.
TURISTA:	Gracias.

Preguntas típicas en un hotel *(Common questions in a hotel)*

CD1
Track 1-43

TURISTA:	¿Sabe Ud. dónde está *el banco?*
RECEPCIONISTA:	Sí, hay *uno en la esquina.*
	....
TURISTA:	¿Conoce Ud. un buen restaurante típico?
RECEPCIONISTA:	Sí, *Casa Lolita* es uno de los mejores y no está lejos del hotel.
	....
TURISTA:	¿Dan descuentos para *estudiantes?*
RECEPCIONISTA:	*Sí, con la tarjeta estudiantil.* *No, lo siento, no damos descuentos.*
	....
TURISTA:	¿En qué piso está *la piscina?* *el gimnasio*
RECEPCIONISTA:	Está en *la planta baja.*

In this *Paso* you will practice:

► Making hotel arrangements
► Numbers from hundreds to millions

Grammar:

► More irregular verbs in the present tense

In many countries, hotels are rated with one to five stars: **un hotel de tres estrellas.**

Youth hostels have more modest amenities. You may want to ask about a private bathroom: **¿Tiene baño privado?**

Los pisos *(Floors of a building)*

CD1
Track 1-44

el quinto piso

el cuarto piso

el tercer piso

el segundo piso

el primer piso

la planta baja

© Caitlin Cahill/iStockphoto

The ground floor of a building is often called **la planta baja;** the first floor above ground level is **el primer piso.** To express which floor a room is on, use the verb **estar.**

⚷ Estrategia *Memorization tips*

Practice new words with flash cards or lists.
Begin by learning the English equivalents of the Spanish words. Then reverse the procedure and give the Spanish word for the English one. Be sure to practice in both directions and with the words in different orders.

Write sentences with new words from the lesson.
Your memory will be sharper if you include factual information **(Hay tres bolígrafos en mi escritorio)** or invent sentences that are extremely silly **(Los bolígrafos de Bill Gates cuestan $1 000 000).**

Involve several of your physical senses.
As you look at a written word, pronounce it aloud to yourself and create a mental image of the object or action. With verbs (like *repeat* or *write*), pantomime the action as you say the word.

Ponerlo a prueba

CD1
Track 1-45

2-17 Una reservación. Escucha la conversación entre un turista y el recepcionista del hotel. Completa la información del formulario.

Hotel Carlton

Nombre y apellidos: _____

Número de personas: _____

Tipo de habitación: ☐ sencilla   ☐ doble   ☐ 2 camas

Fecha/hora de llegada: _____

Método de pago: _____

2-18 El Hotel Miramar. Relaciona *(Match)* las dos columnas de una manera lógica para completar el diálogo entre el recepcionista del Hotel Miramar y un turista.

RECEPCIONISTA:

___ 1. Buenas tardes. ¿En qué puedo servirle?

___ 2. ¿Para cuántas personas?

___ 3. ¿Por cuántos días?

___ 4. ¿Prefiere una habitación con una cama King o con dos camas?

___ 5. ¿Está bien una habitación en el quinto piso?

___ 6. Su nombre completo, por favor.

___ 7. ¿Cómo quiere pagar Ud.?

___ 8. Aquí tiene su llave.

TURISTA:

a. Para dos.

b. Solo una noche.

c. Javier Arias Lagos.

d. Gracias.

e. Con tarjeta de crédito.

f. Preferimos una habitación con dos camas.

g. Quisiera una habitación.

h. Sí, está bien.

2-19 En la recepción. Varios turistas están en el Hotel Sierra en Cancún. Con un(a) compañero(a) de clase, dramaticen breves conversaciones para cada uno de los dibujos.

© Cengage Learning

2-20 Con el recepcionista. Después de *(After)* completar el registro en tu hotel, necesitas hacerle varias preguntas al recepcionista. ¿Cuál es una pregunta lógica en cada caso?

1. Nosotros acabamos de llegar *(have just arrived)* a México. Estamos cansados y tenemos mucha hambre. ¿ _____?

2. Mis amigos son estudiantes y quieren hospedarse *(to stay)* aquí, pero no tienen mucho dinero. ¿ _____?

3. Necesito cambiar *(exchange)* dinero. ¿ _____?

4. Mis amigos y yo queremos hacer un poco de ejercicio *(exercise)*. ¿ _____?

2-21 Las vacaciones de primavera. Tus amigos y tú van a México para las vacaciones de primavera *(spring break)*. Ellos no hablan español; tú necesitas hablar con el recepcionista y reservar un cuarto por tres noches. Dramatiza esta escena con un(a) compañero(a) de clase.

Vocabulario temático

Los números de 100 a 10 000 000
(Numbers from 100 to 10,000,000)

CD1
Track 1-46

—¿Cuánto cuesta *una habitación doble?*
              el boleto (de ida/de ida y vuelta)

—*Mil cien (1100) pesos.*

100	**cien**	900	**novecientos(as)**
101	**ciento uno(a)**	1000	**mil**
200	**doscientos(as)**	5000	**cinco mil**
300	**trescientos(as)**	10 000	**diez mil**
400	**cuatrocientos(as)**	100 000	**cien mil**
500	**quinientos(as)**	750 000	**setecientos(as) cincuenta mil**
600	**seiscientos(as)**	1 000 000	**un millón**
700	**setecientos(as)**	2 000 000	**dos millones**
800	**ochocientos(as)**	10 500 000	**diez millones quinientos(as) mil**

Unlike their English equivalents, Spanish **mil** *(one thousand)* and **cien** *(one hundred)* do not use **un** *(one)* before the number: **mil turistas =** one thousand tourists; **cien pesos =** one hundred pesos. Also, after whole millions, the preposition **de** is added: **tres millones de turistas.**

Words for hundreds have masculine and feminine forms, depending on the noun they modify: **doscientos pesos** vs. **doscientas libras** *(pounds).*

©James Benet/iStockphoto

Ponerlo a prueba

CD1
Track 1-47

2-22 Un viaje a México. La Sra. Pala quiere irse de vacaciones. Ahora está hablando con un agente de viajes. Escucha la conversación y escribe el precio *(price)* para las siguientes opciones de viaje.

MODELO   *Escuchas la conversación.*

SRA. PALA: Quiero hacer una reservación para un hotel en el Distrito Federal. ¿Qué hotel me recomienda?

EL AGENTE: El hotel Presidente Intercontinental. Es un hotel de cuatro estrellas. Un cuarto doble cuesta dos mil doscientos pesos por noche.

Escribes: Hotel Presidente Intercontinental: 2200 pesos

1. Hotel Camino Real
2. boleto de ida a Cancún
3. boleto de ida y vuelta a Cancún
4. excursión a Acapulco y Taxco
5. excursión a Barranca del Cobre

2-23 Fechas importantes. Aquí tienes algunas fechas importantes en la historia de México o "Nueva España". Primero, deduce el año apropiado para cada evento. Después, escribe el año en palabras.

> **MODELO** Los aztecas fundan la ciudad de Tenochtitlan (sitio de la futura capital de México): 1325 / 1776 / 1831
>
> 1325 = mil trescieintos veinticinco

1. Cristóbal Colón llega al Nuevo Mundo: 1000 / 1492 / 1593
2. Hernán Cortés y los españoles llegan a Centroamérica: 1020 / 1519 / 1913
3. Se consagra la Catedral Metropolitana, la primera catedral de "Nueva España" o México: 1300 / 1667 / 1935
4. La revolución para la independencia empieza: 1492 / 1810 / 1969
5. Hay una guerra *(war)* con los Estados Unidos: 1501 / 1846 / 1989
6. La revolución social mexicana empieza con una rebelión contra la dictadura de Porfirio Díaz: 1425 / 1910 / 2010

2-24 ¿En qué piso? Trabajando con un(a) compañero(a), sigan el modelo y digan *(say)* en qué piso están las habitaciones.

> **MODELO**
>
> Tú: ¿En qué piso está la habitación 345 (trescientos cuarenta y cinco)?
>
> Tu compañero(a): Está en el tercer piso.

| 575 | 250 | 180 | 363 | 409 | 596 |

2-25 Una excursión a Ixtapa. Estás en Guadalajara y quieres visitar Ixtapa. Lee el anuncio y contesta las preguntas. (**¡Ojo!** *The prices are given in* **pesos mexicanos.**)

Excursiones a Ixtapa*

HOTEL	3 NOCHES	4 NOCHES	7 NOCHES
Posada Real	2740	2950	4320
Radisson	2990	3420	4590
Riviera Beach	3100	3500	4760

Incluye:

- HOSPEDAJE: EN HABITACIÓN DOBLE
- AVIÓN: VIAJE DE IDA Y VUELTA DESDE GUADALAJARA
- DESAYUNO: BUFFET

NOTA: EN PLAN TODO INCLUIDO
- DESAYUNOS, COMIDAS Y CENAS TIPO BUFFET
- BEBIDAS NACIONALES SIN LÍMITE

* Vigencia: 7 de julio al 10 de agosto.

© Cengage Learning

1. ¿Qué está incluido en el paquete? ¿Qué tipo de transporte incluye?
2. ¿Qué comidas *(meals)* están incluidas en el plan "normal"? ¿en el plan "todo incluido"?
3. ¿En qué meses son aplicables los precios?
4. De todos los hoteles, ¿cuál es es el más económico por tres noches? ¿Cuánto cuesta?
5. ¿Cuánto cuesta la excursión más cara *(expensive)* de todas? ¿Cuántas noches incluye? ¿Cómo se llama el hotel?
6. Si quieres pasar siete noches, ¿cuál de los hoteles prefieres? ¿Por qué? ¿Cuánto cuesta?

2-26 En el Hotel Fiesta Americana. La familia Ortiz quiere un cuarto en el Hotel Fiesta Americana, en la Ciudad de México. Con un(a) compañero(a), contesten las preguntas a continuación. Luego, dramaticen una escena entre el Sr. Ortiz y el recepcionista. (**¡Ojo!** *The prices are given in* **pesos mexicanos.**)

PRIMERA PARTE

1. ¿En qué ciudad está la familia Ortiz?

2. ¿Cómo se llama el hotel?

3. ¿Cuánto cuesta una habitación sencilla en este hotel? ¿una habitación doble?

4. ¿Cuál es el número de la habitación de la familia Ortiz? ¿En qué piso está?

5. ¿Es grande o pequeña su habitación? ¿Cuántas camas hay? ¿Tiene baño privado?

6. ¿Cuánto tienen que pagar los Ortiz por noche?

SEGUNDA PARTE

Con tu compañero(a), dramaticen un diálogo entre el Sr. Ortiz y el recepcionista. Incluyan los precios *(prices)* en la conversación.

Gramática

CD1
Track 1-48

Algunos verbos irregulares

Listen and read along as Carolina describes her upcoming trip. Find examples of the following verbs: **conocer, hacer, saber, salir, ver.** What do you notice about the **yo** forms of these verbs?

ADRIANA: ¿Adónde vas de vacaciones, Carolina?

CAROLINA: Voy a Mérida. Conozco a muchas personas allí y siempre hacemos cosas divertidas.

ADRIANA: ¿Qué día sales?

CAROLINA: Salgo el domingo. ¡No veo la hora! *(I can't wait!)* Sé que va a ser un viaje fabuloso.

A. Verbos con la forma irregular *yo*. When some verbs are conjugated in the present tense, the **yo** form is irregular. In many cases the other verb forms are regular; in a few cases there may also be stem changes.

Group 1: *-go* verbs

Only the **yo** form is irregular. The other persons use the same endings as regular verbs.

Infinitive	*yo* form	Other forms
hacer *(to do, make)*	**hago**	haces, hace, hacemos, hacéis, hacen
poner *(to put, place)*	**pongo**	pones, pone, ponemos, ponéis, ponen
salir *(to leave, go out)*	**salgo**	sales, sale, salimos, salís, salen
traer *(to bring)*	**traigo**	traes, trae, traemos, traéis, traen

Group 2: *-go* verbs with stem changes

	tener *(to have)*	**venir** *(to come)*	**decir** *(to say, tell)*
yo	**tengo**	**vengo**	**digo**
tú	tienes	vienes	dices
Ud./él/ella	tiene	viene	dice
nosotros(as)	tenemos	venimos	decimos
vosotros(as)	tenéis	venís	decís
Uds./ellos/ellas	tienen	vienen	dicen

Group 3: Other verbs

Infinitive	*yo* form	Other forms
conducir *(to drive)*	**conduzco**	conduces, conduce, conducimos, conducís, conducen
conocer *(to know, meet)*	**conozco**	conoces, conoce, conocemos, conocéis, conocen
dar *(to give)*	**doy**	das, da, damos, dais, dan
saber *(to know)*	**sé**	sabes, sabe, sabemos, sabéis, saben
ver *(to see, to watch)*	**veo**	ves, ve, vemos, veis, ven

B. El significado. Several verbs have special or alternate meanings. For example, the verbs **saber** and **conocer** both mean *to know* in Spanish, but they are not interchangeable.

▶ Use **conocer** to indicate that you know or are familiar with people or places. It is also used to express *to meet*, as in to be introduced to someone for the first time.

Mis padres **conocen** a tu agente de viajes.	*My parents **know** your travel agent.*
Yo no **conozco** Nueva York.	*I don't **know/am not familiar with** New York. (I haven't been there.)*

▶ Use **saber** to indicate that you know specific information. Or, use it with an infinitive to express what you know how to do.

Sabemos hacer reservaciones en línea.	*We **know** how to make reservations online.*
No **sé** el número de teléfono del hotel.	*I **don't know** the phone number of the hotel.*

▶ Often verbs are combined with other words to create idioms—set expressions that vary from the original meaning of the verb. Here are a few you might use when traveling.

dar *to give*

dar un paseo	*to take a walk*

hacer *to do, to make*

hacer la maleta	*to pack the suitcase*
hacer un viaje	*to take a trip*

poner *to put, to place*

poner la tele/la radio	*to turn on the TV/radio*

ver *to see, to watch*

no ver la hora	*to not be able to wait (for something); to be eager*

Ponerlo a prueba

2-27 Las vacaciones. Nora está describiendo su viaje a México. Combina la información de las dos columnas para formar oraciones lógicas.

____ 1. No veo…	a. a muchos nuevos amigos.
____ 2. Hago…	b. la hora de estar en México.
____ 3. Pongo mi boleto…	c. un paseo por el distrito histórico.
____ 4. El primer día en la capital, doy...	d. la maleta.
____ 5. Traigo…	e. en mi mochila.
____ 6. En una excursión a la playa, conozco…	f. mi cámara y saco muchas fotos.
	g. cansada pero contenta.
____ 7. Vuelvo a casa…	

2-28 El blog. Estás en Cancún de vacaciones y decides escribir en tu blog. Escoge el verbo más lógico y escríbelo en el presente.

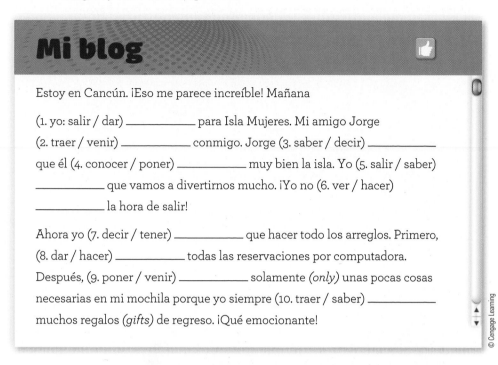

Mi blog 👍

Estoy en Cancún. ¡Eso me parece increíble! Mañana

(1. yo: salir / dar) _____ para Isla Mujeres. Mi amigo Jorge

(2. traer / venir) _____ conmigo. Jorge (3. saber / decir) _____

que él (4. conocer / poner) _____ muy bien la isla. Yo (5. salir / saber)

_____ que vamos a divertirnos mucho. ¡Yo no (6. ver / hacer)

_____ la hora de salir!

Ahora yo (7. decir / tener) _____ que hacer todo los arreglos. Primero,

(8. dar / hacer) _____ todas las reservaciones por computadora.

Después, (9. poner / venir) _____ solamente (only) unas pocas cosas

necesarias en mi mochila porque yo siempre (10. traer / saber) _____

muchos regalos (gifts) de regreso. ¡Qué emocionante!

© Cengage Learning

2-29 Mis preferencias. Normalmente, ¿cómo planificas tus viajes? Describe tus preferencias y compara tus ideas con las de un(a) compañero(a) de clase. Sigan el modelo.

> **MODELO**
>
> normalmente **leer** (mucho / poco / ¿?) sobre el lugar de destino antes del (before) viaje
>
> Tú: Normalmente **leo mucho** sobre el lugar de destino antes del viaje. ¿Y tú?
>
> Tu compañero(a): Normalemnte **leo poco** sobre el lugar de destino.

1. normalmente **hacer** las reservaciones (con un agente de viajes / por Internet / ¿?)

2. por lo general **traer** (una maleta / dos maletas / ¿?) y (mucho / poco) dinero

3. a menudo **poner** mi cámara (en una mochila / en mi maleta / ¿?)

4. por lo general **salir** para el aeropuerto (muy temprano / un poco tarde / ¿?)

5. normalmente (**conducir** / **tomar** un taxi) al aeropuerto

2-30 ¿Y cuándo llegas? Con un(a) compañero(a), comenten lo que hacen ustedes una vez que llegan (once you arrive) al destino de vacaciones.

1. Para conocer bien el lugar, ¿sales con un guía (tour guide) o prefieres explorar el lugar solo(a) (alone)?

2. En el hotel, ¿le das propinas (tips) generosas al botones (bellboy)?

3. Generalmente, ¿haces reservación cuando vas a comer en un restaurante elegante?

4. Respecto al transporte, ¿conduces un automóvil, tomas un taxi o caminas?

5. Normalmente, ¿ves los lugares más famosos el primer día del viaje o esperas unos días?

6. Si (If) no conoces el lugar, ¿qué haces?

¡Vamos a México!

DATOS ESENCIALES

Nombre oficial: Estados Unidos Mexicanos

Phil Schermeister/Corbis

© Cengage Learning

Capital: México, D.F. (Distrito Federal)

Población: 112 400 000 habitantes

Unidad monetaria: peso mexicano (Mex $)

Economía: exportación de material para manufacturas, petróleo crudo y productos agrícolas; turismo

🌐 **www.cengagebrain.com**

Go to the **Un paso más** section in the *Cuaderno de actividades* for reading, writing, and listening activities that correlate with this chapter.

Al norte del país, en el estado de Chihuahua, las montañas de la Sierra Madre Occidental crean una topografía espectacular. El sistema de cañones se llama Barranca del Cobre y son más grandes que el Gran Cañón de Arizona. Tienen su origen en una erupción volcánica hace más de 20 millones de años *(more than... ago)*. Hoy, el lugar es una maravilla natural de México y una atracción turística.

Imágenes de México

© Cengage Learning

Mira el vídeo sobre la capital de México. Después, contesta las preguntas.

1. ¿Cuáles de estas palabras asocias con la arquitectura del Distrito Federal? Explica por qué.

   tradicional   moderna   colonial   antigua

   interesante   aburrida   colorida   monótona

2. Imagina que vas a pasar cuatro horas en la capital. ¿Cuáles de los sitios del vídeo te gustaría visitar?

Go to the **Un paso más** section in the *Cuaderno de actividades* for additional reading, writing, review, listening, and pronunciation activities.

Additional activities on Mexico may be found in the **Un paso más** section of the *Cuaderno de actividades.*

La arqueología

La Pirámide del Sol es parte de la zona arqueológica de Teotihuacán, uno de los lugares más visitados de México. Entre los años 150 y 450 d.C. Teotihuacán era *(was)* el centro urbano más grande de México y Centroamérica, con más de 100 000 habitantes. Otras edificaciones importantes en esta ciudad incluyen la Pirámide de la Luna, el Templo de los Jaguares y el Palacio de Quetzalcóatl.

▶ Los visitantes pueden subir la Pirámide del Sol, la edificación más grande de Teotihuacán. Tiene más de 200 escalones *(steps)*.

La historia

La Revolución Mexicana es uno de los eventos más importantes de la historia de México. Este período violento empieza en 1910 para derrocar *(overthrow)* al dictador Porfirio Díaz y culmina con una nueva constitución en 1917. La Constitución, que todavía rige *(is still in force)*, se basa en la justicia social.

▶ Emiliano Zapata (1879–1919), líder militar de la Revolución, luchó *(fought)* por la reforma agraria. Con el Plan de Ayala de 1911, proclama su visión: "¡Reforma, Libertad, Justicia y Ley!"

La demografía

Uno de cada cinco mexicanos vive en la zona metropolitana de la Ciudad de México y sus afueras *(surrounding areas)*. Con más de 20 millones de habitantes, esta zona es la tercera conglomeración urbana más grande del mundo. Otras ciudades grandes son Veracruz, Jalisco, Puebla y Guanajuato. Solamente el 23% de la población mexicana vive en regiones rurales.

▶ México es indudablemente *(undoubtedly)* un país urbano.

El mundo es un pañuelo

Lee la información sobre México. Luego completa las siguientes oraciones para comparar México y los Estados Unidos. *(Note: Use your personal knowledge to complete the part on the United States.)*

1. La capital de México es.... Esta zona metropolitana tiene... habitantes. Otras ciudades grandes son... En los Estados Unidos, las ciudades más grandes son...
2. Una de las bases de la economía de México es el… En los Estados Unidos, ese producto se extrae *(is extracted)* en…
3. La Barranca del Cobre está en el estado mexicano de... Este sistema de cañones es más grande que... en los Estados Unidos.
4. Muchos turistas visitan la Pirámide del Sol, en la zona arqueológica de... Una zona arqueólogica de los Estados Unidos es...
5. Un héroe de la Revolución Mexicana es... Un héroe de la Revolución Americana de 1776 es...

This is a pair activity for **Estudiante A** and **Estudiante B.**

If you are **Estudiante A**, use the information below.

If you are **Estudiante B,** turn now to Appendix A at the end of the book.

¡Vamos a hablar!

Estudiante A

Contexto: Imagine that you (**Estudiante A**) and a friend are traveling together in Mexico. You are now in Puerto Vallarta and want to participate in an eco-tour in the area. Each of you has an advertisement for a different tour. Exchange information about the tours, and then decide together which one the two of you will take.

You will begin by asking: **¿Qué días hay tours?**

Eco-Discovery

▶ **Días disponibles** *(available)*: _____

▶ **Hora de salida:** _____

▶ **Duración:** _____

▶ **Precio:** _____

▶ **Teléfono (para las reservaciones):** _____

▶ **Aspectos interesantes:** _____

Vocabulary: **árbol** *tree;* **poleas** *pulleys*

Aventuras Tiroleso

Tour de canopy

¡Observe la flora y la fauna de la selva tropical desde una perspectiva única! Con la asistencia de nuestros guías especializados, Ud. puede transportarse de un árbol a otro empleando poleas sobre cables horizontales.

¡Experimente la emoción hoy!

Tours:	Diario a las 8:30, 10:30 y 1:30.
Duración:	4 ½ horas
Precio:	$89 USD
Incluye:	Transporte, agua embotellada, tour por las copas de los árboles con 14 plataformas.

Nuestra reserva ecológica está a 45 minutos de Puerto Vallarta.

Para hacer reservaciones, llame al: 2-97-53-47.

¡Vamos a ver!

Episodio 2 • En la Hacienda Vista Alegre

Anticipación

A. Hablando se entiende la gente. Habla con un(a) compañero(a).
¿Adónde te gusta ir de vacaciones? ¿Qué te gusta hacer durante las vacaciones?
¿Qué lugares prefieres visitar?

B. ¿Cómo se dice...? Relaciona *(Match)* las oraciones de la primera columna con las
expresiones de la segunda columna.

_____ 1. ¿Qué hora es?

_____ 2. Vamos a otro hotel. Este es muy caro.

_____ 3. ¿Ya podemos salir de casa?
¿Necesitan más tiempo?

_____ 4. ¿Vienes con nosotros?

_____ 5. Este coche es muy caro y no es
demasiado bueno.

a. Está bien. **Ya estamos listos.**
We are ready.

b. **No vale la pena comprarlo.** *It's not
worth buying it.*

c. **Son las once en punto.** *It's
11 o'clock (on the dot).*

d. Sí, **vamos todos juntos.** *Let's go
together.*

e. Sí, es verdad. **Estoy de acuerdo
contigo.** *I agree with you.*

Vamos a ver

C. De paseo por la Hacienda Vista Alegre. Mira el Episodio 2 del vídeo y completa las
oraciones. ¿Qué van a hacer los amigos en San Juan?

1. Javier va a _____ .
2. Alejandra quiere _____ .
3. Sofía piensa _____ .
4. Valeria va a _____ .
5. Antonio va a _____ .

D. Después de ver el episodio. Contesta las siguientes preguntas sobre el episodio.

1. ¿Por qué los chicos están enojados con Valeria?
2. ¿Qué cosas se pueden hacer, ver o visitar en San Juan?
3. Describe cómo es la ciudad de San Juan.

En acción

E. Charlemos. Comenta con tus compañeros(as). ¿Qué es lo que te interesa a ti de
San Juan? ¿Qué prefieres ver o hacer en la ciudad? ¿Hay muchas diferencias entre las
ciudades de los países hispanohablantes y las ciudades de tu país?

F. 3, 2, 1 ¡Acción! Interpreten la siguiente situación en grupos de tres o cuatro
estudiantes.

Ustedes están en la Hacienda Vista Alegre y quieren pasar cinco días en San Juan
(o en otra ciudad). ¿Cómo van a viajar? ¿Qué actividades van a hacer durante estos
días? ¿Dónde piensan alojarse *(to stay overnight)*?

> Practice the vocabulary and grammar
> you have learned in this chapter
> **(dar y preguntar la hora y la fecha,
> planificar viajes, reservar una
> habitación en un hotel y hacer
> planes).**

¡Vamos a repasar!

A. Mad Lib® en español. Trabaja con dos o tres compañeros(as). Una persona —el/la secretario(a)— completa el Mad Lib®; las otras personas cierran el libro. El/La secretario(a) lee las palabras debajo *(under)* de los espacios en blanco *(blanks)*. Tomen turnos para dar una palabra en esa categoría. Al final, lean el cuento *(story)* completo.

> **MODELO** SECRETARIO(A): día de la semana
>
> ESTUDIANTE: viernes

Una excursión de maravilla

El próximo _____, nuestra clase va a hacer una excursión a _____.
día de la semana un lugar en México

Salimos de la universidad a _____ y vamos a viajar en/por _____.
una hora un medio de transporte

El hotel en México se llama _____. Es de muy buena categoría: la habitación
un nombre de hotel

cuesta _____ pesos. Nuestras habitaciones están en el _____
un número un número de piso

y vamos a estar allí por _____ noches. Primero, queremos _____
un número verbo en infinitivo

en la piscina. Después pensamos _____ en el gimnasio. ¿Quién va a pagar
verbo en infinitivo

la excursión? ¡_____, por supuesto *(of course)*!
nombre de un(a) compañero(a) de clase

B. Proyecto. En **A primera vista**, miraste *(you saw)* el vídeo de John Andrews. ¡Ahora te toca a ti *(it's your turn)* crear un vídeo! El vídeo debe durar aproximadamente un minuto. Incluye las respuestas a las preguntas a continuación *(below)*. También incluye unas imágenes interesantes (fotos de tu familia, escenas de lugares turísticos, etcétera). Después, sube *(post)* tu vídeo según las instrucciones de tu profesor(a).

Incluye esta información en tu vídeo:

- ¿Cómo te llamas?

- ¿De dónde eres?

- ¿A qué universidad asistes?

- ¿En qué año de estudios estás?

- ¿Dónde vives? (cuando estás en la universidad)

- En el tiempo libre, ¿qué les gusta hacer a tus amigos y a ti?

- ¿Cuál es un destino turístico popular en tu área? *(Note: You may choose a place near your university or another place in your state.)*

- ¿Cuáles son algunos de los aspectos interesantes de este destino?

- ¿Por qué te gusta este destino?

C. ¡Sabelotodo! To play, form teams of two or three students. Two teams face off and another student, acting as the moderator, directs the play. Team A chooses a question (For example: **"Los viajes por $25"**) and the moderator reads the question aloud. The members of Team A collaborate and answer within 30 seconds. The moderator uses the answer key provided by the professor to check the answer. If the answer is correct, Team A wins the money; if not, Team B has a chance to steal it. For the next round, Team B chooses the question.

	Vocabulario esencial	La hora y los horarios	Los viajes	Los verbos	México
$10	¿Cuáles son los días de la semana?	¿Cómo se dice en español? *What time is it?*	¿Cuáles son tres medios de transporte?	Conjuga el verbo en el presente: **preferir**	La capital de México es México, D.F. ¿Qué significa "D.F."?
$25	¿Cuáles son los meses del año?	Expresa la hora: *It's 1:10 P.M.*	¿Qué significa en inglés? **Su nombre y apellidos, por favor.**	¿Cuál es la form **yo** en el presente? **hacer, poner, salir**	¿Cómo se llama el sistema de cañones en el norte de México?
$50	¿Cuáles son los números ordinales que corresponden a 1, 2, 3, 4, 5? (1st, 2nd, etc.)	Expresa la hora: *It's 8:45 P.M.*	Tienes hambre y necesitas una recomendación. Haz *(Ask)* una pregunta lógica al recepcionista.	¿Cómo se dice? *I plan to…* *I'd like to…*	¿Aproximadamente cuántas personas viven en la zona metropolitana de la capital de México y sus afueras?
$75	¿Qué fecha es hoy? Incluye el año.	¿Cómo se dice? *It's midnight.* *It's noon.*	¿Cómo se expresa en español? *I want a room for two people for three nights.*	¿Se usa **saber** o **conocer**? *to know a person; to be familiar with a place*	¿En qué zona arqueológica están la Pirámide del Sol y el Templo de los Jaguares?
$100	¿Cómo se expresa este número en español? 1 562 715	¿Cuál es la hora equivalente en el sistema de 24 horas? *It's 3:00 P.M.*	¿Cómo se dice? *How much does the package/excursion cost? What is included?*	¿Cuáles son las formas **yo** y **nosotros** en el presente? **decir; dormir; pedir.**	¿Qué evento histórico empieza en México en 1910 y quién es uno de los líderes?

Vocabulario

Sustantivos

el **año** *year*

el **autobús** *bus*

el **avión** *airplane*

el **banco** *bank*

el **baño** *bath(room)*

el **boleto** *ticket*

la **cama** *bed*

el **cheque de viajero** *traveler's check*

la **ciudad** *city*

el **coche** *car*

la **cuenta** *bill, check, account*

el **desayuno** *breakfast*

el **descuento** *discount*

el **día** *day*

la **ducha** *shower*

la **excursión** *trip, tour*

la **fecha** *date*

la **habitación doble** *double room*

la **habitación sencilla** *single room*

el **hotel** *hotel*

la **llave** *key*

la **llegada** *arrival*

el **lugar** *place*

la **montaña** *mountain*

la **medianoche** *midnight*

el **mediodía** *noon, midday*

el **mes** *month*

el **museo** *museum*

el **paquete** *package*

la **piscina** *swimming pool*

el **piso** *floor*

la **playa** *beach*

la **reservación** *reservation*

la **salida** *departure*

la **semana** *week*

la **tarjeta de crédito** *credit card*

la **tarjeta de débito** *debit card*

la **tarjeta estudiantil** *student I.D. card*

la **tienda** *store*

el **transporte** *transportation*

el **tren** *train*

las **vacaciones** *vacation*

el **viaje** *trip*

el **vuelo** *airplane flight*

la **zona arqueológica** *archaeological site*

Verbos

abrir *to open*

cerrar (ie) *to close*

hacer un viaje *to take a trip*

ir *to go*

pagar *to pay*

pensar (ie) *to plan, to think*

poder (ue) *to be able to, can*

preferir (ie) *to prefer*

querer (ie) *to want, to love*

regresar *to return, to go back*

salir *to leave, to go out*

viajar *to travel*

visitar *to visit*

volver (ue) *to return, to go back*

Otras palabras y expresiones útiles

abierto(a) *opened*

cerrado(a) *closed*

de ida *one way*

de ida y vuelta *round trip*

de la mañana A.M., *6:00* A.M. *to noon*

de la madrugada A.M., *early morning until about 5:00* A.M.

de la noche P.M., *sundown to midnight*

de la tarde P.M., *noon to sundown*

en efectivo *cash*

hoy *today*

lejos (de) *far (from)*

mañana *tomorrow*

privado(a) *private*

todo *everything*

Tourist destinations: p. 54

Telling time: p. 56

Days of the week: p. 59

Months of the year: p. 59

Ordinal numbers: p. 70

Cardinal numbers: p. 72

For further review, please turn to **Vocabulario temático: español e inglés** at the back of the book.

Go to the **Puentes** website for extra vocabulary practice using the Flashcard program.

Entre familia

CAPÍTULO 3

Monkey Business Images/Shutterstock.com

For a selection of musical styles from this chapter's country of focus, access the *Puentes*, Sixth Edition, iTunes playlist at www.cengagebrain.com.

OBJETIVOS

Speaking and Listening
▶ Talking about your family, close friends, and pets
▶ Describing people and homes
▶ Making comparisons
▶ Discussing daily routines and activities at home and on campus

Culture
▶ Social networks and texting abbreviations
▶ Venezuela

Grammar
▶ Descriptive adjectives
▶ Comparatives and superlatives
▶ Adverbs of location
▶ Uses of **ser, estar**
▶ Reflexive verbs

Video
▶ Imágenes de Venezuela
▶ En la Hacienda Vista Alegre: Episodio 3

Gramática suplementaria
▶ El participio pasado

Cuaderno de actividades
Reading
▶ Strategy: Skimming for the main idea

Writing
▶ Strategy: Creating paragraphs

Playlist
🌐 www.cengagebrain.com

A primera vista

Siempre conectados

En esta era digital es fácil estar siempre conectados con nuestra familia y nuestros amigos. Por medio de los teléfonos inteligentes, computadoras, tabletas y otros aparatos *(gadgets)*, podemos estar en contacto con personas cerca y lejos de nosotros. ¿Pasas tú mucho tiempo en las redes sociales? ¿Cuál es tu red favorita?

Para hablar de las redes sociales

- ► la red social *social network*
- ► el mensajero instantáneo *instant messenger*
- ► el tuiteo, tuitear, un tuit *tweeting, to tweet, a tweet*
- ► los seguidores *followers*
- ► enviar mensajes de texto *to send text messages*
- ► acceder a mi cuenta *to log in to my account*
- ► cambiar mi perfil *to change my profile*
- ► compartir *to share*

A. ¿Comprendes? Usa la información en la página 87 para hacer estas actividades.

1. Haz una lista de cuatro redes sociales populares en España y Latinoamérica.
2. Menciona tres atractivos de Facebook.
3. Lee estos mensajes de texto:
   a. nph, toy en kls   b. Pf, ymm asc.   c. Hl, tki!

B. Comparaciones. Vamos a comparar *(Let's compare)* el mundo de las redes sociales en español y en inglés. Trabajando con un(a) compañero(a), completen las oraciones con la información adecuada.

1. Tuenti es una red social popular en España. En los Estados Unidos y en Latinoamérica, una red social muy popular es...
2. La abreviación de **adios** es **a2**. La abreviación de *good-bye* es…

C. ¿Qué dices tú? Habla con un(a) compañero(a) sobre las redes sociales. Completen las oraciones y comparen sus respuestas.

1. Estoy en contacto con mi familia por medio de (una red social / correo electrónico / teléfono). Normalmente les envío (¿cuántos?) mensajes de texto en una semana. ¿Y tú?
2. Mi red social favorita es… Tengo (¿cuántos?) contactos. ¿Y tú?
3. Accedo a mi cuenta (¿cuántas?) veces *(times)* por semana. ¿Y tú?
4. Cambio mi perfil (mucho / poco). ¿Y tú?
5. En mi familia, (mis padres / mis hermanos / todos) tienen una cuenta en una red social. ¿Y en tu familia?
6. (No) Tengo una cuenta en Twitter. (No) Tengo (¿cuántos?) seguidores. ¿Y tú?

Las redes sociales

En Venezuela, como en muchos países de Latinoamérica, la red social más popular es Facebook. En esta red, creada por Mark Zuckerberg en 2004, amigos y familias pueden compartir fotos, vídeos, artículos y más. La segunda red más popular es Twitter, un programa de microblogging que permite expresarse en 140 caracteres o menos. Otra que crece *(grows)* en popularidad es Google Más, la cual permite agrupar *(grouping)* a los contactos por intereses comunes.

En España, una de las redes sociales más visitadas es Tuenti. Tuenti fue creada en 2006 por un grupo de universitarios en Madrid. Aunque *(Although)* su nombre suena *(sounds)* como la palabra *twenty* en inglés, viene de "**tu enti**dad". Funciona solamente a través de *(through)* invitaciones y se enfoca *(focuses)* principalmente en los estudiantes de 15 a 25 años.

Facebook en español

Facebook tiene casi 100 millones de usuarios en Latinoamérica. Entre sus atractivos: es grande, es gratis *(free)*, tiene juegos, se puede chatear con la familia y compartir fotos, vídeos y más. Esta es su página oficial en español:

Abreviaciones para chat

La brevedad es esencial en el momento de tuitear, chatear y enviar mensajes de texto. ¿Entiendes estas abreviaciones comunes?

a2	adiós	nph	no puedo hablar
asc	al salir de clase	pf	por favor
hl	hasta luego	tb	también
kls	clase	toy	estoy
ksa	casa	tki	tengo que irme
k tl	¿qué tal?	ymm	llámame *(call me)*

🌐 PARA INVESTIGAR

¿Quieres aprender más sobre redes sociales en español? Accede a tu cuenta de Facebook o Google+ y cambia el idioma a "Español".

DNY59/iStockphoto

Vocabulario temático

In this *Paso* you will practice:

▶ Talking about your family, close friends, and pets
▶ Describing people
▶ Making comparisons

Grammar:

▶ Descriptive adjectives
▶ Comparatives and superlatives

🌐 Go to the ***Puentes*** website for extra vocabulary practice using the Flashcard program.

The English equivalents of the **Vocabulario temático** sections are found at the back of the book.

Mi familia *(Talking about your family)*

CD1
Track 1-49

¿Cómo es tu familia, Carlos?

Mi familia es *grande*.
           de tamaño mediano
           pequeña

En casa somos *seis*: *mis padres, mis hermanas, mi tía y yo*.

Mis abuelos *paternos* viven en Maracaibo.

Mis abuelos *maternos* fallecieron hace años.

Tengo *dos* primos por parte de mi *papá*.

Francisco Martínez — Sofía Torre

Ginette Soto de Martínez — Enrique   Felicia   Arturo — Beatriz Calvo de Martínez

Alejandro Róbalo — Claudia   Felipe   Carlos   Dulce   Elisa

Aurora

© Cengage Learning

Otros parientes *(Other relatives)*

Other terms for step-relationships are common in everyday conversation: **la esposa de mi padre** or **mi madre/mamá** instead of **madrastra**. Also note the meaning of these two words: **padres** = parents; **parientes** = relatives.

el abuelo/la abuela	el padrino/la madrina
el nieto/la nieta	el padrastro/la madrastra
el tío/la tía	el medio hermano/la media hermana
el primo/la prima	el hermanastro/la hermanastra
el sobrino/la sobrina	el hijastro/la hijastra

© Cengage Learning

Las mascotas *(Talking about pets)*

🔊
CD1
Track 1-50

—¿Tienen Uds. mascotas?

—No, no tenemos ninguna.

  Sí, tenemos *varias mascotas.*

© Cengage Learning

🎧 Estrategia *Managing your learning*

Learning another language requires much memorization and recall. Here are some ways to make these tasks more manageable.

- **Practice actively.** Reading explanations and reviewing notes is a good first start. To improve your recall greatly, you will also want to answer the questions in the activities aloud and write short dialogues with the new vocabulary.

- **Review systematically.** Keeping up to date with assignments is important, but long-term recall is best supported by frequent review. Set aside at least one study session a week for reviewing "old" vocabulary and grammar points.

- **Practice regularly.** Short, regular practices are more effective than a single, long study session. Also, take advantage of "lost" minutes during the day to review a related set of words or to memorize a verb conjugation.

🔊
CD1
Track 1-51

3-1 La familia Martínez. Dulce y su mejor amiga miran el álbum de fotos de la familia Martínez. Escucha su conversación. Identifica el parentesco *(relationship/kinship)* de cada persona y contesta las preguntas.

MODELO

Escuchas: LA AMIGA: Esa señora es muy guapa. ¿Quién es?

DULCE: Es nuestra tía Ginette. Es la esposa del hermano de mi padre.

LA AMIGA: Ah. ¿Viven tus tíos aquí en Maracaibo?

DULCE: Ahora, no. Viven en Isla Margarita. ¿No ves qué playa más bonita?

Escribes: Ginette es <u>la tía</u> de Dulce.

Vive en: a. Maracaibo ⓑ Isla Margarita c. Maiquetía

1. Enrique es _____ de Dulce.

   Trabaja en: a. un banco b. un hospital c. un hotel

2. Claudia y Felipe son _____ de Dulce.

   Felipe es: a. estudiante b. profesor c. administrador en una universidad

3. Aurora es _____ de Claudia.

   Aurora tiene: a. un gato b. un perro c. un pájaro

4. Francisco es _____ de Dulce.

   En la foto, Francisco está con: a. su esposa b. su esposa y su hija c. su hija

5. Los otros señores son _____ de Felicia.

   Eran *(They were)*: a. unos amigos b. unos hermanos c. los abuelos maternos

3-2 La familia de Elisa. Elisa está describiendo a su familia para una presentación en su escuela. Completa la descripción con las palabras más lógicas. Consulta el árbol genealógico de la familia Martínez en la página 88.

Yo soy Elisa Martínez Calvo. En mi familia somos seis. Mi **(1)** _____ se llama Arturo y mi **(2)** _____ se llama Beatriz. Creo que son los mejores padres del mundo. Tengo dos **(3)** _____ mayores —Carlos y Dulce— y los quiero mucho *(I love them a lot)*. Mi **(4)** _____ Felicia es soltera y también vive con nosotros. Además de Felicia, tengo un **(5)** _____, Enrique, que vive con su familia en Isla Margarita. Mis dos **(6)** _____ se llaman Claudia y Felipe. Mis **(7)** _____ Francisco y Sofía viven aquí en Maracaibo, cerca de nosotros. Me gusta pasar tiempo con ellos. ¡Claro *(Of course)* que yo soy su **(8)** _____ favorita!

3-3 Mi familia. Trabaja con un(a) compañero(a). Entrevístense con estas preguntas sobre la familia, los amigos y las mascotas. (Si prefieres, puedes inventar la información.)

1. ¿Es grande o pequeña tu familia? ¿Cuántos son Uds.? ¿Tienes hermanos mayores o menores? *(Ask your classmate 1–2 additional questions on this topic.)*

2. ¿Viven tus abuelos? ¿Cómo se llaman y dónde viven? ¿Trabajan o están jubilados *(retired)*? ¿Pasas mucho tiempo con tus abuelos? ¿Qué hacen Uds. juntos *(together)*? *(Ask your classmate 1–2 additional questions on this topic.)*

3. ¿Tienes muchos tíos y primos? ¿Tienes más parientes por parte de tu papá o de tu mamá? ¿Con qué frecuencia tienen Uds. reuniones familiares? *(Ask 1–2 additional questions on this topic.)*

4. ¿Qué mascotas tienes? ¿Cómo se llaman? ¿Qué mascotas te gustan más? Explica por qué son tus favoritas. *(Ask 1–2 additional questions on this topic.)*

5. ¿Tienes un(a) amigo(a) que es como de la familia *(like family)*? ¿Cómo se llama? ¿Cuántos años tiene? ¿Dónde estudia o trabaja? *(Ask 1–2 additional questions on this topic.)*

3-4 El encantador de perros. Aquí tienes un artículo sobre una persona fascinante. Lee la información y contesta las preguntas con un(a) compañero(a) de clase.

César Millán: el encantador de perros

Para millones de fans, es "El encantador de perros"°. Para los perros agresivos, es "el líder de la manada"°. Para sus dos hijos, es "papá". Este es César Millán, el conocido entrenador° de perros y estrella° de televisión.

The Dog Whisperer
leader of the pack

trainer
star

Gareth Gay/Alpha/Landov

Este experto en la rehabilitación canina nace en México en 1969. De niño, pasa mucho tiempo trabajando con animales en el rancho de su abuelo; según Millán, esto tiene un impacto enorme en su decisión de trabajar con perros. En 1990 llega a los Estados Unidos y empieza su trabajo. Pocos años después, inaugura el Centro de Psicología Canina en California. Como dicen, "el resto es historia". Ahora su serie de televisión se emite en más de 80 países y se han vendido más de dos millones de sus libros.

1. ¿De dónde es César Millán? ¿Cuántos años tiene?
2. ¿Por qué lo llaman "El encantador de perros"? ¿Con qué tipo de perros trabaja?
3. ¿Dónde aprendió *(learned)* César a trabajar con animales?
4. ¿Tiene César una familia grande? ¿Tiene más hijos o más perros?

Vocabulario temático

Las descripciones personales *(Describing people)*

CD1
Track 1-52

¿Cómo es *Dulce*?

Dulce es muy *bonita*. Es *de estatura mediana*.

Tiene el pelo *castaño* y los ojos *verdes*.

¿Y *Carlos*? ¿Cómo es?

Carlos es muy *buena persona*. Es *amable*. También, es *responsable* y *trabajador*.

Beatriz Dulce Arturo Carlos Felicia Elisa

© Cengage Learning

Vocabulario temático: To describe persons with an olive skin tone and dark hair, you can say: **Es moreno(a).** In some countries this term also refers to persons of black African descent.

Rasgos físicos *(Describing physical characteristics)*

CD1
Track 1-53

Es *alto/bajo*.
   de estatura mediana
   delgado/gordo
   joven/viejo; mayor
   guapo/feo
   calvo

Tiene el pelo *negro* y los ojos *azules*.
   rubio   *verdes*
   castaño   *castaños*
   rojo
   canoso

Tiene *barba*.
   bigote

Lleva *gafas/anteojos*.

La personalidad y el carácter
(Describing personality and character traits)

CD1
Track 1-54

Es *simpático/antipático*.
   tímido/sociable
   cariñoso/un poco distante

Es un poco *raro*.

Tiene *un buen sentido del humor*.

También, es muy *serio/divertido*.
   perezoso/trabajador
   optimista/pesimista
   responsable/irresponsable

Los adjetivos

A. La concordancia. Adjectives (like **alto** or **inteligente**) are words that describe, or modify, nouns. In Spanish, adjectives "agree" with the nouns they modify. This means the adjective ending must match the noun in *number* (singular or plural) and *gender* (masculine or feminine).

Juan es **alto**; su hermana Rosa es **alta** también.

*Juan is **tall**; his sister Rosa is **tall**, too.*

ADJECTIVE	MASCULINE		FEMININE	
ends in:	*Singular*	*Plural*	*Singular*	*Plural*
-o	alt**o**	alt**os**	alt**a**	alt**as**
-e	amabl**e**	amabl**es**	amabl**e**	amabl**es**
consonant	informa**l**	informa**les**	informa**l**	informa**les**
-dor	trabaja**dor**	trabaja**dores**	trabaja**dora**	trabaja**doras**
-ista	optim**ista**	optim**istas**	optim**ista**	optim**istas**

B. La ubicación. In Spanish, most descriptive adjectives are placed directly after nouns. This is the opposite of what happens in English.

Tiene el <u>pelo</u> **negro** y los <u>ojos</u> **grandes y azules**.

*She has **black** <u>hair</u> and **big, blue** <u>eyes</u>.*

C. Algunos adjetivos especiales. A few descriptive adjectives, such as **bueno** and **malo**, may be placed either before or after a noun. Both of these drop the **-o** ending before a masculine singular noun. The feminine forms and the plural forms of **bueno** and **malo** do not drop any letters.

un **buen** hombre	*a **good** man*
un **mal** ejemplo	*a **bad** example*
unos **buenos** amigos	*some **good** friends*

The adjective **grande** has different meanings depending on its placement. Also, it is shortened to **gran** before a singular noun of either gender.

una **gran** universidad	*a **great** university*
una universidad **grande**	*a **large** university*

Heinle Grammar Tutorial: Adjectives

3-5 En la fiesta. Daniela no conoce a muchas personas en la fiesta. Su amigo Ignacio le dice *(tells her)* los nombres de los otros invitados. Escucha su conversación. Identifica a cada persona que describen. Escribe la letra correspondiente al nombre de cada persona.

CD1
Track 1-55

1. Antonio ____

2. Alejandro ____

3. Carolina ____

4. Rosaura ____

a b c d e f

© Cengage Learning

3-6 ¿Cómo es la tía Felicia? Mira el dibujo *(drawing)* de la familia Martínez en la página 92. Completa la descripción de Felicia con las palabras más lógicas y apropiadas.

1. Felicia es (alta / de estatura mediana / baja).

2. Según *(According to)* ella, es un poco (delgada / gorda) y quiere adelgazar *(lose weight)*.

3. Tiene el pelo (negro / canoso / rubio).

4. Tiene los ojos (castaños / castañas) y lleva (anteojos / lentes de contacto).

5. Felicia es muy (trabajador / trabajadora) y (cariñoso / cariñosa).

6. Los sobrinos de Felicia la admiran mucho. Dicen que es muy (buen / buena / buenos) persona.

3-7 ¿Cómo son? Trabajando con un(a) compañero(a), tomen turnos para describir los rasgos físicos de una de las personas del dibujo anterior *(the drawing above)*. La otra persona escucha y señala con un dedo *(points to)* a la persona.

MODELO Este chico es muy alto y delgado. Tiene el pelo rubio y lleva anteojos. ¿Quién es?

3-8 Los compañeros de Carlos. ¿Cómo son los compañeros de Carlos? Lee las decripciones y completa las oraciones con una palabra lógica. Consulta la lista de palabras para la personalidad en la página 92.

1. Ernesto tiene empleo en una oficina, pero a menudo *(often)* no va a su trabajo. ¡Prefiere estar en casa y jugar videojuegos! Es _____.
2. Claudia siempre asiste a clase y hace la tarea a tiempo *(on time)*. Es una estudiante muy _____.
3. Mateo y Juan siempre ven los aspectos negativos de cada situación. Son _____.
4. Cuando Anita y Rosaura van a fiestas, hablan con todos. Son muy _____.
5. Francamente, nadie *(nobody)* comprende a José. Es distante y puede ser antipático. Muchas personas piensan que él es un poco _____.

3-9 Mis ideales. ¿Cómo son las personas ideales? Comparte *(Share)* tus ideas con un(a) compañero(a) de clase.

> **MODELO**   el profesor ideal
>
> TÚ: Para mí *(In my opinion)*, el profesor ideal es organizado, simpático y divertido.
>
> TU COMPAÑERO(A):   Estoy de acuerdo *(I agree)*. También es inteligente y creativo en clase.

1. el amigo ideal
2. el compañero de cuarto ideal / la compañera de cuarto ideal
3. los padres ideales
4. el novio ideal/la novia ideal

3-10 Admirable. ¿A cuál de tus parientes o tus amigos admiras mucho? Describe a esta persona con muchos detalles. Explica por qué la admiras. Comparte *(Share)* tus ideas con un(a) compañero(a) de clase. Tu compañero(a) va a hacerte unas preguntas *(ask you some questions)* sobre esta persona, también.

> **MODELO**   TÚ: Admiro mucho a mi prima Rachel. Ella es muy inteligente y trabajadora. Estudia medicina y está en segundo año en la universidad. También, Rachel es muy generosa y cariñosa. Es voluntaria en un hospital para niños.
>
> TU COMPAÑERO(A):   ¿Cuántos años tiene Rachel? ¿Dónde vive? ¿Visitas a Rachel con frecuencia?

3-11 Así soy yo. Completa las dos actividades para participar en un juego con tus compañeros.

PRIMERA PARTE: Escribe una descripción de ti mismo(a). Incluye rasgos físicos y personalidad. No menciones tu nombre.

> **MODELO**   *(Susana writes:)*
>
> Soy alta y más o menos *(more or less)* delgada. Tengo el pelo rubio y los ojos verdes. Llevo antejos. Soy sociable y un poco perezosa. No soy muy atlética. Me gusta mucho leer e ir a partidos de fútbol americano.

SEGUNDA PARTE: Tu profesor(a) va a recoger *(collect)* las descripciones y repartírselas *(pass them out)* a diferentes personas. Cada persona tiene que leer la descripción; los compañeros de clase tienen que escuchar e identificar a quién describe.

Gramática

Los comparativos y los superlativos

🌐 **Heinle Grammar Tutorial:** CD1 Track 1-56
Comparisons of equality and inequality; Superlatives and irregular comparative and superlative forms

Look at the drawings as you listen to and read the descriptions of the three dogs. Identify the expressions that mean *more . . . than, less . . . than,* and *as . . . as.*

Tengo tres perros: Sultán, Preciosa y Lobo.

Sultán es el más grande de los tres y es más feroz que Preciosa.

Preciosa es una perra muy tranquila y es menos agresiva que Lobo.

Lobo es el más pequeño de los tres, pero es tan protector como Sultán.

© Cengage Learning

A. Las comparaciones de superioridad e inferioridad. When comparing two people or things, sometimes one has "more" or "less" of a particular quality (or thing) than the other.

▶ To express "more than," use **más + (adjective/adverb/noun) + que.**

adjective (**grande**)	Sultán es **más grande que** Preciosa.
	*Sultán is **bigger than** Preciosa.*
adverb (**rápidamente**)	Sultán come **más rápidamente que** Preciosa.
	*Sultán eats **more quickly/faster than** Preciosa (does).*
noun (**energía**)	Lobo tiene **más energía que** Sultán.
	*Lobo has **more energy than** Sultán does.*

▶ To express "less/fewer than," use **menos + (adjective/adverb/noun) + que.**

adjective (**feroz**)	Preciosa es **menos feroz que** Sultán.
	*Preciosa is **not as ferocious as** Sultán.*
	(i.e., "less ferocious than")
adverb (**tranquilamente**)	Lobo duerme **menos tranquilamente que** Preciosa.
	*Lobo sleeps **less peacefully than** Preciosa.*
noun (**comida**)	Preciosa tiene **menos comida que** Sultán.
	*Preciosa has **less food than** Sultan.*
noun (**juguetes**)	Lobo tiene **menos juguetes que** Preciosa.
	*Lobo has **fewer toys than** Preciosa does.*

▶ A few comparative expressions have irregular forms.

younger	**menor**	Elisa es **menor que** Dulce.	*Elisa is **younger than** Dulce.*
older	**mayor**	Carlos es **mayor que** Dulce.	*Carlos is **older than** Dulce.*
better	**mejor**	Gregorio habla inglés **mejor que** Carlos.	*Gregorio speaks English **better than** Carlos does.*
worse	**peor**	Yo canto **peor que** mis hermanos.	*I sing **worse than** my brothers do.*

B. Las comparaciones de igualdad. In another kind of comparison, two people or things have nearly the same amount of a particular quality or thing.

▶ With an adjective or an adverb: use **tan + (adjective/adverb) + como.**

adjective (**malo**)	Lobo es **tan malo como** Sultán.
	*Lobo is **as bad as** Sultán.*
adverb (**bien**)	Elisa juega al tenis casi **tan bien como** su hermano.
	*Elisa plays tennis almost **as well as** her brother.*

▶ With a noun: use **tanto/tanta/tantos/tantas + (noun) + como.**

noun: feminine, singular	Lobo tiene **tanta comida como** Preciosa.
	*Lobo has **as much food as** Preciosa.*
noun: masculine, plural	Carlos tiene **tantos hermanos como** Gregorio.
	*Carlos has **as many siblings as** Gregorio.*

▶ For the idea "as much as" when referring to an action/verb: use **tanto como.**

| verb (**come**) | Lobo **come tanto como** Preciosa. |
| | *Lobo **eats as much as** Preciosa.* |

C. Los superlativos. Superlatives refer to the "extremes" within a group: A person or thing may have the "most" of a quality *(the most intelligent student, the smallest, etc.)* or the "least" *(the least difficult professor, the least interesting, etc.).* In these cases, it is necessary to include the definite article (**el, la, los, las**).

▶ **el/la/los/las (optional noun) + más (adjective) + de (group)**

Felicia es **la más generosa de** su familia.

*Felicia is **the most generous one** in the family.*

▶ **el/la/los/las (optional noun) + menos (adjective) + de (group)**

Carlos y Elisa son **los menos estudiosos de** la familia.

*Carlos and Elisa are **the least studious ones in** the family.*

▶ The irregular forms **mejor, peor, mayor,** and **menor** are also used with definite articles to form the superlative.

Carlos y Gregorio son **los mejores jugadores de** su equipo.

*Carlos and Gregorio are **the best players** on their team.*

3-12 Dos amigas. Katia y Agnés son amigas en la universidad. Lee las descripciones de las dos jóvenes y completa las comparaciones con las palabras más lógicas. Sigue el modelo.

MODELO   A Katia le gusta ir a fiestas y salir con muchos amigos. Agnés prefiere las reuniones pequeñas y las actividades solitarias. Katia es _más_ sociable _que_ Agnés.

1. Cuando tiene un examen, normalmente Katia estudia treinta minutos o una hora. Agnés estudia dos o tres horas para un examen típico. Katia es _____ estudiosa _____ Agnés.
2. A Katia le gusta ir al gimnasio todos los días. A Agnés no le gustan los deportes y no hace ejercicio. Katia es _____ atlética _____ Agnés.
3. Las dos chicas necesitan trabajar para pagar los gastos *(expenses)* de la universidad. Katia trabaja veinte horas por semana en un supermercado. Agnés también trabaja veinte horas por semana en un restaurante. Katia es _____ trabajadora _____ Agnés.
4. Katia tiene dieciocho años y Agnés tiene diecinueve. Katia es _____ _____ Agnés.
5. Katia vive con sus padres y sus tres hermanos. Agnés vive con sus padres, su abuela y sus tres hermanos. Katia tiene _____ hermanos _____ Agnés.
6. Katia tiene un perro, un hámster y un pájaro. Agnés tiene dos gatos. Katia tiene _____ mascotas _____ Agnés.

3-13 Los amigos. Mira la foto de los amigos y lee las descripciones. ¿Son ciertas o falsas las oraciones? Si la oración es falsa, corrígela para que sea cierta *(correct it so that it is true)*.

| Carla | Iván | Alejandra | Juan | Sofía |
| 19 años | 20 años | 21 años | 24 años | 23 años |

Daniel Korzeniewski/Shutterstock.com

MODELO   Juan es más alto que Iván.
          Falso. Juan es menos alto que Iván.

1. Sofía es tan delgada como Alejandra.
2. Juan es más alto que Alejandra.
3. Iván es mayor que Juan.
4. Carla es más gorda que Alejandra y Sofía.
5. Alejandra es menos alta que Carla.
6. Sofía es menor que Carla.
7. Alejandra es tan guapa como Sofía.
8. Iván es el más alto de los amigos.
9. Carla es la mayor de los amigos.
10. Juan es el menos serio de los amigos.

3-14 Los animales. ¿Qué piensas de las mascotas? Habla de este tema con un(a) compañero(a) de clase. Usen las preguntas a continuación y hagan *(ask)* otras preguntas originales también.

1. ¿Tienes mascota? ¿Qué mascota? ¿Cómo se llama? ¿Cuántos años tiene? ¿Cómo es?
2. ¿Te gustan más los perros o los gatos? En tu opinión, ¿cuáles son más inteligentes, los perros o los gatos? ¿Cuáles son más divertidos?
3. En tu opinión, ¿cuáles son las mejores mascotas para las residencias estudiantiles? ¿para los apartamentos? ¿para los niños? ¿para las personas mayores?
4. ¿Qué mascotas te gustaría *(would you like)* tener en el futuro? ¿Por qué?

Nikoner/Shutterstock.com

3-15 Nuestro campus. Con un(a) compañero(a), comparen sus opiniones sobre la universidad y el campus. Completen las oraciones de una manera lógica. Expliquen sus respuestas.

MODELO

Tú: La mejor residencia de nuestro campus es *Hampton Hall* porque *es nueva y tiene cuartos grandes y baños privados.*

Tu compañero(a): No estoy de acuerdo. *(I disagree.)* En mi opinión, la mejor residencia de nuestro campus es *Elliott Hall* porque *tiene más actividades sociales para los residentes.*

1. La residencia más divertida de nuestro campus es… porque…
   La más aburrida es… porque…

2. El mejor restaurante de nuestro campus es… porque…
   El restaurante menos saludable *(healthful)* del campus es… porque…

3. El mejor lugar para estudiar es… porque…
   El peor lugar es… porque…

4. El mejor lugar para conocer a nuevas personas en el campus es… porque…
   El mejor lugar para pasar tiempo con amigos en el campus es… porque…

5. El lugar más divertido los fines de semana es… porque…
   El lugar más aburrido los fines de semana es… porque…

Vocabulario temático

In this *Paso* you will practice:
- ▶ Talking about houses
- ▶ Describing the rooms and furniture of a house
- ▶ Reporting the condition of things
- ▶ Giving the location of things

Grammar:
- ▶ Adverbs of location
- ▶ Some uses of **ser** and **estar**

Los cuartos y los muebles *(Describing rooms and furnishings)* 🔊

CD1
Track 1-57

—¿Dónde viven tú y tu familia?

—Acabamos de *comprar* una nueva casa.
               alquilar

—¿Cómo es tu (nueva) casa?

—Tiene *dos pisos* y hay *seis cuartos.*

  En la planta baja, hay *una cocina, un comedor* y *una sala.*

  En el primer piso, *hay tres dormitorios grandes* y *un baño.*

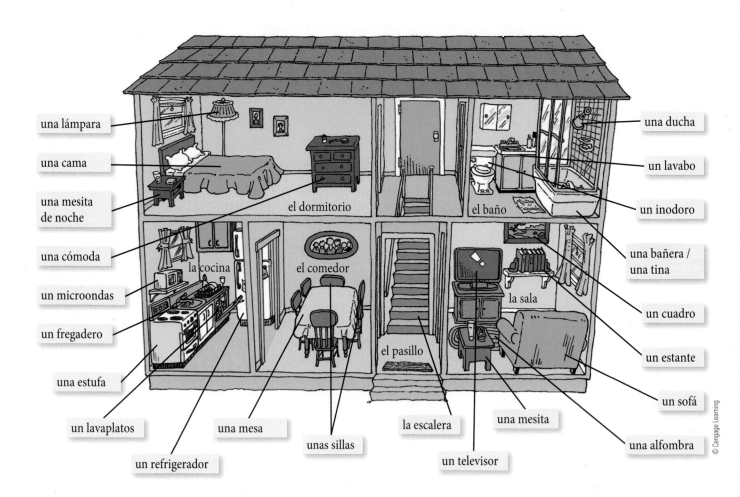

una lámpara · una cama · una mesita de noche · una cómoda · un microondas · un fregadero · una estufa · un lavaplatos · un refrigerador · una mesa · unas sillas · el dormitorio · la cocina · el comedor · la escalera · un televisor · el pasillo · una mesita · el baño · la sala · una ducha · un lavabo · un inodoro · una bañera / una tina · un cuadro · un estante · un sofá · una alfombra

© Cengage Learning

Notice the difference between these words: **la cómoda** (a noun) = chest of drawers, but **cómodo(a)(s)** (an adjective) = comfortable

Cómo describir algunas características de una casa

CD1
Track 1-58

Mi casa es *nueva (vieja)*.

La sala es *grande (de tamaño mediano, pequeña)*.

Los muebles son *elegantes (cómodos)*.

Cómo describir algunas condiciones de una casa

Normalmente, mi dormitorio está *ordenado (desordenado)*.

Por lo general, la cocina está *limpia (sucia)*.

Por desgracia, el refrigerador está *descompuesto* **y la ventana está** *rota*.

© Cengage Learning

Roto(a) means an object is cracked or broken. **Descompuesto(a)** means a mechanical appliance is not functioning properly.

Ponerlo a prueba

CD1
Track 1-59

3-16 De venta. Estás hablando con un agente de bienes raíces *(real estate)*. Escucha la descripción de la casa y escoge *(choose)* las respuestas correctas.

1. Número de pisos:	1	2	3
2. Número de dormitorios:	2	3	4
3. Número de baños:	1	2	3
4. El baño matrimonial incluye:	ducha	bañera	sauna
5. La cocina es:	pequeña	grande	de tamaño mediano
6. Otro aspecto positivo es:	el garaje	el ático	el patio
7. La casa cuesta _____ pesos.	88 000	98 000	198 000

3-17 El nuevo apartamento. Tu amiga Lucía describe un nuevo apartamento. Relaciona la información de las dos columnas para crear una descripción lógica.

___ 1. Acabo de alquilar…

___ 2. Me gusta muchísimo porque…

___ 3. También los vecinos son…

___ 4. Los muebles son cómodos y…

___ 5. En la cocina hay…

___ 6. La sala tiene…

___ 7. En mi dormitorio hay…

___ 8. El baño es un poco pequeño pero…

a. microondas y lavaplatos.

b. es grande y está cerca del campus.

c. un nuevo apartamento.

d. los electrodomésticos (*appliances*) son modernos.

e. un sofá, dos sillones y dos mesitas con lámparas.

f. tiene ducha y bañera.

g. simpáticos y no hacen ruido (*noise*).

h. una cama, una mesita de noche y un clóset enorme.

3-18 ¿Cómo es esta casa? La familia González acaba de comprar una casa en Miami. Mira el dibujo y contesta las preguntas con oraciones completas.

1. ¿Cuántos pisos tiene esta casa? ¿Qué cuartos hay en cada (*each*) piso?

2. ¿Es grande o pequeña la cocina? ¿Qué electrodomésticos (*appliances*) hay? ¿Qué electrodomésticos necesitan comprar?

3. ¿Cuántos baños hay? ¿Están sucios o limpios? ¿Cuál te gusta más?

4. ¿Cuántos dormitorios hay? ¿Cuál de los dormitorios está desordenado y sucio? ¿Por qué?

5. ¿Son elegantes o cómodos los muebles de la familia? ¿Cuáles de los muebles están rotos o en malas condiciones? ¿Qué muebles necesitan comprar para la sala y los dormitorios?

6. ¿Cuál es tu cuarto favorito? Descríbelo.

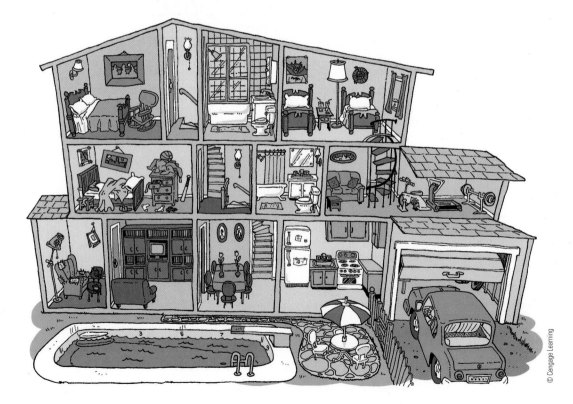

© Cengage Learning

3-19 En nuestro campus. ¿Cuál es la mejor residencia en tu campus? ¿Cuáles son los mejores apartamentos para estudiantes cerca del campus? Describe estos lugares *(places)* con detalles y compara tus ideas con las de un(a) compañero(a).

VOCABULARIO ÚTIL:

Para mí...	*In my opinion ...*
Yo creo que...	*I think that ...*
(No) Estoy de acuerdo.	*I (dis)agree.*

MODELO

Para mí, los apartamentos de "Millhouse Creek" son los mejores para estudiantes. No están muy cerca de nuestra universidad pero tienen un autobús para llevar a los estudiantes al campus. Todos los apartamentos tienen cocinas grandes y dos baños. Están amueblados *(furnished)* con sofás, camas, mesitas, lámparas y más. También hay piscina y gimnasio.

3-20 Una casa para las vacaciones. Tus amigos y tú van a pasar las vacaciones en Isla Margarita, uno de los destinos turísticos más populares de Venezuela. Quieren alquilar una casa por una semana y encuentran *(you find)* este anuncio interesante en Internet. ¿Les gusta la casa? Con un(a) compañero(a) de clase, lean la información sobre la casa y contesten las preguntas.

Prestigiosos townhouses con mucho confort en Playa El Agua

Aquí tiene la perfecta solución, tanto para familias como para grupos que viajan juntos. Hermosas casas están a corta distancia de Playa El Agua y a 100 metros de restaurantes, tiendas, bares y mercados. La comunidad cuenta con piscina, áreas sociales y estacionamiento. Todas las casas tienen cocina totalmente equipada, tres habitaciones, dos baños, balcón, terraza y jardín, como también aire acondicionado, TV por cable e Internet gratis via WiFi.

Capacidad para 7 personas máximo. Precios: desde 550 BsF/día
Pago: 50% al reservar y 50% 15 días antes de llegar.

Nicholas Pitt/Alamy

© Cengage Learning

1. ¿A tus amigos y a ti les gusta la ubicación *(location)* de la casa? Explica.
2. ¿Qué amenidades *(amenities)* tienen estas casas? En tu opinión, ¿cuáles de las amenidades son más atractivas?
3. ¿Cúantos dormitorios tienen las casas? ¿Son suficientemente grandes para Uds.?
4. ¿Es razonable *(reasonable)* el precio?
5. ¿Quieren alquilar la casa? Explica.

Vocabulario temático

Para indicar relaciones espaciales

(Describing where something is located)

🔊 CD1
Track 1-60

—¿Dónde está el gato?

—Está…

en las cortinas, **a la izquierda del** estante

en la lámpara, **a la derecha del** estante

entre los libros

encima de la mesita, **detrás del** radiodespertador

al lado de la computadora

delante del clóset

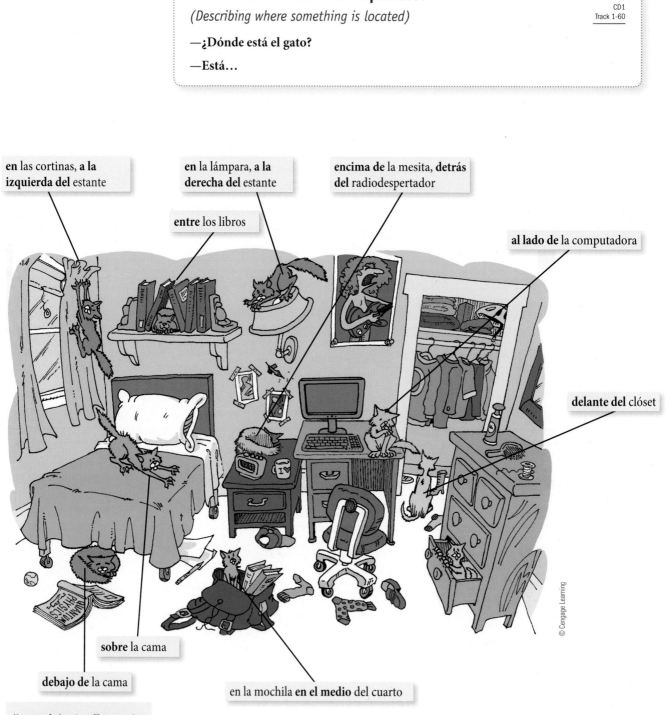

© Cengage Learning

sobre la cama

debajo de la cama

en la mochila **en el medio** del cuarto

Use **estar** for locations: **El gato** *está* **sobre la cama.**

Ponerlo a prueba

3-21 El cuarto de Mayra. Mayra tiene un nuevo apartamento. Su mamá le describe a su esposo el cuarto de Mayra en el nuevo apartamento. Escucha la descripción y contesta las preguntas.

CD1 Track 1-61

1. La mamá de Mayra piensa que su cuarto es ___.
   a. muy grande y bonito
   b. pequeño y feo
   c. bonito, pero que está sucio

2. A la mamá le gustan mucho ___.
   a. el clóset y la ventana
   b. la cama y la cómoda
   c. el color del cuarto y las plantas

3. La cama está ___.
   a. al lado del clóset
   b. debajo de la ventana
   c. a la izquierda de la puerta

4. El radio y el despertador *(alarm clock)* están ___.
   a. al lado del televisor
   b. en el escritorio
   c. encima de la mesita de noche

5. El televisor está ___.
   a. a la izquierda del clóset
   b. delante del sillón
   c. a la derecha de la puerta

3-22 ¿Dónde está mi...? Miren el dibujo y dramaticen esta situación en grupos de dos: Tu compañero(a) de cuarto no puede encontrar nada *(can't find anything)*. Mira el dibujo y dile *(tell him/her)* dónde están las cosas.

> **MODELO**
>
> TU COMPAÑERO(A): No puedo encontrar mi mochila. ¿Sabes dónde está?
>
> TÚ: Sí. Está debajo de la cama.

© Cengage Learning

No puedo encontrar...

mi diccionario

mi raqueta de tenis

mis zapatos *(shoes)*

mi iPod

mi computadora portátil

mi composición para la clase de inglés

mi suéter favorito

mis cartas importantes

3-23 Mi cuarto. Con un(a) compañero(a) de clase, tomen turnos para describir sus dormitorios. Incluyan tres o cuatro expresiones, como **encima de, debajo de...**, en la conversación. ¿Qué muebles tienes en tu cuarto? ¿Qué más necesitas o quieres?

> **MODELO**
>
> Vivo en una residencia aquí en la universidad. Mi dormitorio es un poco pequeño pero me gusta. Hay dos camas, dos escritorios, dos cómodas y dos clósets. <u>En un rincón</u> *(In one corner)*, tenemos un televisor. Hay un pequeño refrigerador <u>al lado del</u> televisor. Mi computadora está <u>encima de</u> mi escritorio. Mi compañera y yo no tenemos microondas pero queremos comprar uno.

Gramática

Los verbos *ser* y *estar*

CD1
Track 1-62

Read and listen to Ana's description of her new friend. In each sentence, identify the conjugated forms of **ser** and **estar**. Which of these two verbs is used to describe Berta's personality? Which tells where she is from? Which indicates the location of her room?

> Berta es mi nueva amiga en la residencia. Ella es de Arizona, como yo. Berta es muy simpática, responsable y trabajadora. Su cuarto está al lado del mío *(mine)*. Por eso *(That's why)* estudiamos juntas con frecuencia. Estoy contenta de tenerla como amiga.

A. Los usos del verbo *ser*. Both **ser** and **estar** mean *to be,* but they are used in different ways and may not be interchanged.

Uses of *ser*

▸ With nouns, to identify the subject by relationship, occupation, profession, nationality, or other similar categories

Este **es** mi <u>primo</u>.	*This is my cousin.*
Mis padres **son** <u>profesores</u>.	*My parents are professors.*

▸ With adjectives, to describe characteristics and traits of people, places, and things

Elisa y su hermana **son** muy <u>amables</u>.	*Elisa and her sister are very kind.*
Mi casa **es** <u>grande</u> y <u>moderna</u>.	*My house is big and modern.*

▸ With the preposition **de,** to express ownership

¿<u>De quién</u> son los muebles?	*Who does this furniture belong to?*
La cama **es** <u>de Alicia</u>.	*The bed belongs to Alicia.*

▸ With the preposition **de,** to indicate origin

La lámpara **es** <u>de Italia</u>.	*The lamp is from Italy.*

▸ To tell time and give dates

Es <u>la una de la tarde</u>.	*It's one o'clock in the afternoon.*
Hoy **es** <u>viernes</u>.	*Today is Friday.*

▸ For the location of events (parties, concerts, weddings, classes, etc.)

<u>La fiesta</u> **es** en casa de mi prima.	*The party is at my cousin's house.*

B. Los usos del verbo *estar*. The verb **estar** is used in fewer circumstances.

Uses of *estar*

▸ To indicate the location of persons or things

Gregorio **está** <u>en Venezuela</u>.	*Gregorio is in Venezuela.*
La cama **está** <u>a la derecha del sillón</u>.	*The bed is to the right of the easy chair.*

▸ With adjectives that indicate emotional and physical conditions

Mis padres **están** <u>contentos</u>.	*My parents are happy.*
El refrigerador **está** <u>descompuesto</u>.	*The refrigerator is out of order.*

C. Unos contrastes. Although both **ser** and **estar** may be used with descriptive adjectives, the verbs convey different meanings.

> ▶ **Ser** is used to describe characteristics, traits, or inherent qualities—the way you normally think of a person or thing. It is generally used with adjectives like **alto, bajo, inteligente, bueno, moderno,** etc.
>
> Nuestra casa **es** grande.   *Our house is big.* (Everyone considers it large because it has twelve rooms.)
>
> ▶ **Estar** is used to describe the way a person feels or the current condition of something. **Estar** is generally used with adjectives like **contento, cansado, frustrado, ordenado, roto, limpio,** etc.
>
> La sala **está** sucia.   *The living room is dirty.* (We just had a party, so it's a mess.)
>
> ▶ **Ser** and **estar** also convey different meanings with the question word **¿cómo?**
>
> **ser:** ¿Cómo **es** tu mamá?
>
> *What is your mother like? (Describe her to me.)*
>
> **estar:** ¿Cómo **está** tu mamá?
>
> *How is your mother? (How is she doing? Is she well?)*

Ponerlo a prueba

3-24 Análisis de *ser* y *estar*. ¿Por qué es correcto usar **ser** o **estar** en estas oraciones? Relaciona cada oración con su explicación más lógica.

___ 1. Me llamo Martiza. **Soy** estudiante en la universidad.

___ 2. Mi familia **es** de Maracaibo, Venezuela.

___ 3. Ahora **estamos** en Miami para visitar a mis tíos.

___ 4. Miami **es** vibrante y cosmopolita.

___ 5. La fiesta de graduación de mi primo Zacarías **es** en la casa de mis tíos.

___ 6. Todos **estamos** muy orgullosos *(proud)* de su hijo.

a. origen

b. ubicación *(location)* de personas/cosas

c. ubicación de eventos

d. identificación de personas/cosas/lugares

e. características de personas/cosas/lugares

f. condiciones de personas/cosas/lugares

3-25 La boda. Patricia escribió sobre *(about)* un evento importante. Lee la descripción de la boda *(wedding)* e indica con un círculo el verbo correcto en cada caso.

La boda de mi hermana Inés **(1. es / está)** mañana y todos **(2. somos / estamos)** muy emocionados *(excited)*. El novio de Inés se llama Jorge y **(3. es / está)** de Perú. Yo creo que **(4. es / está)** muy guapo y simpático. Mamá **(5. es / está)** un poco preocupada porque Jorge **(6. es / está)** piloto y tiene que viajar mucho por su trabajo. Pero la nueva casa de los novios **(7. es / está)** muy cerca de nuestra casa, así que *(so)* Inés puede visitarnos con frecuencia.

La ceremonia va a **(8. ser / estar)** en la Iglesia de San Pedro. Esta mañana yo ayudé *(I helped)* a decorar la iglesia y el salón para la recepción. Ahora todo **(9. es / está)** decorado con rosas y otras flores para la boda. Creo que Inés va a **(10. ser / estar)** muy contenta.

3-26 Saludos de Venezuela. María del Carmen está de vacaciones con su esposo, Leonardo. Completa el mensaje que ella le escribe a su amiga Luisa, con la forma correcta del tiempo presente de los verbos **ser** y **estar**.

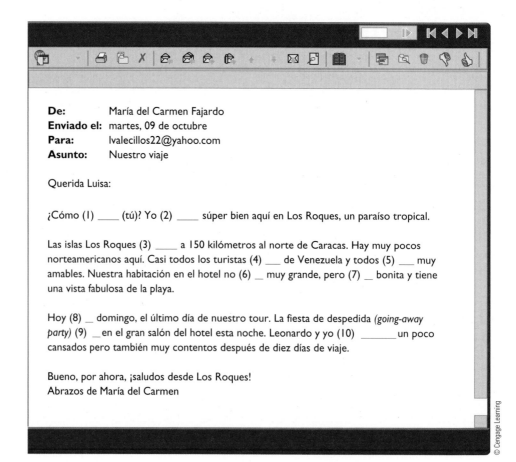

De: María del Carmen Fajardo
Enviado el: martes, 09 de octubre
Para: lvalecillos22@yahoo.com
Asunto: Nuestro viaje

Querida Luisa:

¿Cómo (1) _____ (tú)? Yo (2) _____ súper bien aquí en Los Roques, un paraíso tropical.

Las islas Los Roques (3) _____ a 150 kilómetros al norte de Caracas. Hay muy pocos norteamericanos aquí. Casi todos los turistas (4) ___ de Venezuela y todos (5) ___ muy amables. Nuestra habitación en el hotel no (6) _ muy grande, pero (7) _ bonita y tiene una vista fabulosa de la playa.

Hoy (8) _ domingo, el último día de nuestro tour. La fiesta de despedida *(going-away party)* (9) _ en el gran salón del hotel esta noche. Leonardo y yo (10) _____ un poco cansados pero también muy contentos después de diez días de viaje.

Bueno, por ahora, ¡saludos desde Los Roques!
Abrazos de María del Carmen

© Cengage Learning

3-27 Las diferencias entre el día y la noche. La Sra. Muñoz tiene dos hijos, Armando y Arturo, quienes son tan diferentes como el día y la noche.

PRIMERA PARTE: Con un(a) compañero(a) de clase, contesten las preguntas sobre el cuarto de Armando.

1. ¿Cómo es el cuarto de Armando: grande, pequeño o de tamaño mediano? ¿De qué color es?
2. ¿Qué tiene Armando en su cuarto? ¿Dónde está el televisor? ¿Dónde está su computadora?
3. ¿Cómo son los muebles del cuarto de Armando: elegantes o cómodos? ¿Están rotos o en buenas condiciones los muebles?
4. ¿Está limpio o sucio el cuarto de Armando? ¿Está ordenado o desordenado su escritorio?
5. ¿Cómo se siente *(feel)* la mamá de Armando cuando piensa en el cuarto de su hijo? ¿Por qué?

SEGUNDA PARTE: Escriban cinco oraciones con **ser** y **estar** para describir el cuarto de Arturo.

A.

B.

© Cengage Learning

 3-28 Mi domicilio. Con un(a) compañero(a) de clase, conversa sobre el tema de las casas. Usen estas preguntas y hagan otras preguntas originales también.

1. ¿Vives en una casa, en una residencia estudiantil o en un apartamento?
2. ¿Dónde está tu casa / residencia / apartamento? ¿Te gusta la ubicación *(location)*? Explica por qué sí o por qué no.
3. ¿Cuántos cuartos hay en tu casa / residencia / apartamento? ¿Cuáles son?
4. ¿Cuál es tu cuarto predilecto *(favorite)* en tu casa / residencia / apartamento? ¿Cómo es? ¿Por qué te gusta?
5. Haz 2 o 3 preguntas originales *(Ask 2–3 original questions)* sobre la casa / la residencia / el apartamento de tu compañero(a).

Vocabulario temático

In this *Paso* you will practice:

▶ Describing daily routines

▶ Describing household chores and other family activities

▶ Expressing how often you and your family engage in different activities

Grammar:

▶ Reflexive verbs in the present tense

Mi rutina *(My daily routine)*

CD1
Track 1-63

Un día ajetreado: Por la mañana

Normalmente, me despierto *a las ocho (temprano / tarde).*

Me levanto *a las ocho y cuarto.*

Me ducho y me visto rápidamente.

Salgo de casa *a las nueve menos cuarto.*

Paso el día *en clase, en la uni.*

© Cengage Learning

Por la tarde y por la noche

Después de clase, mis amigos y yo vamos *a un café (al centro estudiantil / al gimnasio).*

Antes de estudiar, ceno con mi familia.

Por lo general, estudio por *dos o tres* horas.

Me acuesto *a la medianoche (a la una / bastante tarde).*

© Cengage Learning

Ponerlo a prueba

CD1
Track 1-64

3-29 Un estudiante de primer año. Gustavo acaba de pasar *(has just spent)* su primer mes en la universidad. Ahora está en casa, visitando a su madre. Escucha su conversación y completa la actividad.

1. ¿A qué hora se despierta Gustavo por la mañana normalmente?

   Gustavo se despierta a las _____ de la mañana y se levanta a las

   _____.

2. ¿Dónde come el desayuno *(eats breakfast)*?

   Come el desayuno en _____.

3. ¿Cuántas clases tiene por la mañana?

   Tiene _____ clases por la mañana.

4. En un día normal, ¿qué hace Gustavo después de almorzar *(after eating lunch)*?

   Normalmente, va a la _____ para _____.

5. ¿Qué hacen Gustavo y sus amigos antes de cenar?

   Con frecuencia, van al _____ y juegan al _____.

6. ¿A qué hora se acuesta Gustavo?

   Por lo general, se acuesta a las _____ o a la _____.

3-30 El día de Marta. ¿Cómo es la rutina de Marta? Relaciona las dos columnas de una manera lógica.

1. Normalmente me despierto…
2. No me levanto inmediatamente…
3. Luego, me ducho…
4. Me visto…
5. Salgo de casa…
6. Paso todo el día…
7. Por la noche, me gusta…
8. A veces mis amigos y yo…
9. También, estudio…
10. Por lo general, me acuesto…

a. rápidamente y como cereal con leche para el desayuno.
b. a la medianoche o a la una.
c. y me lavo el pelo.
d. temprano, a las siete de la mañana.
e. pasar tiempo con mis amigos.
f. vamos al cine o al gimnasio.
g. para mis clases por dos o tres horas.
h. porque me gusta escuchar la radio por un rato.
i. en clase o en mi trabajo en el Departamento de Psicología.
j. a las ocho y media de la mañana.

3-31 El día más ajetreado. ¿Cuál es tu día más ajetreado de la semana? Habla con un(a) compañero(a) y comparen sus rutinas para ese día *(for that day)*.

1. Mi día más ajetreado es el _____ (día de la semana). ¿Cuál es tu día más ajetreado?
2. Normalmente, me despierto a las _____ (hora). ¿A qué hora te despiertas tú?
3. Antes de mis clases, (yo) _____ (actividades). ¿Qué haces tú?
4. Salgo de casa/mi residencia a las _____ (hora). ¿A qué hora sales tú de tu casa/residencia?
5. Por la mañana tengo _____ (número) clases y por la tarde tengo _____ (número) clases. ¿Y tú? ¿Cuántas clases tienes por la mañana y por la tarde?
6. Por lo general, regreso a casa/mi residencia a las _____ (hora). ¿A qué hora regresas tú?
7. Por la noche, normalmente _____ (actividades). Después me acuesto a la/las _____ (hora). ¿Y tú? ¿Qué haces por la noche? ¿A qué hora te acuestas?

3-32 Los sábados. ¿Cómo es un sábado típico para ti? Conversa con dos o tres compañeros de clase y comparen sus rutinas. Después, contesten estas preguntas sobre la rutina de los sábados:

▶ ¿Tienen tú y tus compañeros rutinas muy parecidas *(similar)* o muy diferentes?
▶ ¿Cuál de Uds. se levanta más temprano? ¿Quién se acuesta más tarde?
▶ ¿Cuál de Uds. pasa más tiempo estudiando y trabajando?
▶ ¿Cuál de Uds. pasa más tiempo con los amigos? ¿En las redes sociales?

COMENTARIO CULTURAL *Las familias en el mundo hispano*

¿A quiénes consideras parte de tu familia? ¿Dónde viven tus abuelos? ¿Tienes padrinos?

Cuando hablamos de la familia en los Estados Unidos, casi siempre pensamos en la familia nuclear: el padre, la madre y los hijos. En cambio, en el mundo hispano, la palabra *familia* tiene un significado más amplio; generalmente incluye a abuelos, tíos, primos y otros parientes. Los lazos *(ties)* familiares son muy importantes en el mundo hispano. Los hijos casi siempre viven con sus padres hasta que se casan *(until they get married)*. A veces, los abuelos u otros parientes viven en la misma casa también.

© Cengage Learning

En muchos países los padrinos *(godparents)* se consideran miembros de la familia. No viven en la misma casa, pero asisten a todas las celebraciones familiares.

Gramática

🔊
CD1
Track 1-65

Los verbos reflexivos

Read and listen to Bernardo as he describes his morning routine. Many of the verbs—the ones with **me**—are considered "reflexive." Identify each reflexive verb in the paragraph below.

🌐 **Heinle Grammar Tutorial:**
Reflexive verbs

> ¿Cómo es mi rutina? Pues *(Well)*, todos los días me despierto a las ocho. Pero no me levanto hasta las ocho y cuarto. Primero me lavo los dientes y me ducho. Luego *(Next)*, me visto. No tengo tiempo para desayunar porque mi primera clase es a las nueve.

A. Los verbos reflexivos. Verbs like **me levanto, me ducho,** and **me despierto** are known as reflexive verbs. In most cases, reflexive verbs indicate that the person who performs the action also receives the benefit or impact of the action. For example, when you take a shower, you wash *yourself*. Many verbs can actually be used reflexively or nonreflexively, depending on the meaning of the sentence.

Reflexive: levantarse   **Me levanto** a las seis y media.

(I get up of my own accord, so I both perform and receive the benefit of the action.)

Nonreflexive: levantar   **Levanto** a mi hijo a las ocho.

(I turn on the light and call out my son's name to get him up.)

© Cengage Learning

B. Los pronombres reflexivos. When a verb is used reflexively, you must use a reflexive pronoun that *matches* the subject of the sentence. The pronoun **me** is used when the subject is **yo,** the pronoun **te** is used when the subject is **tú,** and so on.

yo	**me**	**Me levanto** a las seis.
tú	**te**	¿A qué hora **te levantas**?
Ud./él/ella	**se**	Roberto **se levanta** temprano.
nosotros(as)	**nos**	**Nos levantamos** tarde los domingos.
vosotros(as)	**os**	¿**Os levantáis** ahora?
Uds./ellos/ellas	**se**	Mis padres no **se levantan** muy temprano.

▸ Reflexive pronouns are always placed before a single conjugated verb.

    Me levanto bastante temprano.   *I get up quite early.*

▶ Reflexive pronouns are usually attached to the end of infinitives.

Prefiero **levantarme** temprano.   *I prefer to get up early.*

▶ With reflexive expressions that refer to parts of the body, Spanish uses definite articles (**el, la, los, las**) instead of possessives (**mi, tu, su**, etc.).

Me lavo **el** pelo todos los días.   *I wash **my** hair every day.*

C. Otros verbos reflexivos. Just like all other verbs, reflexive verbs may be regular, stem-changing, or irregular in the present tense.

Verbos regulares:

afeitarse	*to shave*
bañarse	*to take a bath, to bathe*
ducharse	*to take a shower*
levantarse	*to get up*
lavarse el pelo (las manos, la cara)	*to wash one's hair (hands, face)*
lavarse los dientes	*to brush one's teeth*
quitarse	*to take off (clothing)*

Verbos irregulares:

The verb **ponerse** *(to put on)* is irregular only in the **yo** form of the present tense: **me pongo.**

Verbos con cambios en la raíz:

Like all stem-changing verbs, these reflexive verbs change the vowels in all persons except **nosotros(as)** and **vosotros(as).**

o → ue

acostarse (me acuesto)	*to go to bed*
dormirse (me duermo)	*to fall asleep*

e → ie

divertirse (me divierto)	*to have a good time*
despertarse (me despierto)	*to wake up*
sentarse (me siento)	*to sit down*
sentirse (me siento)	*to feel*

e → i

vestirse (me visto)	*to get dressed*

3-33 Un día típico. Aquí tienes una descripción de la rutina de Vivian y su hermana Fátima. Escoge el verbo más lógico en cada caso y escríbelo en el presente del indicativo.

MODELO   (Yo) (levantarse / sentirse) _Me levanto_ temprano todos los días.

1. Fátima y yo (despertarse / acostarse [ue]) _____ a las siete y media casi todos los días.
2. Yo (ducharse / vestirse [i]) _____ por la mañana, pero mi hermana (ponerse / bañarse) _____ por la noche.
3. Primero (nosotras) (quitarse / vestirse [i]) _____ y luego (salir / regresar) _____ para ir a la universidad. Pasamos todo el día allí.
4. Los fines de semana, (nosotras) (ir / volver [ue]) _____ a fiestas con nuestros amigos y (divertirse [ie] / afeitarse) _____ mucho.
5. Normalmente, mi hermana (acostarse [ue] / sentirse [i]) _____ tarde los viernes y (quitarse / levantarse) _____ tarde los sábados.
6. Pero yo (acostarse [ue] / ponerse) _____ temprano los viernes porque los sábados (levantarse / dormirse) _____ temprano para ir al trabajo.

3-34 Los productos de aseo personal. Ramón mira la tele con frecuencia, y muchas veces compra productos de los anuncios comerciales. Completa las oraciones con los verbos más lógicos de la lista; escribe los verbos en el presente.

afeitarse	**ducharse**	**dormirse**
lavarse	**ponerse**	**vestirse**

MODELO   Ramón _se lava_ los dientes con la pasta dental Colgate, con triple acción.

1. Ramón siempre _____ con el jabón Fa, con desodorante.
2. Ramón _____ el pelo con el champú Biogénesis, con acondicionador.
3. Ramón _____ con la crema de afeitar Gilette, con mentol.
4. Cuando sale con su novia, Ramón _____ la colonia Brut.
5. Cuando está nervioso, Ramón toma una tisana (_herbal tea_) homeopática y _____ enseguida (_quickly_).

3-35 Charadas. ¡Vamos a jugar a las charadas (_charades_)! En groups de tres o cuatro estudiantes, tomen turnos (_take turns_) representando un verbo reflexivo en una situación específica. Los compañeros tienen que adivinar (_guess_) la acción. ¡Usen la imaginación!

MODELO   Tú: (_pantomine taking a cold shower_)
           Tu compañero(a):   ¡Te duchas con agua fría!

Ideas:

ducharse con agua fría	dormirse en el cine
lavarse los dientes en un tren	divertirse en una piscina
acostarse en una cama muy pequeña	sentarse en una silla rota
sentirse enfermo(a) en un avión	afeitarse en la oscuridad (_dark_)

3-36 La rutina de Carlos. ¿Qué hace Carlos en un día normal? Mira los dibujos y describe su rutina con oraciones completas.

| MODELO |

Carlos se levanta muy temprano, a las seis de la mañana. Tiene mucho sueño. ¡No le gustan las mañanas!

1.

2.

3.

4.

5.

© Cengage Learning

 3-37 ¿Quiénes son más compatibles? Imagínate que vas a alquilar un apartamento cerca de la universidad. Necesitas buscar a dos compañeros(as) compatibles. Entrevista a dos o tres compañeros de clase para averiguar *(to find out)* si Uds. son compatibles.

1. ¿A qué hora te levantas por la mañana?
2. ¿A qué hora prefieres acostarte?
3. Por lo general, ¿te duchas por la mañana o por la noche?
4. ¿Escuchas música mientras estudias?
5. ¿Normalmente está ordenado o desordenado tu cuarto?
6. Por lo general, ¿pasas los fines de semana aquí o sales de la ciudad?
7. (una pregunta original)

Vocabulario temático

Los quehaceres domésticos *(Household chores)*

¿Cómo dividen Uds. las responsabilidades para los quehaceres?

Todos los días la empleada *limpia la casa* y *lava la ropa.*

Yo siempre *les doy de comer a los perros.*

Normalmente mi hermana *lava los platos.*

> **Mi hermana pone los platos en el lavaplatos.** *My sister loads the dishwasher.*

Por lo general, mi padre *ayuda con los quehaceres.* Le gusta *cocinar.*

Mi hermanito nunca *pone la mesa.*

Nunca quiere *hacer su cama.*

> Place **nunca** before the verb, or follow this pattern with a "double" negative: **Mi hermanito no pone la mesa nunca.**

© Cengage Learning

Expresiones de frecuencia

siempre
todos los días
una vez por semana
a veces
nunca / no... nunca

CD1
Track 1-67

CD1
Track 1-66

🔊 CD1 Track 1-68

3-38 Los quehaceres. Hoy es día de limpieza general *(cleaning day)*. Escucha la conversación entre los miembros de la familia Arroyo y completa la actividad.

1. María Luisa, la mamá de la familia, habla primero *(first)* con _____.
   a. su esposo
   b. su hijo
   c. su hija

2. Adalberto no quiere limpiar el garaje porque piensa _____.
   a. leer el periódico
   b. jugar al tenis con un amigo
   c. mirar la televisión

3. Samuel tiene que _____, pero quiere salir con Manuel.
   a. ir al supermercado
   b. darles de comer a los perros
   c. poner los platos en el lavaplatos

4. Pilar quiere salir con sus amigas pero _____.
   a. va a darles de comer a los perros primero
   b. decide ir al supermercado con su mamá
   c. promete lavar la ropa por la tarde

5. La mamá no va a _____. Decide ir de compras.
   a. cocinar
   b. lavar los platos
   c. hacer las camas

3-39 ¿Cómo dividen las responsabilidades? Samuel es de Venezuela, donde muchas familias tienen empleadas. Ahora está hablando con su prima Camila, de Miami. Completa su conversación, escogiendo las palabras más lógicas entre paréntesis.

SAMUEL: ¿Cómo dividen en casa las responsabilidades para los quehaceres (1. cómodos / domésticos)?

CAMILA: Todos nosotros (2. ayudamos / alquilamos) con los quehaceres. Por lo general, mamá cocina y papá (3. lava / baña) los platos.

SAMUEL: ¿Qué haces tú?

CAMILA: Yo siempre ayudo a (4. limpiar / vestir) la casa. También le (5. salgo / doy) de comer al gato.

SAMUEL: ¿Quién (6. lava / empleada) la ropa y con qué frecuencia?

CAMILA: Yo lavo mi ropa una (7. siempre / vez) por semana. Mamá lava la ropa de papá y de Ale (8. veces / todos) los días.

SAMUEL: ¿Cómo ayuda Ale con los (9. quehaceres / dientes)?

CAMILA: La responsabilidad de mi hermano es (10. poner / hacer) la mesa. También hace su (11. ropa / cama)... bueno, a veces la hace. A (12. menudo / nunca), ¡simplemente cierra la puerta de su dormitorio!

3-40 ¿Limpio o sucio? La vida de los estudiantes es muy ajetreada. ¿Tienen Uds. tiempo para mantener el cuarto limpio y ordenado? Entrevista a un(a) compañero(a) de clase sobre los quehaceres y comparen sus respuestas. ¿Con qué frecuencia hacen Uds. los siguientes quehaceres?

MODELO	hacer la cama

TÚ:	¿Con qué frecuencia haces la cama en tu cuarto?
TU COMPAÑERO(A):	Hago mi cama todos los días. ¿Y tú?
TÚ:	Hago mi cama solo *(only)* cuando mis padres me visitan.

todos los días	una vez por semana	una vez por mes
a veces	casi nunca	nunca

1. hacer la cama
2. limpiar el baño
3. lavar la ropa
4. cocinar
5. poner todo en orden *(in its place)*
6. ayudar a tu compañero(a) con los quehaceres

3-41 Las amas de casa y la ayuda. Aquí tienes datos sobre los quehaceres domésticos. En la gráfica, hay información sobre dos aspectos importantes de este tipo de trabajo. Contesta las preguntas y compara tus respuestas con las de un(a) compañero(a) de clase.

VOCABULARIO ÚTIL: barrer *to sweep*

fregar *to scrub*

hacer la compra *to get groceries*

planchar *to iron*

recoger un cuarto *to pick up a room*

1. Según la gráfica de la izquierda, ¿qué tarea *(chore)* les gusta menos a las amas de casa *(housewives)*? ¿Qué tareas prefieren hacer?
2. Según la gráfica de la derecha, ¿qué tareas hacen las amas de casa normalmente con sus parejas *(with their spouses)*? Por lo general, ¿qué tareas hacen las amas de casa sin *(without)* ayuda?
3. En tu familia, ¿qué tarea es la más popular?, ¿la menos popular? Explica tu respuesta.
4. ¿Qué tarea prefieres compartir *(to share)* con otra persona? ¿Por qué?
5. Respecto a los quehaceres, ¿tienes conflictos a veces con tus hermanos o tu compañero(a) de cuarto? Describe los conflictos.

¿Cuál es la tarea del hogar que menos te gusta?(*)

Planchar	**24,34%**
Limpiar el polvo	**18,18%**
Recoger la cocina	**16,50%**
Barrer y fregar	**16,50%**
Cocinar	**12,12%**
Lavar los platos /poner lavavajillas	**11,16%**
Lavar la ropa	**1,24%**

¿Qué labor realizas con tu pareja de un modo habitual?

Hacer la compra	25,31%
Cocinar	17,05%
Lavar los platos/ poner lavavajillas	11,10%
Limpiar el polvo	11,10%
Organizar la casa	11,10%
Ninguna	9,25%
Planchar	4,90%
Lavar la ropa	3,70%
Otras	6,49%

(*) Los porcentajes que aparecen en los recuadros de arriba no suman 100 en todos los casos, ya que algunas encuestadas han dado más de una respuesta; en otras preguntas no han respondido. Señalamos las más destacadas.

Sin duda, los electrodomésticos han transformado la vida de muchas amas de casa. A pesar de ello, el 47,34% dice que el servicio de reparación le ha supuesto algún problema.

¡Vamos a Venezuela!

DATOS ESENCIALES

Nombre oficial: República Bolivariana de Venezuela

Capital: Caracas

Población: 26 800 000 habitantes

Unidad monetaria: bolívar fuerte

Economía: refinerías de petróleo, metales, manufactura de automóviles, agricultura

🌐 **www.cengagebrain.com**

Go to the **Un paso más** section in the *Cuaderno de actividades* for additional reading, writing, review, listening and pronunciation activities.

Additional activities on Venezuela may be found in the **Un paso más** section of the *Cuaderno de actividades.*

En la Gran Sabana de Venezuela, en el sur del país, existen más de 100 tepuyes. Los tepuyes son mesetas abruptas de paredes verticales y cimas *(tops)* planas. El más emblemático es el Autana, declarado monumento natural en 1978. De aquí cae la cascada más alta del planeta: el impresionante Salto del Ángel.

Imágenes de Venezuela

Después de mirar el vídeo, contesta las preguntas con oraciones completas.

1. Caracas es el centro económico de Venezuela. Según el vídeo, ¿en qué se basa la economía del país?

2. Simón Bolívar es famoso por su papel *(role)* en la liberación de Venezuela. ¿Qué lugares en la capital conmemoran a Bolívar?

3. ¿Cuáles son algunos de los aspectos modernos de Caracas? ¿Los aspectos históricos o coloniales?

4. ¿Cuáles son algunos lugares *(places)* interesantes para los turistas? ¿Cuál te gustaría visitar? ¿Por qué?

La historia

Simón Bolívar Palacios es una de las figuras más importantes de Venezuela. Llamado también El Libertador, Bolívar luchó *(fought)* por la independencia de Venezuela, Colombia, Ecuador, Bolivia y Perú. Fue *(He was)* el primer presidente de la República de la Gran Colombia y de la República de Venezuela.

▶ Simón Bolívar Palacios nació en Caracas, Venezuela, en 1783 y murió en Santa Marta, Colombia, en 1830.

La arquitectura

En el período colonial de Venezuela (1498–1810) se nota la influencia de los españoles en la arquitectura. Las casas de la época colonial tienen forma rectangular; los cuartos están distribuidos alrededor *(around)* de un patio central. A menudo las paredes son de estuco y las ventanas tienen rejas de hierro *(decorative iron grilles)*.

▶ Ciudad Bolívar, fundada en 1595, conserva su arquitectura colonial.

La economía

Con las mayores reservas del hemisferio occidental, Venezuela es un país muy rico en petróleo. La industria petrolera nace en la década de 1910, cuando varias compañías empiezan a explorar, producir y refinar el crudo. En 1960 Venezuela se reúne con varios países del Medio Oriente *(Mideast)* para formar OPEP, la Organización de Países Exportadores de Petróleo.

▶ Venezuela es el quinto país exportador de petróleo del mundo.

El mundo es un pañuelo

Lee la información sobre Venezuela. Luego completa las siguientes oraciones para comparar Venezuela y los Estados Unidos.

1. En Venezuela, se ven muchas mesetas en... En los Estados Unidos, se pueden ver mesetas en...

2. La cascada más alta de Venezuela y del planeta es... La cascada más alta de los Estados Unidos es...

3. El Libertador... luchó por la independencia de Venezuela. ... luchó por la independencia de los Estados Unidos.

4. Las casas coloniales de Venezuela se caracterizan por... Las casas coloniales de los Estados Unidos se caracterizan por...

5. Venezuela es uno de los mayores exportadores de... Los Estados Unidos es uno de los mayores exportadores de...

This is a pair activity for **Estudiante A** and **Estudiante B.**

If you are **Estudiante A,** use the information below.

If you are **Estudiante B,** turn now to Appendix A at the end of the book.

¡Vamos a hablar!

Estudiante A

Contexto: In this activity, you and your partner will try to find 10 differences between the drawings each of you has—without looking at the other person's picture! To do this, take turns describing in detail the scene on your page. Focus on the aspects listed below. You will begin by saying: **En mi dibujo** *(drawing),* **Elena es rubia y tiene el pelo largo.**

- ▶ the physical appearance of the two girls

- ▶ the room and furniture (including location and condition)

- ▶ the activities of each girl

¡Vamos a ver!

Episodio 3 • En la Hacienda Vista Alegre

Anticipación

A. Hablando se entiende la gente. Tu compañero(a) y tú van a conocerse (*get to know each other*) un poco mejor. Hablen sobre los siguientes temas: ¿Qué aspectos te gustan más de la vida en familia? ¿Qué aspectos no te gustan? ¿Qué aspectos te gustan más de vivir de forma independiente? ¿Qué aspectos te gustan menos?

B. ¿Cómo se dice? Completa las siguientes oraciones con estas expresiones.

la carrera	una tradición familiar	te da miedo
si no le molesta	me parezco	

1. Yo _____ mucho a mi abuelo.

2. ¿No _____ andar solo por la noche?

3. _____, ¿puedo abrir la ventana?

4. Voy a estudiar _____ de medicina.

5. En España es _____ comer todos juntos los domingos.

Vamos a ver

C. De paseo por la Hacienda Vista Alegre. Lee las preguntas. Luego, mira el Episodio 3 del vídeo y completa las actividades.

1. ¿Con quién comparten (*do they share*) habitación?
   a. Antonio _____   b. Sofía _____   c. Valeria _____

2. Selecciona la respuesta correcta.
   a. Gitano y Lady son los (perros / gatos / pájaros) de Alejandra.
   b. Alejandra se parece más a (su padre / su madre / su hermano).
   c. El hermano de Javier es (mayor / menor) que la hermana.
   d. Los hermanos de Javier estudian (medicina / negocios).
   e. La mamá de Valeria (está trabajando de modelo / está jubilada).

D. ¿Qué más comprendes? Contesta las preguntas.
¿Por qué quiere dormir sola Valeria? ¿Por qué estudian la misma carrera todos los hermanos de Javier? ¿Por qué Antonio quiere conocer a las hermanas de Valeria?

En acción

E. Charlemos. ¿Qué te parece la tradición familiar de Javier? ¿Qué tradiciones familiares hay en tu familia? ¿Con quién quieres compartir habitación? ¿Por qué?

F. 3, 2, 1, ¡Acción! Interpreten la siguiente situación en grupos de tres o cuatro estudiantes. Ustedes están en el salón de la casa de la Hacienda Vista Alegre. Ustedes están hablando, comparando y preguntándose por sus respectivas familias y por sus casas: **¿Cuántos son en su familia? ¿Cómo son sus padres y hermanos? ¿A quién se parecen ustedes más? ¿Tienen mascotas? ¿Cómo se llaman? ¿Qué añoran (*do you miss*) más de sus casas?**

¡Vamos a repasar!

A. Dos familias diferentes. Con un(a) compañero(a), miren estos dos cuadros *(paintings)* que representan a familias importantes. El primero es del maestro de la pintura española Francisco de Goya. El segundo fue pintado por el colombiano Fernando Botero. Estudien los dos cuadros y contesten las preguntas.

Los Duques de Osuna con sus hijos (1789)

Family (2004)

1. ¿Qué familia representa Francisco de Goya? ¿Y Fernando Botero?

2. ¿Cuántos hijos e hijas tiene el Duque en el cuadro de Goya? ¿Cómo es la familia en el cuadro de Botero? ¿Cuál de las familias es menos grande?

3. ¿Qué mascotas tienen las dos familias? ¿Cuál de las mascotas te gusta más?

4. ¿Cuál de las familias se viste más elegantemente? ¿Cuál es más gorda?

5. ¿Es la familia en el cuadro de Goya tan seria como la familia en el cuadro de Botero?

6. ¿Cuál de los dos cuadros te gustá más? ¿Prefieres el estilo de Botero o el de Goya? ¿Por qué?

B. El escondite. Tu compañero(a) y tú van a jugar al escondite *(hide and seek)*, ¡pero de manera "perezosa"!

- Una persona "se esconde" *(hides)* en la casa de la página 102.
- Esta persona escribe en un papel dónde está. Por ejemplo, **Estoy en la cocina. Estoy al lado del refrigerador.**
- La otra persona tiene que hacer preguntas para descubrir dónde está. Por ejemplo, **¿Estás en el baño? ¿No? ¿Estás en la cocina? ¿Sí? ¿Estás al lado del refrigerador?**
- Sigan jugando *(Continue playing)*. ¿Quién adivina *(guesses)* más rápido?

C. Nuestra rutina. ¿Tienes buena memoria? ¡Vamos a ver! *(Let's see!)*

- Con dos o tres compañeros, formen un círculo. Uds. van a describir la rutina en un día típico.
- La primera persona describe su primera actividad en la mañana. Por ejemplo: **Me despierto a las ocho.**

- La segunda persona repite la información y añade *(adds)* otra actividad lógica. Por ejemplo: **Me despierto a las ocho. Me levanto a las ocho y cuarto.**

- La tercera persona repite la información y continúa con otra activiad: Por ejemplo: **Me despierto a las ocho. Me levanto a las ocho y cuarto. Me ducho rápidamente.**

- Sigan jugando *(Continue playing)*. Todas las personas del grupo deben participar tres veces.

D. ¡Sabelotodo! En equipos, jueguen a ¡Sabelotodo! Formen equipos de dos o tres personas. Otra persona es el (la) moderador(a).

- El equipo "A" escoge una pregunta (por ejemplo, **Venezuela por $100**).

- El (La) moderador(a) lee la pregunta en voz alta.

- Las personas del equipo A colaboran y una persona responde a la pregunta. Tienen 30 segundos para responder.

- El (La) moderador(a) decide si la respuesta es correcta.

- Si la respuesta **no** es correcta, el otro equipo puede contestar la pregunta y "robar" el dinero.

	La familia, la descripción y la comparación	La casa, los muebles y los quehaceres domésticos	La rutina y los verbos reflexivos	*Ser y estar*	Venezuela
$50	Nombra *(Name)* cuatro mascotas.	Nombra *(Name)* cuatro cuartos de una casa.	Conjuga el verbo **bañarse** en el presente.	Conjuga los verbos **ser** y **estar** en el presente.	¿Cuál es la capital de Venezuela?
$100	¿Quiénes son los hijos de tus tíos? ¿Quién es la hija de tu hermano?	Nombra *(Name)* cuatro quehaceres domésticos.	Completa la oración con el verbo más lógico: ¿A qué hora (despertarse / acostarse) tú por la mañana?	Completa con **ser** o **estar:** Mis amigos y yo _____ estudiantes en la universidad.	¿Cómo se llama la cascada más alta del planeta?
$150	¿Qué es lo contrario *(opposite)* de...? perezoso; gordo; guapo; joven	¿Cómo se dice en español…? *every day; often; sometimes; never*	Completa la oración: (Yo/levantarse) temprano; (yo/ducharse) y (yo/vestirse) rápidamente.	Completa con **ser** o **estar:** Mis amigos _____ de Venezuela. Ahora _____ en los Estados Unidos.	¿Por qué es Simón Bolívar una de las figuras más importantes de Venezuela?
$200	Completa la descripción: Juan _____ bajo; _____ pelo rubio; _____ anteojos; no _____ barba.	¿Qué es lo contrario *(opposite)* de…? encima de; a la izquierda de; delante de	Completa la oración con verbos lógicos: Juan _____ los dientes y _____ colonia antes de salir.	Completa con **ser** o **estar:** Su casa _____ grande y moderna pero _____ muy sucia. _____ lejos de la uni.	¿En qué se basa la economía de Venezuela? ¿Qué significa "OPEP"?
$250	¿Cómo se dice en español? *Lucía is as tall as Rosa, but Paco is the tallest in the family.*	Nombra *(Name)* seis muebles y dos electrodomésticos *(appliances)*.	¿Cómo se dice en español? *My roommate and I have a good time at the gym.*	Explica la diferencia en el significado *(meaning)*: ¿Cómo es tu novio? ¿Cómo está tu novio?	¿Cuáles son tres características de las casas de estilo colonial?

Vocabulario

Sustantivos

el (la) amigo(a) *friend*
el carácter *character, personality*
la casa *house*
el (la) chico(a) *boy, girl*
el clóset *closet*
el (la) compañero(a) de cuarto
   roommate
el cuarto *room*
el (la) empleado(a) *employee; maid*
la escalera *stairs/staircase*
el familiar *family member*
el jardín *garden, yard*
la madrina *godmother*
la mascota *pet*
el mensaje *message, text message*
los muebles *furniture*
el ojo *eye*
el padrino *godfather*
el (la) pariente(a) *relative*
el pelo *hair*
la personalidad *personality*
el piso *floor*
la planta baja *ground/first floor*
el plato *dish*
los quehaceres domésticos
   household chores
el radiodespertador *clock radio*
   (with alarm)
la red social *social network*
el trabajo *work*

Verbos

acabar de (+ infinitivo) *to have just*
   (done something)
acostarse (ue) *to go to bed*
afeitarse *to shave*
alquilar *to rent*
ayudar *to help*
bañarse *to take a bath*
cambiar *to change*

cenar *to eat supper*
cocinar *to cook*
compartir *to share*
comprar *to buy*
dar de comer *to feed*
despertarse (ie) *to wake up*
divertirse (ie) *to have a good time*
dormirse (ue) *to fall asleep*
ducharse *to take a shower*
enviar *to send, to mail*
fallecer *to pass away, to die*
hacer la cama *to make the bed*
lavar *to wash*
lavarse el pelo/las manos/la cara *to*
   wash one's hair/hands/face
levantarse *to get up*
limpiar *to clean*
poner *to put; to set (the table); to turn*
   on (TV, radio)
ponerse *to put on*
preparar *to prepare*
quitarse *to take off (clothing)*
salir *to leave, go out*
sentarse (ie) *to sit down*
sentirse (ie) *to feel*
vestirse (i) *to get dressed*

Otras palabras

a menudo *often*
a veces *sometimes*
ajetreado(a) *hectic*
antes de *before*
casado(a) *married*
de en medio *middle (child)*
de tamaño mediano *medium-sized*
descompuesto(a) *out of order*
desordenado(a) *messy*
después de *after*
durante *during*
ese/esa *that*
esos/esas *those*

este/esta *this*
estos/estas *these*
hasta tarde *until late*
limpio(a) *clean*
más... que *more . . . than*
mayor *older, oldest*
mejor *better, best*
menor *younger, youngest*
menos... que *less . . . than*
moderno(a) *modern*
normalmente *normally, usually*
nuevo(a) *new*
nunca *never*
ordenado(a) *neat, tidy*
paterno(a) *paternal*
peor *worse, worst*
roto(a) *broken*
siempre *always*
soltero(a) *single*
sucio(a) *dirty*
tan... como *as . . . as*
tanto(a)(s)... como *as much /*
   many . . . as
tarde *late*
temprano *early*

Social networks p. 86
Family members p. 88
Pets p. 89
Descriptions of people p. 92
Rooms of a house p. 100
Furniture and fixtures p. 100
Locations p. 104

For further review, please turn to **Vocabulario temático: español e inglés** at the back of the book.

Go to the ***Puentes*** website for extra vocabulary practice using the Flashcard program.

¡Buen provecho!

For a selection of musical styles from this chapter's country of focus, access the *Puentes*, Sixth Edition, iTunes playlist at www.cengagebrain.com

OBJETIVOS

Speaking and Listening
▸ Discussing foods, meals, and diet
▸ Ordering a meal in a restaurant
▸ Shopping for food

Culture
▸ Family meals
▸ Peru

Grammar
▸ Direct objects and direct object pronouns
▸ Indirect objects and indirect object pronouns
▸ Double object pronouns

Video
▸ Imágenes de Perú
▸ En la Hacienda Vista Alegre: Episodio 4

Gramática suplementaria
▸ El presente perfecto

Cuaderno de actividades

Reading
▸ Strategy: Anticipating content

Writing
▸ Strategy: Building longer sentences

Playlist
🌐 www.cengagebrain.com

La comida en familia

Muchas familias siguen la costumbre de reunirse alrededor de la mesa a la hora de comer. Las comidas son momentos agradables para compartir anécdotas, un sentimiento de unidad y, claro, riquísimos platos. ¿Qué comidas asocias con tu familia?

Para hablar de las comidas

- ► las comidas *meals, foods*
- ► el desayuno *breakfast*
- ► el almuerzo *lunch*
- ► la cena *supper*
- ► Es riquísimo(a)/exquisito(a). *It's delicious/exquisite.*

- ► el plato *dish*
- ► desayunar *to eat breakfast*
- ► almorzar *to eat lunch*
- ► cenar *to eat supper*
- ► cocinar *to cook*
- ► seguir la receta *to follow the recipe*

A. ¿Comprendes? Lee la información sobre las comidas en la página 130. Después, cambia las siguientes oraciones falsas para que sean ciertas. *(Change the following false sentences into true ones.)*

1. La comida principal de España y de la República Dominicana es el desayuno.
2. En España, las familias no comen juntos porque están ocupados con el trabajo.
3. Las familias dominicanas se reúnen *(get together)* para comer juntos todos los días.
4. La paella es un plato típico de la República Dominicana.
5. La "bandera dominicana" tiene cuatro ingredientes principales: el arroz, el pescado, las habichuelas y la carne.

B. Comparaciones. Trabajando con un(a) compañero(a), completen las oraciones con información para comparar las tradiciones sobre las comidas.

1. En España y en la República Dominicana, la comida principal del día es _____. En los Estados Unidos, la comida principal es _____.
2. La hora de almorzar varía de país a país. Por ejemplo, en la República Dominicana, muchos almuerzan al _____. En España, muchos almuerzan entre las _____ y la(s) _____. En los Estados Unidos, muchos almuerzan entre las _____ y las _____.
3. En España, un plato tradicional es _____. Un plato tradicional de la República Dominicana es _____. En los Estados Unidos, un plato tradicional es _____.

C. ¿Qué dices tú? Con un(a) compañero(a), completen las oraciones oralmente y comparen sus tradiciones y preferencias.

1. Por lo general, mi familia y yo (desayunamos / almorzamos / cenamos / no comemos) juntos.
2. El (La) mejor chef de mi familia es mi (padre / abuela / ¿?) Uno de sus mejores platos es _____.
3. Un plato tradicional en nuestra casa es _____. Para preparar este plato, seguimos la receta de (mi tía / un famoso chef / ¿?).

🌐 Alba Domenech ESPAÑA

La comida principal en España es el almuerzo. Es alrededor de las dos o las tres del mediodía y es cuando nos encontramos con la familia para comer juntos. Después nos regresamos a trabajar. Yo creo que el plato más típico de España es la paella. Es un plato hecho con arroz, con caldo *(stock, broth)* de pescado, con camarones y con pimientos. Es riquísimo y es muy saludable también.

🌐 Liván Adames REPÚBLICA DOMINICANA

La comida principal en la República Dominicana es el almuerzo, el cual se come al mediodía. Por lo general los fines de semana nos reunimos en casa y ahí se comparte el almuerzo en familia. El plato más típico de mi país es lo que llamamos la "bandera *(flag)* dominicana". Está hecho de arroz blanco, habichuelas rojas *(red beans)* y carne.

🌐 John Andrews ESTADOS UNIDOS

Cuando estoy en casa, mi familia y yo cenamos juntos. Es la hora del día cuando todos hablamos de nuestras actividades, de nuestros problemas, bueno, de todo. Mamá es la chef de la familia y ¡sabe cocinar muy bien! A menudo me prepara mi plato favorito, los espaguetis con albóndigas *(meatballs)*. Mamá usa la receta de su abuela para hacer la salsa de tomate. Es un plato realmente riquísimo.

D. Después de ver los vídeos. Completa la tabla con la información de los tres entrevistados *(interviewees)*.

	¿De dónde es?	¿Cuántos son en casa? ¿Quiénes son?	¿Cómo es su familia? Menciona a una persona en particular.	¿Qué platos, comidas o recetas especiales menciona?
Alba Domenech				
Liván Adames				
John Andrews				

Vocabulario temático

In this *Paso* you will practice:

▶ Talking about some common foods eaten at different meals

▶ Ordering food at restaurants

Grammar:

▶ Direct objects and direct object pronouns

🌐 Go to the *Puentes* website for extra vocabulary practice using the Flashcard program.

The English equivalents of the **Vocabulario temático** sections are found at the back of the book.

Breakfast often consists of a small meal of bread, sweet rolls, and coffee.

The midday meal is usually the largest and may consist of 3 to 4 courses.

El desayuno *(Breakfast)*

CD2
Track 2–2

—¿Qué te gusta desayunar?

—Casi siempre como… y bebo…

- la mermelada
- un vaso de leche
- los huevos (revueltos)
- el pan tostado
- la mantequilla
- el cereal
- el jugo de naranja
- una taza de café con leche y azúcar

© Cengage Learning

El almuerzo *(Lunch / Midday meal)*

—¿Qué almuerzas?

—Por lo general, como… y bebo…

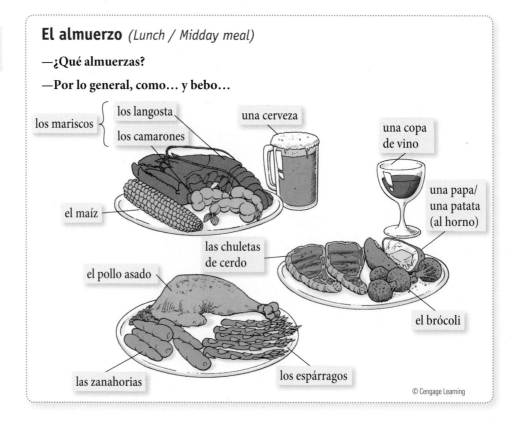

- los mariscos
  - los langosta
  - los camarones
- una cerveza
- una copa de vino
- el maíz
- una papa/ una patata (al horno)
- las chuletas de cerdo
- el pollo asado
- el brócoli
- las zanahorias
- los espárragos

© Cengage Learning

La merienda (Snack)

—¿Qué meriendas?

—Depende de la hora. Por la mañana, prefiero… Por la tarde, prefiero…

To comment on how delicious the food is, say **¡Qué rico(a)!**

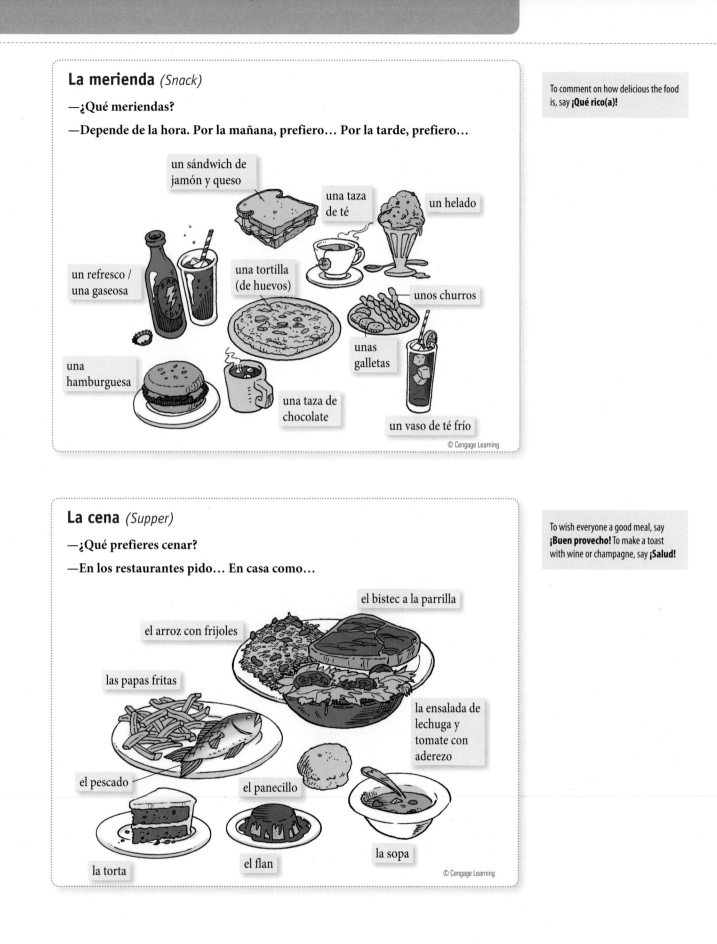

un sándwich de jamón y queso

una taza de té

un helado

un refresco / una gaseosa

una tortilla (de huevos)

unos churros

unas galletas

una hamburguesa

una taza de chocolate

un vaso de té frío

© Cengage Learning

La cena (Supper)

—¿Qué prefieres cenar?

—En los restaurantes pido… En casa como…

To wish everyone a good meal, say **¡Buen provecho!** To make a toast with wine or champagne, say **¡Salud!**

el bistec a la parrilla

el arroz con frijoles

las papas fritas

la ensalada de lechuga y tomate con aderezo

el pescado

el panecillo

la torta

el flan

la sopa

© Cengage Learning

⊙ Estrategia Reclassifying information

When you need to memorize a large number of new words, you will recall them more easily if you classify them into meaningful categories. The vocabulary in this section, for example, is organized by meals. You could also classify these words by food types: **carnes** *(meats);* **pescados y mariscos** *(seafood);* **vegetales** or **verduras** *(vegetables)* **y frutas** *(fruits);* **postres** *(desserts);* and **bebidas** *(beverages).*

Try recategorizing the new vocabulary according to food types. Which system of classification do you find more meaningful and helpful?

Ponerlo a prueba

🔊
CD2
Track 2-3

4-1 En el restaurante La Estancia. Tus amigos Omar, Adriana y Hugo están en el restaurante La Estancia. ¿Qué piden *(do they order)?* Escucha su conversación con el camarero y observa bien el dibujo. Escribe las letras que correspondan a la comida.

© Cengage Learning

1. Adriana pide _____, _____, _____, _____ y _____.
2. Omar pide _____, _____, _____, _____ y _____.
3. Hugo pide _____, _____, _____, _____ y _____.

4-2 Categorías. ¿Qué palabras no corresponden a la categoría indicada? Hay dos en cada grupo.

MODELO   LAS CARNES: la hamburguesa / el jamón / (el pescado) / (la langosta) / el bistec

1. EL DESAYUNO: la ensalada con aderezo / el cereal con bananas / el jugo de naranja / las chuletas a la parrilla / el pan tostado

2. LOS VEGETALES: el brócoli / el panecillo / la zanahoria / los camarones / la lechuga

3. LAS BEBIDAS: los refrescos / las papas / la cerveza / el jugo de naranja / la mantequilla

4. LOS POSTRES *(DESSERTS):* el arroz con frijoles / el flan / la torta / los huevos revueltos / el helado

4-3 Adivina la comida. Con dos o tres compañeros(as) de clase, tomen turnos para describir y advinar las comidas en los dibujos. Sigan los modelos.

© Cengage Learning

MODELO	
TÚ:	Es un plato (dish) de huevos y queso.
COMPAÑERO(A) 1:	Yo sé. Es una tortilla.
COMPAÑERO(A) 2:	Comemos esta comida por la mañana con mermelada o mantequilla.
TÚ:	Es el pan tostado.

© Cengage Learning

4-4 ¿Qué comemos? Habla con un(a) compañero(a) de clase sobre sus comidas preferidas. Completa las oraciones y menciona **una variedad** de comidas y bebidas.

MODELO	
TÚ:	Cuando tengo mucha sed, me gusta beber <u>agua o una bebida energética</u>. ¿Y a ti?
TU COMPAÑERO(A):	Yo prefiero beber <u>refrescos</u>, como la <u>Coca-Cola</u>. A veces bebo <u>agua</u>.

1. Cuando estoy en un restaurante de comida rápida, prefiero comer ___ y beber ___. ¿Y tú?
2. Cuando estoy en un restaurante elegante, por lo general pido ___. ¿Y tú?
3. Mi desayuno favorito consiste en ___. ¿Y el tuyo (yours)? ¿Qué desayunas?
4. Si tengo hambre entre (between) comidas, meriendo ___. Y si tengo sed, bebo ___. ¿Y tú? ¿Qué meriendas?
5. Cuando como con mi familia, a menudo comemos ___. ¿Qué comen tú y tu familia a menudo?
6. Detesto comer ___. Y tú, ¿qué detestas comer?

4-5 Mis restaurantes favoritos. Habla con dos o tres compañeros(as) sobre sus restaurantes favoritos.

MODELO

Uno de mis restaurantes favoritos es Grecian Gardens. Tienen ensaladas muy grandes y deliciosas. También me gustan sus pastas italianas. Los platos de pollo con queso parmesano son muy ricos. Una comida típica allí cuesta menos de veinte dólares y el servicio es bastante bueno.

¿Cuál es uno de tus restaurantes favoritos?

South America/Alamy

Vocabulario temático

En el restaurante

Antes de pedir *(Before ordering):*

CLIENTE: ¡Camarero! Necesito *un menú*, por favor.

CAMARERO: Aquí *lo* tiene.

CLIENTE: ¿Cuál es el plato del día?

CAMARERO: Hoy tenemos *lomo saltado*.

CLIENTE: Quiero probar algo típico. ¿Qué me recomienda?

CAMARERO: Le recomiendo *el lomo saltado* o *la palta rellena*.

Jose Luis Pelaez, Inc./Corbis

CD2
Track 2-4

Meals are eaten in courses: **los entremeses** *(appetizers),* **el primer plato** *(first course),* **el segundo plato/el plato principal** *(main course),* **el postre** *(dessert).*

Para pedir *(To place an order):*

CAMARERO: ¿Qué desea pedir?

CLIENTE: De primer plato, quiero *sopa a la criolla*. De plato principal, deseo *lomo saltado*.

CAMARERO: ¿Y para beber?

CLIENTE: Para beber, quisiera *una copa de vino*.

CAMARERO: ¿Quiere algo de postre?

CLIENTE: De postre, voy a probar *el flan*.

CAMARERO: ¿Necesita algo más?

CLIENTE: ¿Me puede traer *unos cubitos de hielo*?
    la sal
    la pimienta

RJ Lerich/Shutterstock.com

CD2
Track 2-5

Usually the waiter will not bring the check until you request it. In some countries, a service charge or tip is included in the bill.

Después de comer *(After eating):*

CLIENTE: La cuenta, por favor.

CAMARERO: *Se la* traigo enseguida.

CLIENTE: ¿Está incluida la propina en la cuenta?

CAMARERO: No, no está incluida.

Sí, está incluida.

CD2
Track 2-6

El cubierto *(Place setting)*

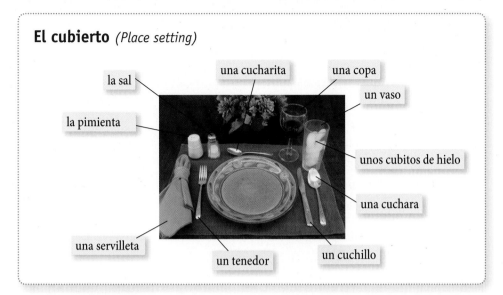

la sal

la pimienta

una cucharita

una copa

un vaso

unos cubitos de hielo

una cuchara

una servilleta

un tenedor

un cuchillo

4-6 En el restaurante Pachamama. Escucha la conversación entre dos clientes y un camarero. ¿De qué hablan? Completa las oraciones con la información correcta.

CD2
Track 2-7

1. Para beber, la señora pide _____.
   a. una cerveza
   b. un lomo saltado
   c. un té frío

2. El camarero recomienda _____.
   a. el pescado a la parrilla
   b. el pollo
   c. la papa a la huancaína

3. De postre, los señores quieren _____.
   a. la propina
   b. el flan
   c. la torta

4. Al final de la conversación, la señora pide _____.
   a. la cuenta
   b. cubitos de hielo
   c. más panecillos

4-7 Muchos clientes. Marcos es camarero en el Restaurante San Remo, en Lima, Perú. ¿Cómo les responde él a los clientes? Relaciona las dos columnas de una manera lógica.

Los clientes:

___ 1. ¿Cuál es el plato del día?

___ 2. Soy vegetariano. ¿Qué me recomienda?

___ 3. ¿Me puede traer unos cubitos de hielo para este refresco?

___ 4. ¿Qué es la mazamorra morada?

___ 5. El café está frío.

___ 6. La cuenta, por favor.

Marcos, el camarero:

a. Lo siento. Enseguida le traigo otro más caliente.

b. Hoy tenemos pollo asado con papas.

c. Se los traigo enseguida.

d. La papa a la huancaína tiene leche y queso, pero no tiene carne.

e. Es un postre muy rico de maíz con muchas frutas.

f. Aquí la tiene. La propina ya está incluida.

4-8 ¿Qué dicen? La camarera del restaurante Ají habla con cuatro clientes. Completa las cuatro conversaciones con las palabras entre paréntesis más lógicas.

1. SRA. ALVA: ¡Camarera! Necesito un (menú / típico), por favor.

   CAMARERA: Aquí lo tiene, señora.

2. SR. BAZÁN: ¿Cuál es el (vaso / plato) del día?

   CAMARERA: Hoy tenemos bistec a la (parrilla / servilleta).

3. SRA. CHU: Quiero (probar / postre) algo típico. ¿Qué me recomienda?

   CAMARERA: Le recomiendo el cebiche de pescado.

4. SR. DÍAZ: ¿Está incluida la propina en la (cuenta / cuchara)?

   CAMARERA: Sí, señor, está (saltado / incluida).

4-9 ¿Qué desean? Escribe diálogos para los dibujos a continuación. Trabaja con un(a) compañero(a).

1.   2.   3.

© Cengage Learning

4-10 Chifa Wa Lok. En Perú, la comida china es muy popular. Aquí tienes el menú de un "chifa" —un restaurante peruano-chino. Con un(a) compañero(a), dramatiza una conversación entre el (la) camarero(a) y el (la) cliente(a).

Chifa Wa Lok

Avenida República de Panamá No. 4721
Miraflores
Tel: 479-0492/479-2167

Chifa Wa Lok

Bienvenidos a Chifa Wa Lok
La Carta

Entradas		
Enrollado primavera (2)	S/.	4,00
Wantán frito (3)	S/.	5,50

Sopas		
Sopa wantán con tallarín	S/.	14,50
Sopa de crema de choclo	S/.	11,50
Sopa agro-picante	S/.	11,50

Pollo		
Pollo con langostino y almendras	S/.	36,00
Pollo en trozo con piña	S/.	23,50
Pollo limón kay	S/.	21,50

Carne de res		
Carne de res Sichuan	S/.	28,50
Carne de res salteada con verduras	S/.	28,50
Carne de res con pimienta negra	S/.	26,50

Platos vegetarianos		
Taufu con salsa mensi	S/.	18,50
Arroz chaufa con champiñones	S/.	8,50

Arroces		
Arroz chaufa con camarón	S/.	16,50
Arroz chaufa especial	S/.	18,00
Arroz blanco	S/.	6,00

Hay buffets los viernes y sábados de 8:00 p.m. a 10:00 p.m.
Adultos S/. 48,00   Niños S/. 38,00

© Cengage Learning

Gramática

CD2
Track 2-8

Los complementos directos

Listen to the conversation between the waitress and the customer while you read the dialogue. The words in boldface type are direct object pronouns. The first one—**los**—refers to **camarones.** What does **La** refer to in this conversation?

Heinle Grammar Tutorial: Direct object pronouns

CAMARERA:	¿Cómo quiere los camarones: fritos o a la parrilla?
CLIENTE:	**Los** quiero fritos, por favor.
CAMARERA:	¿Y la ensalada? ¿**La** quiere con aderezo italiano o francés?
CLIENTE:	Bueno… con aderezo francés.

A. Los complementos directos. A complete sentence always has a subject (the person or thing performing the action) and a conjugated verb (the action). It may contain an optional element, such as a *direct object.*

The direct object (**el complemento directo**) receives the action of the verb. It is the word that answers the questions *What?* or *Whom?* and may refer to a thing or a person.

> Voy a probar **el flan.**
> *I'm going to try **the flan**. (**What** am I going to try? The **flan:** a direct object.)*
>
> No veo **a nuestro camarero.**
> *I don't see **our waiter**. (**Whom** do I not see? Our **waiter:** a direct object.)*

B. Los complementos directos pronominales. To avoid sounding repetitious, we often replace direct object nouns with direct object pronouns (**complementos directos pronominales**).

> —¿Cómo quieres **el café**?   *How do you want **your coffee**? (What do you want? Coffee/**café**: a direct object noun.)*
>
> —**Lo** tomo con azúcar.   *I take **it** with sugar. (The direct object pronoun it/**lo** replaces the direct object noun, coffee.)*

In Spanish, direct object pronouns agree in gender (**masculino, femenino**) and number (**singular, plural**) with the nouns they replace.

> —¿Haces **las galletas** con frecuencia?   *Do you make **cookies** very often?*
> —Sí, **las** hago todas las semanas.   *Yes, I make **them** (feminine, plural) every week.*
>
> —¿Ves a **nuestra camarera**?   *Do you see **our waitress**?*
> —No, no **la** veo.   *No, I don't see **her** (feminine, singular).*

Los complementos directos pronominales

me	**me**	her	**la**
you *(sing., fam.)*	**te**	us	**nos**
you *(sing., formal)*	**lo, la**	you *(pl., fam. in Spain)*	**os**
it	**lo, la**	you *(pl.)*	**los, las**
him	**lo**	them	**los, las**

C. La posición en la oración. In English, direct object pronouns are always placed after the verb, but in Spanish the placement depends on the verbal form used in the sentence.

> ▸ Place a direct object pronoun directly in front of a single, conjugated verb.
>
> —¿Necesitas el menú?   *Do you need the menu?*
>
> —No, gracias, no **lo** necesito.   *No, thanks, I don't need **it**.*
>
> ▸ With a verb phrase (conjugated verb + infinitive), place the direct object pronoun directly before the conjugated verb or attach it to the end of the infinitive. **Never** place object pronouns between the two verbs.
>
> —¿Vas a servir la torta ahora?   *Are you going to serve the cake now?*
>
> — No, **la** voy a servir un poco más tarde. ⎫
> — No, voy a servir**la** un poco más tarde. ⎭ *No, I'm going to serve **it** a little later.*

Ponerlo a prueba

4-11 Un poco de análisis. Lee las conversaciones. En cada conversación, identifica el complemento directo pronominal *(direct object pronoun)* y su antecedente *(the noun it refers to or replaces).*

> **MODELO**   SRA. DOMINGO: Necesito un menú, por favor.
>
> CAMARERO: Aquí lo tiene.
>
> el complemento directo pronominal __lo__; el antecedente __un menú__

1. SR. DOMINGO: La cuenta, por favor.

   CAMARERO: Aquí la tiene.

   el complemento directo pronominal ____; el antecedente _____

2. SR. CARRERAS: ¿Compramos más jugo de naranja?

   SRA. CARRERAS: No, no lo necesitamos.

   el complemento directo pronominal ____; el antecedente _____

3. PACO: ¿Cómo prefieres la pizza? ¿Con salchicha *(sausage)* o con salami?

   SILVIA: ¿Por qué no la pedimos con salchicha?

   el complemento directo pronominal ____; el antecedente _____

4. JUANITO: ¡Ay, mamá! ¡Frijoles otra vez!

   MAMÁ: ¿No quieres comerlos? Está bien; puedes comer estos espárragos.

   el complemento directo pronominal ____; el antecedente _____

5. RITA: Necesito otra servilleta. Hmmm… ¿Dónde está nuestra camarera?

   PENÉLOPE: No sé. No la veo.

   el complemento directo pronominal ____; el antecedente _____

4-12 Más complementos directos. Completa las conversaciones con el complemento directo pronominal correcto: **me, te, nos, lo, la, los** o **las.**

1. CAMARERA: ¿Cómo quiere su hamburguesa?

   PATRICIA: ____ quiero con lechuga y tomate, por favor.

2. SR. GRISSINI: ¿Dónde está nuestro camarero? No ____ veo.

   SRA. GRISSINI: Mira, aquí viene.

3.   PAPÁ: Hija, ¿no vas a comer los huevos revueltos? Están muy ricos.

       MARILÚ: No, papá, no voy a comer_____. Tienen mucha grasa *(fat)*.

4.   JAIME: ¿Vienes a mi fiesta esta noche *(tonight)*?

       MANOLO: Lo siento, no puedo. Mi novia regresa a su casa esta noche, y

                 necesito llevar_____ al aeropuerto.

5.   ALICIA: ¿Me invitas a tu fiesta de cumpleaños?

       JORGE: Sí, claro, _____ invito a mi fiesta.

6.   ROSITA: ¿Quieren tú y Alejandro comer en casa conmigo el domingo?

       CLARA: Lo siento, pero no podemos. Los abuelos siempre _____

                 invitan a comer en su casa los domingos.

4-13 En el restaurante. Mira el dibujo y contesta las preguntas con oraciones completas. Incluye un complemento directo pronominal en las respuestas.

> **MODELO**   ¿Quién sirve el café?
>
>   Lo sirve Jaime.

1. ¿Quién paga la cuenta?
2. ¿Quién llama al camarero?
3. ¿Quiénes comen helado?
4. ¿Quién toma leche?

5. ¿Quiénes beben vino?
6. ¿Quién pide pollo?
7. ¿Quién desea camarones?
8. ¿Quién come torta?

© Cengage Learning

4-14 Las preferencias. Habla con un(a) compañero(a) de tus preferencias culinarias. Contesta las preguntas con oraciones completas. Incluye un complemento directo pronominal.

> **MODELO**   —¿Cómo prefieres **las hamburguesas,** con queso o sin *(without)* queso?
>
>   —**Las** prefiero con queso. / **Las** prefiero sin queso. ¿Y tú?

1. ¿Cómo comes **las hamburguesas,** con tomate o sin tomate?
2. ¿Cómo tomas **el té frío,** con azúcar o sin azúcar?
3. ¿Cómo prefieres **las ensaladas,** con aderezo francés o con aderezo italiano?
4. ¿Cómo comes **el cereal,** con bananas o sin bananas?
5. ¿Cómo prefieres **los huevos,** revueltos o fritos?
6. ¿Cómo tomas **el café,** con azúcar, con leche o solo *(black)*?
7. (Haz una pregunta original. / *Ask an original question.*)

Vocabulario temático

In this *Paso* you will practice:

▶ Shopping for food

Grammar:

▶ Indirect objects and indirect object pronouns

▶ Double object pronouns

un kilo ~2 lbs.
100 gramos ~4 oz.
un litro ~a quart

En el mercado *(At a market)*

CD2
Track 2-9

VENDEDOR:	¿Qué desea Ud.?
CLIENTA:	¿Me puede dar *un kilo de manzanas*?
VENDEDOR:	Aquí tiene. ¿Necesita Ud. algo más?
CLIENTA:	Sí, quiero *un melón*.
VENDEDOR:	¡Enseguida! ¿Algo más?
CLIENTA:	No, gracias. Eso es todo. ¿Cuánto le debo?

© Cengage Learning

Otras frutas *(Other fruits)*

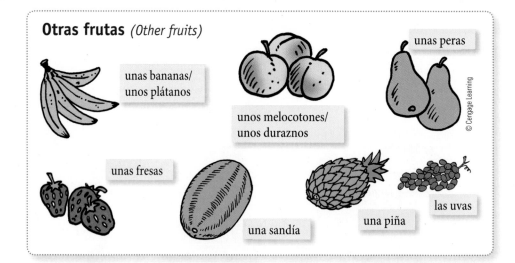

unas peras

unas bananas/
unos plátanos

unos melocotones/
unos duraznos

unas fresas

una sandía

una piña

las uvas

© Cengage Learning

Otros comestibles *(Other foods)*

un litro
de leche

una docena
de huevos

un paquete
de galletas

una barra de pan

una botella de
agua mineral

una bolsa
de arroz

un frasco de
mayonesa

© Cengage Learning

CD2
Track 2-10

4-15 Servicio a domicilio. La Sra. Santana habla por teléfono con Roberto, el empleado de un pequeño supermercado. Escucha su conversación. Escribe los datos necesarios para completar el formulario.

Supermercado Sánchez
═ Entrega a domicilio ═

Nombre y apellidos : _____
Dirección : _____
Teléfono : _____

Artículo	Cantidad (Quantity)

© Cengage Learning

4-16 Los ingredientes. ¿Qué ingredientes necesitas para preparar cada plato? Completa los espacios en blanco con las palabras más lógicas de la lista.

MODELO   huevos revueltos: una docena de _huevos_, un paquete de _mantequilla_, sal y _pimienta_

arroz	**fresas**	**mayonesa**	**queso**
bananas	**jamón**	**pan**	**salsa picante**
carne picada	**leche**	**piña**	**vainilla**

1. una ensalada *(salad)* de frutas: dos o tres _____, una _____, medio kilo de _____

2. los tacos: un paquete de tortillas, un kilo de _____, una lechuga, cien gramos de _____, un frasco de _____

3. unos sándwiches: una barra de _____, medio kilo de _____, una lechuga, un frasco de _____ o mostaza *(mustard)*

4. el arroz con leche *(rice pudding)*: una bolsa de _____, un litro de _____, unos huevos, una pequeña botella de _____

4-17 En nuestra ciudad. Habla con dos o tres compañeros(as) de clase sobre las tiendas y los supermercados cerca del campus. Comenten estas preguntas.

▶ ¿Qué supermercado cerca del campus tiene el mejor surtido *(selection)* de frutas y vegetales frescos? ¿Cuál tiene los mejores precios *(prices)*? ¿Cuál es el más limpio?

▶ ¿Qué alimentos *(foods)* compran los estudiantes con más frecuencia? ¿Dónde compran estos productos por lo general?

▶ ¿Dónde compras tú los comestibles? ¿Por qué? ¿Qué frutas compras con más frecuencia? ¿Qué vegetales? ¿Qué otros productos compras?

4-18 Hacer la compra. Estás en Lima, Perú, donde vives en un apartamento con otros estudiantes. Esta semana te toca *(it's your turn)* comprar los comestibles. Con un(a) compañero(a), mira los dibujos y prepara diálogos como los del modelo. Nota: En Perú, la moneda es el nuevo sol; hay 100 céntimos en un nuevo sol.

MODELO

—¿Qué desea Ud.?

—Necesito un litro de leche y una bolsa de arroz.

—¿Quiere algo más?

—Sí. ¿Me puede dar un kilo de plátanos?

—Sí, cómo no. ¿Algo más?

—No, gracias, eso es todo. ¿Cuánto le debo?

—Ocho soles con cincuenta céntimos.

1.

2.

COMENTARIO CULTURAL *El mercado*

En el momento de comprar comestibles, ¿prefieres ir a un supermercado, al mercado o a una bodega *(small grocery store)*? ¿Por qué?

Uno de los centros comerciales y sociales de cada ciudad es el mercado. Allí se puede comprar de todo: frutas y verduras, carnes y pescados, productos para limpiar la casa y mucho más. Ya que *(Since)* los hispanos aprecian muchísimo la comida fresca, en algunas familias se va al mercado todos los días. Con el rápido ritmo de la vida actual, muchos prefieren la comodidad *(convenience)* del supermercado.

Aunque los supermercados son muy populares, casi todos los barrios tienen su bodega o pequeña tienda de comestibles. También hay muchas tiendas pequeñas que se especializan en una categoría de comida: por ejemplo, en una carnicería se puede comprar bistec o carne picada *(ground beef)*. ¿Qué se puede comprar en una pescadería?, ¿en una panadería?, ¿en una pastelería?

Gramática

🌐 **Heinle Grammar Tutorial:**
Indirect object pronouns

Los complementos indirectos

🔊
CD2
Track 2-11

Listen to and read the conversation between a customer and a shopkeeper. Then focus on the first sentence and identify the two direct objects. What do you think **me** means in this sentence? In the second line, to whom does **le** refer?

CLIENTE: ¿**Me** puede dar un litro de leche y una barra de pan?

VENDEDOR: ¡Sí, cómo no! ¿**Le** pongo *(can I get)* algo más?

CLIENTE: No, gracias. Eso es todo.

A. Los complementos indirectos. While a complete sentence must always have a subject and a verb, it can also contain other optional elements, such as indirect object pronouns.

An indirect object (**el complemento indirecto**) tells *to whom* or *for whom* something is done; it usually refers to a person. A sentence with an indirect object often has a direct object, too.

Siempre **les** sirvo vino **a mis invitados**.

- **What** do I serve? *wine* = **direct object**
- **To whom** do I serve wine? *To my guests* = **indirect object**

B. Los complementos pronominales. Indirect objects may be nouns (as in *for the children* or *to Sam*) or pronouns (as in *to me* or *for us*). Nouns are explained in section D. Here are the indirect object pronouns in Spanish and English.

Los complementos indirectos pronominales

to/for me	**me**	to/for us	**nos**
to/for you *(sing., fam.)*	**te**	to/for you *(pl., fam. in Spain)*	**os**
to/for you *(sing., formal)*	**le**	to/for you *(pl.)*	**les**
to/for him or her	**le**	to/for them	**les**

C. La posición en la oración. Indirect object pronouns follow the same rules of placement as the direct object pronouns.

▸ Place an indirect object pronoun in front of a single, conjugated verb.

¿Cuánto **le** debo? *How much do I owe you?*

▸ With a verb phrase consisting of (conjugated verb + infinitive), place the pronoun before the conjugated verb or attached to the infinitive.

¿**Me** puede traer un tenedor?
¿Puede traer**me** un tenedor? *Can you bring me a fork?*

D. La duplicación. In Spanish, when the indirect object is a noun (such as *to Mary* or *for my parents*), the corresponding indirect object pronoun appears in the sentence together with the noun. Although this kind of "duplication" is not used in English, it is a standard feature of Spanish.

> ▸ Use **le** together with (**a** + *singular noun/name*).
> Siempre **le** sirvo platos vegetarianos **a María.**
> *I always serve vegetarian dishes **to María.** / I always serve **María** vegetarian dishes.*

> ▸ Use **les** together with (**a** + *plural noun/names*).
> **Les** voy a servir corvina **a mis invitados.**
> *I'm going to serve sea bass **to my guests.** /I'm going to serve **my guests** sea bass.*

Ponerlo a prueba

4-19 Más análisis. Lee las oraciones a continuación. Identifica los complementos directos con un círculo. Subraya *(Underline)* los complementos indirectos.

> **MODELO** CLIENTE EN EL RESTAURANTE: ¿Me puede traer una cuchara?
> Esta está sucia.

1. CLIENTE EN EL RESTAURANTE: Por favor, ¿nos puede traer más pan?

2. CAMARERO EN EL RESTAURANTE: Les recomiendo a Uds. el arroz con camarones. Está muy rico hoy.

3. CLIENTE EN EL MERCADO: ¿Me puede dar dos kilos de naranjas?

4. TU ABUELA EN CASA: ¿Te sirvo más café?

¿Qué te sirve la camarera?

4-20 La recomendación. Lee la conversación entre los dos amigos. ¿Cuál es el complemento indirecto correcto en cada oración? Subraya *(Underline)* tus respuestas.

> MARCOS: El cumpleaños de mi novia es el sábado.
>
> RAFAEL: ¿Sí? ¿Qué (1. le / te) vas a dar? ¿Unas flores? ¿Unos chocolates?
>
> MARCOS: Pienso dar (2. les / le) una docena de rosas. También, vamos a comer en un restaurante. ¿Cuál (3. os / me) recomiendas?
>
> RAFAEL: (4. Me / Te) recomiendo el restaurante Terra. Mi familia y yo comemos allí muy a menudo. El chef siempre (5. nos / les) prepara unos platos exquisitos.
>
> MARCOS: ¡Buena idea!

4-21 Escenas de la vida. Completa los diálogos con los complementos indirectos pronominales más lógicos: **me, te, le, nos, les.**

1.   CLIENTE: ¿ _____ puede dar dos litros de jugo de naranja?

    EMPLEADO DE LA BODEGA: ¡Claro que sí! ¿Algo más?

2.   JAIME, CON SU NOVIA: Por favor, ¿ _____ puede traer una botella de vino?

            CAMARERO: Sí, señor. ¿Blanco o tinto?

3.   ALICE, CON SU AMIGA: Queremos probar un plato típico. ¿Qué nos recomienda?

            CAMARERO: _____ recomiendo la corvina *(sea bass)*. Está muy fresca hoy.

4. JAIME Y JAVIER, LOS NIETOS: Abuelita, ¿puedes hacer_____ una torta?

             ABUELITA: Sí, ¡si se portan bien *(if you behave)*!

4-22 Las costumbres. ¿Qué alimentos *(foods)* asocias con estas situaciones? Compara tus ideas con las de un(a) compañero(a) de clase. Sigan el modelo. (¡**Ojo!** Usa un complemento indirecto pronominal en cada oración.)

> **MODELO**   cuando estoy enfermo(a) / mi madre *preparar*_____
>
>   TÚ: Cuando estoy enfermo(a), mi madre **me** prepara sopa de pollo.
>
>   TU COMPAÑERO(A):   Cuando estoy enfermo(a), mi madre **me** prepara licuados de fruta *(fruit smoothies)*.

1. cuando estoy enfermo(a) / a menudo mis padres *dar*_____

2. cuando mis amigos y yo comemos en la cafetería de la universidad / con frecuencia *(ellos) servir* _____

3. cuando invito a mis amigos(as) a comer/ generalmente *(yo) preparar*_____

4. cuando quiero impresionar a mi novio(a) con mis talentos culinarios / *(yo) servir*_____

5. cuando mi hermanito(a) no quiere comer los vegetales / *(yo) decir*_____

4-23 La comida y el cariño. Muchas veces nuestros amigos y nuestros familiares nos compran alimentos especiales, o nos preparan nuestras comidas favoritas, para demostrarnos su cariño *(affection)*. Con dos o tres compañeros(as), da ejemplos de esta costumbre *(custom)*.

> **MODELO**   Mi abuela siempre **me** prepara galletas con chispas de chocolate *(chocolate chips)*. Yo **le** compro chocolates Godiva a mi novia en ocasiones especiales.

Ripsycho/iStockphoto

Gramática

Dos complementos

CD2
Track 2-12

Listen to and read this exchange between a vendor at the market and a customer. Then, decide whether each of the words in boldface type is a direct or an indirect object.

VENDEDORA: ¿Qué desea Ud.?

CLIENTE: **¿Me** puede dar **dos melones,** por favor?

VENDEDORA: Enseguida **se los** pongo *(I'll get)*. ¿Quiere algo más?

CLIENTE: No, gracias, eso es todo. ¿Cuánto **le** debo?

VENDEDORA: Quince soles.

A. Complementos. Sometimes we use a direct object and an indirect object in the same sentence, as in the following example:

> **Mami, ¿me haces unas galletas?**
>
> *Mom, will you make me some cookies?*
>
> - **What** will mom make? *some cookies* = **direct object**
> - **For whom** will mom make the cookies? *for me* = **indirect object**

To respond to a question that has both an indirect object and a direct object, we often use two pronouns in the same sentence. For example, following up to the previous example, the mother might reply as follows:

> **Te las hago esta tarde.**
>
> **I'll make them for you this afternoon.**
>
> **te** = for you `INDIRECT OBJECT PRONOUN`
>
> **las** = them (the cookies) `DIRECT OBJECT PRONOUN`

B. El orden. When both direct and indirect object pronouns are in the same sentence, the indirect object pronoun is placed *in front of* the direct object pronoun. To remember this, think "I.D."

> `INDIRECTO` `DIRECTO`
>
> ¿La pizza? Mamá **nos la** hace todos los sábados.
>
> *Pizza? Mom makes **it for us** every Saturday.*

C. Los complementos *le* y *les*. The indirect object pronouns **le** *(to him/her/you,* formal*)* and **les** *(to them, to you all)* have a variant: **se.** The variant **se** is used when a direct object pronoun occurs in the same sentence with **le** or **les.**

le	lo				
	la			lo	
+	los	→	se +	la	
				los	
les	las			las	

—¿Me puede traer un menú?   *Can you bring me a menu?*
—Ahora **se lo** traigo.   *I'll bring it for you (formal) right away.*

Ponerlo a prueba

4-24 Escenas diarias. Completa los diálogos con un complemento **indirecto** pronominal (**me, te, nos, se**) o un complemento **directo** pronominal (**lo, la, los, las**).

> **MODELO**
> SR. ALBERTI: ¿Me puede traer una botella de agua mineral?
>
> CAMARERO: Sí, señor. Ahora <u>se</u> la traigo.

1. En el restaurante SRA. GONZAGA: ¿Me puede traer pimienta?

   CAMARERA: Ahora _____ la traigo.

2. En el restaurante SR. ALBERTI: ¿Me trae otro tenedor, por favor?

   CAMARERO: Sí, señor. Se _____ traigo enseguida.

3. En casa SILVIA: Mamá, ¿cuándo vas a hacerme unos churros?

   MAMÁ: _____ los hago mañana.

4. En casa CARMEN: Mmm. Me gusta mucho esta torta de chocolate.

   SILVIA: Mamá me _____ compra todas las semanas porque es mi postre favorito.

4-25 En el mercado. ¿Qué pasa en el mercado hoy? Mira el dibujo y contesta las preguntas. Es necesario usar **dos** complementos pronominales en tus respuestas.

> **MODELO**
> ¿Quién le vende las papas a la Sra. Marini?
>
> **Se las** vende Edgardo. / Edgardo **se las** vende.

1. ¿Quién le da el dinero a Edgardo?

2. ¿Quién les vende la piña a Marta y a Rosaura?

3. ¿Quién le ofrece (*offers*) un helado a Mayra?

4. ¿Quién le da las galletas a los perros?

5. ¿Quién le pide los helados a Eduardo?

 4-26 Luz, cámara, acción. Mira el dibujo del mercado en la actividad 4-25. Con un(a) compañero(a), dramaticen una de las escenas (por ejemplo, una conversación entre Marta y Rafaela). Tienen que usar dos complementos pronominales en **una** línea del diálogo.

Un paso más

¡Vamos a Perú!

© Cengage Learning

DATOS ESENCIALES

Nombre oficial: República del Perú

Capital: Lima

Población: 29 900 000 habitantes

Unidad monetaria: nuevo sol (S./)

Economía: producción de minerales (cobre, oro, plata, cinc, plomo); petróleo y gas natural; madera *(wood)*; textiles de alpaca; productos pesqueros

🌐 www.cengagebrain.com

Go to the **Un paso más** section in the *Cuaderno de actividades* for additional reading, writing, review, listening, and pronunciation activities.

There are more activities on Peru and **¡Vamos a Perú!** in the **Un paso más** section of the *Cuaderno de actividades.*

Arco Images GmbH/Alamy

El lago *(lake)* Titicaca está entre Perú y Bolivia. A más de 3800 metros de altura *(altitude)*, es el lago navegable más alto del mundo y el segundo lago más grande de América del Sur. En Perú, más de un millón de personas viven alrededor del lago. También hay habitantes —de la etnia Uru— que viven en islas *(islands)* artificiales hechas de totora *(reed)*. Incluso sus casas y sus balsas son de esta planta nativa de Perú.

Imágenes de Perú

© Cengage Learning

Después de mirar el vídeo de Perú, contesta las preguntas. Trabaja con un(a) compañero(a).

1. ¿Cuáles son dos datos *(facts)* interesantes sobre la capital de Perú?

2. Describe el distrito de Miraflores. ¿Qué hacen los limeños allí?

3. ¿Qué edificios y plazas nos recuerdan *(remind us)* la historia de Perú?

4. ¿Cuáles de las atracciones turísticas te gustan más?

La historia

Entre los años 1100 y 1530, el gran imperio inca se extiende desde Colombia hasta Chile. Cerca de su antigua capital en Cusco, Perú, está una magnífica ciudad inca: Machu Picchu. Los expertos piensan que esta maravilla de la ingeniería fue un santuario religioso y el palacio de un emperador inca. Hoy es uno de los destinos turísticos más populares del mundo.

▶ Machu Picchu significa "Montaña Vieja" en quechua. Fue construida en el siglo xv.

La comida

El origen de la papa está cerca del lago Titicaca, en el sur de Perú. Allí, hace 8000 años (. . . ago), los habitantes cultivaron la primera papa. Este tubérculo nutritivo, resistente y fácil de cultivar es la base de la dieta andina y es el ingrediente principal de muchos platos típicos. Los peruanos también deshidratan la papa en forma natural; el producto final se llama chuño y es muy apreciado.

▶ Perú es el país con más diversidad de papas en el mundo. Tiene 3000 variedades de diferentes formas y colores.

La demografía

Perú tiene la población china más grande de América del Sur. También tiene uno de los barrios chinos más antiguos. Está en el centro de Lima, en la calle Capón. Como muchos barrios chinos, este tiene un gran arco, tiendas con productos chinos y letreros (signs) con caracteres en chino. Pero también tiene algo único en el mundo: las chifas, restaurantes muy populares de comida fusión Perú-China.

▶ Muchos peruanos visitan el barrio chino de Lima para la celebración del año nuevo chino.

El mundo es un pañuelo

Lee la información sobre Perú. Luego completa las siguientes comparaciones.

1. Perú tiene muchas minas (mines) de ___. El estado de ___ en los Estados Unidos también tiene muchas minas.

2. El lago ___ es el lago navegable más alto del mundo y el segundo más grande de ___. En los Estados Unidos, el lago ___ es muy grande.

3. En América del Sur, el imperio ___ era (was) muy extenso. Una de sus magníficas ciudades es ___. Está cerca de ___. En Europa, el imperio ___ también era muy grande.

4. Las primeras papas se cultivaron (were cultivated) en ___. La papa es la base de la dieta andina. La papa deshidratada se llama ___. La papa también es la base de la dieta ___. Es un ingrediente de muchos platos, como por ejemplo ___.

5. El barrio chino de Lima está en ___. Allí hay restaurantes que se llaman ___. Un barrio chino famoso de los Estados Unidos está en ___.

¡Vamos a hablar!

Estudiante A

Contexto: Tu compañero(a) y tú van a completar un crucigrama. Tú tienes las pistas *(the clues)* para las palabras horizontales. Tu compañero(a) las tiene para las palabras verticales. Tomen turnos para leer las pistas. Tú vas a empezar.

MODELO

> **Tú:** La pista para el número 1 horizontal es: "Trabaja en un restaurante."
>
> **Tu compañero(a):** ¿Es "camarero"?
>
> **Tú:** ¡Sí! ¿Cuál es la pista para el número 1 vertical?

This is a pair activity for **Estudiante A** and **Estudiante B**.

If you are **Estudiante A**, use the information below.

If you are **Estudiante B**, turn now to Appendix A at the end of the book.

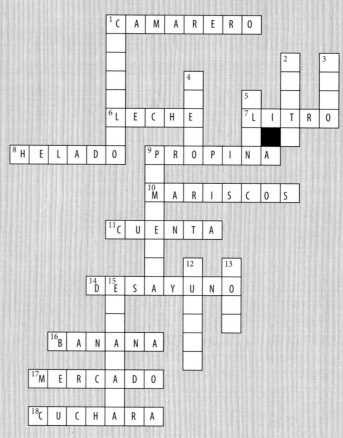

Horizontal

1. Trabaja en un restaurante.
6. La pones en el cereal.
7. En el sistema métrico, una medida para los líquidos.
8. Un postre frío, de chocolate o fresa.
9. Dinero extra por buen servicio.
10. Esta categoría incluye los camarones y la langosta.
11. La pagas después de comer.
14. La primera comida del día.
16. (Inventa una pista original.)
17. (Inventa una pista original.)
18. (Inventa una pista original.)

¡Vamos a ver!

Episodio 4 • **En la Hacienda Vista Alegre**

Anticipación

A. Hablando se entiende la gente. Habla con un(a) compañero(a). ¿Te gusta cocinar? ¿Por qué sí o por qué no? ¿Sabes alguna receta de tu familia? ¿Cómo se prepara?

B. Unas palabras clave. Completa las oraciones a continuación con las siguientes expresiones.

la receta	*recipe*	**quemados**	*burnt*
caldo de pollo	*chicken soup*	**¡Buen provecho!**	*Enjoy your meal!*
la lista de la compra	*the shopping list*	**a pesar de**	*despite*

1. No te olvides de llevar _____ al supermercado.

2. De primer plato, hay _____ y de segundo, hay pescado frito.

3. Ahora mismo les traigo la bebida. _____

4. Para hacer este pastel de chocolate, normalmente sigo _____ de mi madre.

5. _____ que estoy a dieta, voy a probar este pastel. Tiene muy buena pinta *(It looks delicious)*.

6. Los tomates están un poquito _____, pero el pollo está muy rico.

▶ Vamos a ver

C. De paseo por la Hacienda Vista Alegre. Lee las preguntas. Luego, mira el Episodio 4 del vídeo y completa las actividades.

1. ¿Qué tipo de comida va a preparar Valeria? _____

2. ¿Qué receta decide preparar? _____ rellenos al horno.

3. ¿Cuáles de estos ingredientes lleva la receta? Escribe **sí** o **no.**

   a. arroz blanco _____

   b. mantequilla _____

   c. cebollitas _____

   d. huevos _____

4. La cena fue un desastre porque _____.

En acción

D. Charlemos. Comenta con tus compañeros(as).

¿Por qué quiere Valeria preparar esta comida? Describe lo negativo o positivo de la cena. ¿Hay diferencias entre la comida latinoamericana y la comida de tu país? ¿En qué se parecen *(are they similar)* o se diferencian?

E. 3, 2, 1 ¡Acción! Interpreten la siguiente situación en grupos de tres o cuatro estudiantes. Van a preparar una fiesta sorpresa para uno(a) de sus compañeros(as). Entre todos, decidan qué platos van a preparar y qué ingredientes necesitan. Mientras hablan, hagan una lista de la compra.

¡Vamos a repasar!

A. Restaurante El Pacífico. Lee esta reseña *(review)* culinaria y luego contesta las preguntas. Usa complementos pronominales en las respuestas.

> **MODELO**   ¿Qué condimento le pone el chef al saltado fusión?
>
> Le pone curry.

RESEÑA CULINARIA: El Pacífico

por Luisa Capuña Solís

Ubicado[1] en el corazón de la capital, El Pacífico es el nuevo restaurante de mariscos del chef peruano Antonio Carbonel. Este elegante local es de tamaño mediano y está decorado impecablemente con objetos asiáticos. Las sillas no son muy cómodas, pero no importa: la comida es exquisita y los camareros son muy amables.

Una buena elección para comenzar la comida es el *cebiche nikei*. Este plato trae cubitos de pescado, limón, cebolla y condimentos japoneses.

Para plato principal, les recomiendo el *saltado fusión* que tiene pescado, camarones, cebolla, chile, leche de coco y bastante curry. Las sensaciones al comer este plato son difíciles de describir, pero el corazón les latirá[2] más rápidamente al probar la primera cucharada.[3]

Hay muchas opciones para el postre. Uno de mis favoritos es *suspiro a la limeña*, un postre de huevos y leche condensada, y encima, un delicioso merengue.

Dónde: Av. Brasil 308, cerca de la Plaza de Armas

Cuándo: martes a domingo, 12:30h – 23:00h

Cuánto: un almuerzo o una cena entre S/. 100 y S/. 215 (propina incluida)

---

[1]*Located*   [2]*your heart will beat*   [3]*spoonful*

---

1. ¿Quién escribe la reseña? ¿Recomienda ella el restaurante El Pacífico?
2. ¿A qué hora abre el restaurante? ¿Sirven el desayuno?
3. ¿A Luisa le gusta probar el cebiche nikei? ¿Este plato tiene papas?
4. ¿Qué plato principal nos recomienda Luisa? ¿Con qué mariscos lo hacen?
5. ¿Qué postre le gusta a Luisa? ¿Sirven este postre con merengue?
6. ¿Cuánto cuesta una cena en El Pacífico? ¿Incluyen la propina en el precio?

 B. Proyecto. En **A primera vista**, miraste *(you saw)* el vídeo de John Andrews. ¡Ahora te toca a ti *(it's your turn)* crear un vídeo! El vídeo debe durar aproximadamente un minuto. Escoge una de las dos opciones. Incluye la información de la lista y unas imágenes interesantes (fotos de tu familia, escenas de un restaurante, etcétera). Después, sube *(post)* tu vídeo según las instrucciones de tu profesor(a).

Opción 1: La comida en familia	Opción 2: La comida entre amigos
• Tu nombre (¿Cómo te llamas?)	• Tu nombre (¿Cómo te llamas?)
• Una breve descripción de tu familia (¿Cómo es tu familia? ¿Cuántos son Uds.? ¿Cómo son tus padres y tus hermanos?)	• Una breve descripción de un buen amigo / una buena amiga. (¿Cómo se llama tu buen(a) amigo(a)? ¿Es estudiante? ¿Cómo es?)
• Una comida en familia (¿Cuándo comen Uds. juntos? ¿Quién es el mejor chef de tu familia? ¿Cuál es un plato especial/tradicional de tu familia? ¿Cómo es? ¿Siguen una receta especial?)	• Una comida entre amigos (¿Cuándo comen Uds. juntos? ¿Comen Uds. en un restaurante o cocinan? Si cocinan, ¿qué les gusta preparar? ¿Cómo es ese plato? Si comen en un restaurante, ¿qué les gusta comer allí? ¿Cómo es ese plato?)

C. ¡Camarero! El camarero es nuevo ¡y se olvida de *(he forgets)* todo! Con un(a) compañero(a), tomen turnos, haciendo el papel *(role)* de cliente y el de camarero. Mencionen las cosas de las fotos, como en el modelo.

MODELO

CLIENTE: ¿Me puede traer el pan?

CAMARERO: Sí, se lo traigo enseguida.

1. 2. 3. 4. 5. 6.

D. ¡Sabelotodo! En equipos, jueguen a ¡Sabelotodo! Otra persona es el (la) moderador(a). Formen equipos de dos o tres personas.

- El equipo "A" escoge una pregunta (por ejemplo, **En el mercado por $100**).
- El (La) moderador(a) lee la pregunta en voz alta.
- Las personas del equipo A colaboran y una persona responde a la pregunta. Tienen 30 segundos para responder.
- El (La) moderador(a) decide si la respuesta es correcta.
- Si la respuesta **no** es correcta, el otro equipo puede contestar la pregunta y "robar" el dinero.

	Las comidas	En el restaurante	En el mercado	Los complementos	Perú
$50	Nombra *(Name)* tres bebidas.	¿Qué signfica en inglés? "¿Está incluida la propina?"	¿Qué signfica en inglés? "¿Necesita algo más?"	¿Cuál es el complemento directo en esta oración? "Mi mamá sirve hamburguesas los viernes por la noche."	¿Cuál es la capital de Perú?
$100	¿Cuáles son las tres comidas del día?	¿Qué le dices al camarero al final de la comida, cuando tienes que pagar?	¿Qué le dices al vendedor al final de la transacción, cuando quieres pagar?	¿Cuál es el complemento indirecto en esta oración? "Mi abuela me hace sopa cuando estoy enfermo(a)."	¿Cuál es la base de la dieta andina y también el ingrediente principal de chuño?
$150	Nombra cuatro carnes y/o mariscos.	¿Qué utensilio necesitas para tomar la sopa? ¿Para cortar *(cut)* y comer la carne?	Nombra seis frutas. (No puedes incluir las manzanas.)	Contesta e incluye un complemento directo pronominal: ¿Cómo prefieres la pizza, con carne o con vegetales?	¿Cómo se llama el lago navegable más alto del mundo?
$200	Nombra cinco vegetales.	Responde a la pregunta: ¿Qué desea pedir? (Tienes que pedir un plato principal y una bebida.)	Quieres comprar aproximadamente dos libras *(pounds)* de manzanas. ¿Qué le dices al vendedor?	Contesta e incluye un complemento indirecto pronominal: ¿Qué les recomienda a Uds. el camarero, la ensalada o la sopa?	¿Qué grupo inmigrante de Perú es el más grande de Latinoamérica? ¿Cómo se llaman sus restaurantes?
$250	Nombra ocho postres y/o condimentos.	¿Cómo se dice en español? *Can you bring me some ice (cubes)?*	Completa las expresiones: una ___ de pan; una ___ de arroz; una ___ de huevos	Contesta e incluye dos pronombres: ¿Le das leche a tu gato?	¿Qué atracción turística fue un santuario religioso y el palacio de un emperador? ¿Qué indígenas son responsables por su construcción?

Vocabulario

Sustantivos

el almuerzo *lunch*
la barra (de pan) *loaf (of bread)*
la bolsa *bag*
la botella *bottle*
el (la) camarero(a) *waiter/waitress*
la cena *dinner*
la comida *food, meal*
el cubito de hielo *ice cube*
la cuenta *bill*
el desayuno *breakfast*
la docena *dozen*
el frasco *jar*
el kilo *kilo (metric pound)*
el litro *liter*
la mayonesa *mayonnaise*
el menú *menu*
el mercado *market*
la merienda *snack, snacktime*
el paquete *package*
la pimienta *black pepper*
el plato principal *main course*
el postre *dessert*
el primer plato *first course*
la propina *tip*
la receta *recipe*
el restaurante *restaurant*
el segundo plato *second course*
la taza *cup (of coffee/tea/hot chocolate)*
la tortilla *omelette; flour tortilla (Mex.)*
el vaso *glass*

Verbos

almorzar (ue) *to eat lunch*
beber *to drink*
cenar *to eat supper*
cocinar *to cook*
desayunar *to eat breakfast*
desear *to want, wish for*
merendar (ie) *to snack*
necesitar *to need*
pedir (i) *to ask for; to order*
probar (ue) *to taste; to try*
recomendar (ie) *to recommend*
servir (i) *to serve*
tomar *to take; to drink*

Otras palabras

a la parrilla *grilled*
al horno *baked*
asado(a) *roasted*
enseguida *at once, immediately*
frito(a) *fried*
revuelto(a) *scrambled*
rico(a) *delicious*

Family meals p. 128
Breakfast foods p. 130
Luncheon foods p. 130
Supper/dinner foods p. 131
Snacks p. 131
Place settings p. 135
Other fruits and foods p. 140

For further review, please turn to **Vocabulario temático: español e inglés** at the back of the book.

Go to the *Puentes* website for extra vocabulary practice using the Flashcard program.

La vida estudiantil

CAPÍTULO 5

Creatas Images/Jupiter Images

For a selection of musical styles from this chapter's country of focus, access the **Puentes,** Sixth Edition, iTunes playlist at www.cengagebrain.com

OBJETIVOS

Speaking and Listening
- ▶ Describing everyday routines on campus
- ▶ Discussing classes
- ▶ Expressing opinions about school life
- ▶ Identifying professions and occupations
- ▶ Talking about plans for the future
- ▶ Narrating actions and events in the past
- ▶ Describing a field trip

Culture
- ▶ Study abroad programs
- ▶ Argentina

Grammar
- ▶ Preterite aspect of regular **-ar, -er,** and **-ir** verbs
- ▶ Spelling-changing verbs in the preterite
- ▶ Stem-changing verbs in the preterite
- ▶ Preterite of irregular verbs

Video
- ▶ Imágenes de Argentina
- ▶ En la Hacienda Vista Alegre: Episodio 5

Gramática suplementaria
- ▶ El condicional

Cuaderno de actividades

Reading
- ▶ Strategy: Understanding a long sentence

Writing
- ▶ Strategy: Developing cohesion

Playlist
- 🌐 www.cengagebrain.com

A primera vista

Estudiantes globales

En esta era de globalización, es importante conocer otras culturas, aprender un segundo o tercer idioma y entender la interdependencia entre países. Por eso muchos estudiantes universitarios optan por estudiar en el extranjero. ¿Te gusta la idea de ser un estudiante internacional?

Para hablar de los estudios en el extranjero *Studying abroad*

▸ los cursos *courses*
  - un curso intensive / de verano *an intensive / summer course*
▸ el alojamiento *lodging*
  - vivir con una familia anfitriona *live with a host family*
  - compartir un apartamento *share an apartment*
▸ los gastos *expenses*
  - caro / barato *expensive / cheap*
  - becas *scholarships*
  - préstamos *loans*
▸ el voluntariado *volunteer work*
  - ser voluntario(a) *to be a volunteer*

A. ¿Comprendes? Un amigo quiere ir al extranjero pero necesita tu consejo *(advice)*. Contesta sus preguntas con la información en la página 157.

1. "¿Qué hago? Quiero estudiar en el extranjero pero no tengo dinero."
2. "Mis padres no quieren que yo pierda *(lose)* un semestre de estudios. ¿Qué les digo?"
3. "No quiero tomar solamente cursos de español. ¿Qué otros cursos hay?"
4. "A mí me gusta mucho el arte. ¿Adónde puedo ir?"
5. "También me gusta mucho la arqueología. ¿Qué me recomiendas?"

B. Comparaciones. Trabaja con un(a) compañero(a) para comparar tu universidad con las universidades en el extranjero. Mencionen los siguientes temas.

▸ el alojamiento: el tipo más común y los alternativos
▸ las áreas de estudio: la variedad de opciones
▸ el voluntariado: los tipos de trabajo

C. ¿Qué dices tú? Con un(a) compañero(a), contesten las preguntas y conversen sobre sus preferencias.

1. ¿En qué país te gustaría estudiar? ¿Por cuánto tiempo?
2. ¿Cuál de las opciones de alojamiento te gusta más?
3. ¿Prefieres tomar clases formales o ser voluntario(a)? ¿Qué quieres estudiar o hacer?

Los estudios en el extranjero

¿Te gustaría estudiar en el extranjero? ¡Hay muchas oportunidades y opciones! Numerosas universidades ofrecen programas especiales para estudiantes internacionales. Puedes pasar un verano, un semestre o un año completo en otro país y ¡recibir crédito en tu propia *(own)* universidad! Con respecto al alojamiento, es posible vivir con una familia anfitriona, compartir un apartamento con otros estudiantes o vivir en una residencia estudiantil. Y aunque no es barato estudiar en el extranjero, casi siempre hay becas o préstamos disponibles *(available)*.

Para vivir la experiencia al máximo, muchos estudiantes extranjeros en la ▶ Universidad de Belgrano (Argentina) deciden vivir con una familia anfitriona.

Áreas de estudio

¿Quieres continuar tus estudios de lengua y cultura? Entonces es posible combinar un curso intensivo de español con clases electivas sobre civilización, música y arte. ¿Prefieres explorar otras áreas de interés? ¡Hay programas para todos los gustos *(tastes)*! Por lo general es posible tomar algunas de las clases en inglés y otras en español. La gama *(gamut)* de clases es muy amplia; por ejemplo, puedes investigar temas tan diversos como la ecología de las tortugas *(turtles)* marinas (Costa Rica), la economía global (España), los glaciares de la Antártida (Argentina) o el cine latinoamericano (Chile).

◀ En la República Dominicana, la prestigiosa Escuela de Diseño Altos de Chavón ofrece talleres *(workshops)* de arte como parte de su "Verano Internacional".

El voluntariado

¿Te interesa ayudar a los demás *(others)* y ganar al mismo tiempo experiencia práctica en tu área de concentración? Entonces un programa de voluntariado es para ti. Por ejemplo, si estudias educación, puedes ir a Bolivia para enseñarles inglés a los niños en Cochabamba. Si te gusta la historia, puedes ir a Perú para trabajar con la preservación de los sitios arqueológicos de Cuzco. En algunos casos puedes recibir crédito universitario por este tipo de trabajo.

Un voluntario ayuda a un médico en una clínica en Guatemala. ▶

PARA INVESTIGAR

¿Quieres saber más sobre la posibilidad de estudiar en una universidad de España o Hispanoamérica? Probablemente tu universidad tiene una oficina dedicada a los estudios en el extranjero. En Internet, busca "universidades de (España, Argentina...)" y explora varias universidades. También puedes visitar el sitio web www.studyabroad.com.

Vocabulario temático

In this *Paso* you will practice:

▶ Talking about your schedule, your academic major, and grades

▶ Expressing opinions about different aspects of school life

▶ Identifying professions and occupations

▶ Talking about plans for the future

Grammar:

▶ **Encantar** and **interesar:** Two verbs like **gustar**

▶ Expressing future time: Review of verb phrases

Another way to ask about majors: **¿En qué te especializas?**

Other time expressions: **el próximo año** *(next year);* **en dos años** *(in two years).*

Go to the **Puentes** website for extra vocabulary practice using the Flashcard program.

Cómo hablar de los horarios y las especializaciones

CD2
Track 2-13

—¿Qué clases tomas este semestre?

—Este semestre tomo *inglés y literatura.*

—¿Te gusta tu horario?

—Sí, me encanta.

   No, no me gusta porque…

—¿A qué hora empieza tu primera clase?

—Mi primera clase empieza *a las ocho.*

—¿A qué hora termina tu última clase?

—Mi última clase termina *a las dos y media.*

—¿Cuál es tu carrera?

—Todavía no (lo) sé.

   Estudio *economía.*

—¿Cuándo piensas graduarte?

—Pienso graduarme *a finales de mayo.*
                    a principios de diciembre

Las asignaturas
Humanidades y bellas artes

arte	literatura
música	teatro

Ciencias sociales

antropología	historia
ciencias políticas	psicología
geografía	sociología

Ciencias naturales

biología	ecología
física	química

Matemáticas

álgebra	cálculo	estadística

Estudios profesionales

negocios	informática
derecho	educación
medicina	periodismo
ingeniería	cinematografía

The English equivalents of the **Vocabulario temático** sections are found at the back of the book.

Ponerlo a prueba

5-1 Las clases de Reinaldo. Escucha la conversación entre Reinaldo y su amiga Patricia. Completa las actividades.

PRIMERA PARTE: Escoge la mejor respuesta a las preguntas.

___ 1. ¿Cómo es el horario de Patricia?
   a. Es bueno. A Patricia le gusta.
   b. Es regular. A Patricia no le gusta mucho.
   c. Es malo. Patricia lo detesta.

___ 2. ¿A qué hora empieza la primera clase de Patricia los lunes?
   a. a las ocho
   b. a las nueve
   c. a las once

___ 3. La mayoría de las asignaturas de Patricia están relacionadas con…
   a. el periodismo
   b. las humanidades y las bellas artes
   c. las ciencias naturales

___ 4. ¿Cuándo piensa graduarse Reinaldo?
   a. el próximo año
   b. a finales de noviembre
   c. a principios de junio

___ 5. La mayoría de las materias de Reinaldo están relacionadas con…
   a. las humanidades y las bellas artes
   b. las ciencias sociales
   c. la ingeniería

SEGUNDA PARTE: Vuelve a escuchar *(Listen again)* la conversación e indica las clases de Patricia y Reinaldo.

6. Este semestre, Patricia toma…

   ☐ biología   ☐ geología   ☐ cálculo
   ☐ física   ☐ química   ☐ estadística

7. Este semestre, Reinaldo toma…

   ☐ antropología   ☐ literatura   ☐ teatro
   ☐ sociología   ☐ cinematografía ☐ historia del arte

¿Qué estudian estos estudiantes?

5-2 Las asignaturas. Lee la descripción y escribe el nombre de la asignatura o clase correspondiente.

1. Si quieres programar computadoras, necesitas estudiar _____.

2. Si te gusta leer novelas, cuentos y poemas, debes tomar una clase de _____.

3. En la clase de _____ puedes investigar sobre distintas teorías de la personalidad, la conducta de las personas y los procesos mentales.

4. Para aprender más sobre la familia, las clases sociales y las instituciones sociales, puedes tomar una clase de _____.

5. En _____, tienes que formular y resolver series de ecuaciones; es una rama *(branch)* de las matemáticas.

6. Para trabajar en el mundo comercial, es interesante tener una carrera en _____.

7. Si estudias _____, vas a aprender mucho sobre el clima, las interacciones de los organismos y los hábitats.

8. La carrera de _____ es para los estudiantes que esperan trabajar para un periódico o una revista.

9. Si quieres ser doctor o dentista, tienes que estudiar _____.

10. Hay diferentes carreras de _____: civil, mecánica, eléctrica, industrial, para nombrar algunas.

5-3 En mi opinión. Completa las oraciones oralmente para expresar tus opiniones sobre las clases. Compara tus opiniones con las de un(a) compañero(a).

1. En humanidades y bellas artes, la clase más interesante es _____, y la menos interesante es _____. ¿Estás de acuerdo? *(Do you agree?)*

2. En ciencias naturales, la clase más difícil *(difficult)* es _____, y la menos difícil es _____. ¿Qué piensas tú? *(What do you think?)*

3. En ciencias sociales, la clase más aburrida *(boring)* es _____, y la menos aburrida es _____. ¿Estás de acuerdo?

4. De los estudios profesionales, me gusta más _____, y el que menos me gusta es _____. ¿Cuáles son tus preferencias?

5-4 Este semestre. Conversa con un(a) compañero(a) sobre los estudios.

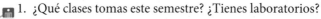

1. ¿Qué clases tomas este semestre? ¿Tienes laboratorios?

2. ¿Te gusta tu horario este semestre? ¿A qué hora empieza tu primera clase? ¿A qué hora termina tu última clase?

3. ¿Cuál es tu carrera? ¿Es una tradición en tu familia seguir esa carrera?

4. ¿Cuándo piensas graduarte? ¿Dónde quieres vivir después de graduarte?

5. (Haz una pregunta original. / *Ask an original question.*)

5-5 Estudiar en Argentina. Este anuncio presenta información sobre un programa de estudios en Argentina. Contesta las preguntas y compara tus preferencias con las de un(a) compañero(a) de clase.

¡Aprende español en Argentina!
Instituto Magnum

Escoge tu destino:
❖ Explora el ambiente cosmopolita de Buenos Aires.
❖ Disfruta de los deportes en la tranquila ciudad de Mendoza.

Escoge tu curso:
❖ Curso intensivo en grupo (20 clases por semana)
❖ Clases privadas (10 clases por semana)
❖ Curso tango (20 clases de español + 5 clases de tango)

Todos nuestros centros de estudio ofrecen alojamiento en familia o en residencias de estudiantes (habitación doble o individual).

Y para los fines de semana:
❖ Visitas a museos y teatros
❖ Barbacoas con otros estudiantes
❖ Conferencias de literatura, arte y cinematografía
❖ Excursiones a Patagonia y el Parque Nacional Nahuel Huapi
❖ Actividades de aventura: rafting, trekking, esquí

Precios y más información:
Visítanos en www.institutomagnum.com.ar
Teléfono (en los Estados Unidos) 1-800-555-8963

Dale Mitchell/Shutterstock

Note: Nahuel Huapi is in the lake district of Argentina, in Patagonia. The popular town of Bariloche, within the park, is a tourist base for the area.

1. ¿En qué ciudades ofrecen cursos de español? ¿Cuál prefieres tú? ¿Por qué?
2. ¿Qué curso del Instituto Magnum te gustaría tomar? Explica por qué.
3. ¿Qué te gustaría más, el alojamiento en familia o en residencia de estudiantes?
4. ¿Cuáles de las actividades para los fines de semana le recomiendas a un estudiante de arte? ¿Y a un estudiante de ecología?
5. ¿Qué actividad para los fines de semana te gusta más? ¿Por qué?

COMENTARIO CULTURAL *Las universidades hispanoamericanas*

¿Cuánto cuestan las universidades públicas? ¿Dónde viven la mayoría de los estudiantes? En el momento de escoger tus clases, ¿tienes mucho control sobre tu horario?

En Hispanoamérica, la matrícula *(tuition)* de las universidades públicas es gratuita *(free)* o casi gratuita. Para ingresar en ellas, los estudiantes deben primero elegir una carrera y

©iStockphoto.com/Juanmonino

tomar un examen de admisión. Los estudiantes con las notas más altas entran directamente a la facultad *(college, school)* que corresponde a su carrera y siguen un plan de estudio fijo *(set)*. Por lo general, las universidades están en un centro urbano y las diferentes facultades se ubican en varias partes de la ciudad. El hecho de que *(The fact that)* no hay un solo "campus" significa que pocas universidades tienen residencias estudiantiles; la mayoría de los estudiantes viven en casa o en pensiones.

Vocabulario temático

Cómo pedir y dar opiniones sobre las clases

CD2
Track 2-16

—¿Qué piensas de tus clases este semestre?

—Mi clase de *microbiología* es bastante *interesante/aburrida.*

Me encanta mi clase de *historia del arte.*

No me gusta nada mi clase de *ciencias marinas.*

Me interesa mucho la clase de *genética.*

Las conferencias de *historia medieval* son *fascinantes/pesadas.*

Los exámenes de cálculo son *difíciles pero justos.*
largos pero fáciles.

Conferencias looks like *conferences* but actually means *lectures*. Other false friends: **lecturas** = *readings;* **facultad** = *school/college within a university.*

Opiniones sobre los profesores

CD2
Track 2-17

—¿Qué tal tus profesores?

—Son *bastante dinámicos(as).*
muy exigentes
un poco quisquillosos(as)

Mi profesor de *química* es muy *organizado/desorganizado.*

Las notas *(Grades)*

CD2
Track 2-18

—¿Cómo te va en *psicología?*

—(No) Me va bien.

Saqué una nota muy buena en *mi presentación.*
el último trabajo escrito
(No) Salí muy bien en el examen.

Bananastock/jupiter images

ESTRUCTURAS ESENCIALES

Los verbos *encantar* e *interesar*

A. Gustar. As you saw in Chapter 1, the verb **gustar** follows a special sentence pattern:

Indirect object	Verb	Subject
Me	gusta	la clase de inglés.

I like English class. (English class is pleasing to me.)

B. Encantar. Like **gustar,** the verb **encantar** *(to "love")* has two verb forms and uses indirect object pronouns.

me encanta(n)	**nos encanta(n)**
te encanta(n)	**os encanta(n)**
le encanta(n)	**les encanta(n)**

▶ Use **encanta** with infinitives and singular nouns; use **encantan** with plural nouns. The indirect object pronoun specifies *who* "loves" something.

Nos encanta la clase de sociología.   *We **love** sociology class.*

▶ Use **encantar** to talk about things or activities that you enjoy greatly or "love," but **not** about persons for whom you feel affection.

A Rita le **encanta** leer.   *Rita **loves** to read.*

Me **encantan** sus conferencias.   *I **love** her lectures.*

C. Interesar. Use **interesar** to express what interests you. This verb follows the same pattern as **gustar** and **encantar.**

me interesa(n)	**nos interesa(n)**
te interesa(n)	**os interesa(n)**
le interesa(n)	**les interesa(n)**
Me interesa mucho la genética.	*I'm very much interested in genetics.*

Ponerlo a prueba

🔊 *CD2 Track 2-19*

5-6 ¿Cómo te va? Escucha la conversación entre dos estudiantes universitarios, Elsa y Andrés. Escoge las palabras más apropiadas para completar las oraciones, según la información en la conversación.

1. Andrés tiene una impresión (favorable / desfavorable) de su profesor de química porque dice que el profesor es muy (dinámico / exigente).

2. Elsa y Andrés piensan que la clase de filosofía es (fascinante / pesada).

3. A Andrés no le gustan (los exámenes / las conferencias) de la clase de historia.

4. Elsa piensa que su profesora de sociología es (organizada / desorganizada) y (dinámica / un poco aburrida).

5-7 Opiniones contrarias. Gabi y Julia son gemelas, pero tienen opiniones contrarias sobre una de sus clases. Relaciona las dos columnas para ver los contrastes.

A. Gabi

___ 1. Me encanta la clase de ciencias marinas.

___ 2. El profesor Marini es fascinante.

___ 3. Las conferencias son maravillosas; el tiempo pasa volando (*flies by*).

___ 4. Los exámenes son un poco difíciles, pero justos.

___ 5. Tengo muy buenas notas y estoy muy contenta con la clase.

B. Julia

a. Yo creo que es el profesor más aburrido del planeta, además de ser desorganizado.

b. Pues yo la detesto. Es la clase que menos me gusta.

c. ¿Qué dices? Yo siempre me duermo cuando el profesor empieza a hablar.

d. Saqué una nota muy mala en el último examen. No pienso estudiar ciencias marinas el próximo semestre.

e. No es verdad. Siempre incluyen material insignificante. El profe es demasiado exigente y quisquilloso.

5-8 ¿Qué piensan? ¿Qué piensan Lucas y Stella de sus clases? Completa la conversación con la forma correcta del verbo entre paréntesis; también incluye el pronombre de complemento indirecto apropiado.

> **MODELO**   Lucas y Stella, ¿(gustar) <u>les gustan</u> sus clases este semestre?

LUCAS: Dime, Stella, ¿qué piensas de tus clases este semestre?

STELLA: Pues a mí (1. gustar) _____ todas mis clases. En particular, (2. encantar) _____ la clase de física. ¡Es fascinante! ¿Y a ti (3. gustar) _____ tus clases este semestre?

LUCAS: (4. gustar) _____ solamente una de las clases: historia del jazz. (5. interesar) _____ las ciencias políticas, pero no (6. gustar) _____ la clase porque el profesor es muy desorganizado y los exámenes no son justos.

STELLA: ¡Qué lástima! El próximo semestre debes tomar la clase de biología marina de la profesora Orlik. A mí (7. encantar) _____ sus conferencias.

LUCAS: No, gracias. A mí no (8. interesar) _____ las ciencias naturales; prefiero las ciencias sociales.

STELLA: Tú y yo somos amigos pero somos muy diferentes. ¡No (9. gustar) _____ nada igual!

5-9 Opiniones. Conversa con unos(as) compañeros(as) sobre las clases, los profesores y las notas.

1. En tu opinión, ¿son más difíciles las clases de la universidad o las de la escuela secundaria? Explica. ¿Cuál es tu clase más difícil este semestre? Explica por qué es difícil.

2. ¿Quién es tu profesor(a) favorito(a) este semestre? ¿Cuáles son sus características personales y profesionales más admirables? ¿Qué hacen Uds. en una clase típica de ese (esa) profesor(a)? ¿Hay muchas conferencias?

3. Para ti, ¿es importante sacar buenas notas? ¿Para qué clases tienes que estudiar más? ¿En qué clases tienes que hacer muchos trabajos escritos?, ¿hacer muchas presentaciones?

4. ¿Cuál de tus clases este semestre te interesa más? ¿Por qué? ¿Qué tal es el (la) profesor(a) de esa clase? ¿Te gustan sus exámenes? ¿Cómo son?

Vocabulario temático

Las profesiones, los oficios y los planes para el futuro

CD2
Track 2-20

—¿A qué te quieres dedicar?

—Quiero ser *médico(a)*.

   No estoy seguro(a) todavía.

—¿Qué quieres hacer después de graduarte?

—Me gustaría *hacer estudios de postgrado.*
            estudiar medicina

   Espero trabajar *para el gobierno.*
                en una empresa multinacional

Sean Locke/iStockphoto

Profesiones y ocupaciones

CD2
Track 2-21

abogado(a)	dentista	obrero(a)
agente de bienes raíces	director(a) de personal	periodista
agricultor(a)	enfermero(a)	programador(a)
ama de casa	gerente	psicólogo(a)
consejero(a)	ingeniero(a)	trabajador(a) social
consultor(a)	maestro(a)	vendedor(a)
contador(a)	médico(a)	veterinario(a)

Use **un(a)** with professions only when an adjective is present. For example: **Es profesor. Es <u>un profesor</u> <u>muy dinámico</u>.**

Heinle Grammar Tutorial: The uses of the infinitives

ESTRUCTURAS ESENCIALES

Para hablar del futuro: repaso de las expresiones verbales

To talk about plans for the future, use the pattern **conjugated verb + infinitive.**

ir a	**Voy a** trabajar en un banco.	*I'm going to work in a bank.*
pensar	**Pienso** hacer estudios de postgrado.	*I plan on doing graduate work.*
querer	**Quiero** estudiar derecho.	*I want to study law.*
esperar	**Espero** trabajar con niños.	*I hope to work with children.*
gustar	**Me gustaría** dedicarme a la investigación.	*I'd like to dedicate myself to research.*

CD2
Track 2-22

Ponerlo a prueba

5-10 Se busca. La agencia de empleo tiene varias oportunidades. Escúchalas y completa la tabla *(chart)*.

Profesión	Requisitos *(Requirements)*
1. _____	dominio de dos lenguas: _____ e _____; _____ años de experiencia
2. _____	título universitario en _____; _____ años de experiencia
3. _____	título en _____; _____ años de experiencia
4. _____	especialización en _____ y _____
5. _____	experiencia en _____
Para mayor información, llame al teléfono _____.	

5-11 Los planes. Karina está hablando con su amigo Mariano sobre sus planes para el futuro. Relaciona las dos columnas de una manera lógica.

Karina:

____ 1. ¿En qué te especializas, Mariano?

____ 2. ¿Cuándo vas a graduarte?

____ 3. ¿Piensas hacer estudios de postgrado?

____ 4. ¿A qué te quieres dedicar?

____ 5. ¿Dónde esperas trabajar?

____ 6. ¿Y si no encuentras ese tipo de empleo?

Mariano:

a. No, quiero buscar empleo después de graduarme.

b. Estudio ciencias naturales, con una especialización en biología.

c. Me gustaría hacer investigación científica.

d. ¡Muy pronto! A finales de este mes.

e. Espero trabajar en un laboratorio en una universidad.

f. No estoy seguro. Quizás haría *(Perhaps I would do)* trabajo voluntario por unos meses.

Estrategia Using simpler language

Learning another language can be frustrating, especially when you want to communicate sophisticated ideas but find that you don't have all the words you need. To cope, make more general statements and substitute more basic words for picturesque or colloquial speech. Read the example that follows and complete the chart.

INSTEAD OF SAYING...	YOU MIGHT SAY...	AND EXPRESS IT IN SPANISH AS...
Marie says that her bio-chemistry prof is just awful.	Marie has a very bad chemistry professor.	El profesor de química de Marie es muy malo.
Einstein himself couldn't pass one of my physics professor's tests.		
I haven't declared a major yet, but I'm thinking of going into computers.		

5-12 ¿Quién es? Trabaja con un(a) compañero(a). Tomando turnos, una persona describe la profesión o la ocupación de una de las fotos y la otra persona adivina *(guesses)* quién es.

Andrés

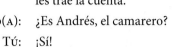

Tú:	Trabaja en un restaurante. Les da el menú a los clientes y les sirve las bebidas y la comida. También les trae la cuenta.
Tu compañero(a):	¿Es Andrés, el camarero?
Tú:	¡Sí!

1.
Eugenio

2.
Alejandra

3.
René

4.
José

5.
Miriam

6.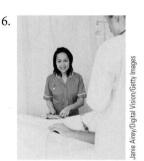
Carla

7.
Ricardo

8.
Patricia

5-13 El futuro. Conversa con un(a) compañero(a) sobre sus planes para el futuro.

1. ¿En qué año vas a graduarte? ¿Piensas hacer estudios de postgrado? ¿Quieres trabajar por unos años antes de continuar tus estudios? (Haz una pregunta original.)

2. ¿A qué te quieres dedicar después de graduarte? Para ti, ¿es más importante ganar *(to earn)* mucho dinero o tener un horario flexible? (Haz una pregunta original.)

3. Después de graduarte, ¿en qué ciudad te gustaría vivir? ¿Esperas vivir cerca de tu familia? (Haz una pregunta original.)

4. En el futuro, ¿esperas trabajar para una empresa o tener tu propio *(your own)* negocio? Para ti, ¿cuál es el trabajo ideal? (Haz una pregunta original.)

5. ¿Hasta qué edad *(age)* piensas trabajar? ¿Qué te gustaría hacer de viejo(a)? (Haz una pregunta original.)

Vocabulario temático

In this *Paso* you will practice:

▶ Talking about past actions and events

▶ Describing what you did yesterday

Grammar:

▶ Preterite of regular **-ar**, **-er**, and **-ir** verbs

▶ Spelling-changing verbs in the preterite

▶ Stem-changing verbs in the preterite

These verbs are conjugated in the **preterite,** which is used to refer to past actions, such as what you did yesterday.

Notice that an infintive is used after **después de** and **antes de**.

Cómo hablar del pasado *(Talking about the past)*

CD2
Track 2-23

¿Qué hiciste ayer?

Primero, me levanté y me vestí.

Después de desayunar, asistí a clases.

Luego, volví a casa y almorcé con mi familia.

Entonces, estudié para mi examen de 3 a 5.

Más tarde salí con mis amigos. Fuimos a un club para bailar.

Antes de acostarme, miré la tele por un rato.

© Cengage Learning

🔊
CD2
Track 2-24

5-14 El primer día de clase de Pedro. Pedro es un estudiante internacional en la Universidad de Belgrano, en Buenos Aires. Después de su primer día de clase, llama a su madre. Escucha la conversación y contesta las preguntas.

___ 1. ¿A qué hora se levantó Pedro?
   a. a las siete
   b. a las siete y media
   c. a las ocho

___ 2. ¿A qué hora empezó su primera clase?
   a. a las nueve
   b. a las diez
   c. a las once

___ 3. ¿Por qué le gustó la clase de literatura?
   a. La clase es pequeña.
   b. El profesor es muy dinámico.
   c. Los exámenes son justos.

___ 4. Después de clases, ¿adónde fue *(where did he go)* con unos compañeros?
   a. a un café
   b. a la biblioteca
   c. a un partido de fútbol

___ 5. ¿Cuándo estudió Pedro?
   a. antes de reunirse con amigos
   b. entre las siete y las nueve de la noche
   c. después de la cena

5-15 El horario de Fátima. Fátima es una profesional muy ocupada. Lee la descripción de sus actividades de ayer. Luego, usa los números del 1 al 8 para poner sus actividades en la secuencia correcta.

___ a. Antes de llegar a la oficina, desayuné en un café.

___ b. Llegué a casa a las seis y media de la tarde.

___ c. Antes de irme a casa, fui al gimnasio y corrí por treinta minutos.

___ d. Me levanté a las seis de la mañana y me duché.

___ e. Hablé con varios clientes por la tarde.

___ f. Por la mañana, contesté todos mis mensajes electrónicos.

___ g. Luego, almorcé con mis colegas.

___ h. Después, me vestí y salí para la oficina.

5-16 Ayer. Con un(a) compañero(a), sustituye la información subrayada *(underlined)* en las oraciones para describir tus actividades de ayer. ¿Cuál de Uds. tuvo el día más ajetreado? (**¡Ojo!** *If there were no classes yesterday, refer to the last day you both had classes.*)

1. Ayer me levanté a <u>las siete y media de la mañana</u>. Y tú, ¿a qué hora te levantaste?
2. Salí de mi casa/residencia a las <u>nueve menos cuarto</u>. Y tú, ¿a qué hora saliste?
3. Asistí a <u>dos</u> clases: <u>inglés y biología</u>. Y tú, ¿a cuántas clases asististe?
4. Estudié por <u>tres</u> horas. Y tú, ¿por cuánto tiempo estudiaste?
5. No volví a casa/a la residencia hasta <u>las siete de la noche</u>. Y tú, ¿a qué hora volviste a casa/a la residencia?

CD2
Track 2-25

Gramática

El pretérito de los verbos regulares y de los verbos con cambios ortográficos

Read and listen to the conversation between Amanda and Raquel. Identify all the verbs that refer to the past. What infinitive corresponds to each of these verbs?

AMANDA: ¿Saliste con tus compañeros de clase anoche *(last night)*?

RAQUEL: Sí. Fuimos a un restaurante tailandés para celebrar el fin del curso.

AMANDA: ¡Qué bien! ¿Dónde comieron Uds.? ¿ En el Thai Lotus?

RAQUEL: Sí, la comida es súper rica allí. Y después de comer, cantamos karaoke. Y tú, Amanda, ¿qué hiciste?

AMANDA: Pasé la noche en la biblioteca. Tengo un examen esta tarde, ¿sabes?

A. El pretérito. In Spanish, two kinds of verb forms are used to refer to the past—the preterite and the imperfect. In this section you will learn more about one of these: **el pretérito.** The preterite is used to tell what happened or what somebody did with reference to a particular point in time, such as yesterday or last week.

> **Salí** con unos compañeros de clase anoche.
> *I **went out** with some classmates last night.*

B. Verbos regulares. Here are the verb endings for the preterite. Notice that **-er** and **-ir** verbs share the same set of endings.

El pretérito de los verbos regulares

	tomar *(to take)*	**volver** *(to return)*	**salir** *(to leave, go out)*
yo	tom**é**	volv**í**	sal**í**
tú	tom**aste**	volv**iste**	sal**iste**
Ud./él/ella	tom**ó**	volv**ió**	sal**ió**
nosotros(as)	tom**amos**	volv**imos**	sal**imos**
vosotros(as)	tom**asteis**	volv**isteis**	sal**isteis**
Uds./ellos/ellas	tom**aron**	volv**ieron**	sal**ieron**

▶ Remember that reflexive verbs must be accompanied by a reflexive pronoun.

Me desperté a las siete hoy.   *I **woke up** at seven o'clock today.*

▶ The verb **gustar** generally uses only two forms in the preterite: **gustó,** with infinitives and singular nouns, and **gustaron,** with plural nouns.

Me **gustó** mucho el concierto.
*I **liked** the concert a lot. (The concert **was pleasing** to me.)*

No me **gustaron** esas dos películas.
*I **didn't like** those two films. (Those two films **were not pleasing** to me.)*

C. Los verbos con cambios ortográficos. There are two main categories of spelling-changing verbs (**verbos con cambios ortográficos**).

1. Infinitives that end in **-car, -gar,** or **-zar** change spelling only when the subject is **yo.**

   ▶ Verbs that end in **-car** (like **tocar, buscar,** and **sacar**) change **c → qu.**
   to**car** *(to play an instrument)*: yo to**qué** (tocaste, tocó, tocamos, tocasteis, tocaron)

   ▶ Verbs that end in **-gar** (like **llegar, jugar,** and **pagar**) change **g → gu.**
   lle**gar** *(to arrive)*: yo lle**gué** (llegaste, llegó, llegamos, llegasteis, llegaron)

   ▶ Verbs that end in **-zar** (like **empezar** or **almorzar**) change **z → c.**
   empe**zar** *(to begin)*: yo empe**cé** (empezaste, empezó, empezamos, empezasteis, empezaron)

2. Infinitives that end in "vowel + **-er / -ir**" have spelling changes only when the subject is **Ud./él/ella** or **Uds./ellos/ellas.**

   ▶ Verbs that end in "vowel + **-er/-ir**" (like **leer, creer,** and **caerse**) change **i → y.**
   leer *(to read)*: leí, leíste, leyó, leímos, leísteis, leyeron

---

Ponerlo a prueba

5-17 El fin de semana pasado. ¿Qué hicieron todos el fin de semana pasado? Escoge el verbo correcto para cada oración.

1. El viernes (yo) fui al cine. (Miré / Miró) una película cómica y después (comí / comió) una pizza.

2. El sábado mis amigos y yo (jugaron / jugamos) al básquetbol por unas horas. Luego, (nosotros) (volvimos / volvieron) a la residencia para estudiar.

3. Mi amiga Katrina (estudiaste / estudió) mucho el domingo para un examen. Después, (corriste / corrió) un poco para despejar la mente *(to clear her head)*.

4. Mis compañeros de cuarto Carlos y Jaime (decidimos / decidieron) salir de la ciudad. (Pasaron / Pasamos) todo el fin de semana en la playa.

5. Y tú, ¿(trabajaste / trabajó) mucho este fin de semana? ¿(Saliste / Salió) con amigos?

5-18 El primer día de clases de Gabriel. Usa el pretérito de los verbos para describir el primer día de clases de Gabriel. Escoge el verbo más lógico en cada caso; escríbelo en el pretérito.

> **MODELO**   Este semestre (empezar / sacar) <u>empezó</u> mal para mí.

1. El primer día de clases, el despertador *(alarm clock)* no (sonar / comer) _____.

2. Por eso *(That's why)* (yo) (levantarse / afeitarse) _____ muy tarde.

3. Después de vestirme rápidamente, (yo) (jugar / correr) _____ a mi primera clase.

4. Desafortunadamente, (yo) no (volver / llegar) _____ a clase a tiempo. ¡No había nadie *(nobody)* en la sala!

5. Más tarde, mis amigos y yo (leer / almorzar) _____ en la cafetería.

6. Después de comer, (yo) (empezar / creer) _____ a sentirme *(to feel)* mal.

7. Entonces, mis amigos y yo (asistir / volver) _____ a nuestra residencia.

8. Ellos (jugar / mirar) _____ videojuegos y (leer / creer) _____ sus mensajes electrónicos.

9. Pero yo (leer / acostarse) _____ inmediatamente y dormí el resto del día.

5-19 ¿Qué hizo la familia Martínez ayer? Describe las actividades de los miembros de la familia Martínez con oraciones completas. Hay que usar el pretérito y escribir tres o cuatro oraciones para cada dibujo.

Algunos verbos útiles: asistir, beber, comer, escribir, escuchar, estudiar, explicar, hablar, jugar, mirar, nadar, tomar, trabajar, ver

> **MODELO**
> Ayer don Arturo trabajó en su oficina. Habló con sus clientes por teléfono. También, estudió algunas estadísticas para el banco en su computadora.

don Arturo

1.

Elisa y Tía Felicia

2.

Beatriz

3.

Dulce y sus compañeros de clase

4.

Carlos y sus amigos

5-20 ¿Qué pasó ayer? Conversa con un(a) compañero(a) sobre sus actividades de ayer.

PRIMERA PARTE: Entrevista a un(a) compañero(a) con las siguientes preguntas. Toma apuntes *(notes)*. (**¡Ojo!** *If yesterday was not a class day, refer back to the last day you both attended class.*)

1. ¿A cuántas clases asististe ayer?

2. ¿Tomaste un examen o una prueba *(quiz)*? ¿En qué clase?

3. ¿Estudiaste mucho? ¿Para qué clases?

4. ¿Limpiaste tu cuarto? ¿Lavaste la ropa?

5. ¿Saliste con tus amigos? ¿Qué hicieron Uds.?

6. ¿Jugaste algún deporte? ¿Miraste televisión o una película?

7. ¿Pasó algo especial? *(Did anything special happen?)* ¿Algo malo?

8. (Haz una pregunta original. / *Ask an original question.*)

SEGUNDA PARTE: Lee los apuntes. ¿Cómo fue el día de tu compañero(a) en comparación con el tuyo? Marca todos los adjetivos aplicables.

☐ ajetreado   ☐ bueno   ☐ rutinario   ☐ triste

☐ aburrido   ☐ divertido   ☐ activo   ☐ difícil

Gramática

Los usos del pretérito y los verbos con cambios en la raíz

🔊
CD2
Track 2-26

Listen and read as Isabel describes a party she attended. Identify the following: the word that tells you **when** the party took place; the phrase that expresses **how long** everyone danced; another phrase that tells you **how many times** Paul asked her to dance.

Fui a una fiesta fenomenal anoche. Era una fiesta formal para celebrar el cumpleaños de Sarita y todos **nos vestimos** elegantemente. La fiesta **empezó** a las siete y media. Primero, los padres de Sarita **sirvieron** unos platos deliciosos. Después, la orquesta **empezó** a tocar. ¡Mi amigo Paul me **invitó** a bailar cuatro veces! Todos los invitados **bailaron** por horas y **se divirtieron** muchísimo.

A. Los usos del pretérito. In Spanish, both the preterite and the imperfect are used to talk about the past. You will learn more about the imperfect in Chapter 7. Here are the main uses of the preterite.

▶ To tell what happened or what somebody did on some particular occasion such as **ayer, anoche** *(last night)*, **la semana pasada** *(last week)*, **el año pasado, en 2011.** To say how long ago, use the phrase **hace** + *amount of time.*

 Mis padres me **visitaron hace dos meses.**
 *My parents **visited** me **two weeks ago.***

▶ To say that an action or event occurred several times: **una vez** *(one time, once)*, **dos veces, varias veces** *(several times).*

 Mi mejor amiga me **llamó dos veces** anoche.
 *My best friend **called** me **twice** last night.*

▶ To tell how long an action or event lasted: **por veinte minutos, por dos días, por cuatro años,** etc.

 Mi compañero de cuarto y yo **estudiamos por tres horas** anoche.
 *My roommate and I **studied for three hours** last night.*

▶ To sum up an experience, especially at the beginning or end of a story or anecdote.

 Ayer **fue** un día horrible. Primero, me desperté tarde, después…
 *Yesterday **was** a terrible day. First, I woke up late; then…*

B. Los verbos con cambios en la raíz. Some verbs undergo changes in the stem (the front part of the verb) when they are conjugated in the preterite.

▶ This change takes place only with certain **-ir** verbs.

▶ There are two kinds of stem changes: **e → i** and **o → u.**

▶ The stem change occurs only in these forms: **Ud./él/ella** and **Uds./ellos/ellas.**

Los verbos con cambios en la raíz en el pretérito

	e → i	o → u
	divertirse *(to have fun)*	**dormir** *(to sleep)*
yo	me divertí	dormí
tú	te divertiste	dormiste
Ud./él/ella	se divirtió	durmió
nosotros(as)	nos divertimos	dormimos
vosotros(as)	os divertisteis	dormisteis
Uds./ellos/ellas	se divirtieron	durmieron

Common stem-changing verbs

e → i

conseguir *(to get, to obtain)*	Paco consiguió boletos para el concierto.
divertirse *(to have fun)*	Todos se divirtieron en la excursión.
pedir *(to ask for, to order)*	Marta pidió camarones en el restaurante.
repetir *(to repeat)*	Los estudiantes repitieron el vocabulario.
servir *(to serve)*	Mi hermana sirvió un postre delicioso anoche.
vestirse *(to get dressed)*	Elena se vistió muy elegantemente para su cita.

o → u

dormir *(to sleep)*	Mi compañero de cuarto durmió todo el día.
morir *(to die)*	Mi perro murió el año pasado.

Ponerlo a prueba

5-21 Una semana desastrosa. Rubén tuvo una semana horrible. Lee las descripciones de lo que pasó. Luego, indica por qué se usa el pretérito en cada caso; escribe la letra (**a, b, c, d**) que corresponda.

a. to express what happened on a particular occasion

b. to say how long an action/event lasted

c. to tell how many times an action took place

d. to sum up the experience

___ 1. Esta semana fue *(was)* una de las peores de mi vida.

___ 2. El lunes tomé un examen muy difícil en la clase de química. Creo que saqué C o D.

___ 3. El martes, ¡me robaron *(they stole)* el coche! La policía no tiene pistas *(clues)* y yo no tengo seguro *(insurance)*.

___ 4. El miércoles esperé a mi novia en la cafetería por dos horas y ella nunca se presentó.

___ 5. El jueves llamé a mi novia por teléfono cinco veces pero ella no contestó. No sé qué pasa con ella.

___ 6. El viernes llegué al trabajo tarde (¡Es difícil llegar a tiempo sin coche!) y el supervisor me despidió *(fired me)*.

5-22 El fin de semana de Milagros. Usa la información a continuación para describir las actividades de Milagros y sus amigos. Escoge el verbo más lógico entre paréntesis y escríbelo en el pretérito.

1. El fin de semana pasado Milagros y sus amigos (vestirse / divertirse) _____ mucho.

2. El viernes por la noche, fueron a un restaurante con especialidades argentinas. Milagros (servir / pedir) _____ churrasco (*Argentine barbecued beef*). ¡Estaba muy rico!

3. El sábado Ricardo invitó a Milagros a una fiesta. Ella (vestirse / conseguir) _____ muy elegantemente para su cita (*date*) porque quería impresionar a Ricardo.

4. Milagros y Ricardo bailaron toda la noche en la fiesta, y ella llegó a casa a las tres de la madrugada. El domingo ella (dormir / pedir) _____ hasta el mediodía.

5. El domingo por la tarde Milagros y sus amigos (divertirse / conseguir) _____ boletos para un concierto. Después, salieron a comer pizza. ¡Qué fin de semana más divertido!

5-23 ¡Hace mucho tiempo! ¿Cuánto tiempo hace (*How long ago*) hiciste estas cosas? Completa la oración con el verbo en el pretérito y con una expresión con **hace**. Compara tus respuestas con las de un(a) compañero(a).

> **MODELO**   Yo (aprender) **aprendí** qué diferencia hay entre niños y niñas **hace 15 años**. ¿Y tú?

1. Yo (conseguir) mi licencia para conducir…

2. Yo (conocer) a mi mejor amigo(a)…

3. Yo (empezar) a estudiar español…

4. Yo (graduarse) de la escuela secundaria…

5. Yo (conseguir) mi primer trabajo…

6. Yo (aprender) a usar computadoras…

5-24 ¿Cuándo? Habla con un(a) compañero(a) de clase sobre los temas y comparen las respuestas. ¿Cuándo fue la última vez que hicieron estas cosas? (*When was the last time that you did these things?*)

> **MODELO**
>
> Tú: ¿Cuándo tomaste un examen difícil?
>
> Tu COMPAÑERO(A):   Tomé un examen difícil en la clase de historia **la semana pasada.** ¿Y tú?
>
> Tú: Tomé un examen difícil en la clase de psicología **ayer.**

EXPRESIONES ÚTILES: **ayer, la semana pasada, el fin de semana pasado, el mes pasado, el año pasado, hace** + *amount of time*

1. ¿Cuándo te levantaste tarde para ir a clase?

2. ¿Cuándo sacaste una buena nota en un examen?

3. ¿Cuándo dormiste hasta la una de la tarde?

4. ¿Cuándo te vestiste elegantemente para un evento social?

5. ¿Cuándo pediste un postre exquisito en un restaurante?

6. ¿Cuándo te divertiste mucho con tus hermanos o con tus padres?

Vocabulario temático

Cómo hablar de las excursiones académicas

CD2
Track 2-27

El semestre pasado mi clase de *ciencias marinas* hizo una excursión *al centro acuático de la universidad*.

El director del centro hizo una presentación sobre *los delfines*, y todos tomamos apuntes.

Luego, tuvimos que *recolectar datos* para nuestros proyectos.

Más tarde, fuimos *al observatorio del centro*.

© Cengage Learning

Pudimos observar *varios animales acuáticos*.

In this *Paso* you will practice:

▶ Describing a field trip that you have taken

▶ Talking about actions in the present, past, and future time frames

Grammar:

▶ Preterite of irregular verbs

▶ Summary of past, present, and future time frames

5-25 El viaje al acuario. La clase de ciencias marinas hizo una excursión a la costa. Escucha la conversación y completa las oraciones.

_____ 1. Virginia y sus amigos fueron al acuario porque…
  a. les dieron unos boletos gratis.
  b. tenían que *(had to)* hacer unos experimentos.
  c. recibieron crédito extra.

_____ 2. En el acuario, el director…
  a. les dio una charla *(talk)* personal a Virginia y a sus amigos.
  b. llevó a Virginia y a sus amigos al observatorio.
  c. ayudó a Virginia y a sus amigos a recolectar datos.

_____ 3. Virginia y sus amigos tuvieron que…
  a. tomar fotografías de los animales acuáticos.
  b. entregar *(turn in)* un informe escrito.
  c. hacer unos experimentos con los animales acuáticos.

_____ 4. Durante la visita al acuario, los amigos vieron…
  a. tiburones *(sharks)*.   b. delfines.   c. plantas acuáticas.

_____ 5. Antes de regresar a la universidad, Virginia y sus amigos fueron a…
  a. nadar en el mar.   b. comer en un restaurante.   c. pasear por la playa.

5-26 La excursión al Museo de Arte. Completa la información sobre la visita al Museo de Arte Moderno de una manera lógica. Relaciona las dos columnas.

_____ 1. La semana pasada, nuestro profesor nos llevó al Museo de Arte…

a. tomamos apuntes sobre las obras *(works of art)*.

_____ 2. Luego, la directora del museo nos saludó y…

b. para ver la nueva exposición de Xul Solar.

c. conversar sobre las obras y los artistas.

_____ 3. Más tarde, vimos las exposiciones y…

d. volvimos a la universidad.

_____ 4. Después, fuimos al café para …

e. nos hizo una presentación sobre el artista.

_____ 5. Por último, salimos del museo y…

5-27 Una excursión. Piensa en una excursión académica que hiciste en la universidad o en la escuela secundaria. Completa las oraciones con información sobre esa excursión y léeselas *(read them)* a un(a) compañero(a) de clase. Tu compañero(a) debe hacerte dos o tres preguntas sobre la excursión.

1. Una vez, hice una excursión académica a ____.
2. Durante la excursión, mis compañeros y yo escuchamos una presentación sobre ____.
3. También, pudimos observar ____.

5-28 Es académico. Conversa con un(a) compañero(a) sobre los temas a continuación.

1. ¿Te gusta hacer excursiones académicas? ¿Cuáles son las excursiones más populares de tu universidad? ¿Vas a hacer alguna excursión académica este semestre? ¿En qué clase? ¿Adónde vas?
2. ¿En qué clases tienes que recolectar datos para experimentos o proyectos? ¿Te gusta hacer este tipo de investigación *(research)*? ¿Es difícil?
3. ¿En qué clases tienes que hacer presentaciones? ¿Usas PowerPoint para tus presentaciones o prefieres otra manera de presentar el material? Cuando escuchas presentaciones, ¿tomas muchos apuntes o prefieres concentrarte en el presentador?

Gramática

CD2
Track 2-29

El pretérito de los verbos irregulares

Read and listen to this description of a class experiment. What infinitive corresponds to each of the verbs in boldface?

Mi clase de psicología **hizo** un experimento interesante. **Tuvimos** que observar a niños interactuando con gatos y perros. El experimento **duró** dos semanas y **fue** muy laborioso. Pero al final, **pudimos** comprobar *(verify)* nuestra tesis. ¡Qué experiencia más fascinante!

A. Los verbos irregulares. The preterite aspect of the past tense has many irregular verbs. To help you memorize them, the verbs are grouped according to patterns they share. Note that accent marks are not used with any of the irregular verbs in the preterite.

IR / SER / DAR / VER: **Ser** and **ir** have identical forms, while **dar** and **ver** rhyme.

Irregular Preterite Verbs

	ir *(to go)*	**ser** *(to be)*	**dar** *(to give)*	**ver** *(to see)*
yo	fui	fui	di	vi
tú	fuiste	fuiste	diste	viste
Ud./él/ella	fue	fue	dio	vio
nosotros(as)	fuimos	fuimos	dimos	vimos
vosotros(as)	fuisteis	fuisteis	disteis	visteis
Uds./ellos/ellas	fueron	fueron	dieron	vieron

B. Más verbos irregulares. All the verbs in this section share the same set of endings.

Irregular Preterite Verb Endings: Group 1

yo	-e
tú	-iste
Ud./él/ella	-o
nosotros(as)	-imos
vosotros(as)	-isteis
Uds./ellos/ellas	-ieron

"U-STEM" VERBS: ESTAR / PODER / PONER / SABER / TENER. These verbs all have the letter **u** in the stem (front part) of the verb.

estar *(was / were)*	poder *(was/ were able to; managed to)*	**poner** *(put, placed)*	**saber** *(knew, found out)*	**tener** *(had, had to, got)*
estuve	pude	puse	supe	tuve
estuviste	pudiste	pusiste	supiste	tuviste
estuvo	pudo	puso	supo	tuvo
estuvimos	pudimos	pusimos	supimos	tuvimos
estuvisteis	pudisteis	pusisteis	supisteis	tuvisteis
estuvieron	pudieron	pusieron	supieron	tuvieron

"I-STEM" VERBS: HACER / QUERER / VENIR. These verbs have the vowel **i** in the stem (front part of the verb) and use the same endings as the **u** verbs.

hacer *(made, did)*	**querer** *(wanted, tried to)*	**venir** *(came)*
hice	quise	vine
hic**iste**	quis**iste**	vin**iste**
hiz**o**	quis**o**	vin**o**
hic**imos**	quis**imos**	vin**imos**
hic**isteis**	quis**isteis**	vin**isteis**
hic**ieron**	quis**ieron**	vin**ieron**

C. Otros verbos irregulares. The verbs in this second grouping all share the same set of endings. In fact, the endings are nearly the same as those for the first grouping. The only difference is for the subjects **Uds./ellos/ellas.**

Irregular Preterite Verb Endings: Group 2

yo	**-e**
tú	**-iste**
Ud./él/ella	**-o**
nosotros(as)	**-imos**
vosotros(as)	**-isteis**
Uds./ellos/ellas	**-eron**

"J-STEM" VERBS: CONDUCIR / DECIR / TRAER. All these verbs have a **j** in the stem and use the endings above.

conducir *(drove)*	**decir** *(said, told)*	**traer** *(brought)*
conduje	dije	traje
conduj**iste**	dij**iste**	traj**iste**
conduj**o**	dij**o**	traj**o**
conduj**imos**	dij**imos**	traj**imos**
conduj**isteis**	dij**isteis**	traj**isteis**
conduj**eron**	dij**eron**	traj**eron**

D. Verbos especiales. Some verbs have different translations when they are used in the preterite. Here are some of the common ones. Notice in parentheses the two translations: first, for the present tense; then, for the preterite.

conocer *(to know – "met")*	Anoche **conocí** a mis futuros suegros. *Last night I **met** my future in-laws.*
saber *(to know – "found out")*	**Supe** la mala noticia ayer. *I **found out** the bad news yesterday.*
poder *(to be able – "managed to")*	**Pudimos** recolectar los datos, a pesar de las dificultades. *We **managed to** collect the data, despite the difficulties.*
querer *(to want – "tried")*	Carmen **quiso** ir, pero nevaba demasiado. *Carmen **tried** to go, but it was snowing too hard.*
no querer *(to not want – "refused")*	**No quise** ir a la fiesta. *I **refused** to go to the party.*

5-29 En el recinto universitario. Tomás y Lucy están en Buenos Aires para estudiar por un año. Completa su conversación en el pretérito.

TOMÁS: ¿Adónde (1. tú: ir) _____ el fin de semana pasado? (2. yo: pasar) _____ por tu casa varias veces, pero no estabas.

LUCY: El sábado mis compañeros y yo (3. hacer) _____ una excursión al barrio (*neighborhood*) de Palermo.

TOMÁS: ¡Qué suerte! ¿Qué (4. ver) _____ Uds. allí?

LUCY: Primero (5. nosotros: visitar) _____ el Museo de Arte Latinoamericano. La directora (6. dar) _____ una conferencia maravillosa sobre la vanguardia artística.

TOMÁS: ¿(7. ir) _____ Uds. al Planetario Galileo Galilei? Creo que está cerca del museo.

LUCY: Sí, efectivamente. (8. nosotros: poder) _____ observar una roca lunar que la misión Apolo XI (9. traer) _____ a la Tierra (*Earth*) para el planetario.

TOMÁS: Bueno, ¿y el domingo? ¿Qué (10. tú: hacer) _____ ?

LUCY: (11. yo: tener) _____ que recolectar datos para mi clase de genética. (12. yo: estar) _____ en el laboratorio todo el día. Más tarde (13. nosotros: dar) _____ un paseo (*took a walk*) por los Bosques de Palermo, un parque muy bonito en esa zona.

5-30 La noche del estudiante. ¿Qué hizo Lucy el jueves por la noche? Completa las oraciones con el verbo más lógico de la lista. Escribe la forma correcta de los verbos en el pretérito.

divertirse	poner	ser	traer
poder	querer	tener	venir

1. El jueves por la noche (yo) _____ mucho.
2. Unos amigos _____ a mi apartamento para una pequeña fiesta.
3. Mis amigos José y Rebeca _____ una pizza.
4. Después de comer, (nosotros) _____ música para bailar.
5. ¡ _____ una noche fabulosa!
6. Por desgracia, mi amigo Tomás no _____ venir porque _____ que ayudar a su profesor con un experimento.

5-31 Por el campus. Un(a) compañero(a) y tú van a entrevistarse sobre varias de sus actividades. Contesten las preguntas oralmente con oraciones completas.

1. ¿Estuviste muy ocupado(a) ayer con tus actividades? ¿Pudiste hacer todas las cosas en tu agenda ayer? ¿Qué tareas (*tasks*) no hiciste? (Haz una pregunta original.)
2. ¿Quién te dio una noticia interesante esta semana? ¿Qué te dijo? (Haz una pregunta original.)
3. ¿Hiciste una presentación en alguna clase recientemente (*recently*)? ¿Sobre qué hablaste? ¿Sacaste una buena nota? (Haz una pregunta original.)
4. ¿Hiciste una excursión en alguna de tus clases el año pasado? ¿Adónde fueron Uds.? ¿Qué vieron Uds. allí? ¿Qué aspecto de la excursión te gustó más? (Haz una pregunta original.)

Visit the official site of this planetarium at http://www.planetario.gov.ar

Gramática

CD1
Track 2-30

El presente, el pasado y el futuro: resumen

Read and listen to Carmen and Silvia as they talk about classes. Look carefully at each verb or verb phrase in boldface print. Indicate whether the sentence it is in refers to the past (P), the present (PR), or the future (F).

CARMEN: Oye, Silvia, ¿qué **vas a hacer** este fin de semana?

SILVIA: ¡**Voy a estudiar**! La próxima semana **va a ser** muy ajetreada.

CARMEN: Chica, prácticamente **vives** en la biblioteca.

SILVIA: Sí, **es** cierto. Pero, ¿**sabes**?, **me gusta** estudiar. Mis clases **son** muy interesantes y **me encantan** mis profesores.

CARMEN: ¿Y el profesor Suárez?

SILVIA: Bueno, él sí **es** quisquilloso. La semana pasada nos **dio** un examen sobre la época medieval y **fue** dificilísimo.

A. Los tres tiempos. In both English and Spanish, everyday conversations generally revolve around three time frames: the past, the present, and the future.

Future:

—¿Qué **vas a hacer** este fin de semana? — *What **are you going to do** this weekend?*

—**Voy a estudiar.** — *I'm going to study.*

Present:

—Prácticamente **vives** en la biblioteca. — *You practically **live** in the library.*

—Sí... pero **me gustan** mis clases. — *Yes ... but I **like** my classes.*

Past:

La semana pasada el profesor nos **dio** un examen difícil. — *Last week the professor **gave** us a difficult test.*

B. El futuro. Although Spanish does have a formal future tense, it is common to refer to the future time frame with the verb phrase **ir + a + infinitive**. Notice that the verb **ir** is conjugated in the present tense, but refers to the future.

► Future actions or plans → **ir + a** + infinitive

Voy a estudiar el próximo fin de semana. — *I'm going to study next weekend.*

► To refer to the future, use time expressions such as **mañana, el próximo martes, la próxima semana, el próximo año.**

► Other verbs that refer to future plans:

esperar + infinitive *(to hope to ...)* — **Espero trabajar** en un banco después de graduarme.

pensar + infinitive *(to plan to ...)* — **Pienso vivir** en un apartamento el próximo año.

C. El presente. Most conversations about the present time frame refer to our routines or ongoing actions:

► Routines or ongoing actions/events → Present tense

Todos los días **estudio** por dos o tres horas. — *I **study** for two or three hours every day.*

► To refer to routine actions, use expressions of frequency such as **todos los días, generalmente, normalmente, a menudo, a veces.**

D. El pasado. Conversations about the past are expressed with a variety of verb tenses. Throughout *Puentes,* you will practice two key ones: the imperfect (in Chapter 7) and the preterite (in this chapter).

► An action/event that took place on a particular occasion → Preterite

Ayer **hicimos** una excursión al planetario.	*Yesterday we **took** a field trip to the planetarium.*

► A series of past actions → Preterite

Primero, el director **hizo** una presentación.	*First, the director **gave** a presentation.*
Luego, **pasamos** al observatorio.	*Next, we **moved on** to the observatory.*

► An action/event that lasted a specified period of time → Preterite

Estuvimos en el planetario por cuatro horas.	*We **were** in the planetarium for four hours.*

► To refer to specific occasions in the past, add expressions such as **ayer, la semana pasada, el año pasado, hace cinco años** (*five years ago*).

► To specify the order in which actions/events took place, add phrases like **primero, luego, antes de** + infinitive, **después de** + infinitive, **más tarde, por último.**

Ponerlo a prueba

5-32 El día de Martika. ¿Cómo fue el día de Martika? Escribe los verbos en la forma más adecuada. Conjuga los verbos en el presente o en el pretérito; para expresar acciones en el futuro, usa la expresión **ir + a + infinitivo.**

(1. yo: sentirse) _____ muy frustrada hoy. Ayer (2. yo: estudiar) _____ mucho para el examen de fisiología, pero (3. yo: sacar) _____ una mala nota. ¡Ahora no (4. yo: saber) _____ qué hacer! El profesor (5. ser) _____ muy desorganizado. Me (6. gustar) _____ el material, pero (7. ser) _____ dificilísimo. Bueno, (8. yo: hablar) _____ con el profesor la próxima semana y a pedirle crédito extra.

Por otro lado (*On the other hand*), mi novio me (9. dar) _____ una noticia muy buena esta mañana: la multinacional Klas dice que le (10. ofrecer) _____ un puesto (*job*) en Buenos Aires. Lo va a llamar mañana.

5-33 Mi graduación. Con un(a) compañero(a), conversa sobre la graduación de la escuela secundaria. ¿Tuvieron Uds. experiencias muy parecidas *(similar)*?

1. ¿Cuándo te graduaste de la escuela secundaria?
2. ¿Participaste en una ceremonia formal?
3. ¿Tuviste una fiesta para celebrar? ¿Cuántas personas asistieron?
4. ¿Hiciste un viaje con tus compañeros de clase? ¿Adónde fueron Uds.?
5. ¿Qué regalos recibiste? ¿Cuál te gustó más?
6. ¿Cómo pasaste el verano *(summer)* después de tu graduación?

5-34 Pasado, presente, futuro. ¿Cuáles son las actividades de Elena y sus amigos? Usa la información de la tabla para formar oraciones sobre un fin de semana típico (el presente), el fin de semana pasado (pretérito) y el próximo fin de semana (el futuro). Por ejemplo: **Generalmente los fines de semana mis amigos y yo vamos a los partidos de fútbol americano. El fin de semana pasado nosotros…**

	Generalmente los fines de semana	El fin de semana pasado	El próximo fin de semana
mis amigos y yo			
yo			
mis amigos Juan, David y Julia			

5-35 Una conversación. Con dos o tres compañeros(as), preparen una conversación y preséntenla a la clase.

SITUACIÓN: Tres (o cuatro) estudiantes se encuentran *(run into one another)* por el campus.

► Se saludan *(They greet one other)*.
► Hablan un poco sobre sus clases.
► Se preguntan *(They ask one other)* qué hicieron anoche.
► Hablan de sus planes para el próximo fin de semana.
► Se despiden *(They say good-bye)*.

¡Vamos a Argentina!

DATOS ESENCIALES

Nombre oficial:
República Argentina

Capital: Buenos Aires

Población: 41 770 000 habitantes

Unidad monetaria: el peso

Economía: producción de ganado *(livestock)* y cereales, maquinaria *(machinery)* y equipo de transporte, petróleo, turismo

🌐 **www.cengagebrain.com**

Las pampas —grandes llanuras de hierba *(grasslands)*— cubren el 20% del territorio argentino. Son el corazón *(heartland)* del país y la cuna *(birthplace)* del legendario gaucho *(cowboy)* y el famoso asado *(barbecue)*. Hoy, esta extensa región fértil produce cereales y es la principal zona ganadera *(cattle ranching)* de Argentina.

Go to the **Un paso más** section in the *Cuaderno de actividades* for additional reading, writing, review, listening, and pronunciation activities that correlate with this chapter.

Imágenes de Argentina

Mira el vídeo sobre Argentina y contesta las preguntas.

1. ¿Cuáles son algunos aspectos culturales por los cuales *(for which)* es conocida Argentina?
2. ¿Qué es la Plaza de Mayo? ¿Qué importancia tiene en la historia y en el presente?
3. ¿Por qué se le llama a Buenos Aires "el París de Sudamérica"?

More activities on Argentina are found in the **Un paso más** section of the *Cuaderno de actividades.*

La historia

Cristina Fernández de Kirchner (1953) es la primera mujer en ser elegida presidenta de Argentina. Antes de asumir este cargo en 2007, fue la primera dama (*first lady*) durante la presidencia de su esposo, Néstor Kirchner. Una de las primeras medidas (*measures*) de la nueva presidenta fue la creación del Ministerio de Ciencia, Tecnología e Innovación Productiva.

▶ Cristina Fernández de Kirchner es miembro del Partido Justicialista.

La educación

En Argentina, el 80% de estudiantes asisten a las universidades públicas. La más grande y más prestigiosa es la Universidad de Buenos Aires (UBA). En esta universidad no hay examen de admisión, pero todos los estudiantes de primer año tienen que tomar y aprobar el Ciclo Básico Común. El año académico empieza en marzo y consiste en dos cuatrimestres, o semestres de cuatro meses.

▶ La Universidad de Buenos Aires fue fundada en 1821. Hoy tiene más de 300 000 estudiantes.

La gastronomía

El mate es una infusión (similar al té) de agua y hojas (*leaves*) de la planta yerba mate. Tradicionalmente, se sirve en un recipiente (*container*) y se bebe con una bombilla (*silver straw*).

▶ Beber mate es una actividad social entre amigos, familiares y compañeros de trabajo. Todos beben del mismo recipiente y así se forman estrechas (*close*) relaciones personales.

El mundo es un pañuelo

Lee la información sobre Argentina. Luego completa las siguientes comparaciones.

1. En Argentina, los *cowboys* se llaman _____ y viven en las llanuras conocidas como _____. En los Estados Unidos, el estado de _____ también se asocia con llanuras y *cowboys*.

2. La primera mujer presidenta elegida en Argentina es _____. En los Estados Unidos, la primera mujer presidenta va a ser elegida en el año _____.

3. Muchas personas en Argentina beben _____. En los Estados Unidos, muchas personas beben _____.

4. La universidad más prestigiosa de Argentina es _____. En los Estados Unidos, la universidad más prestigiosa es _____.

5. En Argentina, el año académico empieza en _____. En los Estados Unidos empieza en _____.

¡Vamos a hablar!

This is a pair activity for **Estudiante A** and **Estudiante B.**

If you are **Estudiante A**, use the information below.

If you are **Estudiante B**, turn now to Appendix A at the end of the book.

Estudiante A

Contexto: Tú (**Estudiante A**) y tu compañero(a) (**Estudiante B**) son investigadores privados. Una novia celosa (*jealous*) quiere que Uds. investiguen a Felipe Moreno, su novio. Tú entrevistaste a Felipe sobre sus actividades del viernes pasado. A continuación hay un resumen (*summary*) de tus apuntes. Tu compañero(a) siguió (*tailed*) a Felipe ese mismo (*same*) día. Tu tarea es encontrar discrepancias entre lo que Felipe te dijo y lo que tu compañero(a) lo vio hacer. Tomen turnos para describir las actividades de Felipe y hagan una lista de las actividades que no concuerdan (*don't match*).

Lunes

1. Por la mañana…

Se levantó temprano; corrió en el parque. Asistió a su clase de antropología de 8:00 a 9:15.

2. Luego…

Fue a su laboratorio de química. Estuvo allí de 9:30 a 11:30. Después, almorzó en la cafetería con su amigo Luis.

3. Por la tarde…

Tuvo que estudiar: Fue a la biblioteca y estudió por varias horas. No habló con nadie en la biblioteca. Volvió a su cuarto de la residencia y comió un sándwich.

4. Por la noche…

Fue a una discoteca a las 8:30. Habló con sus amigos Paco y Rosa. Volvió a casa a la 1:00.

¡Vamos a ver!

Episodio 5 • En la Hacienda Vista Alegre

Anticipación

A. Hablando se entiende la gente. ¿Qué profesión esperas practicar en el futuro? ¿En el futuro quieres hacer el mismo tipo de trabajo que tienen tus padres? Explica.

B. Expresiones. Completa el texto a continuación con las expresiones de la lista.

¡Qué gracioso! *How funny!*
broma *joke*
no estaba para bromas *was not in the mood for jokes*

maestría *master's degree*
bromistas *jokers*

> El otro día fui a mi escuela para recoger el diploma de mi (1) _____.
>
> La secretaria me dijo que no lo encontraba y que lo habían perdido *(they had lost it)*.
>
> Yo le dije que (2) _____ y que necesitaba el diploma para solicitar
>
> *(to apply for)* un trabajo. La secretaria me vio muy nervioso y me dijo que todo era una
>
> (3) _____. "Hoy es el Día de los Inocentes *(April Fool's Day)*. En esta
>
> facultad somos todos muy (4) _____." Yo le dije sarcásticamente:
>
> "(5) _____"

▶ Vamos a ver

C. De paseo por la Hacienda Vista Alegre. Mira el Episodio 5 del vídeo y completa el siguiente cuadro. Escribe la información que escuchas sobre los diferentes temas. **¡Ojo!** No todos los chicos hablan de todos los temas. Pon una **X** en el cuadro si no dan ninguna información.

	SOFÍA	JAVIER	ALEJANDRA	ANTONIO	VALERIA
Estudios:					
Gustos y preferencias:					
Planes:					

En acción

D. Charlemos. Comenta con tus compañeros(as). ¿Eres una persona bromista? ¿Te gustan las personas bromistas? ¿Por qué sí o por qué no? ¿Sobre qué tema bromea *(jokes)* Sofía con Valeria? ¿Qué broma le hace Antonio a Valeria? ¿Por qué?

E. 3, 2, 1 ¡Acción! Interpreten la siguiente situación en grupos de tres o cuatro estudiantes. Ustedes están todos juntos en el salón de la Hacienda Vista Alegre y se están conociendo *(getting to know each other)* un poco más. Están hablando sobre sus estudios, gustos, preferencias y planes que tienen para el futuro. Compartan sus ideas y opiniones.

> Practice the vocabulary and grammar that you learned in **Capítulo 5 (profesiones, asignaturas, hablar del futuro,** etc.).

¡Vamos a repasar!

A. Trabajo voluntario. ¿Te gustaría hacer trabajo voluntario en otro país? Lee el anuncio y contesta las preguntas. Comparte tus ideas con un(a) compañero(a).

Programa de Voluntariado C.E.I. en Córdoba, Argentina

¿Quiere perfeccionar su español? ¿Le interesa ayudar a la gente?
Nuestro programa ofrece la oportunidad de una completa inmersión cultural.

Requisitos para los aspirantes:
• Edad mínima: 18 años
• Nivel de español: Intermedio o avanzado

Duración del programa: Mínimo de 8 semanas y máximo de 6 meses.

Proyectos:
• Preservación de reservas naturales
• Trabajo con gente sin hogar
• Construcción de escuelas
• Enseñar inglés o computación a los niños

Existen más oportunidades, solamente tiene que informarnos
sobre qué le gustaría hacer. Escríbanos al info@cei.com

1. (Me interesa / No me interesa) el programa de voluntariado C.E.I. porque ___.
   ¿Y a ti?
2. (Puedo / No puedo) participar en el programa porque ___. ¿Y tú?
3. Si *(If)* voy a Córdoba, Argentina, me gustaría estar allí por ___. ¿Y tú?
4. De los proyectos en el anuncio, me interesa más ___. ¿Y a ti?

B. Dos verdades y una mentira. Formen grupos pequeños de tres o cuatro estudiantes y jueguen a "Dos verdades y una mentira" *(Two truths and a lie)*. En cada vuelta *(each round of play)*, cada estudiante dice tres oraciones con los verbos en el pretérito: dos oraciones son verdaderas y una es mentira. Los compañeros tienen que decir cuál de las oraciones es mentira. ¿Quién de ustedes puede engañar *(trick)* al grupo?

MODELO	
Tú:	Ayer yo… saqué una nota buena en física, comí en un restaurante chino y estudié en la biblioteca hasta la medianoche.
Un(a) compañero(a):	No estudiaste en la biblioteca hasta la medianoche.
Tú:	¡Ajá! Sí, estudié hasta la medianoche pero no comí en un restaurante chino.
Otro(a) compañero(a):	Ayer yo…

• Primera vuelta: Ayer yo…
• Segunda vuelta: La semana pasada mis amigos y yo…
• Tercera vuelta: El mes pasado yo…

C. El nuevo estudiante. Santino es un nuevo estudiante en tu universidad. ¿Cómo contestas sus preguntas sobre las clases y la universidad?

1. Tengo que tomar una clase de inglés. ¿Me puedes recomendar un profesor organizado y dinámico?

2. ¿Qué clases de ciencias naturales debo tomar para completar el requisito (requirement)?

3. Soy bueno en matemáticas. ¿Cuáles son las mejores carreras para mí?

4. ¿Cuál es la mejor residencia del campus? Prefiero tener un cuarto individual.

D. ¡Sabelotodo! En equipos, jueguen a ¡Sabelotodo! Formen equipos de dos o tres personas. Otra persona es el (la) moderador(a).

- El equipo "A" escoge una pregunta (por ejemplo, **El pretérito por $200**).
- El (La) moderador(a) lee la pregunta en voz alta.
- Las personas del equipo A colaboran y una persona responde a la pregunta. Tienen 30 segundos para responder.
- El (La) moderador(a) decide si la respuesta es correcta.
- Si la respuesta **no** es correcta, el otro equipo puede contestar la pregunta y "robar" el dinero.

	Clases y opiniones	Profesiones y planes	En la universidad	El pretérito	Pasado, presente y futuro	Argentina
$50	¿Cómo se dice en español? *What's your major?*	¿Cómo se dice en español? *I'm not sure yet.*	¿Qué significa en inglés? Pienso graduarme a principios de mayo.	Conjuga los verbos en el pretérito: **trabajar; comer**	¿Se asocian estas palabras con el pasado, el presente o el futuro? **ayer; hace dos años; la próxima semana**	¿Cuál es la capital de Argentina?
$100	Completa la oración: A Paco __ ____ (encantar) el cálculo.	¿Qué significa en inglés? Me gustaría hacer estudios de postgrado.	¿Cómo se dice en español? *What time is your last class over?*	Conjuga los verbos en el pretérito: **ir; ser**	¿Cómo se dice en español? *last year; next year*	¿Cuál **no** es una base de la economía de Argentina? producción de cereales y ganado / equipo médico / turismo
$150	¿Qué significa en inglés? Mi profesora de química es muy exigente y quisquillosa.	Contesta la pregunta: ¿A qué te quieres dedicar?	Completa la oración con los equivalentes de *before / after*: ____ vestirme, me duché. ____ estudiar, me acosté.	¿Qué infinitivos corresponden a estas formas verbales? **hice; puse; supe; quise**	Completa las oraciones con el verbo **estudiar:** a. La semana pasada yo ____ física. b. Por lo general yo ____ dos horas todos los días.	¿Qué es el mate?
$200	Nombra cuatro clases de ciencias sociales.	Nombra tres profesiones directamente asociadas con la salud (health).	¿Qué infinitivos se usan en estas expresiones? ____ una excursión; ____ datos para los proyectos	Completa la oración con verbos lógicos en el pretérito: El profesor ____ una presentación y nosotros ____ apuntes.	¿Qué significa en inglés? Espero ir. / Pienso ir. / Quiero ir.	¿Quién es la primera mujer en ser elegida presidenta de Argentina?

Vocabulario

Sustantivos
el alojamiento *lodging*
los apuntes *notes*
la carrera *major (field of study)*
la compañía multinacional *multinational company*
la conferencia *lecture*
el curso *course, term (of study)*
los datos *facts*
la excursión *field trip*
el fin de semana *weekend*
el horario *schedule*
la investigación *research*
la madrugada *dawn, early morning*
la medianoche *midnight*
la nota *grade*
el observatorio *observatory*
el oficio *occupation, trade*
la presentación *presentation*
el proyecto *project*
el rato *while*
la teoría *theory*
el trabajo escrito *(academic) paper, report*
la vida marina *marine life*

Verbos
caerse *to fall down*
conseguir (i) *to get, obtain*
creer *to believe, think (opinion)*
encantar *to love (a thing or an activity)*
graduarse *to graduate*
hacer estudios de postgrado *to go to graduate school*
interesar *to be interested in, to interest*

recolectar *to collect*
sacar *to get a grade*
salir (bien/mal) *to do (well/poorly) [on a test]*
sentarse (ie) *to sit down*
tocar *to play (a musical instrument); to touch*

Otras palabras
demasiado(a) *too (much)*
desorganizado(a) *disorganized*
exigente *demanding*
fascinante *fascinating*
justo(a) *fair, equitable*
largo(a) *long*
mí mismo(a) *myself*
pesado(a) *tedious*
por la mañana *in the morning*
quisquilloso(a) *picky*
regular *average, so-so*
temprano *early*

Expresiones para indicar el tiempo
a finales de *at the end of (a month)*
a principios de *at the beginning of (a month)*
antes de *before (doing something)*
ayer *yesterday*
después *afterwards*
después de *after (doing something)*
el año pasado *last year*
el fin de semana pasado *last weekend*
el próximo año *next year*
entonces *then*
hace tres meses *three months ago*
la semana pasada *last week*
luego *then, next*

más tarde *later on*
por fin *finally*
primero *first*

Expresiones útiles
¿A qué te quieres dedicar? *What do you want to do for a living?*
¿Cómo te va en…? *How's it going for you in . . . ?*
¿Cuál es tu carrera? *What is your major?*
Espero trabajar para… *I hope to work for . . .*
Me interesa(n)… *I'm interested in . . . / . . . interests me.*
No estoy seguro(a) todavía. *I'm not sure yet. / I'm still not sure.*
Pienso ser… *I'm thinking about being a . . . , I'm planning on being a . . .*
¿Qué piensas de…? *What do you think about . . . ?*
¿Qué planes tienes para el futuro? *What are your plans for the future?*
Y tú, ¿qué piensas? *And you, what do you think?*

Study abroad: p. 156
Courses of study p. 158
Professions and occupations p. 165

For further review, please turn to **Vocabulario temático: español e inglés** at the back of the book.

Go to the ***Puentes*** website for extra vocabulary practice using the Flashcard program.

De compras

CAPÍTULO 6

Caroline von Tuempling/Iconica/Getty Images

For a selection of musical styles from this chapter's country of focus, access the *Puentes*, Sixth Edition, iTunes playlist at www.cengagebrain.com

OBJETIVOS

Speaking and Listening
- ▶ Naming articles of clothing and colors
- ▶ Referring to floors of a building with ordinal numbers
- ▶ Handling shopping transactions for clothing, accessories, and souvenirs
- ▶ Bargaining for souvenirs

Culture
- ▶ Fashion preferences and personal style
- ▶ Spain

Grammar
- ▶ More verbs like **gustar: parecer, quedar, importar,** and **faltar**
- ▶ Indefinite and negative expressions
- ▶ **Por** and **para**

Video
- ▶ Imágenes de España
- ▶ En la Hacienda Vista Alegre: Episodio 6

Gramática suplementaria
- ▶ Las expresiones indefinidas y negativas

Cuaderno de actividades

Reading
- ▶ Strategy: Consulting a dictionary when reading

Writing
- ▶ Strategy: Consulting a dictionary when writing

Playlist
- 🌐 www.cengagebrain.com

A primera vista

La ropa habla

Dicen que la ropa es un reflejo *(reflection)* **de la personalidad. En algunas universidades, el "look" varía** *(varies)* **según la facultad o carrera del estudiante. En otras, el estilo es más individual. ¿Cómo se visten tus compañeros de clase? ¿Cuáles de sus estilos te gustan más? ¿Cuál es tu estilo personal?**

Para hablar del estilo personal

▶ ¿Qué estilo de ropa te gusta? *What style of clothing do you like?*

▶ No me importa el estilo. *I don't care about style.*

▶ Tengo mi propio estilo. *I have my own style.*

▶ Me gustan los colores vivos / oscuros / claros. *I like bright / dark / light colors.*

▶ Me gusta llevar ropa cómoda / ropa a la última moda. *I like to wear comfortable clothing / the latest fashion trends.*

▶ Prefiero... *I prefer . . .*
  ● la ropa clásica / elegante / sofisticada *classic / elegant / sophisticated clothing*
  ● la ropa informal / deportiva / sencilla *casual / sports / simple clothing*
  ● la ropa ajustada / floja *close-fitting / loose-fitting clothing*

A. ¿Comprendes? ¿Cómo es el estilo personal de Tamara, Juan y John? Lee la información en la página 193 y completa la tabla con las palabras más indicadas: **informal, formal, sofisticado, elegante, sencillo, original, cómodo, clásico, a la última moda, colores vivos, colores oscuros.** ¿Quiénes tienen estilos parecidos?

Tamara Rodríguez	Juan Rodríguez	John Andrews

B. Comparaciones. En parejas, completen las oraciones de una manera apropiada.

1. En México los estudiantes de música prefieren llevar _____. En los Estados Unidos, a veces los estudiantes de ciencias económicas o negocios tienen que llevar _____.

2. En Puerto Rico, muchos estudiantes llevan _____ a clase. Para ir a fiestas, las chicas llevan _____ y los chicos llevan _____.

3. En mi campus, muchos estudiantes llevan _____ a clase y llevan _____ a las fiestas.

C. ¿Qué dices tú? Habla con un(a) compañero(a) sobre el estilo de ropa. Contesten las preguntas y comparen sus preferencias.

1. ¿Qué estilo de ropa prefieres llevar a clase? ¿Qué estilo de ropa llevas a las fiestas entre amigos? ¿Cómo se visten tus amigos? ¿Tienen un estilo muy parecido al tuyo *(to yours)*?

2. ¿Qué colores te gustan más? ¿Qué colores no te gustan? ¿En qué ocasiones llevas ropa en los colores oficiales de tu universidad?

🌐 Tamara Rodríguez MÉXICO

Los estudiantes de la Facultad de Música son muy únicos. A nosotros nos gusta vestirnos en el último grito de la moda *(in the latest style)* usando colores muy diferentes, porque nunca sabemos cuándo alguien de la industria musical va a venir a vernos.

🌐 Juan Rodríguez PUERTO RICO

Por el día veo a los estudiantes yendo a clase con camisetas de atletas profesionales. También veo muchos *sneakers* y muchas sudaderas también. Honestamente, yo me visto así también. No me importa mucho lo que las otras personas piensan, así que me visto cómodamente *(comfortably)*. Ahora, por la noche las cosas cambian un poquito. Las mujeres se maquillan muy elegante y se ponen unos tacones *(high heels)* gigantescos. Los hombres también compiten con su estilo. Se ponen sus camisas bonitas y se brillan *(polish)* los zapatos.

🌐 John Andrews ESTADOS UNIDOS

Estoy llevando ropa formal porque hoy tengo que hacer una presentación para mi clase de ciencias económicas. Pero francamente este no es mi estilo personal. Para ir a clase, me gusta llevar ropa cómoda e informal. Normalmente llevo vaqueros con camisetas o ropa deportiva. Es el estilo de la mayoría de los estudiantes de esta universidad.

D. Después de ver los vídeos. Completa la tabla con la información de los tres entrevistados *(interviewees)*.

	¿Dónde estudia?	¿Cuál es su carrera?	¿Qué piensa de sus clases y sus profesores?
Tamara Rodríguez			
Juan Rodríguez			
John Andrews			

Vocabulario temático

In this *Paso* you will practice:

▶ Naming articles of clothing and colors

▶ Referring to floors of a building with ordinal numbers

▶ Making clothing purchases in a store

▶ Expressing your reactions to the style and fit of clothing

Grammar:

▶ More verbs like **gustar: parecer, quedar, faltar, importar**

Go to the *Puentes* website for extra vocabulary practice using the Flashcard program.

Use **el dependiente** and **el cliente** for men; **la dependienta** and **la clienta** for women.

The English equivalents of the **Vocabulario temático** sections are found at the back of the book.

De compras en un gran almacén

CLIENTA: Por favor, ¿dónde se encuentran
los zapatos para hombres / caballeros?
mujeres / damas
niños(as)
jóvenes

DEPENDIENTE: Están en *la planta baja.*

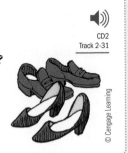

CD2
Track 2-31

La ropa

CD2
Track 2-32

un traje	una camisa	unos pantalones	una corbata
un cinturón	un vestido	una falda	una blusa
unos pantalones cortos	una camiseta	unos vaqueros	una sudadera
unos calcetines	un traje de baño	unas sandalias	una chaqueta
un impermeable	un suéter	unas botas	unos guantes

© Cengage Learning

Los pisos

el sótano

la planta baja

el primer piso (1er)

el segundo piso (2o)

el tercer piso (3er)

el cuarto piso (4o)

el quinto piso (5o)

el sexto piso (6o)

el séptimo piso (7o)

el octavo piso (8o)

el noveno piso (9o)

el décimo piso (10o)

CD2
Track 2-32

Los colores y otros detalles

rojo   rosado   anaranjado   amarillo   verde   azul

azul marino   morado   blanco   negro   gris   marrón

beige   (color) crema   de cuadros   con lunares   de rayas   estampado

© Cengage Learning

LAS TALLAS Y LOS NÚMEROS						
CABALLEROS						
Zapatos						
Estados Unidos	8	9	10	11	12	
Europa	41	43	44	45	46	
Trajes/Abrigos						
Estados Unidos	34	36	38	40	42	44	46
Europa	44	46	48	50	52	56	58
Camisas						
Estados Unidos	14	14½	15	15½	16	16½	17
Europa	36	37	38	39	40	41	42
DAMAS						
Zapatos						
Estados Unidos	5	6	7	8	9	
Europa	36	37	38	39	40	
Vestidos/Trajes						
Estados Unidos	6	8	10	12	14	16
Europa	34	36	38	40	42	44

ESTRUCTURAS ESENCIALES

Más sobre los adjetivos

A. Los colores. Since the words for colors are often used as descriptive adjectives, you should follow the same patterns that you learned in Chapter 3 for words like **alto, bajo, gordo, simpático,** etc.

▸ Place the name of the color <u>after</u> the name of the article of clothing.

Quiero una **blusa rosada.**   *I want a **pink blouse.***

▸ Change the ending of the color word so that it matches the noun in gender and number.

¿Tienen Uds. **vestidos amarillos?**   *Do you have **yellow dresses?***

B. Los números ordinales. The words for *first, second, third,* etc., are called ordinal numbers.

▸ Place ordinal numbers <u>before</u> the noun they modify.

Las blusas están en el **segundo piso.**   *Blouses are on the **second floor.***

▸ Change the endings of ordinal numbers so that they agree in gender and number with the nouns they are describing.

Me gusta más la **segunda falda.**   *I like the **second skirt** better.*

▸ **Primero** and **tercero** drop the **-o** ending before a masculine singular noun but otherwise follow the rules for agreement of gender and number.

el **tercer** piso   *the **third** floor*

C. Los adjetivos demostrativos. The words *this/these* and *that/those* are called demonstrative adjectives.

▸ Place demonstrative adjectives <u>before</u> the noun in Spanish.

¿Cuánto cuesta **ese vestido?**   *How much does **that dress** cost?*

▸ Choose the form that matches the noun in gender and number.

	this	*these*	*that*	*those*
MASCULINE	este	estos	ese	esos
FEMININE	esta	estas	esa	esas

Estas chaquetas cuestan 80 euros.   ***These jackets** cost 80 euros.*

6-1 Una orden por catálogo. La Sra. Davis quiere pedir algunas cosas del catálogo de JC Penney. Escucha la conversación entre ella y la operadora. Después, completa la información del formulario.

CD2
Track 2-33

Nombre: _____ Apellido: _____

Dirección: _____ Calle Correne, 1743 _____

Ciudad: _____Canton_____ Estado: _____ Código postal: _____

Teléfono: _____

Método de pago: ☐ Cargar a su cuenta # _____ ☐ Al contado

Número de artículo	Artículo	Talla	Color	Cantidad	Precio
R508-1922			azul marino	1	$
				1	$
				2 paquetes	$

6-2 ¡Cuánta ropa! Basándote en los dibujos, completa las oraciones con los nombres de la ropa y los colores o los detalles.

1. Ayer fui de compras a un almacén grande. Compré una 🎀 _____
   de _____ para mi papá y un _____ _____
   para mi mamá. También compré una _____ con
   _____ para mi hermanita.

2. Cuando Carmen fue de compras, perdió una bolsa (*shopping bag*)
   con todos los artículos que había comprado: una _____
   de _____, unas _____ _____ y unos
   _____ _____.

3. Alberto fue de compras el fin de semana pasado y encontró unas
   gangas (*bargains*) increíbles: una _____ _____,
   unos _____ _____ y un _____ _____.

© Cengage Learning

6-3 Adivina. Con un(a) compañero(a), describe la ropa de las personas en tu clase para que él/ella adivine *(so that he/she can guess)* quién es.

MODELO

Tú: Esta chica lleva pantalones negros, una camiseta blanca y una chaqueta verde. También lleva zapatos marrones con calcetines negros. ¿Quién es?

Tu compañero(a): ¿Es Ana?

6-4 De compras. Con dos o tres compañeros(as) de clase, contesta las preguntas y conversa sobre las compras.

1. ¿Te gusta ir de compras? ¿Vas a los centros comerciales *(shopping malls)* a menudo? ¿Qué te gusta comprar por Internet?

2. Por lo general, ¿prefieres comprar la ropa en los grandes almacenes, en las boutiques o en las tiendas de descuentos *(discount stores)*? Explica. ¿Dónde te gusta comprar zapatos y otros accesorios?

3. ¿Qué ropa piensas comprar para la próxima temporada *(next season)*? ¿Qué accesorios vas a comprar? ¿Qué colores o estilos prefieres?

4. ¿Cuándo fue la última vez que fuiste de compras? ¿Qué tiendas visitaste? ¿Qué ropa compraste? ¿Cómo pagaste?

6-5 En El Corte Inglés. Estás de compras en El Corte Inglés en Madrid, España. Consulta la guía y usa tu imaginación para formar seis pequeños diálogos con un(a) compañero(a). Sigan el modelo.

MODELO

Cliente(a): Por favor, ¿dónde se encuentran las faldas para niñas?

Dependiente(a): Están en el segundo piso.

Cliente(a): Gracias. ¿Y los vaqueros para jóvenes? ¿En qué piso están?

Dependiente(a): Están en el quinto piso.

EL CORTE INGLÉS

7 **CAFETERÍA-RESTAURANTE,** OPORTUNIDADES, PROMOCIONES ESPECIALES.

6 **DEPORTES.** Zapatería deportiva.

5 **MODA JOVEN.** Vaqueros. Peluquería Mujer.

4 **MODA MUJER.** Boutiques de moda. Premamá.

3 **MODA HOMBRE.** Boutiques de moda. Peluquería Hombre.

2 **MODA INFANTIL.** Bebés. Juguetes. Servicio al cliente.

1 **LENCERÍA Y CORSETERÍA.** ZAPATERÍAS. Artículos de Viaje. Agencia de Viajes.

B **COMPLEMENTOS DE MODA.** Perfumería y Cosmética. Joyería. Óptica.

S **SUPERMERCADO.** Pastelería. Panadería. Artículos de Limpieza. Tabacos. Prensa y revistas.

APARCAMIENTO.

Taller del Automóvil. Estafeta de Correos.

© Cengage Learning

Vocabulario temático

Para comprar la ropa

CD2
Track 2-34

DEPENDIENTA:	¿Qué desea?
CLIENTE:	Estoy buscando *un suéter*.
DEPENDIENTA:	¿Es para Ud. o es un regalo?
CLIENTE:	Es para mí.
DEPENDIENTA:	¿De qué color?
CLIENTE:	Quiero un suéter *verde*.
	No me importa el color.
DEPENDIENTA:	¿Qué talla lleva Ud.?
CLIENTE:	Llevo la talla *mediana*.
	pequeña
	(extra) grande
DEPENDIENTA:	¿Qué le parece este suéter?
CLIENTE:	No sé. Me parece *un poco caro*.
	demasiado formal
	¿Tiene otro *más barato*?
	más sencillo
DEPENDIENTA:	¿Quiere probarse *este suéter*?
CLIENTE:	Sí, quiero probár*me*lo. ¿Dónde está el probador?
DEPENDIENTA:	¿Cómo le queda *el suéter*?
CLIENTE:	Me queda *bien/mal*.
	¿Tiene una talla más *grande/pequeña*?
CLIENTE:	¿Cuánto cuesta?
DEPENDIENTA:	Está de rebaja. Cuesta *40,00 euros*.
CLIENTE:	Bien. Me *lo* llevo.

In many smaller stores, a clerk will wait on customers as soon as they enter. To get a clerk's attention, say **Señor, Señora,** or **Señorita.**

To specify the kind of fabric, use **de lana** *(wool),* **de algodón** *(cotton),* and **de seda** *(silk).* For example: **un suéter de lana** *(a wool sweater).*

For shoes, use these expressions: **¿Qué número calza Ud.? Calzo el número 43.**

Losevsky Pavel/Shutterstock.com

6-6 En Madrid Xanadú. Carla está de compras en una boutique en Xanadú, un centro comercial en Madrid, España. Escucha la conversación entre ella y una dependienta. Después, contesta las preguntas.

1. ¿Qué tipo de vestido está buscando Carla?
   a. uno para un baile formal
   b. uno para la boda *(wedding)* de una amiga
   c. uno sencillo para el trabajo

2. ¿Qué talla lleva?
   a. 36   b. 48   c. 38

3. ¿De qué color prefiere el vestido?
   a. negro   b. blanco   c. rosado

4. ¿Qué le parece el primer vestido?
   a. Le encanta.   b. Es muy caro.   c. No le gusta.

5. ¿Cómo le queda el vestido que se prueba?
   a. un poco grande   b. perfecto   c. un poco pequeño

6. ¿Cuánto cuesta el vestido que quiere comprar?
   a. 103 euros   b. 123 euros   c. 130 euros

6-7 En una tienda. María Fernanda va de compras. Relaciona las oraciones de las dos columnas de una manera lógica para crear una conversación entre ella y la dependienta.

Dependienta	María Fernanda
___ 1. ¿Qué desea?	a. Creo que lleva la talla 38 o 40.
___ 2. ¿Qué le parecen estas blusas?	b. Estoy buscando un regalo para mi madre.
___ 3. ¿Qué talla lleva su madre?	c. Con tarjeta de crédito.
___ 4. Tenemos esa blusa en verde y amarillo.	d. No, gracias, eso es todo.
___ 5. ¿Desea algo más?	e. Me encanta la verde. Me la llevo.
___ 6. ¿Cómo quiere pagar?	f. Son muy elegantes.

6-8 Un traje nuevo. Alejandro va a un gran almacén porque necesita un traje nuevo. Completa el siguiente diálogo entre él y el dependiente.

DEPENDIENTE: ¿Qué desea, señor?

ALEJANDRO: (1) _____.

DEPENDIENTE: ¿Un traje? ¿De qué color?

ALEJANDRO: (2) _____.

DEPENDIENTE: ¿Qué talla lleva Ud.?

ALEJANDRO: (3) _____.

DEPENDIENTE: ¿Quiere probarse este traje?

ALEJANDRO: (4) _____. ¿_____?

VikOl/Shutterstock

DEPENDIENTE: Está allí, a la izquierda.
(Unos minutos después)

DEPENDIENTE: Bueno… ¿cómo le queda el traje?

ALEJANDRO: (5) _____. ¿_____?

DEPENDIENTE: Está de rebaja. Cuesta quinientos euros.

ALEJANDRO: (6) _____.

6-9 Zara. Lee el artículo sobre esta tienda de España y contesta las preguntas.

Zara: Historia de un éxito° comercial

¿Le gusta llevar "lo último" en ropa? ¿Quiere estar de moda sin pagar los precios astronómicos de los grandes diseñadores? Las tiendas Zara le ofrecen la solución. Vende ropa elegante a precios módicos° para hombres, mujeres y niños.

Esta tienda española es una de las más populares de España y ha transformado el mundo de la moda. El secreto de su éxito está en su concepto corporativo: Según su página web, Zara "interpreta, adapta las tendencias en tiempo récord y ofrece novedades° dos veces por semana". Por eso, los clientes visitan la tienda con frecuencia para comprar sus modelos exclusivos.

Zara tiene una presencia en más de 70 países y cuenta con más de 1500 tiendas. Su fundador, el billonario Amancio Ortega Gaona, es uno de los hombres más ricos del planeta, según la revista *Forbes*.

éxito *success*   módicos *moderate*   novedades *new products*

1. ¿Qué venden las tiendas Zara? ¿Cómo son sus precios?

2. ¿Son los clientes de Zara hombres o mujeres? ¿Por qué visitan las tiendas con frecuencia?

3. ¿Hay una tienda Zara donde vives? ¿Qué te gustaría comprar allí?

4. ¿Cuál es tu tienda de ropa favorita? Explica por qué te gusta.

6-10 Un regalo. Dramatiza la situación con un(a) compañero(a) de clase.

Cliente(a): Necesitas comprar un regalo para el cumpleaños de tu abuela. No sabes qué comprar y le pides una recomendación al dependiente (a la dependienta). Puedes gastar *(spend)* $50 y quieres algo bonito y especial. Tú empiezas el diálogo de esta manera: **Necesito comprar un regalo para mi abuela. ¿Qué me recomienda?**

Dependiente(a): Hace mucho tiempo *(It's been a long time)* que no vendes nada. Estás preocupado(a) porque trabajas por comisiones. Cuando un(a) cliente(a) te pide una recomendación, intentas venderle muchas cosas.

CD2
Track 2-36

Gramática

Otros verbos como *gustar: importar, faltar, quedar* y *parecer*

Read along as you listen to Tania talking with her friend Alejandra as she tries on some clothing in a department store. Find examples of the following verbs: **gustar, encantar, parecer, quedar.** Which pronouns are used with each of these verbs in this conversation?

TANIA:	¿Qué te parecen estos pantalones?
ALEJANDRA:	Pues, creo que te quedan bien.
TANIA:	No sé. Me encanta el estilo, pero no me gusta mucho este color.
ALEJANDRA:	Eso no es problema. Los tienen en otros tonos.

A. *Gustar* **y otros verbos similares.** The verb **gustar** *(to like, be pleasing)* follows a special sentence structure. This same pattern is followed by the verbs **encantar** *(to love)* and **interesar** *(to be interested in).*

▸ Only two forms of the verb are commonly used in the present indicative: **gusta** and **gustan.**

▸ An indirect object pronoun (IO) expresses who likes the thing or activity: **me, te, le, nos, os, les.**

IO	VERB	SUBJECT
Nos	**gusta**	**ese vestido.**

We like that dress. (That dress is pleasing to us.)

Me	**encantan**	**esos zapatos.**

I love those shoes. (Those shoes are "enchanting" to me.)

Le	**interesa**	**diseñar ropa.**

He's interested in designing clothing. (Designing clothing interests him.)

B. Otros verbos. The following three verbs follow the same sentence pattern as **gustar, encantar,** and **interesar.**

▸ **importar** *(to care about; to matter)*

A Marisa no **le importa** el precio.	*Marisa doesn't care about the price.*
me importa(n)	**nos importa(n)**
te importa(n)	**os importa(n)**
le importa(n)	**les importa(n)**

▸ **faltar** *(to be short, missing, or lacking)*

Les falta un dólar.	*They are a dollar short.*
me falta(n)	**nos falta(n)**
te falta(n)	**os falta(n)**
le falta(n)	**les falta(n)**

▸ **quedar** *(to be left; to remain)*

No **nos quedan** más suéteres azules.	*We don't have any more blue sweaters left.*
me queda(n)	**nos queda(n)**
te queda(n)	**os queda(n)**
le queda(n)	**les queda(n)**

C. Parecer. Sentences with the verb **parecer** *(to seem, appear)* follow the same pattern but additionally have an adjective. This adjective must "match" the subject of the sentence in gender and number.

IO	VERB	ADJECTIVE	SUBJECT
¿Te	parece	bonita	esa **falda**?

Do you think that skirt is pretty? (Does that skirt seem pretty to you?)

Nos	parecen	caros	esos **pantalones**.

Those pants seem expensive to us.

me parece(n) + adjective	**nos parece(n)** + adjective
te parece(n) + adjective	**os parece(n)** + adjective
le parece(n) + adjective	**les parece(n)** + adjective

D. Quedar. The verb **quedar** has a second meaning: *to fit.* When used in this sense, this verb follows a pattern similar to **parecer**.

▸ After the verb **queda(n),** add the adverbs **bien** or **mal** to express that a garment fits well or poorly.

A Lorenzo le **queda bien** este traje.   *This suit fits Lorenzo well.*

▸ After the verb **queda(n),** add adjectives like **grande, pequeño, estrecho** *(narrow),* **ancho** *(wide),* or **apretado** *(tight)* to describe the fit in more detail. These adjectives must match the subject in gender and number.

(No) IO	VERB	ADVERB/ADJECTIVE	SUBJECT
¿No le	**quedan**	un poco **apretados**	los zapatos?

Aren't the shoes a little tight on her/him?

▸ With both **parecer** and **quedar,** it is possible to place the subject at the front of a statement instead of at the end.

Este traje le queda bien.   *This suit fits him well.*

Esos zapatos me parecen caros.   *Those shoes seem expensive to me.*

Ponerlo a prueba

6-11 Comentarios. Olivia está de compras con su amiga Cristina. ¿Cómo responde Cristina a los comentarios de Olivia? Relaciona las dos columnas de una manera lógica.

MODELO   OLIVIA: Ese vestido es fabuloso.

CRISTINA: ¡Me encanta! Es realmente bello.

Olivia

___ 1. Esos zapatos cuestan $400.

___ 2. Necesito la talla mediana.

___ 3. No tienes suficiente dinero para comprar ese traje.

___ 4. No debes comprar ese vestido para ir al picnic.

___ 5. ¡Mira! Una camiseta morada con lunares amarillos.

Cristina

a. Sí. La talla grande te queda mal.

b. ¿Por qué no? ¿Te parece demasiado formal?

c. ¡Ay! Me parece muy fea.

d. ¡Uf! Me parecen muy caros.

e. Tienes razón. Me faltan $50.

6-12 Más compras. Unos amigos van de compras. Completa las oraciones con el verbo más lógico. Tienes que incluir un complemento indirecto apropiado y escribir el verbo en el presente.

> **MODELO**　Esa corbata cuesta 40 euros. Quiero comprarla, pero tengo solamente 25 euros.
>
> (faltar / quedar) <u>Me faltan</u> quince euros.

1. Esas botas cuestan 80 euros. Silvia quiere comprarlas, pero tiene solamente 50 euros.

   (interesar / faltar) _____ treinta euros.

2. Mis amigas siempre compran los zapatos de Manolo Blahnik.

   Evidentemente no (encantar / importar) _____ el precio.

3. Normalmente Eduardo lleva la talla mediana. Su novia le compró una camiseta en la talla pequeña.

   La camiseta no (gustar / quedar) _____ bien.

4. Mis amigos y yo compramos camisas y pantalones en la tienda Zara.

   (parecer / interesar) _____ muy elegantes sus modelos.

5. Quiero comprar este impermeable, pero mis tarjetas de crédito están al máximo.

   No (encantar / quedar) _____ dinero.

6-13 Vamos a charlar. Conversa con dos o tres compañeros(as) sobre las compras. Fíjense *(Notice)* en los nuevos verbos: **importar, quedar, parecer.**

1. Cuando compras ropa, ¿**te importa** más el precio, la moda o la calidad *(quality)*? Explica.

2. ¿Qué estilos y colores están de moda entre tú y tus amigos? ¿Qué **te parecen** los últimos modelos de la temporada *(season)*?

3. ¿Usas la ropa de otras personas a veces, por ejemplo, la ropa de tus hermanos o de tus amigos? ¿Cuáles de sus prendas *(garments)* **te quedan** bien? ¿**Te importa** si tu compañero(a) de cuarto usa tu ropa sin pedirte permiso?

6-14 Desfile de moda. Tú y tu compañero(a) están en un desfile de moda *(fashion show)*. Hagan comentarios sobre la ropa de las personas en las fotos. Usen verbos como **gustar, encantar, parecer, quedar.**

> **MODELO**
>
> TÚ: Me encanta el vestido estampado y de rayas. Me parece muy original y divertido.
>
> TU COMPAÑERO(A): Pues, a mí no me gusta. El vestido le queda muy corto. Tampoco me gustan las botas...

Vocabulario temático

Los recuerdos *(Souvenirs)*

¿Qué se puede comprar en un mercado típico?

CD2
Track 2-36

un paraguas

un bolso
de cuero

una
guayabera

una gorra

unas gafas de sol

una billetera

© Cengage Learning

In this *Paso* you will
practice:
▶ Naming souvenirs
▶ Bargaining in a market
Grammar:
▶ Indefinite and negative
expressions
▶ **Por** and **para**

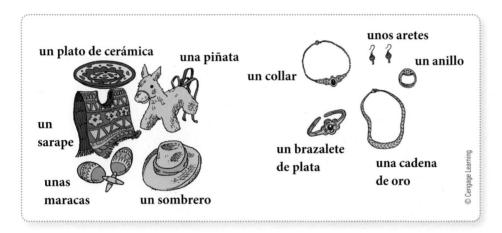

un plato de cerámica

una piñata

unos aretes

un collar

un anillo

un
sarape

un brazalete
de plata

una cadena
de oro

unas
maracas

un sombrero

© Cengage Learning

unas castañuelas

un abanico

una boina

una mantilla

© Cengage Learning

Estrategia Circumlocution

Circumlocution is the art of talking "around" words that you don't know or don't remember. Here are some tips to circumlocute effectively.

- Narrow down the range of items by using a classification:

Es una persona	*It's a person*
una cosa	*a thing*
un lugar	*a place*
un aparato	*a device*

- For persons and places, describe an associated activity:

  Es una persona que vende ropa en una tienda.
  It's a person who sells clothes in a store.

- For things, refer to size, shape, color, composition, or purpose.

  Es redondo/de metal/de plástico/de madera.
  It's round/made of metal/ plastic/wooden.

  Se usa para escribir...
  It's used to write . . .

- Explain what it is similar to:

  Es parecido a...
  It's similar to . . .

¿Qué es? Using some of the techniques described above, circumlocute in Spanish some unfamiliar words. Here are a few words to get you started. Your partner should listen and guess which English word corresponds to your Spanish circumlocution.

van	bow tie	consignment shop	DJ
tattoo	cheerleader	mouse (of a computer)	vase
web cam	milkshake	vest	CEO

Ponerlo a prueba

6-15 Cosas en El Rastro. El Rastro es un famoso mercado en Madrid. ¿Qué artículos puedes comprar allí? Escucha la descripción de cada cosa. Escribe el número de la descripción al lado del objeto correspondiente. Hay dos objetos de la lista que no se describen.

CD2 Track 2-37

___ unos aretes	___ una gorra
___ una billetera	___ una guayabera
___ un bolso	___ una mantilla
___ unas castañuelas	___ un paraguas
___ un collar	___ un plato

6-16 Muchos recuerdos. ¿Qué palabra **no** corresponde a la categoría?

1. RECUERDOS PARA MUJERES: un brazalete / unos aretes / una guayabera / un abanico

2. RECUERDOS PARA HOMBRES: una boina / una billetera / unas gafas de sol / una mantilla

3. RECUERDOS DE ORO O DE PLATA: un collar / un sarape / un anillo / una cadena

4. RECUERDOS PRÁCTICOS: un bolso / un paraguas / una billetera / unas castañuelas

6-17 En el mercado de artesanías. Estás de vacaciones en Puerto Rico y visitas el Mercado de Tesoros Puertorriqueños. Usa la información del dibujo para contestar las preguntas.

© Cengage Learning

1. ¿Cómo se llaman los dos puestos *(stalls)* en el Mercado de Tesoros Puertorriqueños? ¿Cuál de los puestos te parece más atractivo?

2. Hoy hace mucho sol y quieres comprar unas gafas de sol. ¿En qué puesto se venden? ¿Cuánto cuestan? ¿Dónde puedes comprar un paraguas si empieza a llover *(to rain)*? ¿Cuánto cuesta?

3. Tienes $30.00 para comprar tres recuerdos: uno para tu padre, uno para tu mamá y uno para tu hermanito(a). ¿Qué vas a comprar? ¿Te queda un poco de dinero?

4. Quieres comprar unos recuerdos para tus amigos. ¿Qué vas a comprar? ¿Dónde cuestan menos?

5. Piensas comprar una billetera pero no recuerdas *(you don't recall)* la palabra. ¿Qué le dices al vendedor?

6-18 En mi comunidad. Con un(a) compañero(a), piensa en un mercado al aire libre *(open-air or flea market)* en tu comunidad y contesta las preguntas.

1. ¿Qué artículos se venden en el mercado de tu comunidad?

2. ¿Cuál es el horario de ese mercado? Por ejemplo, ¿abre todos los días?, ¿los fines de semana?

3. ¿Tienen precios fijos *(set prices)* allí o es posible regatear *(haggle over prices)*? ¿Te gusta ese sistema? Explica por qué.

4. ¿Qué es lo que más te gusta comprar en ese mercado?

5. Describe la compra *(purchase)* más memorable que hiciste en ese mercado. ¿Qué compraste? ¿Cuánto pagaste? ¿Tuviste que regatear mucho?

Vocabulario temático

Choose the direct object pronoun that matches the noun in gender and number: **lo, la, los, las.**

Para escoger un artículo

CD2
Track 2-38

CLIENTA: ¿Me puede mostrar *esa camiseta*?

VENDEDOR: Aquí *la* tiene.

CLIENTA: ¿Tiene Ud. *esta camiseta en azul*?

VENDEDOR: Lo siento, no nos queda ninguna.

When bargaining, keep counteroffers reasonable and be sure not to insult the merchandise.

Para regatear

CLIENTA: ¿Cuánto cuesta *ese anillo*?

VENDEDOR: *Cuarenta euros.*

CLIENTA: ¡Uy! ¡Qué caro! ¿Me puede hacer un descuento?

VENDEDOR: Bueno… para Ud., se lo dejo en *treinta y cinco euros.*

CLIENTA: Le doy *treinta euros.*

VENDEDOR: No, lo siento. No puedo aceptar menos de *treinta y tres.*

CLIENTA: Está bien. Me *lo* llevo.

COMENTARIO CULTURAL *El Rastro*

¿Te gusta ir a los mercados al aire libre? Si quieres comprar algo un poco raro, ¿adónde vas?

El Rastro es el mercado al aire libre más antiguo y más grande de España. Su historia se remonta a *(dates back to)* finales del siglo XIX, y hoy en día es tan popular como lo era en el pasado. El Rastro se organiza en el centro histórico de la capital todos los domingos y festivos, de nueve a tres. Miles de madrileños y turistas pasean por las calles y regatean en sus 3500 puestos. En el Rastro se vende un poco de todo: antigüedades, artículos raros, artesanías, libros, mascotas, música y mucho más.

Palabras indefinidas y negativas

A. Las palabras indefinidas y negativas. Words like *something* and *somebody* are known as indefinite words, since they refer to nonspecific people or things. Their negative counterparts are words like *nothing* and *nobody*.

INDEFINITE WORDS	NEGATIVE WORDS
algo *something, anything*	**nada** *nothing, not anything*
alguien *somebody, anybody*	**nadie** *nobody, not anybody, no one*
alguno(a, os, as) *some, any*	**ninguno(a)** *no, none, not any*

B. Usos. Negative and indefinite words are sometimes handled differently in Spanish than in English.

▶ Multiple negative words are frequently used in the same sentence. While this is considered incorrect in English, in Spanish it is the norm.

No conozco a **nadie** aquí.   *I do **not** know **anybody (nobody)** here.*

▶ The indefinite word **alguno(a)(s)** agrees in gender and number with the noun it describes or replaces. Before a masculine singular noun, **alguno** becomes **algún.**

¿Hay **algún** mercadillo por aquí?   *Is there **any** open-air market around here?*
Tienen **algunas** camisetas bonitas.   *They have **some** pretty T-shirts.*

▶ The negative **ninguno(a)** agrees in gender with the noun it describes or replaces but is not used in the plural in Spanish. Before a masculine singular noun, **ninguno** becomes **ningún.**

CLIENTE: **No** veo **ningún** anillo de plata.   *I don't see **any** silver rings.*

VENDEDOR: No me queda **ninguno**.   *I don't have **a single one (any)** left.*

Ponerlo a prueba

6-19 En el mercado de artesanías. En el mercadillo de Toledo, se regatea mucho. Escucha las tres conversaciones entre un cliente y un vendedor. Completa la tabla.

CD2
Track 2-39

	Artículo	Detalles	Precio original	Precio final
1.				
2.				
3.				

6-20 ¿Qué dices? Estás de compras en el Mercado de Artesanías de Salamanca. Completa las breves conversaciones con las palabras más lógicas.

1.   Tú: ¿Me puede (comprar / mostrar / pagar) esa camiseta?

    Vendedor: Aquí la tiene. (Cuesta / Cuestas / Cuestan) quince euros.

2.   Tú: ¿Tiene esta gorra en (negro / negra / negras)?

    Vendedor: Lo siento. No nos queda (ningún / ninguno / ninguna).

3.   Tú: ¿Me puede hacer un (rebaja / descuento / precio)?

    Vendedor: Se lo (hago / digo / dejo) en diez euros.

4.   Tú: ¿Me puede recomendar (algún / alguno / alguna) recuerdo típico?

    Vendedor: (Este / Estos / Estas) platos de cerámica son muy típicos.

5.   Tú: Le (doy / hago / pongo) quince euros.

    Vendedor: No puedo aceptar (más de / menos de / tanto como) dieciocho.

6-21 La cadena de oro. Estás en un mercado y quieres comprar una cadena de oro. Completa la conversación de una manera lógica.

        Tú: (1) _____

    Vendedora: Aquí la tiene.

        Tú: (2) _____

    Vendedora: Cien euros.

        Tú: (3) ¡_____! ¿_____?

    Vendedora: Bueno, se la dejo en noventa y cinco euros.

        Tú: (4) _____.

    Vendedora: Es muy poco, y esta cadena es de oro. No puedo aceptar menos de noventa.

        Tú: (5) _____.

6-22 La venta de garaje. Un sábado por la mañana vas a una gran venta de garaje. ¿Qué quieres comprar? Dramatiza una escena entre tú y el (la) dueño(a) *(owner)*. No se olviden: ¡tienen que regatear!

© Cengage Learning

Gramática

🔊
CD2
Track 2-40

Por and *para*

Read along as you listen to the conversation between Iván and Rafael. Which preposition—**por** or **para**—is used to express the following ideas: *around here, in order to arrive, along this street, for my best friend?*

IVÁN: ¿Hay un mercadillo al aire libre por aquí?

RAFAEL: Sí, para llegar al mercadillo, siga derecho por esta calle.

IVÁN: ¿Me puede recomendar algún regalo para mi mejor amigo?

RAFAEL: Sí, tienen camisetas, gorras y jerseys de fútbol a buenos precios.

A. Los usos de *por* y *para*. Although the prepositions **por** and **para** are often translated into English as *for,* they are not interchangeable.

Por:

▸ *for* (an amount of time)

| Estuvimos de compras **por** dos horas. | *We were shopping **for** two hours.* |

▸ *for, in exchange for*

| Compramos esas mantillas **por** 100 euros. | *We bought those mantillas **for** 100 euros.* |

▸ *per*

| La entrada a la exposición de artesanías cuesta 6 euros **por** persona. | *The admission price to the arts and crafts exhibit is 6 euros **per** person.* |

▸ *through, along, beside, by* (places or location)

| El domingo di un paseo **por** el distrito histórico. | *On Sunday I took a stroll **through** the historic district.* |

▸ special expressions with **por:**

por ejemplo	*for example*
por eso	*for that reason, therefore*
por fin	*finally, at last*
por supuesto	*of course*

Para:

▸ *to, in order to* (+ infinitive)

| Vamos al mercadillo **para** comprar algunos recuerdos. | *We are going to the market **to** buy some souvenirs.* |

▸ *by, for* (a deadline, or certain date)

| Necesito comprar el regalo de Susana **para** el viernes. | *I need to buy Susana's gift **by** Friday.* |

▸ *for, intended for* (someone)

| Estos recuerdos son **para** mi familia. | *These souvenirs are **for** my family.* |

▸ *for* (a particular use)

| Necesito un botón **para** mi camisa. | *I need a button **for** my shirt.* |

6-23 Análisis. Lee las oraciones e indica por qué se usa **por** o **para** en cada caso. Escribe la letra de la explicación más apropiada.

POR	PARA
a. for (amount of time)	f. to, in order to (do something)
b. for, in exchange for	g. by (a deadline, a date)
c. per	h. for, intended for (someone)
d. through, by, along, beside, around (a location)	i. for (a particular use)
e. special expressions	

1. Ayer fui de compras para (____) buscar un regalo para (____) mi mamá.

2. Di un paseo por (____) el centro comercial por (____) cuarenta y cinco minutos.

3. Por (____) fin, encontré un bonito cinturón por (____) solo quince euros.

4. Me dieron un descuento del 20 por (____) ciento

5. Por (____) eso, también le compré una cajita *(little box)* para (____) poner aretes.

6-24 El collar de plata. Lee el cuento sobre Andrés y el regalo especial que le compró a su novia. Completa los espacios con **por** o **para**.

Un día, mientras Andrés caminaba (1) _____ el mercado de curiosidades, vio un collar de plata muy elegante y pensó: "Ese sería el regalo ideal (2) _____ Carmela".

Se acercó al vendedor y le preguntó: —¿Cuánto quiere usted (3) _____ ese collar?

El vendedor no dijo nada (4) _____ varios largos segundos. Por fin contestó: —Ese collar era de mi esposa que murió hace dos años. Por eso, no se lo vendo a nadie (5) _____ todo el dinero del mundo.

Andrés preguntó: —¿Por qué lo tiene aquí si no es (6) _____ venderlo?

El vendedor respondió: — Lo tengo aquí como recuerdo *(keepsake)*. Compré ese collar (7) _____ mi esposa el día que nos hicimos *(we became)* novios. ¡Imagínese! Nosotros estuvimos casados (8) _____ cuarenta años.

Andrés contestó: —Ah, entonces, comprendo— …y siguió buscando el regalo perfecto…

6-25 El trabajo. Vas a solicitar empleo en un mercado de artesanías. Debes escribir una carta con tu solicitud de empleo *(job application)*. Completa la carta con **por** o **para**.

> Estimado señor Gómez:
>
> Estoy muy interesado(a) en el empleo que se anuncia en el periódico. Creo que soy el (la) candidato(a) ideal (1) _____ el puesto.
>
> En primer lugar, yo tengo mucha experiencia como vendedor(a). He trabajado en el mismo almacén (2) _____ cinco años. Normalmente, trabajo veinte horas (3) _____ semana porque también soy estudiante. Y, no me importa decirle que he trabajado (4) _____ muy poco dinero. Sin embargo, me gusta mi trabajo porque creo que tengo talento. La semana pasada, (5) _____ ejemplo, vendí más de mil euros en mercancía. (6) _____ confirmar los datos necesarios, también le mando mi currículum vitae con una lista de referencias. Si usted quiere, puedo pasar (7) _____ su oficina la próxima semana para una entrevista. Le doy mis gracias (8) _____ su atención a mi solicitud.
>
> Atentamente,
>
> (firma)

6-26 Charlar. Trabaja con un(a) compañero(a) y contesta las preguntas siguientes. Observa bien los usos de **por** y **para**.

1. LOS REGALOS: ¿Compras muchos regalos? En tu opinión, ¿es necesario pagar mucho **por** un buen regalo? ¿Qué regalos se pueden comprar **por** poco dinero? ¿**Para** quiénes los compras con más frecuencia? ¿Qué regalo piensas comprar **para** el próximo cumpleaños de tu mejor amigo(a)?

2. LOS ESTUDIOS: ¿**Para** qué clases tienes que estudiar más este semestre? ¿**Para** qué clase tienes que escribir muchos trabajos escritos? En general, ¿cuántas horas estudias **por** semana? ¿**Por** cuántas horas estudias **para** los exámenes de español? ¿y **para** los exámenes en otras clases?

6-27 Dramatización. Dramatiza esta situación con un(a) compañero(a): Un(a) cliente(a) está en un mercado; está buscando un regalo para alguien. El (La) vendedor(a) hace preguntas para recomendarle algo. En la conversación, usen **por** y **para** cinco veces *(times)* o más.

MODELO		
	CLIENTE(A):	Estoy buscando un regalo **para** mi mamá. ¡Lo necesito **para** esta noche!
	VENDEDOR(A):	Pues, tengo muchas cosas bonitas. **Por** ejemplo, estos aretes de plata. ¿Qué le parecen?
	CLIENTE(A):	¡**Por** fin veo algo elegante! ¿Cuánto cuestan?
	VENDEDOR(A):	Cuestan cincuenta euros, pero **para** usted se los doy **por** cuarenta.

¡Vamos a España!

DATOS ESENCIALES

Nombre oficial: Reino de España

Capital: Madrid

Población: 46 000 000 habitantes

Unidad monetaria: el euro

Economía: turismo; exportación de equipos de transporte, productos agrícolas y maquinaria. España es el primer productor mundial de aceite de oliva y uno de los primeros productores de vino.

🌐 www.cengagebrain.com

Go to the **Un paso más** section in the *Cuaderno de actividades* for reading, writing, and listening activities that correlate with this chapter.

España tiene más de 5000 millas de costa. Su costa más visitada es la Costa Brava, en el noreste *(northeast)* del país. Tal como implica su nombre, la geografía de la Costa Brava *(wild)* es abrupta, accidentada y rocosa *(rocky)*. Las rocas les dan a las aguas del mar Mediterráneo un color turquesa intenso. Es fácil entender por qué esta área inspiró a grandes artistas como Pablo Picasso y Salvador Dalí.

Imágenes de España

More activities on Spain and **¡Vamos a España!** are found in the **Un paso más** section of the *Cuaderno de actividades*.

Mira el vídeo sobre Madrid y contesta las preguntas.

1. ¿Cuáles son dos o tres datos básicos sobre la capital de España?

2. ¿Cuáles son algunos de los atractivos de Madrid?

3. ¿Cuáles son los lugares más interesantes para los turistas? ¿Cuáles te gustaría visitar?

La historia

La Guerra *(War)* Civil Española (1936–1939) fue un período traumático en la historia moderna de España. El país se dividió en dos bandos —los republicanos y los nacionalistas— y más de medio millón de personas murieron. Al final de la guerra, el general de las fuerzas nacionalistas, Francisco Franco, estableció una dictadura *(dictatorship)* fascista que duró *(lasted)* cuarenta años.

▶ El antiguo pueblo de Belchite fue bombardeado y destruido en 1937. Las ruinas fueron dejadas *(were left)* así como recuerdo de la guerra.

La moda

Entre los diseñadores de moda de España, destaca *(stands out)* la aristócrata Ágatha Ruiz de la Prada (Madrid, 1960). Desde 1980 esta diseñadora ha sido *(has been)* muy activa en el mundo de la moda. Sus diseños reflejan humor, originalidad, optimismo y mucho color. Dice ella: "Adoro la ropa feliz".

▶ Los trajes de Ágatha Ruiz de la Prada han paseado por las pasarelas *(runways)* internacionales.

La lingüística

En España hay cuatro idiomas oficiales: el español, el catalán, el gallego y el euskera (o vasco). Los primeros tres son lenguas romances, derivadas del latín; por eso se parecen un poco. El euskera, en cambio, es un enigma lingüístico: ¡su origen es un misterio!

▶ Este letrero *(sign)* está en catalán. ¿Lo entiendes?

El mundo es un pañuelo

Lee la información sobre España. Luego completa las siguientes comparaciones.

1. España es un productor importante de _____. Los Estados Unidos es un productor de _____.

2. Muchos turistas visitan _____ en España porque tiene bonitas playas rocosas *(rocky)*. En los Estados Unidos, _____ también tiene playas rocosas.

3. La Guerra Civil Española tuvo lugar *(took place)* en los años _____. La Guerra Civil de los Estados Unidos tuvo lugar en los años _____.

4. Una diseñadora de moda española famosa es _____. Sus diseños son _____. Un(a) diseñador(a) de moda famoso(a) de los Estados Unidos es _____. Sus diseños son _____.

5. Los cuatro idiomas oficiales de España son _____. Los Estados Unidos (tiene / no tiene) idioma oficial.

This is a pair activity for **Estudiante A** and **Estudiante B.**

If you are **Estudiante A,** use the information below.

If you are **Estudiante B,** turn now to Appendix A at the end of the book.

¡Vamos a hablar!

Estudiante A

Contexto: Tú **(Estudiante A)** sabes qué ropa lleva Mario y tienes que descubrir lo que lleva Marta. Tu compañero(a) **(Estudiante B)** sabe qué ropa lleva Marta y tiene que descubrir lo que lleva Mario. Háganse preguntas *(Ask each other questions)* para saber qué ropa llevan Mario y Marta. Tú vas a empezar con la primera pregunta: **¿Lleva Marta un vestido rosado?**

© Cengage Learning

¡Vamos a ver!

Episodio 6 • En la Hacienda Vista Alegre

Anticipación

A. Hablando se entiende la gente. ¿Qué piensas del mundo de la moda? ¿Te gusta vestir a la moda? ¿Por qué?

B. ¿Cómo se dice…? Expresiones útiles. Relaciona las siguientes expresiones con la definición adecuada.

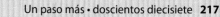

___ 1. quedar bien *to fit well*

___ 2. estar pasado de moda *to be out of style*

___ 3. estar a la moda *to be in fashion*

___ 4. disfrazarse de… *to dress up as . . .*

a. cuando llevas un disfraz (*costume*) de fantasma para una fiesta

b. cuando llevas ropa de estilos actuales

c. cuando llevas ropa anticuada (*old-fashioned*)

d. cuando te pruebas unos pantalones que son exactamente tu talla

Vamos a ver

C. De paseo por la Hacienda Vista Alegre. Lee las preguntas. Luego, mira el Episodio 6 del vídeo y contesta las preguntas.

1. ¿Qué piensa Alejandra de la ropa de Sofía?
2. Según Alejandra, ¿qué ropa necesita comprar Sofía?
3. ¿Qué estilo te gusta más, el de Alejandra o el de Sofía? ¿Por qué?

En acción

D. Charlemos. Sofía conserva mucha ropa de hace muchos años, cuando ella era más joven. ¿Tú conservas ropa u objetos de tu niñez (*childhood*) o juventud? ¿Conservas algún objeto familiar? ¿Por qué? ¿Conservas alguna prenda de ropa (*article of clothing*)? ¿Qué es? ¿Qué significado (*meaning*) tiene para ti?

E. 3, 2, 1 ¡Acción! Con un(a) compañero(a), interpreten la siguiente situación. Tú vas a Puerto Rico de vacaciones. Piensas visitar los sitios históricos, ir a la playa, comer en restaurantes elegantes y salir a bailar. Tu amigo(a) te ayuda a escoger la ropa más apropiada para llevar.

> Practice the vocabulary and grammar you have learned in this chapter (**ropa, verbos como *gustar*, etcétera**).

¡Vamos a repasar!

A. Las Meninas. Observa bien esta famosa pintura *(painting)* de España. Lee la información y luego contesta las preguntas.

Las Meninas (1656) Museo del Prado, Madrid

Diego Rodríguez de Silva y Velázquez

El pintor barroco español Diego Velázquez (1599–1660) es considerado uno de los mejores artistas de la historia. Su pintura más famosa es *Las Meninas*. La pintó en Madrid mientras era *(he was)* Pintor del Rey *(King)* Felipe IV. En el centro de la pintura está la infanta Margarita con sus meninas (o jóvenes nobles). Velázquez aparece a la izquierda, pintando a los reyes que están reflejados en el espejo *(mirror)*. Es una pintura compleja y enigmática: ¿es un retrato *(portrait)* de la infanta, de Velázquez, de los Reyes o de la familia?

1. ¿Quién pintó *Las Meninas*? ¿En qué año la pintó? ¿Para quién trabajó este artista?

2. ¿Cuántas personas hay en la pintura? ¿Quiénes son las más importantes?

3. ¿Cómo están vestidas las personas de la pintura? ¿Qué colores predominan?

4. ¿Qué te parece esta pintura? ¿Por qué te gusta o no te gusta?

5. ¿Te interesa el arte? ¿Adónde tienes que ir para ver *Las Meninas* y otras pinturas de Velázquez?

B. Proyecto. En **A primera vista,** miraste *(you saw)* el vídeo de John Andrews. ¡Ahora te toca a ti *(it's your turn)* crear un vídeo! El vídeo debe durar de uno a dos minutos. Escoge una de las dos opciones. Incluye la información de la lista y unas imágenes interesantes (imágenes de tu ropa, de la ropa de tus compañeros, del campus, etcétera). Después, sube *(post)* tu vídeo según las instrucciones de tu profesor(a).

Opción 1: Mi universidad y el estilo de ropa	Opción 2: Mi universidad y mi estilo personal
• Tu nombre (¿Cómo te llamas?)	• Tu nombre (¿Cómo te llamas?)
• Una breve descripción de tus clases y tus profesores. (¿Cuál es tu carrera? ¿Cuántas clases tomas? ¿Cómo es tu horario? ¿Qué piensas de tus clases y/o de tus profesores?)	• Una breve descripción de tus clases y tus profesores. (¿Cuál es tu carrera? ¿Cuántas clases tomas? ¿Cómo es tu horario? ¿Qué piensas de tus clases y/o de tus profesores?)
• Una breve descripción de los estilos de ropa en tu campus (¿Cómo se visten los estudiantes para ir a clase? ¿Para ir al gimnasio? ¿Para ir a fiestas?).	• Una breve descripción de tu estilo personal (¿Cómo es tu estilo personal? ¿Qué colores prefieres? ¿Tienes diferentes estilos para diferentes ocasiones?).

C. Adivina. Mira la lista de ocasiones y lugares. ¿Qué ropa llevas en cada situación? Trabajando con un(a) compañero(a) de clase, una persona describe qué lleva en una de las ocasiones; la otra persona adivina *(guesses)* adónde va.

MODELO

Tú:	Llevo un vestido largo y negro con… ¿Adónde voy?
Tu compañero(a):	¿Vas a la recepción para…?
Tú:	¡Sí! / No. ¡Vuelve a advinar *(Guess again)*!

- a clase
- a la playa en el mes de julio
- a un partido de fútbol americano
- a una entrevista de trabajo
- al gimnasio

- a las montañas en el mes de enero
- a una fiesta entre amigos
- a la recepción para el aniversario de mis abuelos
- al baile formal de una fraternidad

D. Sabelotodo. En equipos, jueguen a ¡Sabelotodo! Formen equipos de dos o tres personas. Otra persona es el (la) moderador(a).

- El equipo "A" escoge una pregunta (por ejemplo, **España por $100**).
- El (La) moderador(a) lee la pregunta en voz alta.
- Las personas del equipo A colaboran y una persona responde a la pregunta. Tienen 30 segundos para responder.
- El (La) moderador(a) decide si la respuesta es correcta.
- Si la respuesta **no** es correcta, el otro equipo puede contestar la pregunta y "robar" el dinero.

	De compras en un gran almacén	En un mercado de artesanías	Los verbos como *gustar*	*Por* y *para*; las expresiones indefinidas y negativas	España
$100	Lee en voz alta *(aloud)*: 3er piso 5º piso 8º piso	¿Qué significa en inglés? un collar de oro; unos aretes de plata	¿Qué infinitivos en español corresponden a estas frases? *to care about; to be interested in; to be missing or lacking*	¿Qué palabras afirmativas corresponden a estas palabras negativas? nadie; ninguno	¿Cuál es la capital de España y en qué parte de la península ibérica está?
$200	Nombra seis colores y un diseño *(pattern)*.	Nombra cinco recuerdos típicos. (No incluyas joyería *[jewlery]*.)	Completa las oraciones con **encanta** o **encantan**: Me ___ su estilo. Me ___ tus zapatos. Me ___ ir de compras.	**¿Por** o **para?** Voy a la tienda ___ comprar un regalo ___ mi mamá.	¿Cuál es la profesión de Ágatha Ruiz de la Prada?
$300	Nombra diez artículos de ropa. (Incluye **el/la/los/las.**)	Quieres saber el precio *(price)* de un brazalete. ¿Qué le dices al vendedor en el mercado?	Completa las frases con un complemento indirecto: a mi padre ___ interesa; a mi amigo y a mí ___ interesa; a mis amigos ___ interesa.	Completa la oración con las palabras correctas: No hay (ningún / ninguno) mercado (por / para) aquí.	España es un líder global en la produccíon de dos productos agrícolas. ¿Cuáles son?
$400	Contesta las tres preguntas del dependiente: ¿Qué desea? ¿De qué color? ¿Qué talla lleva Ud.?	Quieres regatear; completa la oración: ¡Es muy caro! ¿Me puede…?	¿Cuál es la forma correcta del adjetivo? Los pantalones me parecen (bonito) pero la blusa me parece (feo).	Contesta la pregunta de manera negativa: ¿Vas a comprar algo en el mercado?	¿Cómo se llaman los dos bandos de la Guerra Civil Española?
$500	¿Cómo se dice en español? *I want to try on this jacket. Where is the fitting room?*	Quieres comprar una camiseta. ¿Cómo se dice en español? *I'll take it.*	Usa el verbo **quedar** y expresa esta oración en español: *That jacket is too small on me.*	**¿Por** o **para?** Estuve en el centro comercial ___ dos horas. Compré un cinturón ___ $20. ___ fin, volví a casa.	Aparte del español, ¿cuáles son tres lenguas oficiales de España?

Vocabulario

Sustantivos

la artesanía *arts and crafts*
el color *color*
el descuento *discount*
el estilo *style*
el (gran) almacén *department store*
la moda *fashion*
el piso *floor (level)*
la planta baja *ground floor*
la prenda (de vestir) *article of clothing*
el probador *dressing room*
el regalo *gift, present*
la ropa *clothing, clothes*
el sótano *basement*
la talla *size*
la tienda *store*

Verbos

aceptar *to accept*
buscar *to look for*
encontrar (ue) *to find*
escoger *to choose, pick, select*
faltar *to be short, missing, or lacking*
llevar *to wear (clothing), to take*
mostrar (ue) *to show*
pagar *to pay (for)*
parecer *to seem, to appear*
probarse (ue) *to try on*
quedar *to fit; to remain, to be left*
regatear *to bargain, to haggle over a price*

Otras palabras

barato(a) *cheap; inexpensive*
caro(a) *expensive*
cómodo(a) *comfortable*
esa *that, that one (f.)*
esas *those (f.)*
ese *that, that one (m.)*
esos *those (m.)*
esta *this, this one (f.)*
estas *these (f.)*
este *this, this one (m.)*
estos *these (m.)*
formal *dressy, fancy*
sencillo(a) *simple*

Style and fashion: p. 192
Clothing: p. 194
Ordinal numbers: p. 195
Colors and patterns: p. 195
Jewelry: p. 205
Souvenirs: p. 205

For further review, please turn to **Vocabulario temático: español e inglés** at the back of the book.

Go to the *Puentes* website for extra vocabulary practice using the Flashcard program.

¡A divertirnos!

For a selection of musical styles from this chapter's country of focus, access the ***Puentes***, Sixth Edition, iTunes playlist at www.cengagebrain.com

OBJETIVOS

Speaking and Listening
- Extending, accepting, and declining invitations
- Discussing leisure activities
- Talking about the weather and seasons
- Describing present and past holidays, celebrations, and memorable experiences
- Telling stories about past events
- Reacting to stories that others tell

Culture
- Art
- Costa Rica

Grammar
- Review of the preterite aspect of the past tense
- The imperfect aspect of the past tense
- Contrast of uses of the preterite and imperfect

Video
- Imágenes de Costa Rica
- En la Hacienda Vista Alegre: Episodio 7

Gramática suplementaria
- El pluscuamperfecto

Cuaderno de actividades
Reading
- Strategy: Summarizing

Writing
- Strategy: Writing a personal narrative

Playlist
- 🌐 www.cengagebrain.com

A primera vista

Pasión por las artes

A lo largo de la historia, el arte ha sido una forma de expresión y de diversión. Grandes artistas han representado experiencias de la vida en sus pinturas. Curiosamente, varios artistas pueden tratar un mismo tema —música, por ejemplo— pero representarlo de formas muy diferentes. ¿Qué estilo de arte te inspira a ti?

Para hablar del arte

- pintar *to paint*
- la pintura / el cuadro *painting*
- dibujar *to draw*
- el dibujo *drawing*
- el museo / la galería / la exposición *museum / gallery / exhibition*
- Para describir un cuadro
  - Es de estilo realista / romántico / cubista / surrealista / abstracto.
  - Su estilo se caracteriza por… *His / Her style is characterized by . . .*
  - El tema / el sujeto es… *The theme / subject is . . .*
- Los colores son vivos / oscuros. *The colors are bright / dark.*

A. ¿Comprendes? Lee la información en la página 223 y completa la tabla con tus apuntes sobre tres estilos diferentes. Después, describe oralmente uno de los tres cuadros.

Estilo	Descripción del estilo	Nombre de un artista / país de origen
1. el realismo		
2.	Se caracteriza por las formas geométricas.	
3.		Roberto Matta – Chile

B. Comparaciones. Trabajando con un(a) compañero(a), comparen los tres cuadros. Después, describan el arte de otro artista.
1. El tema de los tres cuadros es _____.
2. Los sujetos del cuadro _____ son los más realistas; los sujetos del cuadro _____ son los menos realistas.
3. Pablo Picasso representa a los músicos de diferentes _____. Roberto Matta representa a los músicos flotando en _____.
4. Jorge Gallardo usa colores _____; Roberto Matta usa colores _____.
5. Otro(a) artista que me gusta mucho es *(nombre)*. Es de *(país)*. Pinta en el estilo ____. Uno de sus cuadros se llama _____.

C. ¿Qué dices tú? Con un(a) compañero(a), conversen sobre el arte.
1. ¿Te gusta pintar o dibujar? (¿Sí? ¿Qué temas prefieres pintar o dibujar?) ¿Cuáles de tus amigos o familiares tienen talento artístico?
2. ¿Vas a los museos o a las galerías de arte a menudo? ¿Qué exposición viste recientemente? ¿Qué estilos de arte prefieres?
3. ¿Cuál de los cuadros te gustó *(did you like)* más? Explica por qué te gustó.

El realismo

El realismo, como indica su nombre, es un estilo que se basa en la representación directa de la realidad. A diferencia del romanticismo, los artistas realistas no intentan idealizar la naturaleza *(nature)* o la historia, sino que reproducen objetos y momentos de la vida cotidiana *(everyday)*. En Costa Rica, un pintor importante del realismo es Jorge Gallardo (1924–2002). Él llamó su arte "realismo cristiano" y la mayoría de sus sujetos eran de la población pobre *(poor)*.

El pintor costarricense Jorge Gallardo capta ▶ una fiesta-baile en su pintura *El bailongo*.

Courtesy of Museos del Banco Central de Costa Rica. With the permission of Ruth Retana

El cubismo

Lee Boltin/Time & Life Pictures/Getty Images

El cubismo se desarrolló al principio del siglo xx. La figura central del cubismo es el español Pablo Picasso (1881–1973). Este gran artista pasó por varias etapas *(stages)*, pero el cubismo es quizás la más importante. Este movimiento artístico se caracteriza por las formas geométricas. Los cubistas rompen la perspectiva tradicional y representan un objeto de diferentes ángulos en un solo plano. No hay sensación de profundidad *(depth)* ni tampoco muchos detalles o colores de la realidad.

◀ Pablo Picasso utilizó el cubismo sintético cuando pintó *Los tres músicos* en 1921. Las formas son simples y las áreas de colores no se limitan a los bordes de las figuras.

El surrealismo

El surrealismo fue un movimiento artístico que se inició en Francia en la década de 1920. Los artistas surrealistas intentaban representar el inconsciente: los sueños *(dreams)*, los pensamientos y las emociones. En España, los grandes surrealistas fueron Salvador Dalí y Joan Miró. En Latinoamérica, el mayor exponente y el último de los surrealistas fue el chileno Roberto Matta (1911–2002). Recibió muchos premios por sus pinturas que expresan la esencia del cosmos.

En *Jazz Band* (1973), como en las otras pinturas de Roberto Matta, ▶ las figuras parecen flotar en un espacio sin horizonte.

"Jazz Band" (1975) Etching published by Editions Sonet AB, Lidingö, Sweden. Printed by Georges Visat, Paris. From l'oeuvre gravé de Matta.

PARA INVESTIGAR

¿Quieres saber más sobre los artistas hispanos? En Internet, busca información sobre uno de estos pintores: Diego Rivera, Frida Kahlo, Joaquín Sorolla, El Greco, Oswaldo Guayasamín, Joaquín Torres García, Amelia Peláez, Alejandro Obregón.

Vocabulario temático

In this *Paso* you will practice:

▶ Extending, accepting, and declining invitations

▶ Discussing leisure activities

▶ Narrating in the past

Grammar:

▶ Review of the preterite aspect of the past tense

🌐 Go to the ***Puentes*** website for extra vocabulary practice using the Flashcard program.

The English equivalents of the **Vocabulario temático** sections are found at the back of the book.

El tiempo libre: las invitaciones

Para invitar

CD3
Track 3-2

¿Quieres ir *al cine* el sábado?
      al teatro
      al museo de arte
      a un concierto

¿Por qué no *salimos a bailar* esta noche?
      jugamos a las cartas
      damos un paseo
      vamos al partido de fútbol

Elena Ra/Shutterstock.com

Para aceptar la invitación

¡Qué buena idea!

¡Cómo no!

¡Me encantaría!

Image Source Black/Jupiter Images

Para declinar la invitación

Lo siento, pero *tengo que estudiar.*

Gracias, pero no puedo. *Estoy cansado(a).*
              Tengo otro compromiso.
              No sé jugar.

Quizás la próxima vez.

Para pedir información y hacer los planes

—¿A qué hora empieza?

—Empieza *a las ocho.*

—¿Dónde nos encontramos?

—*Paso por tu casa* a las siete y media.

—¿Cuánto cuestan los boletos?

—La entrada es *gratuita.*

If you want to meet on location, say: **Te espero en *el museo*.**

Otras preguntas útiles

¿Qué película dan?   ¿Quiénes tocan?

¿Qué obra presentan?   ¿Quiénes juegan?

7-1 ¿Quieres ir a…? Dos amigas están escuchando la radio y oyen algo interesante. Primero, escucha el anuncio de radio y la reacción de las jóvenes. Luego, completa las oraciones con la información correcta.

_____ 1. El anuncio es para…

    a. una obra teatral.   b. un ballet.   c. un concierto.

_____ 2. El acontecimiento (event) va a tener lugar…

    a. el 8 de noviembre.   b. el 10 de noviembre.   c. el 16 de noviembre.

_____ 3. El boleto menos caro cuesta…

    a. 8000 colones.   b. 16 500 colones.   c. 28 000 colones.

_____ 4. Carmen no está segura si quiere ir porque…

    a. tiene que estudiar para los exámenes.

    b. no le gusta el acontecimiento.

    c. los boletos cuestan mucho dinero.

_____ 5. Las chicas deciden…

    a. conversar más sobre el evento mañana.

    b. comprar los boletos inmediatamente.

    c. ahorrar (save) su dinero para las vacaciones.

7-2 Vamos al teatro. Carolina y Ricardo están haciendo sus planes para el fin de semana. Relaciona las dos columnas de una manera lógica.

Carolina:

_____ 1. ¿Quieres ir al museo el sábado? Hay una nueva exposición de arte contemporáneo.

_____ 2. ¡Buena idea! ¿Qué obra presentan?

_____ 3. ¿Cuánto cuestan los boletos?

_____ 4. Está bien. ¿A qué hora empieza?

_____ 5. Bueno. ¿Dónde nos encontramos?

_____ 6. De acuerdo. Entonces nos vemos el sábado a las 6:45.

Ricardo:

a. Paso por tu casa a las siete menos cuarto.

b. No sé. En realidad, no me interesa mucho. ¿Por qué no vamos al teatro?

c. ¡Hasta pronto!

d. Tres mil colones. Pero hay un descuento para estudiantes.

e. A las ocho.

f. Una tragedia clásica: _Romeo y Julieta._

7-3 Dos invitaciones. Completa los diálogos en esta página y en la página 226 de una manera lógica.

1. **Una invitación y una aceptación**

    Tu amigo(a):   Oye, ¿quieres ir al cine esta noche?

             Tú: ¡_____! ¿_____?

    Tu amigo(a):   Dan _El Laberinto._

             Tú: ¿_____?

    Tu amigo(a):   La primera función (first showing) es a las siete y cuarto, y la segunda empieza a las nueve y media.

             Tú: Prefiero _____ porque _____.

    Tu amigo(a):   De acuerdo. ¿Dónde nos encontramos?

             Tú: _____.

    Tu amigo(a):   Muy bien. ¡Hasta muy pronto!

2. **Una invitación y una declinación**

Tu amigo(a): No tengo ganas de ir a clase esta tarde. ¿Por qué no jugamos al tenis?

Tú: Lo siento, pero _____.

Tu amigo(a): Ah, pues… ¿quieres ir al partido de básquetbol esta noche?

Tú: _____.

Tu amigo(a): Bueno, entonces será la próxima vez.

7-4 ¿Quieres ir? Mira la siguiente agenda cultural de un periódico de San José, Costa Rica. ¿Cuál de los eventos es más interesante? Invita a tu compañero(a) a ese evento.

MODELO

Tú: ¿Quieres ir a…?

Tu compañero(a): ¡Me encantaría! ¿…?

AGENDA CULTURAL

Lo mejor del fin de semana

Cine

Los colores de la montaña, una película colombiana dirigida por Carlos César Arbeláez.
Funciones a las 3, 5, 7 y 9 P.M. Sala Garbo.
Entrada: ¢3000
Teléfono: 2222-1034

Vida nocturna

Infinito. Discoteca con tres pistas de baile: Salsa, Merengue, Pop. De 6 P.M. a 6 A.M.
Entrada: ¢800
Teléfono: 2223-9125

Música

Viernes y sábado, a las 10 P.M. concierto del cantautor nicaragüense Perrozompopo. Jazz Café San Pedro.
Entrada: ¢6000
Teléfono: 2253-8933

Teatro

Burócratas todos, apto para todo público. Funciones de jueves a sábado a las 8 P.M. y domingo a las 5 P.M. Teatro Vargas Calvo.
Entrada: ¢4000
Teléfono: 2257-1612

Arte

Exhibición de las pinturas del artista Pedro Arrieta. Museo de Arte Costarricense.
Abierto martes a domingo, de 9 A.M. a 4 P.M.
Entrada: Gratis
Teléfono: 2256-1281

© Cengage Learning

7-5 Nuestras preferencias. Conversa con dos o tres compañeros(as) sobre sus actividades favoritas durante el tiempo libre. Contesta las preguntas a continuación y haz otras preguntas originales.

1. **Los deportes:** ¿Cuáles son tus deportes favoritos? ¿Cuáles prefieres jugar y cuáles prefieres mirar? ¿Cuáles son tus equipos *(teams)* preferidos? (Haz una pregunta original.)

2. **El cine y el teatro:** ¿Te gusta más el cine o el teatro? ¿Quiénes son tus actores y actrices favoritos? ¿Qué películas u obras viste recientemente? (Haz una pregunta original.)

3. **Otros pasatiempos:** Después de estudiar mucho, ¿qué haces para relajarte *(to relax)*? ¿Qué prefieres hacer los viernes y los sábados por la noche? (Haz una pregunta original.)

Vocabulario temático

El fin de semana
Un fin de semana divertido

CD3
Track 3-4

ESTEBAN: ¿Qué tal tu fin de semana?

DIEGO: Me divertí muchísimo.

ESTEBAN: ¿Adónde fuiste?

DIEGO: Fui *al lago.*

ESTEBAN: ¿Qué hiciste?

DIEGO: Mi amigo(a) y yo *paseamos en barco de vela.*

ESTEBAN: ¡Qué divertido!

DIEGO: Sí, lo pasamos muy bien. ¿Y tú qué hiciste?

If you didn't do anything special over the weekend, you can say **No hice nada en particular** or **No hice nada especial.**

Danita Delimont/Alamy

Un fin de semana regular/malo

CD3
Track 3-5

ANA: ¿Cómo pasaste el fin de semana?

LORENA: Lo pasé *fatal.*
bastante mal

ANA: ¿Qué pasó?

LORENA: Me enfermé y tuve que quedarme en casa.

ANA: ¡Qué lástima!

LORENA: Sí, pero hoy me siento mejor. Y tú, ¿cómo pasaste el fin de semana?

Actividades populares

CD3
Track 3-6

En las montañas: **escalar en roca, hacer caminatas, acampar, dormir bajo las estrellas**

En la playa: **bucear, esquiar, nadar, pasear en barco de vela, tomar el sol**

En el campo: **montar a caballo, ir de caza, pescar**

En el gimnasio: **correr, levantar pesas, hacer yoga, hacer ejercicio aeróbico**

En un festival: **escuchar música, ver artesanías, probar la comida, bailar**

En casa: **descansar, mirar televisión, relajarse, leer**

Estrategia Tips on sustaining a conversation

To sustain a conversation, express your interest by asking follow-up questions and by reacting with appropriate phrases:

To react to happy news:		To react to a disappointment:	
¡Fantástico!	*That's fantastic!*	¡Qué lástima!	*That's too bad!*
¡Magnífico!	*That's wonderful!*	¡Qué mala suerte!	*What bad luck!*
¡Qué buena suerte!	*What good luck!*	¡Qué pena!	*That's very sad!*
¡Estupendo!	*That's great!*	¡Qué decepción!	*What a disappointment!*

Ponerlo a prueba

CD3
Track 3-7

7-6 ¿Qué tal el fin de semana? Pilar y Marcos están hablando de su fin de semana. ¿Qué hicieron? Escucha su conversación y completa las oraciones.

_____ 1. El fin de semana pasado Pilar…
  a. no hizo nada en particular.   b. se divirtió mucho.   c. lo pasó muy mal.

_____ 2. Pilar y Rosa fueron…
  a. al lago.   b. a la playa.   c. al campo.

_____ 3. Pilar y Rosa…
  a. pasearon en barco de vela.   b. hicieron caminatas.   c. tomaron el sol.

_____ 4. Marcos tuvo un fin de semana…
  a. divertido.   b. tranquilo.   c. malo.

_____ 5. El viernes, en el festival, Marcos…
  a. vio muchas artesanías.
  b. probó muchas comidas.
  c. escuchó un conjunto nuevo.

_____ 6. El sábado y el domingo, Marcos…
  a. tuvo que estudiar.
  b. estuvo enfermo.
  c. trabajó en el restaurante.

7-7 Dónde. ¿Dónde hicieron tú y tus amigos estas actividades? Relaciona la información de las dos columnas. **¡Ojo!** Puede haber más de una respuesta correcta.

_____ 1. Rita tomó el sol y nadó en el mar.   a. en las montañas

_____ 2. Hice ejercicio aeróbico y levanté pesas.   b. en la playa

_____ 3. Mis amigos y yo nos fuimos de caza y también pescamos.   c. en el campo

_____ 4. Carlos acampó y durmió bajo las estrellas.   d. en el lago

_____ 5. Silvia y Elena bucearon y esquiaron todo el día.   e. en el gimnasio

_____ 6. Alicia y Javier escalaron en roca e hicieron caminatas.   f. en un festival

_____ 7. Jaime se enfermó y se quedó en cama.   g. en casa

_____ 8. Vimos unas artesanías y bailamos salsa.

7-8 Nuestras preferencias. Conversa con tres compañeros(as) sobre sus actividades favoritas en los distintos lugares. Toma apuntes sobre las actividades favoritas de cada persona.

> **MODELO**
>
> TÚ: ¿Qué te gusta hacer en las montañas?
>
> COMPAÑERO(A) 1: Me encanta acampar en las montañas. También me gusta escalar en roca. Y a ti, ¿qué te gusta hacer?

	COMPAÑERO(A) 1	COMPAÑERO(A) 2	COMPAÑERO(A) 3
En las montañas			
En la playa			
En el gimnasio			
En un festival			

7-9 Lo bueno y lo malo. Completa cada conversación con una reacción apropiada y una pregunta lógica. Lee las conversaciones en voz alta con un(a) compañero(a).

1. SAÚL: Saqué una nota muy mala en mi examen de cálculo.

   TÚ: ¡_____! ¿_____?

2. PACO: Mi abuelo me va a comprar un coche para mi cumpleaños.

   TÚ: ¡_____! ¿_____?

3. ROSA: Carlos y yo no pudimos ir a la fiesta anoche porque tuvimos que trabajar.

   TÚ: ¡_____! ¿_____?

4. CLAUDIA: José y yo comimos en un nuevo restaurante ayer ¡y los dos nos enfermamos!

   TÚ: ¡_____! ¿_____?

5. (Inventen una situación original.)

7-10 El fin de semana. ¿Adónde fueron estas personas el fin de semana pasado? ¿Qué hicieron allí? Para cada ilustración, escribe un mínimo de tres oraciones en el pretérito; incluye muchos detalles.

Laura y su esposo

> **MODELO**
>
> Laura y su esposo **fueron** a Nueva York. **Comieron** en un restaurante chino una noche. Otro día **visitaron** un museo de arte. También **vieron** una obra de teatro.

1.

Puri

2.

Paco y sus amigos

3.

Leonora y David

© Cengage Learning

7-11 ¿Qué tal? Conversa con un(a) compañero(a) sobre el fin de semana pasado.

> **MODELO**
>
> TÚ: ¿Cómo pasaste el fin de semana?
>
> TU COMPAÑERO(A): Lo pasé muy bien.
>
> TÚ: ¿Qué hiciste…?

Gramática

🌐 **Heinle Grammar Tutorial:**
The preterite tense

🔊
CD3
Track 3-8

Repaso del pretérito

Read along as you listen to Roberto describe how he and his wife spent last Saturday. Identify all the verbs in the preterite.

Carla y yo nos divertimos mucho el sábado. Primero, fuimos a un parque donde dimos un paseo y jugamos al frisbee. Luego fuimos a un festival en el centro de la ciudad. Probamos muchos platos deliciosos y escuchamos un conjunto nuevo. Bailamos por horas y horas. Volvimos a casa a la medianoche, cansados pero contentos.

A. El pretérito. The preterite (**el pretérito**) is one of two important verb forms used in Spanish to talk about past actions and events. To refresh your memory of the different conjugations, see Appendices B, C, D, and E.

- ▶ **Regular -ar verbs:** pas**é**, pas**aste**, pas**ó**, pas**amos**, pas**asteis**, pas**aron**

- ▶ **Regular -er and -ir verbs:** com**í**, com**iste**, com**ió**, com**imos**, com**isteis**, com**ieron**

- ▶ **Spelling-changing verbs in the *yo* form:** **-zar** → **-cé** (almorcé, empecé); **-car** → **-qué** (busqué, toqué); **-gar** → **-gué** (llegué, jugué)

- ▶ **Stem-changing -ir verbs (e → i and o → u):** pedir, repetir, vestirse, divertirse, servir, conseguir, dormir, morir

- ▶ **Irregular verbs:** ser, ir, tener, estar, hacer, dar, poder, poner, venir, querer, hacer, decir, traer, conducir

B. Los usos del pretérito. In Spanish, both the preterite and the imperfect are used to talk about the past. The preterite is used in the following ways:

- ▶ To tell what happened or what somebody did at a particular time:
  ayer *(yesterday)*, **anteayer** *(the day before yesterday)*, **anoche** *(last night)*, **la semana pasada** *(last week)*, **hace dos semanas** *(two weeks ago)*, **el año pasado** *(last year)*, **en 2005, para mi cumpleaños,** etc.

  Mis padres me visitaron **ayer.**   *My parents visited me **yesterday.***

- ▶ To state that an action or event occurred several times:
  una vez *(once)*, **dos veces** *(twice)*, **varias veces** *(several times)*, etc.

  Vi la película *El Laberinto del Fauno* **dos veces.**   *I saw the movie* Pan's Labyrinth ***twice.***

- ▶ To express that an action or event lasted a specific amount of time:
  por unos minutos, por dos horas, por varios días, por veinte años, por siglos *(centuries)*, etc.

  Estudié **por tres horas.**   *I studied **for three hours.***

- ▶ To sum up an experience. A summary statement is usually placed at the beginning or end of a story or anecdote.

  Ayer **fue** un día horrible. Primero…   *Yesterday **was** a terrible day. First . . .*

C. Algunos verbos especiales. The preterite often indicates the beginning or end of an action. To reflect this usage, certain verbs need a special translation in English when used in the preterite. Here are a few of the more common ones:

conocer	Anoche **conocí** a mis futuros suegros. *Last night I **met** my future in-laws. (That is, I was introduced to them.)*
saber	**Supe** la mala noticia ayer. *I **found out** the bad news yesterday.*
querer	Carmen **quiso** ir, pero nevaba demasiado. *Carmen **tried** to go, but it was snowing too hard.*
no querer	**No quise** ir a la fiesta. *I **refused** to go to the party.*
poder	**Pude** ir a pesar de la lluvia. *I **managed** to go despite the rain.*
tener	Ayer **tuve** una buena noticia. *Yesterday I **got** some good news.*

Ponerlo a prueba

7-12 Una visita a Costa Rica. ¿Qué hicieron Rosaura y sus amigos durante su visita a Costa Rica? Escoge el verbo más lógico y escríbelo en el pretérito.

1. Mi amiga Yensy y yo (hacer / ir) _____ una excursión a Sarchí, un pueblo famoso por sus artesanías.

   Allí (tener / poder) _____ ver unas carretas *(ox carts)* hechas a mano y muchos artículos de madera *(wood)*.

2. Hernando y Saúl (acampar / alquilar) _____ un carro y (conducir / tomar) _____ al Parque Nacional Volcán Poás.

   Por desgracia, no (seguir / poder) _____ ver el cráter, porque estaba muy nublado *(cloudy)*.

3. Glenda (correr / ir) _____ a un restaurante típico y (pedir / poner) _____ casado, un plato típico con arroz, frijoles, carne y ensalada.

   Pero no (bucear / querer) _____ probar la sopa de mondongo *(tripe)*.

4. Silvia y Patricio (dar / escalar) _____ un paseo en bote para ver las junglas *(jungles)* de Tortuguero.

   Silvia (ducharse / divertirse) _____ mucho mirando los animales, pero Patricio (dormirse / despertarse) _____ y no (ver / comer) _____ nada.

5. José, Martita y yo (venir / tener) _____ la suerte de ver las cavernas subterráneas en el Parque Nacional de Barra Honda.

   ¡No sé por qué nosotros no (traer / hacer) _____ nuestra cámara!

7-13 La fiesta de Paloma. Mira la escena de la fiesta de Paloma y contesta las preguntas con oraciones completas.

1. ¿En qué mes fue la fiesta de Paloma?
2. ¿Por qué dio una fiesta?
3. ¿A qué hora llegó Miguel? ¿Qué le trajo Miguel a Paloma?
4. ¿Qué hizo doña Eugenia para la fiesta?
5. ¿Qué sirvió don Patricio durante la fiesta?
6. ¿A qué jugaron Antonio y Felipe?
7. ¿Qué hicieron Neeka y Kelly durante la fiesta?
8. ¿Cómo se divirtieron Ricardo y Margarita? ¿Celso y Bernadette?
9. ¿Cómo pasaron el tiempo en la fiesta Paco y Juan?
10. En tu opinión, ¿quiénes se divirtieron más en la fiesta? ¿Por qué?

© Cengage Learning

7-14 La última vez. Tú y un(a) compañero(a) van a hablar de la última vez *(last time)* que hicieron algo. Usen las siguientes expresiones y preguntas para entrevistarse.

| ayer | anteayer | la semana pasada | hace *dos semanas* |
| anoche | el año pasado | el mes pasado | hace *dos años* |

1. ¿Cuándo fue la última vez que fuiste al cine? ¿Qué película viste? ¿Te gustó? ¿Adónde fuiste después de ver la película? Haz una pregunta original.

2. ¿Cuándo fue la última vez que fuiste con tus amigos a un restaurante mexicano? ¿Qué pidieron Uds. para comer? ¿Fue bueno o malo el servicio allí? ¿Tocaron música de mariachi? Haz una pregunta original.

3. ¿Cuándo fue la última vez que pasaste todo el día en casa? ¿Estuviste enfermo(a) ese día? ¿Hasta qué hora dormiste? ¿Qué hiciste el resto del día? Haz una pregunta original.

7-15 La fiesta. Conversa con dos o tres compañeros(as) sobre una fiesta especial o memorable. Incluyan la siguiente información:

▸ ¿Cuándo fue la fiesta?
▸ ¿Qué hicieron todos en la fiesta?
▸ ¿Quién dio la fiesta?

▸ ¿Por qué fue una fiesta especial o memorable?

Vocabulario temático

Las estaciones

En las zonas templadas:

CD3
Track 3-9

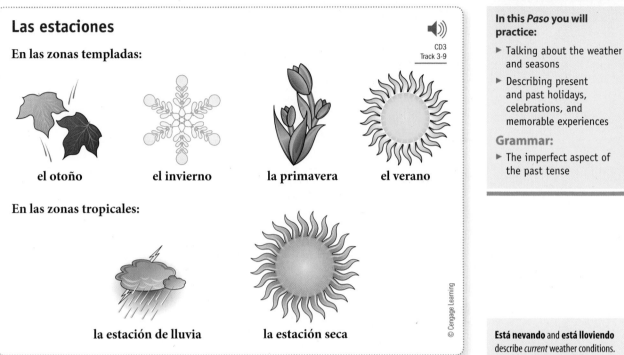

el otoño   el invierno   la primavera   el verano

En las zonas tropicales:

la estación de lluvia   la estación seca

© Cengage Learning

In this *Paso* you will practice:

► Talking about the weather and seasons

► Describing present and past holidays, celebrations, and memorable experiences

Grammar:

► The imperfect aspect of the past tense

Está nevando and **está lloviendo** describe *current* weather conditions. To describe climate (or the usual weather pattern), use **nieva** (*it snows*) and **llueve** (*it rains*).

El tiempo

¿Qué tiempo hace hoy?

CD3
Track 3-10

Hace buen tiempo. Hace sol y mucho calor.

El día está pésimo. Está lloviendo mucho. ¡Detesto la lluvia!

Hace mucho frío. Está nevando. ¡Me gusta la nieve!

Hace fresco hoy. Hace mucho viento. Creo que va a llover.

© Cengage Learning

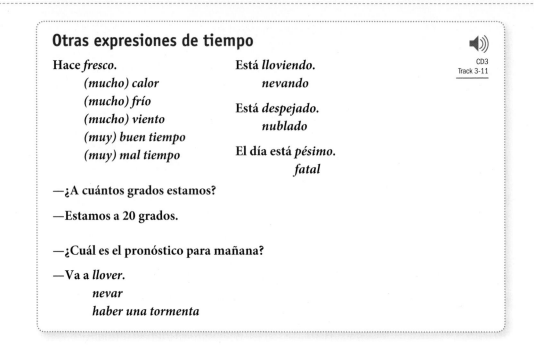

Otras expresiones de tiempo

CD3
Track 3-11

Hace *fresco*.
  (mucho) calor
  (mucho) frío
  (mucho) viento
  (muy) buen tiempo
  (muy) mal tiempo

Está *lloviendo*.
  nevando

Está *despejado*.
  nublado

El día está *pésimo*.
  fatal

—¿A cuántos grados estamos?

—Estamos a 20 grados.

—¿Cuál es el pronóstico para mañana?

—Va a *llover*.
  nevar
  haber una tormenta

Ponerlo a prueba

CD3
Track 3-12

7-16 El pronóstico para los Estados Unidos. Escucha el pronóstico del tiempo para los Estados Unidos. Para cada zona y ciudad, escribe las letras que corresponden a los símbolos del tiempo. Antes de escuchar el pronóstico, familiarízate bien con los símbolos.

1. Noreste: ____, ____. Nueva York: ____.

2. Sureste: ____, ____. Miami: ____.

3. Zona central norte: ____, ____, ____. Chicago: ____.

4. Zona central sur: ____. Houston: ____.

5. Oeste/Costa del Pacífico: ____, ____. Los Ángeles: ____, ____.

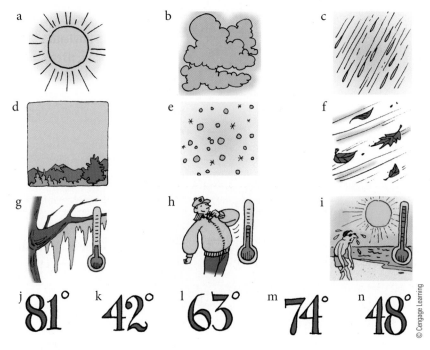

7-17 Mis estaciones favoritas. Relaciona la información de las dos columnas de una manera lógica.

____ 1. Me encanta el verano porque…

____ 2. Me gusta el invierno porque…

____ 3. La primavera es muy agradable (*pleasant*) porque…

____ 4. El otoño es mi estación favorita porque…

____ 5. En la estación de lluvia…

a. nieva con frecuencia en las montañas y podemos esquiar.

b. llueve por unas horas todos los días.

c. hace sol y calor y siempre vamos a la playa.

d. hace buen tiempo y las plantas florecen (*are in full bloom*).

e. hace fresco y empieza la temporada de fútbol americano.

7-18 ¿Qué tiempo hace en…? Con un(a) compañero(a), usa la información siguiente para hablar del clima en diferentes lugares.

MODELO

TÚ:	¿Qué tiempo hace en primavera en Madrid, España?
TU COMPAÑERO(A):	Hace fresco y llueve.
TÚ:	¿Cuál es la temperatura media en Madrid en primavera?
TU COMPAÑERO(A):	Es de 60 grados (Fahrenheit).

	diciembre enero febrero	marzo abril mayo	junio julio agosto	septiembre octubre noviembre
Madrid, España	45°	60°	85°	60°
Buenos Aires, Argentina	80°	72°	57°	76°
San José, Costa Rica	75°	79°	78°	77°
tu ciudad	?	?	?	?

© Cengage Learning

7-19 Mi estación favorita. Conversa con dos o tres compañeros(as) sobre sus estaciones favoritas. Incluye esta información:

▸ ¿Cuál es tu estación favorita? ¿Por qué?

▸ ¿Cómo es el clima en esa estación donde tú vives?

▸ ¿Cuáles son tus actividades favoritas en esa estación?

Vocabulario temático

Los días festivos y las celebraciones

CD3
Track 3-13

Para celebrar el Día de la Independencia, siempre vamos a ver un desfile en mi pueblo. Cuando era niño(a), me gustaba *ver los fuegos artificiales.*

Para celebrar el Día de Acción de Gracias, normalmente toda la familia se reúne en mi casa. Siempre comemos pavo y pastel de calabaza. Cuando era niño(a), *jugaba al fútbol americano con mis primos.*

Para celebrar mi cumpleaños, por lo general salgo a comer con mi familia. Cuando era niño(a), *tenía una fiesta todos los años.*

© Cengage Learning

Las celebraciones y las costumbres

CD3
Track 3-14

la Navidad	decorar un árbol y cantar villancicos
la Nochebuena	intercambiar regalos
la Janucá	encender las velas del candelabro
la Noche Vieja	brindar con champaña
el Día de Año Nuevo	reunirse con amigos
la Pascua Florida	ir a la iglesia
el Pésaj	ir a la sinagoga
el Día de las Brujas	llevar disfraz y pedir dulces
el Día de los Enamorados	regalar flores o chocolates
el cumpleaños	apagar las velas del pastel de cumpleaños

COMENTARIO CULTURAL *El Día de los Muertos*

En tu familia, ¿cómo recuerdan a los parientes muertos? ¿Visitan el cementerio en un día especial? ¿Qué hacen allí?

El 2 de noviembre se celebra el "Día de los Muertos" en muchos países hispanohablantes. Es un día para recordar y honrar a los parientes y a los amigos difuntos *(deceased).* Por lo  general se va al cementerio para rezar *(pray),* limpiar las tumbas y poner flores frescas. Cada país tiene sus tradiciones. En México, el Día de los Muertos es una celebración alegre y colorida. Las tiendas venden calaveras *(skulls)* de azúcar, esqueletos *(skeletons)* de papel maché, el tradicional pan de muerto y flores anaranjadas. En las casas, las familias decoran altares con flores, velas y la comida preferida del difunto *(deceased one).* En Sacatepéquez, Guatemala, es costumbre hacer volar *(to fly)* barriletes *(kites)* gigantes en los cementerios para llamar a los muertos. En Nicaragua, muchas personas duermen al lado de las tumbas. En otros países, se acostumbra *(it is customary)* ir al teatro para ver *Don Juan Tenorio,* una obra española de 1844 que tiene escenas en el cementerio.

Perousse Bruno / Hemis / Alamy

7-20 Días festivos. Dos latinoamericanos que viven en los Estados Unidos van a describir su día festivo favorito. Escucha sus descripciones y completa las actividades.

PRIMERA DESCRIPCIÓN:

1. Marisa describe (la Navidad / el Año Nuevo / la Pascua).

2. Por lo general, Marisa pasa el 24 con (sus tíos / sus abuelos / sus nietos).

3. Cuando Marisa era pequeña, le gustaba (ir a la iglesia / decorar el árbol / recibir regalos de Papá Noel).

SEGUNDA DESCRIPCIÓN:

4. Rolando habla (del Día de las Brujas / de su cumpleaños / del Día de los Enamorados).

5. El año pasado, Rolando (no hizo nada especial / salió a comer / tuvo una fiesta sorpresa).

6. Cuando Rolando era pequeño, le gustaba (comer helado / llevar un disfraz / apagar las velas del pastel).

7-21 Los días festivos y las tradiciones. ¿Con qué día festivo asocias las siguientes tradiciones? Primero, indica cuál de las actividades no corresponde a cada grupo. Luego, escoge el día festivo de la lista y escríbelo en el espacio en blanco.

> MODELO   <u>la Noche Vieja</u>: brindar con champaña / celebrar a la medianoche / <u>pasear en barco de vela</u> / hacer propósitos *(resolutions)*

el cumpleaños	el Día de Acción de Gracias
la Navidad	el Día de los Enamorados
la Noche Vieja	el Día de la Independencia

1. _____: cantar villancicos / decorar un árbol / intercambiar regalos / llevar disfraz

2. _____: comer pavo y jamón / mirar el desfile de Macy's / llover mucho / mirar partidos de fútbol americano

3. _____: ir a la sinagoga / regalar una docena de rosas / comer en un restaurante romántico / beber champaña

4. _____: tener una fiesta / comer un pastel de calabaza / apagar las velas del pastel / reunirse con amigos y con la familia

5. _____: ver los fuegos artificiales / encender las velas del candelabro / asistir a un concierto de música patriótica / hacer un picnic o una barbacoa

7-22 ¡Feliz Día de los Inocentes! Lee el blog sobre el Día de los Inocentes y contesta las preguntas con un(a) compañero(a) de clase.

Mi blog 👍

Hoy es el primero de abril, pero aquí en Costa Rica no es *April Fool's Day*. Algunos costarricenses están muy confundidos porque recibieron correo electrónico con un mensaje sorprendente: ¡son primos del Presidente de los Estados Unidos! En Costa Rica, como en el resto de Hispanoamérica, el día en que se hacen bromas *(they play practical jokes)* es el 28 de diciembre, el Día de los Santos Inocentes. Las personas se divierten con bromas y los medios de comunicación dan noticias falsas y cómicas. Hace unos años, por ejemplo, una estación de radio anunció que los planetas estaban alineados *(aligned)* y por eso había menos gravedad *(gravity)* en la Tierra. Varias personas (que eran parte de la broma) llamaron a la estación, diciendo que habían brincado *(they had jumped)* tan alto que habían tocado el techo *(ceiling)*. Ese día, muchos costarricenses brincaron y brincaron. ¡Qué broma más divertida! Pero la historia de este día no es divertida. El 28 de diciembre es la conmemoración de la masacre de niños pequeños en Belén en tiempos de la Biblia.

© Cengage Learning

1. ¿Por qué estaban muchos costarricenses confundidos al recibir mensajes falsos el primero de abril?

2. ¿En qué día se festeja el Día de los Santos Inocentes en Hispanoamérica? ¿Cómo se celebra?

3. ¿Qué broma hizo una estación de radio? ¿Qué hicieron muchos costarricenses ese día?

4. ¿Qué te pareció la broma de la estación de radio? ¿Qué bromas experimentaste tú en un Día de los Inocentes?

7-23 Las tradiciones familiares. Diego y Lilia conversan sobre algunas de sus tradiciones familiares. Trabajando con un(a) compañero(a), escojan las palabras más lógicas y lean la conversación en voz alta.

DIEGO: ¿Qué día festivo te gusta más?

LILIA: Me encanta la Navidad. Siempre decoramos (1. un árbol / un pavo) y hacemos muchos tipos de galletas. Luego, el día 24, en (2. Nochebuena / Nochevieja), vamos a la (3. sinagogoa / iglesia) para un servicio especial donde cantamos (4. velas / villancicos).

DIEGO: ¿Intercambias (5. dulces / regalos) con todos tus familiares?

LILIA: Sí. El día de la Navidad (6. nos reunimos / regalamos) en la casa de mi abuela para almorzar e intercambiar regalos. Después, si (7. llueve / nieva), hacemos un muñeco de nieve *(snowman)*. ¿Cuál es tu día festivo preferido, Diego?

DIEGO: A mí me encanta el (8. Día / Año) Nuevo. Por lo general celebramos con (9. una fiesta / un desfile) en casa. A la medianoche (10. apagamos / brindamos) con champaña y comemos doce uvas, para traer (11. buena / mala) suerte. Luego, mis hermanos encienden (12. los fuegos / las flores) artificiales.

7-24 Adivina. Juega este juego de adivinanza *(guessing game)* con dos o tres compañeros(as). Primero, uno(a) de Uds. tiene que describir un día festivo sin mencionar el nombre. Después de escuchar, las otras personas tienen que adivinar *(guess)* cuál es. Tomen turnos.

> **MODELO**
>
> Tú: Este día festivo es en el verano. Para celebrarlo, muchas personas van a un lago o a un parque donde comen hamburguesas, perros calientes y sandía. Por la noche, hay muchos fuegos artificiales. Los colores "oficiales" de este día son el rojo, el blanco y el azul. ¿Cuál es este día festivo?
>
> Compañero(a) 2: ¿Es el Día de la Independencia?
>
> Tú: ¡Sí!

7-25 En Costa Rica. Aquí tienes una lista de los días festivos de Costa Rica. Con un(a) compañero(a), lee la información y contesta las preguntas.

Los días festivos de Costa Rica

1° de enero	Año Nuevo
19 de marzo	Día de San José (patrono de la ciudad capital)
marzo/abril	Semana Santa
11 de abril	Día de Juan Santamaría (héroe nacional)
1° de mayo	Día del Trabajo
9 de junio	Día de San Pedro y San Pablo
25 de julio	Anexión del Partido de Nicoya
2 de agosto	Día de la Virgen de los Ángeles (patrona de Costa Rica)
15 de agosto	Día de la Madre
15 de septiembre	Día de la Independencia
12 de octubre	Día de las Culturas
25 de diciembre	Navidad

© Cengage Learning

1. ¿Cuáles de los días festivos en Costa Rica son celebraciones religiosas? ¿Cuáles son patrióticos?

2. ¿Cuáles de los días festivos costarricenses celebramos en los Estados Unidos también?

3. ¿Qué días festivos les gusta celebrar a ti y a tu familia? ¿Qué tradiciones tienen Uds. para ese día?

4. ¿Qué días festivos te gustan menos? Explica.

Gramática

El imperfecto del indicativo

Read along as you listen to Robert reminisce about his childhood. Find examples of the following: a family tradition, a description of a person's characteristics, a description of a person's feelings.

🌐 **Heinle Grammar Tutorial:**
The imperfect tense

🔊
CD3
Track 3-16

Cuando yo era pequeño, siempre pasábamos el Día de la Independencia en la casa de campo de mis abuelos. ¡Cómo nos divertíamos! Nadábamos en el lago, comíamos barbacoa y veíamos fuegos artificiales por la noche. Abuelito era un hombre bonachón *(good-natured)* y todos los nietos lo adorábamos.

A. Una breve introducción. Spanish uses two different verb aspects to narrate and describe past events and actions: the preterite (**el pretérito**) and the imperfect (**el imperfecto**). The two aspects may not be used interchangeably, however. In this section, you will learn how to form and use the imperfect.

B. La formación del imperfecto del indicativo. To conjugate verbs in the imperfect, drop the infinitive ending and add the following endings to the stem:

El imperfecto de los verbos regulares

	-ar verbs **celebrar**	-er verbs **comer**	-ir verbs **recibir**
yo	celebr**aba**	com**ía**	recib**ía**
tú	celebr**abas**	com**ías**	recib**ías**
Ud./él/ella	celebr**aba**	com**ía**	recib**ía**
nosotros(as)	celebr**ábamos**	com**íamos**	recib**íamos**
vosotros(as)	celebr**abais**	com**íais**	recib**íais**
Uds./ellos/ellas	celebr**aban**	com**ían**	recib**ían**

There are only three irregular verbs in the imperfect.

El imperfecto de los verbos irregulares

	ir *(to go)*	**ser** *(to be)*	**ver** *(to see)*
yo	**iba**	**era**	**veía**
tú	**ibas**	**eras**	**veías**
Ud./él/ella	**iba**	**era**	**veía**
nosotros(as)	**íbamos**	**éramos**	**veíamos**
vosotros(as)	**ibais**	**erais**	**veíais**
Uds./ellos/ellas	**iban**	**eran**	**veían**

There are no stem-changing verbs in the imperfect tense.

PRESENTE: Siempre **vuelvo** a casa a las diez.
*I always **return** home at ten.*

IMPERFECTO: Cuando era joven, siempre **volvía** a casa a las ocho.
*When I was young, I **would** always **come** home at eight.*

C. Los usos del imperfecto del indicativo. Although both the **pretérito** and the **imperfecto** are used to talk about the *past,* each of these refers to different *aspects* of past time. The imperfect is used in the following ways:

▶ To describe customs, habits, and routines in the past: what you used to do or would do. An adverb of frequency often accompanies this use of the imperfect: **generalmente, normalmente, (casi) siempre** (*[almost] always*), **todos los días, todos los años, a menudo** (*frequently*), **a veces** (*at times*), **de vez en cuando** (*once in a while*).

De niño, yo **visitaba** a mis abuelos todos los años.
*As a child, I **used to visit (would visit)** my grandparents every year.*

▶ To describe people, places, and things in the past: physical appearance (**grande, bonito,** etc.); other qualities (**interesante, difícil,** etc.); mental, physical, and emotional states (**agitado, enfermo, furioso,** etc.); and personal information (name, age, nationality, or religion).

Mi abuelo **era** alto, inteligente y simpático. **Tenía** setenta años pero **parecía** más joven.
*My grandfather **was** tall, smart, and nice. He **was** seventy years old but **seemed** younger.*

▶ To provide the background against which other actions take place: the time of day, date, location, or weather.

Eran las once de la noche y **llovía.**   *It **was** eleven o'clock at night, and it **was raining.***

▶ To express ongoing thought processes, such as *knew, thought,* or *believed.*

El niño **no creía** en Papá Noel.
*The boy **didn't believe** in Santa Claus.*

▶ To describe actions that were taking place ("in progress") at some particular point in time in the past. In English, this notion is expressed by the past progressive tense (was/were + *-ing* form of verb).

Los niños **miraban** el desfile en la tele.
*The children **were watching** the parade on TV.*

Ponerlo a prueba

7-26 El Día de las Brujas. Completa la historia del Día de las Brujas. Usa la forma correcta del imperfecto de los verbos entre paréntesis.

Cuando yo (1. ser) _____ más joven, me (2. encantar) _____ el Día de las Brujas. Todos los años mi familia y yo (3. invitar) _____ a los vecinos a nuestra casa para celebrarlo en grande. Un año, cuando yo (4. tener) _____ ocho o nueve años, algo muy curioso ocurrió durante la fiesta.

Recuerdo que (5. haber) _____ una tormenta esa noche. Mis amigos y yo (6. tener) _____ un poco de miedo aunque (*although*) no (7. querer) _____ admitirlo. Nosotros (8. estar) _____ jugando en mi dormitorio con una tabla de espiritismo (*Ouija board*), cuando de repente oímos un ruido. Miramos hacia el clóset y vimos una luz extraña. (9. Ser) _____ de un color azul brillante y (10. pulsar) _____ débilmente. ¿Habríamos despertado (*Could we have awakened*) algún espíritu?

Nosotros no (11. saber) _____ qué hacer. Yo (12. estar) _____ a punto de llamar a mi mamá cuando la luz desapareció. Aliviados (*Relieved*), dejamos de jugar con la tabla y fuimos a la sala a reunirnos con los demás.

7-27 El cumpleaños de Felicia. Con un(a) compañero(a), mira la ilustración de una de las fotos más representativas de las fiestas de cumpleaños de Felicia y contesta las preguntas.

1. Cuando Felicia era pequeña, ¿generalmente dónde le hacían su fiesta de cumpleaños?

2. ¿Quiénes asistían normalmente a las fiestas de cumpleaños?

3. ¿Qué servían los padres de Felicia todos los años?

4. Generalmente ¿qué hacían los invitados en la fiesta?

5. ¿Quién encendía siempre las velas de la torta?

6. En la fiesta de cumpleaños de 1960, ¿qué tiempo hacía?

7. ¿Cuántos años tenía Felicia en esta foto? ¿Cómo era ella? ¿Qué ropa llevaba?

8. ¿Qué hacía Felicia en el momento en que se tomó esta foto? ¿Qué hacían los otros niños?

© Cengage Learning

7-28 ¿Quién robó el pastel? Alguien robó *(stole)* el pastel de cumpleaños y se lo comió. Con un(a) compañero(a), usen el imperfecto para describir dónde estaban y qué hacían estas personas cuando el "crimen" ocurrió. ¿Quién robó el pastel?

MODELO   Raquel estaba en el gimnasio.
          Hacía yoga. No robó el pastel.

Raquel

Silvio

Inés y Patricia

Sergio y Moris

Soledad

Ernesto

7-29 Así era la vida. Conversa con dos o tres compañeros(as) sobre sus actividades cuando eran más jóvenes.

1. **Los cumpleaños:** Cuando eras niño(a), ¿celebrabas tu cumpleaños con una fiesta? Por lo general, ¿qué comían y bebían en las fiestas? ¿Qué tipo de regalos recibías normalmente? Haz una pregunta original.

2. **Los días festivos:** Cuando eras niño(a), ¿qué día festivo te gustaba más? ¿Cómo celebraban ese día tú y tu familia normalmente? Haz una pregunta original.

3. **Las vacaciones:** De niño(a), ¿iban tú y tu familia de vacaciones con frecuencia? ¿Adónde iban por lo general? ¿Te divertías allí? Haz una pregunta original.

4. **Los veranos:** Cuando eras niño(a), ¿qué te gustaba hacer en el verano? ¿Con quiénes jugabas generalmente? ¿Qué hacías cuando llovía? Haz una pregunta original.

Vocabulario temático

In this *Paso* you will practice:
- Telling stories about past events
- Reacting to stories that others tell

Grammar:
- Contrast of uses of the preterite and imperfect

Cómo contar un cuento

🔊 CD3 Track 3-17

ESTEFANÍA: **¿Qué me cuentas?**

EDUARDO: **¿Sabes qué pasó?**

ESTEFANÍA: **Dime, dime, ¿qué pasó?**

EDUARDO: *Gregorio se rompió la pierna.*

ESTEFANÍA: **¡No me digas! ¿Cuándo ocurrió?**

EDUARDO: *Anteayer.*

ESTEFANÍA: **¿Dónde estaba?**

EDUARDO: *Estaba en las montañas, de vacaciones.*

ESTEFANÍA: **¿Cómo pasó?**

EDUARDO: *Gregorio hacía una caminata con sus amigos. Como llovía un poco, todo estaba resbaloso. Gregorio se cayó y se rompió la pierna.*

ESTEFANÍA: **Ay, pobrecito.**

EDUARDO: **Sí, es una lástima.**

mediacolor's/Alamy

Expresiones de interés

🔊 CD3 Track 3-18

¡No me digas!	*You're kidding!*
¿De veras?	*Really?*
¡Ay, pobrecito!	*Oh, poor thing!*
¡Qué horror!	*How awful!*
¡Qué alivio!	*What a relief!*
Eso es increíble.	*That's incredible.*
¡Menos mal!	*Thank goodness! / That's a relief!*
¡Qué buena (mala) suerte!	*What good (bad) luck!*

Algunas preguntas típicas

🔊 CD3 Track 3-19

¿Dónde estaba?	*Where was he/she?*
¿Cuándo ocurrió?	*When did it happen?*
¿Qué hora era?	*What time was it?*
¿Qué tiempo hacía?	*What was the weather like?*
¿Cómo fue/pasó?	*How did it happen?*
Y luego, ¿qué?	*And then what (happened)?*

7-30 ¿Qué pasó? Escucha la conversación entre Mateo y Carla. Luego, indica la respuesta correcta para cada una de las preguntas.

CD3
Track 3-20

1. ¿Cómo estaba Carla cuando Mateo la vio?
   a. contenta   b. aburrida   c. triste

2. ¿Cuándo ocurrió el accidente de Bobby?
   a. el Día de los Enamorados
   b. el Día de las Brujas
   c. en su cumpleaños

3. ¿Qué le pasó al perro?
   a. Comió muchos chocolates, se enfermó y se murió.
   b. Persiguió *(He chased)* un taxi y nunca regresó a casa.
   c. Se bañó con agua muy fría, se enfermó y se murió.

4. ¿Dónde estaba Carla cuando ocurrió el accidente?
   a. en la clínica   b. en el baño   c. en el cine

5. ¿Por qué llamó Carla un taxi?
   a. Porque no quería llegar tarde al cine.
   b. Porque no tenía coche.
   c. Porque no sabía dónde estaba la clínica.

6. ¿Qué hizo Mateo al final del cuento?
   a. Les regaló chocolates a los niños.
   b. Llamó al veterinario.
   c. Invitó a Carla al cine.

7-31 Entre amigos. Lee las breves conversaciones entre varios amigos. En cada conversación, indica cuál es la reacción más lógica, y después, la pregunta más apropiada.

1. ELSA: ¿Sabes qué pasó? Tuve un accidente de coche.

   TÚ: (¡No me digas! / ¡Qué bueno!)

   (¿Cuándo ocurrió? / ¿Y luego qué?)

2. PACO: Saqué una nota muy buena en un examen.

   TÚ: (¡Qué horror! / ¿De veras?)

   (¿En qué clase? / ¿Qué tiempo hacía?)

3. JOSÉ: Quiero contarte algo. Anoche vi un platillo volador *(flying saucer).*

   TÚ: (¡Ay, pobrecito! / ¡Eso es increíble!)

   (¿Se rompió la pierna? / ¿Dónde estabas?)

4. MAGDA: ¿Sabes qué? Mi novio se rompió el brazo *(arm).*

   TÚ: (¡Qué mala suerte! / ¡Qué alivio!)

   (¿Cómo pasó? / ¿Qué hora era?)

5. JUAN: Quiero contarte una noticia. Mi padre se ganó la lotería.

   TÚ: (¡Menos mal! / ¡Estupendo!)

   (¿Qué piensa hacer? / ¿Cuándo es?)

7-32 Trágame, tierra. A veces, todos metemos la pata *(put our foot in our mouth)*. En el siguiente artículo, una chica cuenta su "historia de horror". Léelo y contesta las preguntas.

1. ¿Cuándo ocurrió esta "historia de horror"?

2. ¿Adónde fue la chica? ¿Para qué?

3. ¿Conocía la chica a las personas en la fiesta?

4. ¿Cómo saludó la chica a las personas?

5. ¿Por qué empezaron todos a reír?

Mi "amigo", el pizzero por Clara Mengolini

Era un sábado por la noche. Mi amiga Soledad me llamó y me dijo que había una fiesta en el apartamento de Diego. Cuando llegué, la puerta del apartamento estaba abierta. Entré y vi mucha gente que yo no conocía. Fui a la cocina para saludar a los que estaban allí, y como es costumbre, me acerqué° a cada uno de ellos, me presenté y les di un beso en la mejilla°. De pronto, el chico que llevaba camiseta roja y gorra blanca tomó unas monedas° y se fue. El resto empezó a reír° sin parar°: ¡Le había dado° un beso al chico que había llevado la pizza!

I went up to

kiss on the cheek

coins

laugh / without stopping / I had given

© Cengage Learning

7-33 El robo. Completa la conversación entre Patricia y Gonzalo de una manera lógica. Incluye muchas expresiones de interés y preguntas lógicas.

PATRICIA: Hola, Gonzalo. ¿_____?

GONZALO: ¿Sabes qué pasó?

PATRICIA: _____. ¿_____?

GONZALO: Hubo un robo *(burglary)* en la casa de Rosa.

PATRICIA: ¡_____! ¿_____?

GONZALO: La semana pasada, en Nochebuena.

PATRICIA: ¡No! ¡¿_____?! ¿_____?

GONZALO: Bueno, Rosa y su familia habían ido *(had gone)* a misa *(mass)*. Cuando volvieron a casa, vieron que la puerta estaba abierta.

PATRICIA: ¡_____! ¿_____?

GONZALO: Llamaron a la policía. Cuando llegaron los agentes, entraron y descubrieron que alguien había robado todos los regalos de Navidad.

PATRICIA: ¡_____!

Gramática

 Heinle Grammar Tutorial: The preterite versus the imperfect

El imperfecto y el pretérito: el primer contraste

Read along as you listen to Alonso describe what happened to him last year during the Fourth of July celebration. Which verbs in the story are in the **imperfecto del indicativo?** Which are in the **pretérito?**

CD3
Track 3-21

Era el cuatro de julio. A las diez de la mañana, el desfile **empezó** puntualmente. **Hacía** un calor insoportable. Después de marchar en el desfile por una hora, yo **me desmayé** *(I fainted)* de tanto calor. Cuando **desperté**, **vi** a todos mis amigos alrededor de mí. **Estaban** preocupados. "Estoy bien", **dije** con gran esfuerzo.

A. El imperfecto del indicativo. The imperfect and the preterite must be carefully woven together to tell a story in the past tense. The examples that follow, when read together, tell the story of Marisa's night alone at home.

We often begin a story by using the **imperfecto** to *set the scene and provide background information* in the following ways:

▶ To establish the time, date, and/or place

Era una noche fría de invierno.
*It **was** a cold winter night.*

Yo **estaba** en casa, sola y aburrida.
*I **was** at home, alone and bored.*

Bueno, no **estaba** completamente sola, porque allí a mi lado, **tenía** a mi gato.
*Well, I **wasn't** completely alone, because I **had** my cat at my side.*

▶ To describe the characters and/or the location

Mi gato **se llamaba** Tigre y **era** un gato de esos egoístas y fríos.
*My cat's name **was** Tigre, and he **was** one of those cold, egotistical kinds of cats.*

▶ To describe what was customary, habitual, or routine for the characters

Normalmente, Tigre **pasaba** la noche en el dormitorio, donde **dormía** debajo de mi cama.
*Tigre **usually spent** the evening in my bedroom, where he **would sleep** under my bed.*

▶ To describe what was going on at the particular moment in time

Pero esa noche **parecía** un poco nervioso y **se escondía** detrás de los cojines del sofá.
*But that night, he **seemed** a little nervous, and **was hiding** behind the pillows on the sofa.*

B. El pretérito. After the scene has been set, the storyteller continues on to the heart of the story. The **pretérito** is used *to move the story line forward* in the following way:

▶ To narrate the main actions or events of the story, to tell what happened

De repente, Tigre **saltó** del sofá y **corrió** a la puerta.
*Suddenly, Tigre **leaped** off the sofa and **ran** to the door.*

Yo lo **seguí** y **abrí** la puerta con cuidado.
*I **followed** him and **opened** the door cautiously.*

C. En combinación. As the story continues, both the imperfect and preterite continue to work together until the story comes to a close.

▶ The **imperfecto** is used whenever there is a pause in the action so that further description of the scene or character may be added.

Afuera, **nevaba** un poco.
*Outside, **it was snowing** lightly.*

La luna **brillaba** como el sol, pero no **se veía** a nadie.
*The moon **was shining** like the sun, but you **couldn't see** anyone.*

▶ The **pretérito** is used when the action resumes, and the story line moves forward again.

Cerré la puerta y **volví a sentarme** en el sofá.
*I **closed** the door and **sat down** on the sofa **again.***

Ponerlo a prueba

7-34 El Día de los Enamorados. Silvia cuenta lo que pasó el pasado Día de los Enamorados. Lee el cuento; después, cambia los verbos de la columna A al imperfecto del indicativo y los verbos de la columna B al pretérito.

A: El imperfecto

1. (Ser) _____ el 14 de febrero, el Día de los Enamorados, pero yo (estar) _____ en casa, sola y triste.

2. Normalmente mi novio Marcos y yo (salir) _____ para celebrar ese día, pero como el pobre (estar) _____ enfermo, no (tener) _____ ganas de ir a ninguna parte.

6. Ahora (yo / estar) _____ realmente alarmada. No (saber) _____ qué hacer.

9. Marcos (llevar) _____ su pijama, pero en los brazos (tener) _____ una docena de rosas.

B: El pretérito

3. (Yo / decidir) _____ ir a su casa para animarlo (*cheer him up*).

4. (Yo / vestirse) _____ rápidamente y (conducir) _____ a su casa.

5. (Yo / tocar) _____ el timbre (*doorbell*) tres veces… pero ¡nadie _____ (abrir) la puerta!

7. Por fin, (yo / decidir) _____ volver a mi casa y llamar a los padres de Marcos.

8. Cuando (yo / llegar) _____ a mi casa, (ver) _____ a Marcos en el porche.

10. Marcos me (dar) _____ las rosas y (pedir) _____ mi mano en matrimonio. Yo (aceptar) _____.

11. Ese Día de los Enamorados (ser) _____ el más sorprendente y el mejor de mi vida.

7-35 Análisis. Analiza el uso del imperfecto y del pretérito en el cuento "El Día de los Enamorados" (Actividad 7-34). Escoge *(Choose)* la explicación más lógica para las oraciones indicadas.

> **MODELO**   **Era** el 14 de febrero…
>
> *c:* Descripción del día, la hora, el tiempo

1. Normalmente mi novio Marcos y yo **salíamos** para celebrar ese día…
2. …pero el pobre **estaba** enfermo…
3. **Me vestí** rápidamente y conduje…
4. **Toqué** el timbre tres veces…
5. Ese Día de los Enamorados **fue** el más sorprendente…

El imperfecto	El pretérito
a. Las costumbres, tradiciones o rutinas	d. Las acciones que avanzan la trama *(advance the plot)*
b. Identificación y descripción de personas, lugares, cosas, animales	e. Se especifica la duración (**por + período de tiempo**) o el número de repeticiones (**número + veces**)
c. Descripción del día, la hora, el tiempo	f. Para resumir *(sum up)* el cuento

7-36 Las vacaciones de mi niñez. En la siguiente historia, Nuria describe cómo pasaba los veranos cuando era niña. Escribe la forma correcta del pretérito o del imperfecto de cada verbo, según el caso.

> **MODELO**   De niña, yo casi siempre (pasar) <u>pasaba</u> las vacaciones en la playa de Bellavista con mi familia.

1. Bellavista (ser) _____ un lugar muy bonito donde siempre (hacer) _____ sol.
2. Por fortuna, mi tío Alfonso (ser) _____ dueño de un pequeño hotel en Bellavista. Su hotel (estar) _____ muy cerca del mar.
3. Todos los días nosotros (salir) _____ en un pequeño barco con papá y (pescar) _____.
4. Pero un año, cuando yo (tener) _____ ocho años, (nosotros: hacer) _____ un viaje a Nueva York.
5. Como *(Since)* nuestro hotel (ser) _____ caro, (nosotros: quedarse) _____ en la ciudad por solo cinco días.
6. Pero (nosotros: poder) _____ hacer *(managed to do)* muchas cosas diferentes.
7. Por ejemplo, un día mis hermanos y yo (ver) _____ un partido de béisbol en el famoso estadio de los Yankees.
8. Otro día, (nosotros: ir) _____ a Broadway para ver una comedia musical.
9. También (nosotros: comer) _____ en muchos restaurantes en el Barrio Chino y en el Barrio Italiano.
10. Nuestro viaje a Nueva York (ser) _____ una experiencia inolvidable *(unforgettable)* de mi niñez.

7-37 El mejor viaje de mi vida. Conversa con dos o tres compañeros(as). Hablen sobre el mejor viaje o las mejores vacaciones de su vida. Incluyan la siguiente información:

► Adónde fuiste y con quién(es)
► Cuánto tiempo pasaron allí
► Qué hicieron
► Por qué fueron las mejores vacaciones de tu vida

Gramática

El imperfecto y el pretérito: el segundo contraste

Read along as you listen to the beginning of a fairy tale. Which three verbs set the scene and provide background information? Which three verbs advance the plot? What was the princess doing when she heard the voice?

CD3
Track 3-22

Había una vez una princesa muy hermosa. Una tarde de primavera, la princesa **cantaba** y **paseaba** por el parque del palacio cuando de repente **oyó** una voz muy bajita. **Miró** a su alrededor y **vio** un sapo *(toad)* que le **sonreía** *(was smiling at her)* desde el suelo…

Heinle Grammar Tutorial:
The preterite versus the imperfect

A. Resumen y continuación. The preterite and the imperfect work hand in hand in storytelling. The imperfect answers the question "What was it like?" while the preterite answers the question "What happened?".

Imperfect: What was it like?	Preterite: What happened?
▸ set the scene (day, time, location, weather)	▸ move the story line forward, tell who did what
▸ describe people, places, things, and routines	▸ make a summary statement about the experience
▸ tell what was going on or was in progress	

B. Dos acciones. The actions of a story may be related to one another in different ways. Each way requires a different combination of tenses.

▸ Use the **imperfecto del indicativo** to describe two or more simultaneous, ongoing actions. Ongoing actions are often used to set the scene of a story. Connect the two actions with **y** *(and),* **mientras** *(while),* or **mientras tanto** *(meanwhile).*

You might visualize these actions with wavy lines, to convey their ongoing aspect.

Ángela **miraba** el desfile en la televisión mientras yo **cocinaba.**

*Angela **was watching** the parade on TV while I **was cooking.***

~~~~~~~~~~~ miraba
~~~~~~~~~~~ cocinaba } acciones continuas y simultáneas

▸ Use the **pretérito del indicativo** to express a series of completed actions. These completed actions generally advance the plot of the story.

You can visualize these actions as a series of straight vertical lines.

Después de mirar el desfile, Ángela **llamó** a su amiga y la **invitó** a salir. Primero **fueron** al cine y luego **miraron** los fuegos artificiales en la playa.

*After watching the parade, Ángela **called** her friend and **invited** her to go out. First they **went** to the movies and then they **watched** the fireworks display at the beach.*

| | | | |
llamó invitó fueron miraron } serie de acciones completadas

> ▶ Sometimes one action interrupts another that was already taking place. Use the **imperfecto** to describe the ongoing action; use the **pretérito** for the action that began, ended, or otherwise interrupted the ongoing one.
>
> Connect the two parts of the sentence with **cuando** *(when)* or **mientras** *(while)*.
>
> Visualize the ongoing action as a horizontal wavy line and the interruption as a short, straight, vertical line that cuts through the wavy one.
>
> **Empezó** a llover mientras **hacíamos** nuestro picnic. | *It **began** to rain while we **were having** a picnic.*
>
> ～～～┼～～～～ hacíamos
>   empezó

Ponerlo a prueba

7-38 La Navidad. En el dibujo puedes ver a la familia Sosa el día 23 de diciembre del año pasado. Escribe la forma correcta de los verbos en el imperfecto o en el pretérito, según en el caso.

Acciones simultáneas y "continuas" *(ongoing)*

1. Dorotea (cantar) _____ villancicos mientras su hermana Juanita (tocar) _____ el piano.

2. Mientras Dorotea y Juanita (cantar) _____, Albertico (jugar) _____ con el perro.

Serie de acciones completadas

3. Papá (envolver, *to wrap*) _____ los regalos y los (poner) _____ bajo el árbol.

4. Abuelito (hacer) _____ unas galletas y se las (servir) _____ a la familia.

Una acción continua interrrumpida por *(interrupted by)* **otra acción**

5. Mamá (quemarse, *to burn*) _____ un dedo mientras (encender) _____ la vela.

6. Cuando Albertico (jugar) _____ con el perro, (romperse) _____ los anteojos.

© Cengage Learning

7-39 La luna de miel de René y Rita. Lee la información que Rita escribió en su blog para describir su luna de miel *(honeymoon)*. Escribe los verbos en el pretérito o en el imperfecto del indicativo.

Mi blog

DÍA 1

(1. Ser) _____ las diez de la noche. Nosotros (2. tener) _____ hambre. A las diez y media, (3. decidir) _____ pedir comida del restaurante del hotel. Mientras nosotros (4. esperar) _____ la comida, René y yo (5. dormirse) _____. De repente, alguien (6. tocar) _____ la puerta. René (7. despertarse) _____ y (8. abrir) _____ la puerta. Allí, (9. haber) _____ un hombre con una pistola en la mano. El hombre (10. llevar) _____ un uniforme de prisionero. El hombre (11. entrar) _____ en la habitación y (12. repetir) _____ dos veces, "¡Silencio o los mato!" En ese momento, el camarero (13. anunciar) _____ su llegada. Después de un minuto, el prisionero (14. decir) _____, "¡Váyase! No queremos nada". Poco después, la policía (15. llegar) _____. En cinco minutos, todo (16. terminar) _____. Entonces, nosotros (17. saber) _____ *(found out)* que el prisionero (18. ser) _____ un asesino muy conocido.

DÍA 2

Por la mañana, René y yo (19. despertarse) _____ y (20. irse) _____ a casa. ¡Qué luna de miel!

© Cengage Learning

Phil/Shutterstock.com

7-40 La primera cita. Las escenas de los dibujos representan la primera cita (date) de Ana. Describe cómo fue, contestando las preguntas oralmente con un(a) compañero(a).

1. ¿Qué hacía Ana cuando Ramón la llamó por teléfono? ¿Qué la invitó a hacer? ¿Aceptó ella la invitación?

2. ¿Estaba lista Ana cuando Ramón llegó a su casa? ¿Qué ropa llevaba ella? ¿Qué le trajo Ramón? ¿Qué hacía el papá de Ana mientras los jóvenes hablaban?

3. Cuando Ramón y Ana llegaron a la fiesta, ¿qué hacían sus amigos? ¿Qué clase de música tocaba la orquesta?

4. ¿Qué le pasó a Ramón mientras bailaba con Ana?

5. ¿Adónde tuvo que ir Ramón? ¿Lo acompañó Ana? ¿Le pusieron un yeso (cast)?

6. ¿Adónde fueron Ana y Ramón después de salir del hospital? ¿Qué hicieron? En tu opinión, ¿se divirtieron Ramón y Ana en su primera cita?

1.

2.

3.

4.

5.

6.

© Cengage Learning

7-41 Cuéntame... Escribe cuentos cortos para cada dibujo. Tienes que usar el imperfecto y el pretérito e incorporar el vocabulario correspondiente: **cuando** *(when)*, **mientras** *(while)*, **de repente** *(suddenly)*.

MODELO

- la hora   Eran las once de la noche.
- la ubicación *(location)*   Miguel estaba en una fiesta.
- qué hacía Miguel   Mientras él bailaba con su amiga Elena,
- qué interrumpió la acción   de repente vio a su ex novia María.
- los sentimientos *(feelings)*   Miguel no quería hablar con María.
- qué pasó   Miguel se escondió *(hid)* detrás de una planta.

1. El accidente

- la estación
- el tiempo
- qué hacía José
- qué interrumpió la acción
- descripción de la chica
- qué pasó después

2. Un encuentro con extraterrestres

- el tiempo
- la ubicación
- qué hacía la familia
- qué interrumpió la acción
- los sentimientos de las personas
- qué pasó después

3. ¡Tiburón! *(Shark!)*

- el tiempo
- la ubicación
- qué hacía la familia ese día
- qué hacían las distintas personas
- qué interrumpió esas actividades
- los sentimientos
- qué pasó después

© Cengage Learning

7-42 Un cuento original. Primero, entrevista a un(a) compañero(a) con las siguientes preguntas. Después, escribe un cuento original que incorpore *(incorporates)* toda la información de la entrevista.

1. ¿Qué estación del año te gusta más?
2. ¿Quién es tu actor, cantante, artista o escritor favorito?
3. ¿Cuál es tu pasatiempo favorito?
4. ¿Dónde quieres pasar tus próximas vacaciones?
5. ¿A qué animal le tienes miedo?

¡Vamos a Costa Rica!

© Cengage Learning

DATOS ESENCIALES

Nombre oficial: República de Costa Rica

Capital: San José

Población: 4 350 000 habitantes

Unidad monetaria: el colón

Economía: exportación de banano, piña, café, flores y energía hidroeléctrica; manufactura de equipo electrónico y médico; turismo, en particular el ecoturismo

🌐 **www.cengagebrain.com**

Go to the **Un paso más** section in the *Cuaderno de actividades* for reading, writing, and listening activities that correlate with this chapter.

Tony Northrup/Shutterstock.com

El volcán Arenal, en el norte de Costa Rica, es uno de los volcanes más activos del mundo. Desde 1968 mantiene una actividad volcánica continua pero moderada. Esto atrae *(attracts)* a miles de visitantes cada año. Los visitantes también disfrutan de la abundante flora y fauna del bosque lluvioso *(rain forest)* así también como las aguas termales *(hot springs)* del Arenal.

More activities on Costa Rica and **¡Vamos a Costa Rica!** may be found in the **Un paso más** section of the *Cuaderno de actividades.*

Imágenes de Costa Rica

© Cengage Learning

¿Qué recuerdas de Costa Rica? Después de mirar el vídeo, contesta las preguntas sobre Costa Rica con un(a) compañero(a) de clase.

1. ¿Qué importancia tiene Costa Rica respecto a la ecología del planeta?

2. Imagina que vas a pasar unos días en San José. ¿Qué lugares interesantes puedes visitar?

3. Describe qué se puede apreciar en dos o tres de los lugares que mencionaste en tu respuesta a la pregunta 2.

La historia

Siempre, el primero de diciembre, Costa Rica celebra uno de los acontecimientos más importantes de su historia: la abolición del ejército *(army)*. El 1º de diciembre de 1948, el general José Figueres disolvió el ejército después de ganar la Guerra Civil. La abolición del ejército fue luego incorporada en la nueva Constitución de 1949. Costa Rica fue el primer país del mundo en no tener un ejército, aunque *(although)* sí cuenta con una guardia civil.

Bettmann/Corbis

▶ La Guerra Civil de Costa Rica, en 1948, fue el útlimo conflicto armado.

Las celebraciones

En el Día Nacional del Boyero *(ox cart driver)* y en otras celebraciones de Costa Rica, hay desfiles de carretas *(ox carts)*. Estas carretas se utilizaban en el siglo XIX para transportar el café desde las montañas hasta la costa del Pacífico. En tiempos modernos, el camión *(truck)* ha sustituido a la carreta, pero esta continúa formando parte del folclore de Costa Rica: símbolo nacional del trabajo y del pasado rural.

Danita Delimont/Alamy

▶ Las carretas se pintan y se decoran en colores vivos y brillantes.

La ecología

Cinco especies de tortugas *(turtles)* marinas, todas en peligro de extinción, anidan *(make nests)* en Costa Rica. En la playa de Ostional, en la costa Pacífica, llegan hasta cien mil tortugas por día en el mes de septiembre para depositar huevos. Este fenómeno se llama "arribada"; 45 días después, nacen las pequeñas tortugas.

Neil Ever Osborne (www.neilev/Visuals
Unlimited/Corbis

▶ El Parque Nacional Tortuguero es la colonia más importante de tortugas verdes del mar Caribe.

El mundo es un pañuelo

Lee la información sobre Costa Rica. Luego completa las siguientes comparaciones.

1. Algunos de los productos agrícolas que exporta Costa Rica incluyen _____ y _____. Dos productos agrícolas que producen los Estados Unidos son _____ y _____.

2. El volcán más activo de Costa Rica se llama _____. En los Estados Unidos, hay un volcán activo en el estado de _____.

3. Hubo una Guerra Civil en Costa Rica en el año _____; la guerra resultó en la abolición del _____. En los Estados Unidos hubo una Guerra Civil en el año _____. La guerra resultó en la abolición de la esclavitud *(slavery)*.

4. Las _____ pintadas son un símbolo de Costa Rica. Se usaban para transportar _____. Un símbolo del pasado rural de los Estados Unidos es/son _____.

5. Muchas _____ anidan en las playas de Costa Rica. Todas están en peligro de extinción. Un animal en peligro de extinción en los Estados Unidos es _____.

¡Vamos a hablar!

This is a pair activity for **Estudiante A** and **Estudiante B**.

If you are **Estudiante A,** use the information below.

If you are **Estudiante B,** turn now to Appendix A at the end of the book.

Estudiante A

Contexto: Tú y tu compañero(a) van a hablar de dos películas. En la primera parte, tú (**Estudiante A**) tienes que leerle un resumen (*summary*) de una película a tu compañero(a). Tu compañero(a) (**Estudiante B**) tiene que escuchar y completar las palabras que faltan (*missing words*). Después, ustedes van a hablar de la película.

En la segunda parte, tu compañero(a) (**Estudiante B**) va a leerte un resumen de otra película, y tú (**Estudiante A**) tienes que escuchar para completar las palabras que faltan.

PRIMERA PARTE

A. El resumen: Era la Nochebuena del año 1946. George Bailey pasaba por una crisis. Su tío Billy había perdido los 8000 dólares que tenía que ingresar en el banco. George y Billy buscaron el dinero por todas partes pero no lo encontraron.

George estaba desesperado y no sabía qué hacer. Decidió dar un paseo por el pueblo para pensar en una posible solución. Por fin llegó al río. Profundamente deprimido (*depressed*), pensaba suicidarse cuando de repente vio a un anciano caer al agua. George se lanzó al río y salvó al anciano.

Luego, mientras se secaba la ropa mojada (*wet*), el anciano le dijo a George que era su ángel de la guarda. El ángel le enseñó a George una visión alternativa de cómo Bedford Falls habría sido (*would have been*) si George no hubiera nacido (*if he hadn't been born*).

B. Conversa con tu compañero(a) sobre la película:

- ¿Cómo se llama este drama del distinguido director Frank Capra?
- ¿Has visto esta película?
- ¿Cuál es tu escena favorita?

SEGUNDA PARTE

A. El resumen: Magdalena vivía con su _____ en _____. Ella tenía casi _____ años. Solo pensaba en su fiesta de quinceañera, en el _____ y en la limosina Hummer.

Magdalena tenía un _____ y quedó embarazada (*pregnant*). Su padre era muy _____ y cuando _____ que su hija estaba embarazada, la echó (*threw her out*) de la _____.

Magdalena se fue a vivir con su _____ _____ Tomás. En la casa de Tomás también _____ su primo Carlos. Los _____ de Carlos no lo _____ porque tenía tendencias _____. Magdalena, Carlos y Tomás _____ a vivir juntos.

B. Conversa con tu compañero(a) sobre la película:

- Esta película se llama *Quinceañera*. ¿A qué se refiere el título?
- ¿Has asistido a una fiesta de quince? ¿Cómo fue?
- ¿Te gustaría ver esta película?

¡Vamos a ver!

Episodio 7 • En la Hacienda Vista Alegre

Anticipación

A. Hablando se entiende la gente. Habla con tu compañero(a). Cuando eras pequeño(a), ¿cómo celebrabas tu cumpleaños? ¿Cómo lo celebras ahora? ¿Cuál fue el mejor regalo que recibiste? ¿Por qué lo consideras el mejor?

B. ¿Cómo se dice...? Expresiones útiles. Relaciona las siguientes expresiones con la definición adecuada.

1. tomarse a pecho algo *(to take something to heart)*

2. tener razón *(to be right)*

3. estar acostumbrado(a) a comer temprano *(to be used to having dinner early)*

4. confites *(sweets)*

a. algo que es verdad

b. se dan en los cumpleaños

c. sentirse criticado(a) *(to feel criticized)*

d. una acción habitual o rutinaria

Vamos a ver

C. De paseo por la Hacienda Vista Alegre. Primero, lee las preguntas. Después, mira el Episodio 7 del vídeo, observa a los personajes y contesta las preguntas.

1. ¿Por qué está triste Valeria?

2. Normalmente, ¿con quiénes celebra Valeria su fiesta de cumpleaños?

3. ¿Cuántos años cumple? *(How old is she going to be?)*

4. ¿Cuántos invitados fueron a su fiesta el año pasado?

5. ¿Qué le regalaba a Valeria su papá?

6. ¿Cómo celebraba Alejandra su cumpleaños cuando era pequeña? ¿Dónde los celebraba? ¿Con quién? ¿Cómo?

En acción

D. Charlemos. Comenta con tus compañeros(as). ¿Qué le quieres regalar a Valeria el día de su cumpleaños? ¿Y a los otros chicos y chicas de la *Hacienda Vista Alegre*? Explica por qué escogiste *(you chose)* cada regalo.

E. 3, 2, 1 ¡Acción! Interpreten la siguiente situación en grupos de tres o cuatro estudiantes. Imaginen que están en la Hacienda Vista Alegre con sus amigos y se están contando anécdotas de unas vacaciones o de un fin de semana. Deben contar una anécdota muy cómica o una situación en la que tuvieron mucho miedo *(you were very frightened or scared)*. ¿Qué pasó? ¿Cuándo, dónde, con quién, cómo, por qué pasó? Describan también el lugar, el tiempo que hacía y las personas que estaban allí.

> Practice the vocabulary and grammar that you learned in this chapter **(el tiempo libre, estaciones, el tiempo, narrar un cuento en el pasado).**

¡Vamos a repasar!

A. Las posadas. Lee el artículo sobre la artista y contesta las preguntas sobre el cuadro.

La artista Carmen Lomas Garza nació en Texas de padres mexicanos. En sus cuadros interpreta las memorias de su niñez entre la comunidad mexicanoamericana. *Las posadas* representan una tradición navideña que tiene lugar del 16 al 24 de diciembre. Según esta tradición, cada noche las familias visitan una casa diferente de su barrio *(neighborhood)* y piden "posada" o alojamiento. Así recuerdan el duro viaje de María y José a Belén *(Bethlehem)* antes del nacimiento de Jesús.

Carmen Lomas Garza, Las Posadas / The Posadas, 2000, oil on birch veneer wood panel, 30" x 42", National Museum of Mexican Art Permanent Collection, 2000.92, Museum Purchase Fund and Daniel F. and Ada I. Rice Foundation, photo credit: Lee Fatherree

Las posadas (2000), Carmen Lomas Garza.

1. ¿Quién pintó *Las posadas*? ¿Dónde nació la artista?
2. ¿Qué mes era en *Las posadas*? ¿Qué tiempo hacía?
3. ¿De qué figuras de la Biblia estaban los dos niños disfrazados? ¿Qué tenían en la mano los adultos?

B. Los testigos. Hay muchos robos *(thefts)* en la clase de español y tú eres uno(a) de los testigos *(witnesses)*. Tu profesor(a) va a darle unas instrucciones a uno(a) de tus compañeros. Mira bien qué hace. Luego, usa el formulario para escribir una declaración *(report)* del robo. Tienes que escribir una descripción del delincuente (en el imperfecto) y una descripción de sus acciones (en el pretérito). ¡No te olvides de incluir una descripción del artículo que robó *(stole)*!

DECLARACIÓN DE TESTIGO
Nombre: _____
Fecha: _____ Hora: _____ Lugar: _____
Descripción del delincuente: _____
_____
Descripción del robo (qué pasó): _____
_____

C. Adivina. Trabajando con un(a) compañero(a), jueguen al "Advina (*Guess*) el lugar".

- Tu compañero(a) escoge uno de los lugares/eventos de la lista. Dramatiza tres acciones que hizo el fin de semana pasado allí. Por ejemplo: **bucear en el mar, nadar, tomar el sol.**
- Tú observas a tu compañero(a) y usas el pretérito para describir sus acciones. Por ejemplo: **Buceaste en el mar, nadaste y tomaste el sol.** Después, identificas el lugar/el evento: **¿Fuiste a la playa?**

Los lugares/eventos: la playa, un festival, las montañas, el gimnasio, una fiesta sorpresa, un museo, una reunión familiar para el Día de Acción de Gracias, una celebración para el Día de la Independencia

D. Sabelotodo. En equipos, jueguen a ¡Sabelotodo! Formen equipos de dos o tres personas. Otra persona es el (la) moderador(a).

- El equipo "A" escoge una pregunta (por ejemplo, **Costa Rica por $100**).
- El (La) moderador(a) lee la pregunta en voz alta.
- Las personas del equipo A colaboran y una persona responde a la pregunta. Tienen 30 segundos para responder.
- El (La) moderador(a) decide si la respuesta es correcta.
- Si la respuesta **no** es correcta, el otro equipo puede contestar la pregunta y "robar" el dinero.

	Las invitaciones y las diversiones	Las estaciones y el tiempo	Las celebraciones y las tradiciones	Los cuentos; el imperfecto y el pretérito	Costa Rica
$100	¿Qué se dice para aceptar una invitación? ¿Para declinar una invitación?	¿Cuáles son las dos estaciones en las zonas tropicales?	¿Qué días festivos corresponden a estas fechas? el 31 de diciembre; el primero de enero	Conjuga los verbos en el imperfecto: **jugar, comer**	¿Cuál es la capital de Costa Rica?
$200	Nombra cuatro actividades típicas en la playa.	Hoy es el veinte de enero. ¿En qué estación estamos en los Estados Unidos? ¿En Argentina?	¿A qué días corresponden estas tradiciones? (1) Ver desfiles patrióticos y mirar los fuegos artificiales; (2) encender las velas del candelabro por 8 noches	Conjuga los verbos en la forma **nosotros** del pretérito: **ir, celebrar, salir, hacer, tener**	¿Cómo se llama el volcán activo en el norte de Costa Rica?
$300	¿Cómo se dice en español? *I had a good time!*	¿Qué es lo contrario (*opposite*)? Hace frío. Está nublado.	¿Cuándo es el Día de los Enamorados? Nombra una tradición asociada con este día.	Completa con el pretérito o el imperfecto: Cuando yo (ser) niño, mi familia y yo (ir) al campo todos los años.	¿Cuál es uno de los símbolos de Costa Rica? ¿Para qué se usaba en el pasado?
$400	Un amigo te invita al cine, pero tienes preguntas. ¿Cuáles son dos preguntas lógicas?	¿Cómo se dice en español? *What's the weather forecast for tomorrow?*	Completa la oración con palabras lógicas y con verbos en el presente: Para celebrar la ___, mi familia y yo ___ un árbol y ___ villancicos.	¿Cómo se dice en español? *You're kidding! When did it happen?*	¿Qué pasó en Costa Rica el primero de diciembre del año 1948?
$500	Completa la oración con verbos lógicos en el pretérito: El fin de semana pasado, yo ___ a caballo, ___ caminatas y ___ de caza.	Contesta la pregunta con tres oraciones lógicas: ¿Qué tiempo hace hoy?	Nombra dos actividades típicas para cada día: la Noche de las Brujas; el Día de Acción de Gracias	Completa con el pretérito o el imperfecto: Elena (ir) a las montañas el fin de semana pasado. Mientras ella (acampar), (empezar) a nevar.	¿Cuándo y qué es la "arribada"?

Vocabulario

Sustantivos

el árbol *tree*

las artesanías *arts and crafts, handicrafts*

el barco de vela *sailboat*

el campo *country(side)*

el candelabro *Menorah, candelabra*

las cartas *(playing) cards*

la celebración *celebration*

la champaña *champagne*

el cine *cinema, movie theater*

el concierto *concert*

el conjunto *(musical) group*

el cuento *story*

el cumpleaños *birthday*

el desfile *parade*

el día festivo *holiday*

el dibujo *drawing*

el disfraz *costume*

el equipo *team*

la estación *season (of the year)*

la estrella *star*

la exposición *exhibition*

el festival *festival*

el fin de semana *weekend*

los fuegos artificiales *fireworks*

la función *show*

el gimnasio *gym*

la iglesia *church*

el (la) jugador(a) *player*

el lago *lake*

la lluvia *rain*

la montaña *mountain*

la nieve *snow*

la obra (de teatro) *play, drama*

el pastel de calabaza *pumpkin pie*

el pastel de cumpleaños *birthday cake*

el pavo *turkey*

la película *movie*

la pintura *painting*

la playa *beach*

el pronóstico *forecast*

el regalo *present, gift*

la sinagoga *synagogue*

el teatro *theater*

la temperatura *temperature*

el tiempo *weather*

el tiempo libre *free time*

el trabajo *work, job*

las vacaciones *vacation*

la vela *candle*

el villancico *(Christmas) carol*

Verbos

acampar *to go camping*

acostumbrar a *to be accustomed (to)*

bailar *to dance*

brindar *to make a toast*

bucear *to dive, snorkel*

cantar *to sing*

celebrar *to celebrate*

conocer *to meet, be introduced to*

contar (ue) *to tell (a story)*

dar un paseo *to take a walk*

decorar *to decorate*

dibujar *to draw*

disfrutar (de) *to enjoy*

encender (ie) *to light, to turn on*

encontrar (ue) *to meet*

enfermarse *to get sick*

escalar en roca *to climb rocks, to go rock climbing*

esperar *to wait; to hope*

esquiar *to ski*

exhibir *to be on exhibit*

hacer caminatas *to go hiking*

hacer un picnic *to have a picnic*

intercambiar *to exchange*

ir de caza *to go hunting*

ir de picnic *to go on a picnic*

levantar pesas *to lift weights*

llevar *to wear; to carry; to take*

llover (ue) *to rain*

montar a caballo *to go horseback riding*

nadar *to swim*

nevar (ie) *to snow*

ocurrir *to happen, occur*

pasarlo bien *to have a good time*

pescar *to fish*

pintar *to paint*

presentar *to present; to introduce*

probar (ue) *to try (food), to taste*

quedarse *to stay; to remain*

regalar *to give (as a present)*

relajarse *to relax*

recibir *to receive*

romperse *to break*

reunirse *to get together*

salir *to go out (on a social occasion)*

terminar *to finish*

tocar *to play (an instrument); to touch*

Otras palabras

divertido(a) *funny*

fabuloso(a) *great*

fatal *terrible*

muchísimo(a) *very much*

otro(a) *other; another*

todo(a) *all*

Art: p. 222

Seasons of the year: p. 233

Weather expressions: pp. 233–234

Holidays and celebrations: pp. 236–237

Expressions of interest and empathy: p. 245

For further review, please turn to **Vocabulario temático: español e inglés** at the back of the book.

Go the *Puentes* website for extra vocabulary practice using the Flashcard program.

Somos turistas

CAPÍTULO 8

Matt Henry Gunther/The Image Bank/Getty Images

For a selection of musical styles from this chapter's country of focus, access the *Puentes*, Sixth Edition, iTunes playlist at www.cengagebrain.com

OBJETIVOS

Speaking and Listening
▶ Locating important tourist destinations
▶ Asking for and giving directions around a city
▶ Giving instructions and advice related to travel and health
▶ Describing symptoms of minor illnesses common to travelers
▶ Understanding the doctor's orders

Culture
▶ Vacations
▶ Ecuador

Grammar
▶ Impersonal and passive **se**
▶ Formal commands
▶ Introduction to the present subjunctive

Video
▶ Imágenes de Ecuador
▶ En la Hacienda Vista Alegre: Episodio 8

Gramática suplementaria
▶ Los mandatos familiares

Cuaderno de actividades
Reading
▶ Strategy: Recognizing word families

Writing
▶ Strategy: Editing and proofreading

Playlist
🌐 www.cengagebrain.com

A primera vista

Viajes sorprendentes

Cuando viajamos, a veces pasa lo inesperado *(the unexpected)*: nos enfermamos, nos perdemos o incluso nos enamoramos *(we fall in love)*. ¿Qué cosas inesperadas te han pasado a ti?

Para hablar de lo inesperado

▶ Una vez… *One time* . . .
  • me perdí / me enfermé / me enamoré. *I got lost/I got sick/I fell in love.*
  • perdí el pasaporte / la billetera / el boleto. *I lost my passport/wallet/ticket.*
  • un desconocido me ayudó cuando… *a stranger helped me when* . . .

▶ Esto ocurrió en el año… / cuando estaba en . . . *This happened in [year]/when I was in [place].*

▶ Al final, todo salió bien. *Everything turned out OK in the end.*

▶ Fue una experiencia inolvidable. *It was an unforgettable experience.*

▶ Fue el mejor viaje de mi vida. *It was the best trip of my life.*

A. ¿Comprendes? ¿Qué les pasó a estas personas en sus viajes? Lee la información en la página 265 y completa la tabla.

Nombre	¿Cuándo ocurrió?	¿En qué país estaba?	¿Qué pasó?
Alba Domenech			
Manuel Almeida			
John Andrews			

B. Comparaciones. Mira los videos de Alba y Manuel. Después, completa las oraciones con la información que escuchas.

1. En España muchas personas pasan las vacaciones en _____ en el mes de _____. Allí, les gusta _____.
2. En Ecuador es típico viajar durante el mes de _____. Es popular ir a _____.
3. En los Estados Unidos, muchos van de vacaciones en _____. Algunos destinos populares son _____.

C. ¿Qué dices tú? Trabajando con un(a) compañero(a), completen las oraciones oralmente para describir un viaje interesante. Comparen sus experiencias.

1. En el año _____, yo fui a (lugar) con (personas). *(Por ejemplo: En el año 2010, fui a Disney World con mi familia.)*
2. Un día, vimos / visitamos (lugar). Era (descripción).
3. Otro día, fuimos a (lugar) para (actividad).
4. Durante este viaje, pasó algo inesperado. Yo…

🌐 Alba Domenech ESPAÑA

Hace tres años visité el Caribe mexicano. Mientras estaba ahí visité las pirámides que están muy cerca. Cuando caminaba por las pirámides, perdí mi pasaporte. Me asusté muchísimo *(I got really scared)* porque pensé que no iba a poder regresar a España. Pero al cabo de dos días alguien dejó mi pasaporte en la recepción del hotel donde me alojaba. Así que al final no pasó nada.

🌐 Manuel Almeida ECUADOR

Un viaje memorable fue a las playas de Esmeraldas y Atacames en Ecuador. Un día, me perdí lastimosamente *(unfortunately)* tratando de encontrar la discoteca. Pero un desconocido me ayudó y llegué a la discoteca y me topé con *(I ran into)* mis amigos. Mientras estaba en la discoteca conocí a una muchacha muy bonita y simpática. Lastimosamente nunca la volví a ver *(saw her again)*.

🌐 John Andrews ESTADOS UNIDOS

El verano pasado fui a Ecuador para estudiar. Algo estupendo ocurrió mientras estaba allí. ¡No lo van a creer! Un día, mientras caminaba por un parque en Quito, encontré una billetera. Por dentro había una tarjeta de identidad, así que llamé a "Lucía Moreno" por teléfono y decidimos reunirnos en un café cerca de la universidad. Bueno, fue amor a primera vista. Desde ese día, Lucia y yo éramos inseparables. Al final del verano tuve que volver aquí a los Estados Unidos, pero ahora nos hablamos todos los días por Internet.

D. Después de ver los vídeos. Completa la tabla con la información de los tres entrevistados *(interviewees)*.

	¿Qué lugar(es) visitó?	¿Qué hizo allí?
Alba Domenech		
Manuel Almeida		
John Andrews		

Vocabulario temático

In this *Paso* you will practice:

► Locating important tourist destinations

► Asking for and giving directions around a city

► Using commands to give instructions and advice related to travel

Grammar:

► Impersonal and passive **se**

► Formal commands

🌐 Go to the *Puentes* website for extra vocabulary practice using the Flashcard program.

The English equivalents to all **Vocabulario temático** lists are found at the back of the book.

Unas diligencias por la ciudad

CD3
Track 3-23

TURISTA: Perdone, ¿dónde se puede *comprar sellos?*
                   cambiar dinero
                   comprar protector solar
                   comprar tarjetas postales

RESIDENTE: En *el correo.*
                      el banco
                      la farmacia
                      la tienda de recuerdos

Unos lugares importantes

CD3
Track 3-24

el aeropuerto	el correo	el museo
el cajero automático	la estación de metro	la oficina de turismo
la catedral	la estación de tren	la parada de autobús
la clínica	la farmacia	el parque zoológico
la comisaría	la iglesia	

Vocabulary: To get the attention of a stranger on the street, say **Disculpe** *(Pardon me)*, **Oiga** *(Excuse me)*, or **Por favor** *(Please)*. It is also common to address the stranger with a title such as **señor, señorita,** or **señora.**

Para indicar la ubicación

CD3
Track 3-25

TURISTA: Por favor, ¿dónde está el correo?

RESIDENTE: Está *al final de la calle.*
                      en la esquina
                      a tres cuadras de aquí

TURISTA: ¿Se puede ir a pie?

RESIDENTE: Sí, está bastante cerca.

                      No, está lejos de aquí. Es mejor tomar *el autobús.*
                                                                    el metro

Expresiones de ubicación

CD3
Track 3-26

detrás de	delante de
a la izquierda de	a la derecha de
al lado de	enfrente de
entre	al otro lado de la calle

> Use **delante de** to describe something *in front of;* use **enfrente de** to describe something *opposite* or *across from,* such as across the street.

> There are only two contractions in Spanish: **a** + [definite article **el**] → **al** and **de** + [definite article **el**] → **del**. The other definite articles do not form contractions with these prepositions. For example: **al lado del banco** vs. **al lado de la farmacia.**

ESTRUCTURAS ESENCIALES

El *se* pasivo y el *se* impersonal

A. El *se* pasivo. The subject of a sentence normally expresses *who* performs the action.

> **Rosa** compra sellos en el correo.
> ***Rosa*** *buys stamps at the post office.*

Sometimes it is not important to know who performs the action. In this case, English often uses the passive voice (*is/are* + past participle), while Spanish uses the construction "**se** + conjugated verb + noun."

> **Se venden** sellos en el correo.
> *Stamps **are sold** at the post office.*

▸ Use a singular verb when a singular noun follows the verb and acts as the subject of the sentence.

> **Se produce** mucho <u>software</u> en Ecuador.
> *A lot of software **is produced** in Ecuador.*

▸ Use a plural verb when a plural noun follows the verb and acts as the subject.

> También **se cultivan** muchas <u>flores</u>.
> *A lot of flowers **are grown** there also.*

B. El *se* impersonal. A similar "**se** + verb" construction is used in **impersonal** sentences. With impersonal sentences, the person who performs the action is not a specific person, but rather, "people in general." English expresses this idea with the subjects *they, people, you,* and *one.*

> En Ecuador, **se almuerza** a la una.
> *In Ecuador, **people/they eat** lunch at one o'clock.*

> **¿Se puede** ir a pie?
> ***Can you/one*** *go on foot?*

With the *se* **impersonal,** the verb is always used in the singular. It is usually followed by an infinitive or by an adverb.

> ¿Dónde **se puede** comprar aspirina?
> *Where **can one** buy aspirin?*

8-1 Unas diligencias. Escucha las conversaciones entre los turistas y el recepcionista del hotel. Completa las oraciones de una manera lógica.

CD3
Track 3-27

___ 1. La señorita Rosales quiere comprar…
   a. tarjetas postales.
   b. unos sellos.
   c. recuerdos para sus amigos.

___ 2. Según el recepcionista, la señorita Rosales…
   a. puede ir a pie.
   b. debe tomar un taxi.
   c. necesita ir a la farmacia.

___ 3. El señor Rulfo quiere…
   a. ir a la oficina de turismo.
   b. consultar con un médico.
   c. ir a la farmacia.

___ 4. Según la recepcionista, ese lugar está…
   a. cerca de la parada de autobuses.
   b. un poco lejos.
   c. al lado del hotel.

8-2 En Quito. Imagina que estás de vacaciones en Quito, Ecuador. ¿Cómo responde a tus preguntas el recepcionista del hotel? Relaciona la información de las dos columnas de una manera lógica.

Tú:	El recepcionista del hotel:
___ 1. ¿Dónde se puede cambiar dinero?	a. Hay una pequeña tienda aquí en el hotel.
___ 2. Mi vuelo sale mañana a las dos de la tarde.	b. El Banco del Pichincha está al final de la calle.
___ 3. Quisiera visitar la Catedral Metropolitana. ¿Dónde se encuentra?	c. Está en el centro histórico, en la Plaza de la Independencia. ¡Es magnífica!
___ 4. Perdone, ¿hay un parque zoológico en Quito?	d. Bien. Le llamo el taxi a las once y media de la mañana.
___ 5. Oiga, ¿dónde se puede comprar tarjetas postales?	e. Está en el Pueblo de Guayllabamba. Es mejor tomar un autobús.

8-3 Las ciudades grandes. Conversa con dos o tres compañeros(as) sobre las vacaciones en las ciudades grandes.

1. ¿Te gusta visitar ciudades grandes cuando vas de vacaciones? ¿Qué ciudades grandes conoces en los Estados Unidos? ¿En otros países? Haz una pregunta original.

2. De todas las ciudades grandes que has visitado *(that you have visited)*, ¿cuál prefieres? ¿Qué te gusta hacer cuando estás allí? Haz una pregunta original.

3. Cuando estás en una ciudad grande, ¿prefieres tomar el metro, el autobús o un taxi? ¿Por qué? Haz una pregunta original.

4. ¿Te has perdido alguna vez *(Have you ever gotten lost)* durante un viaje? ¿Dónde estabas? ¿Cómo resolviste el problema? Haz una pregunta original.

5. ¿Qué ciudad grande has visitado *(have you visited)* recientemente? ¿Qué hiciste allí? ¿Pasó algo inesperado? Haz una pregunta original.

8-4 En la ciudad. Con un(a) compañero(a), completa y dramatiza las conversaciones a continuación. Basen sus respuestas en el plano de la ciudad. Sigan el modelo.

MODELO

TÚ: Por favor, ¿dónde se puede ver una película?

TU COMPAÑERO(A): En el cine Colón. Está en la Avenida Patria.

1. Disculpe, ¿dónde se puede comprar tarjetas postales?
2. ¿Hay una parada de autobuses cerca de aquí?
3. Perdone, ¿dónde se puede comprar antiácidos?
4. Tengo sed. ¿Hay un café por aquí?
5. Perdone, ¿dónde está el museo de arte?
6. Hace frío hoy. ¿Dónde se venden chaquetas a buen precio?

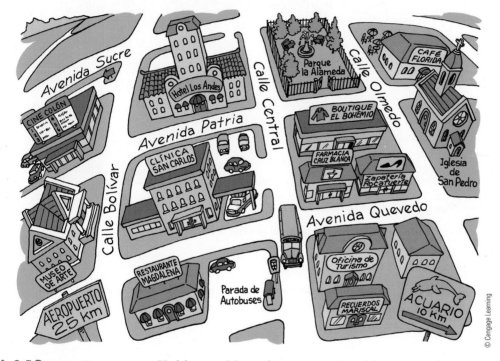

© Cengage Learning

8-5 Por nuestro campus. Un(a) nuevo(a) estudiante ecuatoriano(a) no conoce bien el campus. Tú tienes que explicarle todo. Dramatiza estas conversaciones con un(a) compañero(a) de clase. Sigan el modelo.

MODELO   nadar y hacer ejercicio

TU COMPAÑERO(A): Tengo ganas de hacer un poco de ejercicio. ¿Dónde se puede nadar? ¿Hay un gimnasio o una piscina en el campus?

TÚ: Sí, hay un nuevo gimnasio muy grande con mucho equipo y una piscina de tamaño olímpico.

TU COMPAÑERO(A): ¡Qué bien! ¿Dónde está el gimnasio?

TÚ: Está en la esquina de la calle Assembly y la calle Blossom. Está enfrente del coliseo.

1. comprar libros de texto
2. consultar a un médico
3. probar comida típica del estado
4. bailar salsa o tango

5. comprar recuerdos con la mascota de la universidad
6. ver películas independientes o internacionales

Vocabulario temático

Para pedir y dar instrucciones

CD3
Track 3-28

David R. Frazier Photolibrary, Inc./Alamy

—Por favor, ¿cómo se va a *la oficina de turismo?*

—Siga todo derecho. Está al final de la calle, a la izquierda.

—Perdone, ¿hay *un banco* por aquí?

— Sí, el Banco Nacional está bastante cerca. Camine 100 metros por esta calle. Está a la derecha, al lado de la farmacia.

Otras instrucciones

Vaya a la esquina.

Tome *la Avenida de la Independencia.*

Tome la *segunda* calle a la *izquierda.*

Siga derecho por *cuatro* cuadras.

Doble a la *derecha* en la calle *República.*

Camine *cien* metros.

Cruce la calle.

Look carefully at the last letter of these words: **derecho** means *straight ahead;* **derecha** means *right.*

8-6 ¿Para ir a...? Aquí tienes el plano *(city map)* de la pequeña ciudad de Otavalo, Ecuador. Un policía y un turista están en el punto indicado con una X en el plano. Escucha las instrucciones del policía. ¿Cuál es el destino del turista en cada caso? (¡**Ojo!** *The directions are given from the perspective of someone looking up Montalvo Street, with his/her back to the train station.*)

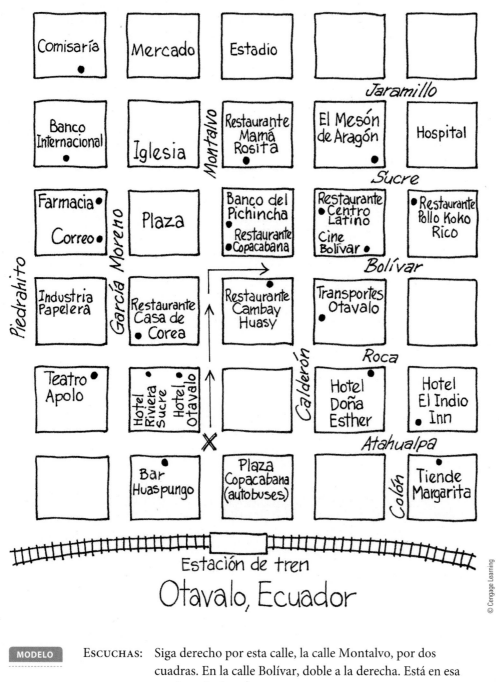

© Cengage Learning

MODELO

ESCUCHAS: Siga derecho por esta calle, la calle Montalvo, por dos cuadras. En la calle Bolívar, doble a la derecha. Está en esa cuadra, a la derecha.

ESCRIBES: Restaurante Cambay Huasy

1. _____   3. _____

2. _____   4. _____

8-7 Por Otavalo. Mira el plano de Otavalo en la página 271 y completa las conversaciones de una manera lógica.

1. TURISTA: Por favor, ¿cómo se (va / van) a la farmacia?

   POLICÍA: (Siga / Doble) derecho por la calle Montalvo. (Camine / Tome) la tercera calle a la izquierda. (Vaya / Cruce) una cuadra más y Ud. verá la farmacia en la (esquina / final).

2. TURISTA: ¿(Hay / Es) un buen restaurante (por / para) aquí?

   POLICÍA: Sí, hay varios. Le (recomiendo / prefiero) el Mesón de Aragón. Siga (derecho / a la derecha) por esta calle. En la (segunda / tercera) esquina, doble a la (izquierda / derecha) en la calle Sucre. Camine (dos / tres) cuadras y está a la izquierda.

3. TURISTA: Por favor, ¿(cómo / dónde) está la comisaría?

   POLICÍA: Siga todo (derecho / derecha) por la calle Montalvo. Doble (al / a la) izquierda en la (cuarto / cuarta) esquina. Camine (un / una) cuadra más, y está a la derecha.

8-8 Pidiendo instrucciones. Trabaja con un(a) compañero(a) para completar los diálogos a continuación. En cada caso, necesitas contestar la pregunta del turista y también darle instrucciones para llegar al destino indicado. Usen el mapa de Otavalo en la página 271.

1. TURISTA: Por favor, ¿está cerca de aquí el Teatro Apolo?
   POLICÍA: _____.

2. TURISTA: ¿Dónde se puede cambiar dinero?
   POLICÍA: _____.

3. TURISTA: ¿Hay una farmacia por aquí?
   POLICÍA: _____.

4. TURISTA: Quisiera comprar unos recuerdos. ¿Está lejos de aquí el mercado?
   POLICÍA: _____.

5. TURISTA: Por favor, ¿me puede recomendar un hotel?
   POLICÍA: _____.

8-9 Perdón… Unos turistas quieren visitar algunos lugares de tu universidad. Tú te encuentras delante de la biblioteca de tu universidad. Con un(a) compañero(a), compongan diálogos con la información que necesiten los turistas.

1. Perdone, ¿dónde está la librería?
2. Por favor, ¿hay un buen restaurante por aquí?
3. Vamos al partido de fútbol americano. ¿Dónde está el estadio?
4. Necesito ir al gimnasio. ¿Cómo se va allá?
5. Mi amigo se encuentra un poco enfermo. ¿Hay una clínica en el campus?
6. Por favor, ¿hay una parada de autobús por aquí? ¿Un cajero automático?

Gramática

Los mandatos formales

CD3
Track 3-30

Read along as you listen to a frantic tourist seeking advice about his lost passport. Which verbs in this conversation are used to give directions?

🌐 **Heinle Grammar**
Tutorial: Formal commands

SR. ÁLVAREZ:	Se me perdió *(I lost)* el pasaporte. ¿Qué debo hacer?
RECEPCIONISTA:	Tiene que ir al consulado inmediatamente.
SR. ÁLVAREZ:	Por favor, ¿dónde se encuentra?
RECEPCIONISTA:	Doble a la derecha en la esquina. Siga derecho por tres cuadras. Tome la calle Princesa y vaya derecho por dos cuadras. Está allí, a la derecha.

A. Los mandatos formales. Commands are often used to give directions and instructions, as in the following examples:

Vaya a la esquina y **doble** a la derecha.	***Go*** *to the corner and* ***turn*** *right.*
Llamen al consulado inmediatamente.	***Call*** *the consulate immediately.*

Since the understood subject of commands is *you,* Spanish has both familiar (**tú**) and formal (**Ud./Uds.**) commands. In this section you will practice formal commands—those that can be used with persons you normally address as **usted** or **ustedes.**

B. Formación de los mandatos formales. To create formal commands, use this two-step procedure.

Mandatos regulares

	tomar	**volver**	**salir**
1. Conjugate the verb in the **yo** form of the present indicative and drop the **-o** ending.	tomø	vuelvø	salgø
2. Add the appropriate ending.			
▸ For the singular **usted** command, add **-e** to **-ar** verbs, and add **-a** to **-er/-ir** verbs.	tom**e**	vuelv**a**	salg**a**
▸ For the plural **ustedes** command, add **-en** to **-ar** verbs and **-an** to **-er/-ir** verbs.	tom**en**	vuelv**an**	salg**an**

▸ To make a command negative, add the word **no** in front of the verb. There is no equivalent translation for the English *don't.*

No vuelvan tarde.	***Don't come*** *back late.*

C. Verbos irregulares y verbos con cambios ortográficos. Certain verbs have irregular command forms that must be individually memorized.

Mandatos irregulares

ir	**Vaya(n)** a la esquina.	***Go*** *to the corner.*
saber	**Sepa(n)** que aquí no se permite fumar.	***Know/Be advised*** *that smoking is not allowed here.*
dar	**Dele (Den**le) el pasaporte al recepcionista.	***Give*** *the passport to the desk clerk.*

ser	**Sea(n)** puntual(es).	*Be punctual.*
estar	Por favor, **esté(n)** aquí antes de las seis.	*Please **be** here before six o'clock.*

Mandatos con cambios ortográficos

	Infinitivo	Mandato formal
Verbs ending in **-gar**, change to **-gue(n)**	lle**gar**	lle**gue(n)**
Verbs ending in **-zar**, change to **-ce(n)**	empe**zar**	empie**ce(n)**
Verbs ending in **-car**, change to **-que(n)**	sa**car**	sa**que(n)**

D. Los mandatos y los complementos. Commands are frequently used with pronouns. Reflexive verbs, such as **acostarse** or **divertirse**, change the pronoun **se** from the infinitive to -**te (tú)**, -**se (Ud.)**, -**nos (nosotros)**, -**os (vosotros)**, -**se (Uds.)**. Most verbs can be used with direct (**me, te, lo, la, nos, os, los, las**) or indirect (**me, te, le, nos, os, les**) object pronouns. Follow these guidelines for pronoun placement with commands.

▶ Attach pronouns to the end of affirmative commands; add an accent mark to the stressed vowel in the third-to-last syllable.

¡Acuéstense ahora mismo!	*Go to bed right now!*
¿Los cheques? **Cámbielos** en el banco.	*The checks? **Cash them** at the bank.*

▶ Place pronouns immediately before the verb in negative commands.

¡No se acuesten en el sofá!	***Don't lie down** on the sofa!*
¿Los cheques? **No los cambie** en el hotel.	*The checks? **Don't cash them** at the hotel.*

Sometimes it is more polite to make requests by using this kind of phrasing:

¿Podría Ud. hacerme el favor de llamar antes de venir?
***Could you** please call before coming over?*

¿Quieres abrir la ventana?
***Will you** open the window?*

Ponerlo a prueba

8-10 Consejos útiles. Piensas hacer un viaje. ¿Qué consejos *(advice)* te da tu agente de viajes? Escoge el verbo más lógico y escríbelo en la forma de un mandato formal singular (**usted**).

1. (Visitar / Comprar) _____ el parque zoológico.
2. (Comer / Probar) _____ en el restaurante La Ronda.
3. No (hacer / salir) _____ a solas *(alone)* por la noche.
4. No (decir / perder) _____ el pasaporte.
5. No (tomar / vender) _____ agua del grifo *(tap)*.
6. (Sentarse / Ponerse) _____ zapatos cómodos para caminar.

8-11 El tour de la ciudad. ¿Qué les dice la guía turística *(tour guide)* al grupo de turistas? Escoge el verbo más lógico de la lista y escríbelo en la forma de un mandato formal plural (**ustedes**).

dar   almorzar   sacar   pagar   doblar   ser   ir

1. _____ primero a la Galería Nacional.
2. _____ las entradas en esa ventana.
3. No _____ fotos dentro de la catedral.
4. _____ respetuosos *(respectful)* con la cultura.
5. _____ en el restaurante del museo.
6. _____ un paseo por la Plaza de la Independencia.

8-12 Un viaje a Ecuador. Cuando viajamos, es importante tomar precauciones para tener unas vacaciones saludables *(healthy)*.

Primera parte: Lee el artículo para saber algo sobre el mal de altura *(altitude sickness)* y contesta las preguntas.

1. ¿Cómo es el terreno alrededor de *(around)* Quito?

2. ¿Qué efectos tiene la altura en los turistas?

3. ¿Cuánto tiempo necesitan los turistas para adaptarse a la altura?

4. ¿Qué ofrecen algunos hoteles en lugares muy altos?

Segunda parte: Tus padres van a viajar a Ecuador. Dales cinco consejos *(advice)* para evitar el mal de altura, basándote en *(based upon)* la información del artículo. No te olvides de usar mandatos formales.

MODELO   Al llegar, duerman bien y…

PARA UN VIAJE SALUDABLE

Evite el mal de altura

Ecuador tiene algunas de las montañas más altas del mundo. Su capital, Quito, está a 2800 metros de altura. Por eso, los turistas tienen que tomar precauciones con los efectos de la altura. Muchos visitantes experimentan dolor de cabeza, insomnio y náuseas. Para evitar el mal de altura, se recomienda dormir bien y comer poco al llegar. Es muy importante tomar mucha agua y seguir una dieta sin sal. No es aconsejable correr, hacer deportes o levantar objetos pesados los primeros dos o tres días. Algunos hoteles ofrecen tubos de oxígeno para los huéspedes. Estos también se pueden comprar en las tiendas.

8-13 En mi pueblo. Dos amigos ecuatorianos están de vacaciones en los Estados Unidos y piensan visitarte. ¿Qué consejos y recomendaciones les das? Con un(a) compañero(a), escribe cinco recomendaciones con mandatos formales. Incluyan justificaciones para cada recomendación.

MODELO   **Visiten** la ciudad de Charleston. Es muy hermosa. Tiene casas históricas y restaurantes buenísimos. También, hay muchas tiendas y boutiques en la calle King…

In this *Paso* you will practice:

▶ Talking about the human body

▶ Describing symptoms of illnesses common to travelers

▶ Understanding the doctor's orders

▶ Giving advice related to travel and health

Grammar:

▶ Introduction to the present subjunctive

Las partes del cuerpo

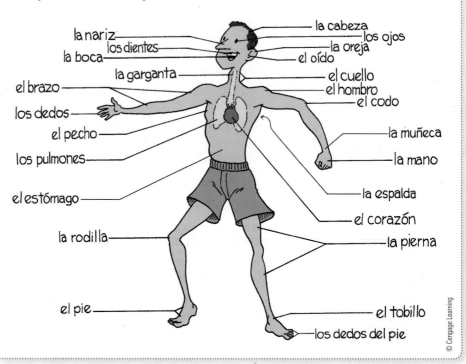

la nariz
los dientes
la boca
la garganta
el brazo
los dedos
el pecho
los pulmones
el estómago
la rodilla
el pie

la cabeza
los ojos
la oreja
el oído
el cuello
el hombro
el codo
la muñeca
la mano
la espalda
el corazón
la pierna
el tobillo
los dedos del pie

© Cengage Learning

Para indicar lo que te duele

CD3
Track 3-31

DOCTORA: ¿Qué le duele?

PACIENTE: Me duele *el pecho.*

Me duelen *los oídos.*

Tengo dolor de *cabeza.*

ESTRUCTURAS ESENCIALES

Los verbos *doler* y *romperse*

A. Doler. The verb **doler** *(to hurt, ache)* follows the same pattern as **gustar.** Use an indirect object pronoun (**me, te, le, nos, les**) to indicate **who** is in pain. To say **what** hurts, use **duele** + **el/la** + *singular part of the body* and **duelen** + **los/las** + *plural part of the body.*

INDIRECT OBJECT	VERB	PART(S) OF THE BODY
Me	duele	la espalda.
My	*back*	*hurts.*
(My back is bothering me / causing me pain.)		
Me	duelen	los pies.
My	*feet*	*hurt.*
(My feet are killing me / are causing me pain.)		

Here are the forms of **doler** in the present tense.

me duele(n)	**nos duele(n)**
te duele(n)	**os duele(n)**
le duele(n)	**les duele(n)**
a *(name)* **le duele(n)**	**a** *(names)* **les duele(n)**

B. Romperse. The verb **romperse** *(to break)* is reflexive. The verb agrees with the person who broke a part of the body. Notice that reflexive pronouns (**me, te, se, nos, os, se**) must be used with this verb.

Paco **se rompió** el brazo. *Paco **broke** his arm.*

Here are the forms of **romperse** in the preterite.

me rompí	**nos rompimos**
te rompiste	**os rompisteis**
se rompió	**se rompieron**

> With both **doler** and **romperse**, notice that definite articles (**el, la, los, las**) are used to refer to parts of the body. **Le duele** <u>la</u> **cabeza.** <u>His</u> head hurts. **Me rompí** <u>el</u> **brazo.** I broke <u>my</u> arm.

Ponerlo a prueba

8-14 ¿Qué médico me recomienda? Lee las tarjetas de algunos médicos en Quito, Ecuador. Luego, escucha los fragmentos de las llamadas telefónicas de varios pacientes. Según los síntomas que describen, ¿qué médico le recomiendas a cada paciente? ¿Por qué? Completa las siguientes oraciones.

CD3
Track 3-32

1. A la niña le duele la _____; también tiene dolor de _____. Ella tiene que consultar al doctor _____.

2. A la señora le duelen el _____, el _____ izquierdo y el _____. Necesita ver al doctor _____.

3. A este joven le duelen una _____ y un _____. Debe consultar al doctor _____.

Dr. Alfonso Arcos Barona
Cirujano Dentista

Av. República de El Salvador 525
Edif. Rosanía
2º piso
Tel.: 4573-268

Dr. Marcelo Moreano
Cardiólogo

2º piso, Consultorio # 2
Centro Médico Metropolitano
Av. Mariana de Jesús y Occidental
Tel.: 2244-423

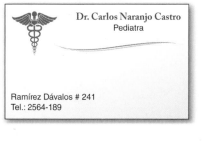

Dr. Carlos Naranjo Castro
Pediatra

Ramírez Dávalos # 241
Tel.: 2564-189

Dr. Alex Sevilla
Neurólogo

Centro Médico Metropolitano
1er piso, Consultorio # 39
Av. Mariana de Jesús y Occidental
Tel.: 2431–524

Dra. Alejandra Naranjo
Alergista

Av. 12 de Octubre
2206 y Coruña
Tel.: 2520-150

Dr. Stephen Contag
Ortopedista

Edif. Médico Meditrópoli
Consultorio 109
Av. Mariana de Jesús y Occidental
Tel.: 2267-972

© Cengage Learning

8-15 Las partes del cuerpo. Relaciona cada definición con la parte del cuerpo más lógica.

___ 1. Conecta el pie con la pierna.
___ 2. Son los órganos de la respiración.
___ 3. Es la articulación (*joint*) entre la muñeca y el hombro.
___ 4. Son los órganos de la vista (*sight*).
___ 5. Hay cinco en cada mano.
___ 6. Es esencial para la digestión.
___ 7. Conecta la cabeza con el tronco.
___ 8. Contiene los dientes y la lengua.

a. el estómago
b. los dedos
c. el codo
d. el tobillo
e. el corazón
f. el cuello
g. los pulmones
h. la boca
i. los ojos

8-16 Mil excusas. Tus amigos te invitan a participar en muchas actividades, pero tú tienes mil excusas. Sigue el modelo y dramatiza las situaciones con un(a) compañero(a). **Nota:** Para cada situación, tienes que explicar por qué no puedes aceptar la invitación e incluir la expresión **me duele(n)** y diferentes partes del cuerpo.

> MODELO —¿Quieres salir a bailar con nosotros esta noche?
> —Lo siento, no puedo. Me duelen los pies.

1. ¿Quieres ir al karaoke mañana?
2. Vamos a jugar al básquetbol esta tarde. ¿Quieres jugar con nosotros?
3. Pensamos acampar en las montañas este fin de semana. ¿Nos acompañas?
4. Hay una piscina en mi nuevo apartamento. ¿Quieres venir a mi casa para nadar?
5. ¿Por qué no vamos a comer esta noche en el nuevo restaurante mexicano?
6. (Inventen una situación original.)

8-17 El viaje inolvidable. Tú y tu familia fueron a Ecuador de vacaciones. ¿Qué síntomas tienen Uds. como consecuencia de sus actividades? Sigue el modelo; usa el verbo **doler** en tu respuesta.

> MODELO Lees: Comiste muchos llapingachos (*fried potato-and-cheese patties*) y fritada (*fried pork*).
> Respondes: Me duele mucho el estómago.

1. Fuiste a la playa y pasaste todo el día allí. Se te olvidó (*You forgot*) ponerte protector solar.
2. Tus padres subieron (*climbed, went up*) al volcán Pichincha; llevaban sandalias.
3. El vuelo de tu hermana llegó a las tres de la madrugada. La pobre chica no durmió nada.
4. Te lavaste los dientes con el agua del grifo (*tap*) en el hotel.
5. La cama en la habitación de tus padres es muy incómoda. No pudieron pegar ojo (*couldn't sleep a wink*) en toda la noche.
6. Todos Uds. bebieron mucha chicha (*alcoholic fruit or corn drink*).
7. Tu hermano bailó toda la noche en la discoteca.
8. Por su altitud, el aire en Quito tiene poco oxígeno; es problemático porque tu mamá sufre de asma.

Vocabulario temático

Las enfermedades

DOCTOR: ¿Qué tiene?

PACIENTE: Me siento mal. Tengo tos y fiebre.

PHOTOTAKE Inc./Alamy

CD3
Track 3-33

Otros síntomas

Tengo *tos*.
 fiebre
 diarrea
 náuseas
 mareos
 vómito

Me lastimé *la espalda*.
  un pie

Me rompí *un brazo*.
  una pierna

To wish someone a speedy recovery, say **¡Que se mejore pronto!** (formal) or **¡Que te mejores pronto!** (informal). When someone sneezes, say **¡Salud!** or **¡Jesús!**

El diagnóstico

PACIENTE: ¿Qué tengo, doctor(a)?

DOCTOR: Usted tiene *gripe*.
    un virus
    un resfriado
    una infección
    una intoxicación alimenticia

In some countries a cold is called **un catarro.**

Los remedios

PACIENTE: ¿Qué debo hacer?

DOCTOR: Tome *estas pastillas* y guarde cama por *unos* días.

CD3
Track 3-34

Otros remedios y consejos

Tenemos que *ponerle un yeso*.

Tome *estas pastillas para el dolor*.
 este jarabe para la tos

Quiero que Ud. *guarde cama*.
   descanse mucho en casa
   tome estos antibióticos

Le recomiendo que *tome paracetamol* cada cuatro horas.
   se aplique esta crema tres veces al día

Doctors will give you a prescription— **una receta**—for most medications, although in many countries prescriptions are not needed for antibiotics. **Paracetamol** is also called **acetaminofén**, the main ingredient in over-the-counter medications like Tylenol®.

Estrategia *Improving your listening*

Here are some tips to help you understand recorded materials more easily.

Listen for the main idea.
Concentrate on getting the gist of what is going on. Where is the conversation taking place? Who are the people speaking? What is the main topic?

Activate background information.
After you understand the main idea, think about what kinds of information are commonly exchanged in that situation. Try to predict what the speakers might say.

Listen for key words.
After making a prediction, consider what key words would be used in the conversation. Listen again to the recording in order to confirm or reject your hypothesis.

Ponerlo a prueba

🔊 CD3 Track 3-35

8-18 ¿Qué le pasa? Repasa la estrategia *"Improving your listening"*. Después, escucha las conversaciones y completa las actividades.

a.

b.

c.

d.

PRIMERA PARTE: Escucha las tres conversaciones. ¿A qué dibujo le corresponde cada conversación?

1. _____
2. _____
3. _____

SEGUNDA PARTE: Vuelve a escuchar las conversaciones y completa las oraciones.

CONVERSACIÓN 1:   La doctora cree que esta paciente tiene _____. La paciente necesita tomar _____ por veinticuatro horas. También debe tomar _____ todos los días.

CONVERSACIÓN 2:   La doctora piensa que este paciente tiene _____ y _____. Ella le receta dos medicamentos: _____ y _____.

CONVERSACIÓN 3:   Este paciente no tiene nada grave. La doctora le dice que necesita tomar _____ y _____ y descansar. Pero, el paciente debe regresar al consultorio médico si tiene _____.

8-19 Historiales. Completa las descripciones de los pacientes con las palabras más lógicas de la lista.

antibióticos	**gripe**	**guardar**	**infección**	**pastillas**
fractura	**jarabe**	**hacer**	**intoxicación**	**resfriado**

1. A Sarita le duelen todos los músculos. Tiene fiebre y náuseas. También le duele la cabeza. Sarita tiene _____ . Tiene que _____ cama por unos días.

2. A Enrique le duele un poquito la garganta. Tiene un poco de tos también. Tiene mucha congestión. Probablemente no es nada serio. Él tiene un _____ . Debe tomar _____ para la tos.

3. A Alfonso le duele mucho la garganta. El médico le hizo un análisis y vio que tenía estreptococos. Alfonso tiene una _____ . El doctor le va a mandar _____ .

4. A Margarita le duele el estómago. Tiene náuseas y diarrea. Anoche comió mariscos en el mercado. Ella tiene una _____ alimenticia. Tiene que ir a la farmacia y comprar unas _____ .

8-20 ¡Me siento mal! Estás estudiando en Ecuador y tienes un resfriado horrible. ¿Qué le dices a la médica? Completa la conversación de una manera lógica. Después, léela en voz alta con un(a) compañero(a).

DOCTORA DELIUS: Buenos días, señor (señorita). ¿Qué tiene?

TÚ: (1) _____ .

DOCTORA DELIUS: Bueno, voy a examinarlo(la). Respire. Ahora abra la boca y diga "ah". Mmmm… ¿Le duele la garganta mucho?

TÚ: (2) _____ . ¿_____?

DOCTORA DELIUS: Ud. tiene un resfriado y también una infección en la garganta.

TÚ: (3) ¿_____?

DOCTORA DELIUS: Descanse en casa por unos días y tome estos antibióticos.

TÚ: (4) ¿_____?

DOCTORA DELIUS: Dos veces al día.

TÚ: (5) _____ .

DOCTORA DELIUS: De nada. Si no se siente mejor en unos días, llame y pida otra cita (appointment).

8-21 Remedios. ¿Qué les dice el médico a estos pacientes? Inventa remedios lógicos para cada situación. Usa mandatos formales.

MODELO ÁNGELES: Me duele mucho la cabeza.

MÉDICO: Tome dos aspirinas y llámeme por la mañana.

1. PABLO: Creo que tengo una infección en los oídos.
2. ROSA: Tengo mucha tos. Me duele el pecho.
3. LUCÍA: Creo que estoy resfriada.
4. ERIC: Me lastimé la espalda. No puedo moverme.
5. NINA: Fui a la playa y no usé protector solar. Me duelen mucho la espalda y los hombros.

8-22 ¡Eso es increíble! Durante las vacaciones siempre pasa lo inesperado. Para cada foto, usa la imaginación para escribir tres oraciones con la siguiente información. Hay que usar el imperfecto y el pretérito.

Joaquín

▶ Adónde fue la persona
▶ Qué pasó mientras estaba allí
▶ Una consecuencia / un resultado del evento

MODELO   Joaquín fue a las montañas de Bariloche, Argentina.

Un día, mientras esquiaba en las montañas, se cayó.

Se rompió la pierna izquierda y el médico le puso un yeso.

Maritza

Mateo

Raquel

8-23 ¿Qué te pasó? Tú y tu amiga Julia están en Ecuador de vacaciones. Mientras ustedes estaban escalando en roca, Julia se cayó. Como Julia no habla español, tú tienes que explicarle sus síntomas al médico. Con un(a) compañero(a), desarrolla una conversación entre tú y el médico.

COMENTARIO CULTURAL   *Las farmacias*

¿Cómo son las farmacias en tu ciudad? ¿Qué cosas compras allí? En general, ¿vas al médico antes de comprar medicina?

En España y en Latinoamérica, la farmacia o botica es donde puedes comprar medicinas o artículos de uso personal como champú o pasta dentífrica. También, si tienes una enfermedad ordinaria y necesitas atención médica, los farmacéuticos te pueden recetar *(prescribe)* medicinas sin necesidad de consultar a un médico. Es aconsejable ir al médico si los síntomas son graves.

Gramática

El presente del subjuntivo

🌐 **Heinle Grammar Tutorial:** The present subjunctive

Read along as you listen to a caller get recommendations from the doctor on a radio talk show. What expressions does the doctor use to give her advice? One example is provided in boldface type as a model.

CD3
Track 3-36

RADIO OYENTE: Doctora, pienso hacer un viaje muy pronto a una zona tropical. Dígame, por favor, ¿qué medidas *(measures)* debo tomar para no enfermarme?

DOCTORA (EN LA RADIO): Para no estropear *(to spoil)* sus vacaciones, es importante que Ud. se cuide en todo momento. Por ejemplo, **le recomiendo** que consulte con su propio doctor antes de viajar para averiguar *(find out)* qué vacunas necesita. Para las zonas tropicales, es mejor que tome medicamentos contra la malaria. También es necesario que use repelente contra los mosquitos. Y finalmente, es importante que lleve camisas de manga larga y pantalones largos.

A. Para dar consejos. In both Spanish and English you can give advice and make recommendations in a number of ways.

- ▶ With a direct, formal command
  Use esta crema cada seis horas.
  Use this cream every six hours.

- ▶ With an "embedded" command
  Es importante que **Ud. use** un protector solar.
  *It's important **for you to use** a sunscreen*

B. El subjuntivo. When the formal commands (**Ud.** and **Uds.**) are embedded within a sentence, the verb forms are referred to as the present subjunctive, or **el presente del subjuntivo.**

In **Capítulo 9,** you will learn how to use the subjunctive with subjects other than **tú, Ud.,** and **Uds.**

Mandato (Formal command)	Presente del subjuntivo (Present subjunctive)
Guarde cama. *Stay in bed.*	Es necesario que Ud. **guarde** cama. *It is necessary that you **stay** in bed.*
Beban muchos líquidos. *Drink lots of liquids.*	Es mejor que Uds. **beban** muchos líquidos. *It is better that you **drink** lots of liquids.*

You can also use this new sentence pattern to give advice to people you address as **tú.** Simply add **-s** to the end of the **Ud.** command form. For example: **guarde + s = tú guardes.**

Es necesario que (tú) **guardes** cama.
*It's necessary that **you** (informal) **stay** in bed.*

C. Más sobre el subjuntivo. In order to give advice in this new way, you must create sentences with a special pattern. The present subjunctive is used after the conjunction **que,** in the part of the sentence known as the dependent clause.

			Dependent Clause		
SUBJECT	VERB	QUE	NEW SUBJECT	VERB	OTHER ELEMENTS
(Yo)	Quiero	que	(Ud.)	**tome**	estas pastillas.
I	*want*		*you*	*to take*	*these pills.*
	Es importánte	que	(tú)	**descanses.**	
It	*is important*	*that*	*you*	*rest.*	

All of the following expressions of advice use this special sentence pattern. Think of these phrases as "triggers" that require the use of the present subjunctive after the **que.**

Le/Te recomiendo que…	*I recommend that you (formal/informal) . . .*
Quiero que…	*I want (you) to . . .*
Es necesario que…	*It is necessary for (you) to . . .*
Es aconsejable que…	*It is advisable that . . .*
Es preferible que…	*It is preferable that . . .*
Es mejor que…	*It is better that . . .*
Es recomendable que…	*It is a good idea for (you) to . . .*
Es importante que…	*It's important that . . .*

Ponerlo a prueba

8-24 En una clínica. Usa las frases adecuadas para completar los diálogos entre los pacientes y los doctores. Escribe los verbos en el presente del subjuntivo (Ud., Uds. o tú).

beber líquidos	**guardar cama**	**comer comida blanda**
volver al consultorio	**caminar mucho**	**no salir al sol**
tomar Pepto-Bismol®	**descansar en casa**	**aplicarse compresas frías**

1.   SR. ALONSO: Doctor, no puedo caminar. Me caí y me lastimé un tobillo. Ahora, me duele mucho el pie derecho. ¿Debo regresar a mi país?

       DR. LÓPEZ: ¡Cálmese, Sr. Alonso! Si se lastimó el tobillo, le recomiendo que Ud. _____ por varios días. También es mejor que no _____ por un tiempo.

2.   RITA: Dra. Aguilar, me siento mal. Todos en mi familia han tenido *(have had)* gripe. Hace dos días que tengo dolor de cabeza, fiebre y una tos horrible.

       DRA. AGUILAR: Sí, tenemos casi una epidemia de gripe. Te recomiendo que _____. También, quiero que (tú) _____.

3. RAMÓN BLANCO: Doctor, mi esposa y yo somos turistas. Desde que llegamos, hemos tenido problemas estomacales. No podemos comer nada.

       DR. FIGUEROA: Sr. Blanco, su problema es típico de los turistas. Es necesario que ustedes _____. Si no se sienten mejor en dos o tres días, les recomiendo a Uds. que _____.

8-25 ¿Qué me recomiendas? Varias personas están enfermas y te piden consejos. ¿Qué remedios caseros *(home remedies)* les recomiendas? Trabaja con un(a) compañero(a); completen los diálogos con sus recomendaciones.

> **MODELO**   Sara: Tengo gripe.
>
> Tú: Te recomiendo que <u>comas sopa de pollo</u>.

1. Benjamín: Con frecuencia tengo dolor de cabeza.
   Tú: Te recomiendo que (tú) ——————.

2. Elena: Sufro de insomnio y no puedo dormir.
   Tú: Es recomendable que (tú) ——————.

3. Rafael: Comí mariscos anoche y ahora me duele el estómago.
   Tú: Es importante que (tú) ——————.

4. Rosa: Tengo dolor de garganta.
   Tú: Es necesario que (tú) ——————.

5. Catalina: Mi padre estaba resfriado y ahora yo estoy resfriada también.
   Tú: Es mejor que (tú) ——————.

8-26 ¿Qué más me recomienda? Imagina que estás trabajando de guía *(tour guide)*. Varios turistas te piden consejos sobre el viaje a las islas Galápagos. ¿Qué les recomiendas? Usa expresiones como **Es importante que…; Es mejor que…; Le recomiendo que…;** etc. **¡Ojo!** Necesitas tratar a los turistas de **Ud.**

> **MODELO**   —En las islas Galápagos, quiero nadar y tomar el sol.
>
> —Le recomiendo que use un protector solar.

1. —¿Qué voy a comer en las islas Galápagos? Soy alérgica a los mariscos.

2. —¿Dónde debo cambiar dinero, aquí o en Ecuador?

3. —Padezco de mareo *(I get seasick)*. ¿Qué debo hacer antes de pasear en las lanchas *(boats)*?

4. —Se dice que el clima es muy inestable en esa región.

5. —No sé exactamente cuánto dinero llevar.

Estos pájaros de los Galápagos son famosos por sus patas azules.

¡Vamos a Ecuador!

DATOS ESENCIALES

Nombre oficial: República de Ecuador

Capital: Quito

Población: 15 008 000 habitantes

Unidad monetaria: dólar estadounidense

Economía: petróleo; exportación de productos químicos, flores y camarones; agricultura (banano, café y cacao); turismo

🌐 **www.cengagebrain.com**

Go to the **Un paso más** section in the *Cuaderno de actividades* for reading, writing, and listening activities that correlate with this chapter.

More activities on Ecuador and **¡Vamos a Ecuador!** may be found in the **Un paso más** section of the *Cuaderno de actividades.*

La Amazonia ocupa casi la mitad *(half)* de la superficie de Ecuador. Esta región de vegetación tropical exuberante y densa tiene una increíble diversidad biológica. En solo el Parque Yasuní —uno de 11 parques y reservas de la región amazónica— hay 547 especies de aves *(birds)*, más de 2000 especies de árboles y 100 000 especies de insectos. En la región amazónica también habitan numerosos grupos étnicos indígenas.

Imágenes de Ecuador

Mira el vídeo sobre Ecuador. Luego, contesta las preguntas.

1. Describe la situación geográfica y el clima de Quito.
2. ¿Qué grupo habitaba el área de Quito hace 1500 años? ¿Qué aspectos de su cultura se notan en el Quito de hoy?
3. ¿Qué aspectos de la época colonial se notan en Quito?
4. ¿Cuáles son algunos contrastes entre el norte de la capital y el centro?

La historia

Como muchos descubrimientos *(discoveries)*, el descubrimiento del río Amazonas por los europeos fue accidental. El español Francisco de Orellana estaba en el este de Ecuador, buscando el mítico lugar de El Dorado con el gobernador de Quito, Gonzalo Pizarro. Cuando Orellana se separó de la gran expedición para buscar provisiones, navegó por el río Coca hasta que se encontró con un gran río —el Amazonas— el 12 de febrero de 1542.

John Mitchell/Alamy

▶ El artista ecuatoriano Oswaldo Guayasamín creó el mural *El descubrimiento del Río Amazonas* para el Palacio de Gobierno de Quito en 1958.

La geografía

Al norte de Quito se encuentra el monumento a la Mitad del Mundo. Es aquí donde pasa la línea ecuatorial y la latitud es 0-0'-0". Aquí ocurren fenómenos curiosos; por ejemplo, es más fácil balancear un huevo. También, a los turistas les gusta sacar fotos con un pie en el hemisferio norte y el otro en el hemisferio sur.

Jeff Greenberg/Alamy

▶ En 1776 la Academia de Ciencias de París envió científicos a Ecuador para determinar el lugar exacto donde pasa la línea ecuatorial.

La biología

Las islas Galápagos es uno de los destinos turísticos más espectaculares del mundo. Este archipiélago está ubicado a unos mil kilómetros de la costa de Ecuador y es famoso por sus numerosas especies únicas de animales. Charles Darwin visitó las islas encantadas en 1835. Sus estudios de las aves allí contribuyeron al desarrollo de su teoría de la selección natural.

George Lamson/Shutterstock.com

▶ El habitante más famoso de las islas Galápagos es la tortuga gigante. ¡Puede llegar a pesar 700 libras y vivir hasta 150 años!

El mundo es un pañuelo

Lee la información sobre Ecuador. Luego completa las siguientes comparaciones.

1. La unidad monetaria de los Estados Unidos y Ecuador es ___.
2. Los Estados Unidos están en el hemisferio ___. Ecuador está en el hemisferio ___ y ___ porque la línea ___ pasa por el país.
3. La región ___ cubre casi 50% de Ecuador. Esta región tiene vegetación ___ y muchas especies de árboles. En los Estados Unidos, ___ tiene vegetación tropical.
4. ___ fue el primer europeo en navegar el gran río ___ en el este de Ecuador. En los Estados Unidos, ___ fue el primer europeo en ver o navegar ___.
5. Las islas ____ de Ecuador son un destino turístico espectacular por sus especies únicas de animales, como la ___. Una isla de los Estados Unidos que es un destino turístico es ___.

This is a pair activity for **Estudiante A** and **Estudiante B.**

If you are **Estudiante A,** use the information below.

If you are **Estudiante B,** turn now to Appendix A at the end of the book.

¡Vamos a hablar!

Estudiante A

Contexto: Tú (**Estudiante A**) estás de viaje en Ecuador y te enfermas. Vas a una farmacia y consultas con un(a) farmacéutico(a) (**Estudiante B**) sobre tu problema. Tienes que hacer lo siguiente:

- Basándote en el dibujo, explicarle tus síntomas al (a la) farmacéutico(a).
- Averiguar (*Find out*) qué tienes.
- Hacer preguntas y pedir consejos.
- Tomar apuntes sobre las respuestas del (de la) farmacéutico(a).

¿Qué tengo?

¿Tengo que guardar cama?

¿Necesito antibióticos?

¿Qué más debo hacer?

¿? ¿? ¿? ¿? ¿? ¿?

¡Vamos a ver!

Episodio 8 • **En la Hacienda Vista Alegre**

Anticipación

A. Hablando se entiende la gente. Habla con un(a) compañero(a). ¿Qué bailes folclóricos hay en tu país? ¿Qué bailes latinos conoces? ¿Qué características tienen estos bailes?

B. ¿Cómo se dice…? Expresiones útiles. Relaciona las siguientes expresiones con la definición adecuada.

_____ 1. yeso *(cast)*   a. Está bien.

_____ 2. muletas *(crutches)*   b. Te lo ponen si tienes una fractura.

_____ 3. De acuerdo. *(All right.)*   c. Sirven para caminar.

▶ Vamos a ver

C. De paseo por la Hacienda Vista Alegre. Primero, lee las preguntas. Después, mira el Episodio 8 del vídeo, observa a los personajes y completa las actividades.

1. ¿Quién es Víctor? _____

2. ¿Qué parte del cuerpo se lastima Alejandra mientras está bailando?
   a. un tobillo
   b. una rodilla
   c. una pierna

3. ¿Qué parte del cuerpo se rompió Alejandra hace un año?
   a. un tobillo
   b. una mano
   c. una pierna

4. ¿Por qué quiere Víctor que Alejandra pare *(stop)* de bailar? _____ .

5. ¿Qué condición le pone Alejandra a Víctor? _____ .

En acción

D. Charlemos. Comenta con tus compañeros estos temas. ¿A ti te gusta bailar? ¿Por qué? ¿Con qué tipo de música te gusta bailar? ¿Con cuál de los chicos y chicas de la *Hacienda* te gustaría bailar? ¿Por qué? ¿Te rompiste un hueso *(bone)* alguna vez? ¿En qué parte del cuerpo? ¿Cómo fue?

E. 3, 2, 1 ¡Acción! Interpreten la siguiente situación en grupos de tres o cuatro estudiantes.

Están en Puerto Rico en una clase de baile. ¿Te gusta bailar? ¿Conocen ustedes algunos de los siguientes bailes: salsa, tango, vals *(waltz)*, rap, hip-hop? Tomen turnos y denles indicaciones a sus compañeros(as) para enseñarles a bailar.

¡Vamos a repasar!

A. ¡Me siento muy mal! En una hoja de papel, escribe tres síntomas. Intercambien papeles con un(a) compañero(a) de clase. Tu compañero(a) tiene que usar el subjuntivo y darte tres consejos.

> **MODELO**
>
> TÚ: *Estoy resfriado. Tengo tos. Me duele el pecho.*
>
> TU COMPAÑERO(A): ¿Estás resfriado? Es importante que descanses en casa.
>
> ¿Tienes tos? Te recomiendo que…
>
> ¿Te duele el pecho? Es mejor que…

B. Proyecto. En **A primera vista,** miraste el vídeo de John Andrews. ¡Ahora te toca a ti *(it's your turn)* crear un vídeo! El vídeo debe durar entre uno y dos minutos. Escoge una de las dos opciones. Incluye la información de la lista y unas imágenes relacionadas con tu viaje/anécdota. Después, sube *(post)* tu vídeo según las instrucciones de tu profesor(a).

Opción 1: Lo inesperado	Opción 2: El mejor viaje de mi vida
Cuenta qué te pasó en un viaje —un evento inesperado.	Describe el mejor viaje de tu vida. Incluye esta información:
• ¿Cuándo ocurrió este evento?	• ¿Adónde fuiste? ¿Cuándo? ¿Con quién?
• ¿Dónde estabas?	• ¿Qué vieron/visitaron/hicieron Uds.?
• ¿Qué hacías?	• ¿Cuál era uno de tus lugares favoritos allí? ¿Cómo era?
• ¿Qué pasó primero?	• ¿Por qué lo consideras el mejor viaje de tu vida?
• ¿Qué pasó después?	
• ¿Cómo terminó el evento?	

C. Los nuevos estudiantes. En grupos de tres o cuatro, dramaticen esta situación entre dos nuevos estudiantes de Ecuador y un(a) estudiante de los Estados Unidos. Todos Uds. están enfrente de la biblioteca de su universidad.

Los (Las) estudiantes de Ecuador	El (La) estudiante de los Estados Unidos
1. Empiecen la escena con esta pregunta: **Por favor, ¿puedes ayudarnos? ¿Hablas español?**	2. Saluda a los estudiantes de Ecuador y contesta la pregunta.
3. Uds. quieren comer en un restaurante con comidas naturales o vegetarianas. Pídanle una recomendación al estudiante.	4. Dales una o dos recomendaciones para restaurantes no muy lejos del campus: **Les recomiendo que…**
5. Pregúntenle cómo se va a uno de los restaurantes.	6. Dales las instrucciones para llegar.
7. Denle las gracias e invítenlo(la) a comer: **Por cierto (By the way), ¿quieres…?**	8. ¡Qué lástima! No puedes ir. Declina la invitación cortésmente *(politely)*: **Lo siento, pero…**
9. Despídanse *(Say good-bye)*.	10. Termina la conversación de una manera lógica.

D. Sabelotodo. En equipos, jueguen a ¡Sabelotodo! Formen equipos de dos o tres personas. Otra persona es el (la) moderador(a).

- El equipo "A" escoge una pregunta (por ejemplo, **Los mandatos formales por $100**).
- El (La) moderador(a) lee la pregunta en voz alta.
- Las personas del equipo A colaboran y una persona responde a la pregunta. Tienen 30 segundos para responder.
- El (La) moderador(a) decide si la respuesta es correcta.
- Si la respuesta **no** es correcta, el otro equipo puede contestar la pregunta y "robar" el dinero.

	Las diligencias y las instrucciones	Los mandatos formales	Las partes del cuerpo y en el consultorio médico	El presente del subjuntivo	Ecuador
$100	¿Qué significa en inglés? ¿Se puede ir a pie?	¿Cuál de estos mandatos debes usar si estás hablando con **dos** personas? (a) Camine cien metros. (b) Caminen cien metros.	Nombra 8 partes del cuerpo humano. (No puedes usar las partes mencionadas en esta columna.)	¿Cuándo usamos el presente del subjuntivo? Escoge el uso correcto: (a) para hablar de eventos del pasado (b) para hacer recomendaciones (c) para hacer planes para el futuro	¿Cuál es la capital de Ecuador?
$250	¿Dónde se puede…? (1) comprar sellos (2) cambiar dinero (3) comprar protector solar	¿Qué mandatos formales (**Ud.** y **Uds.**) corresponden a estos verbos? **visitar, comer**	Completa las oraciones con los verbos correctos: (1) Me (duele/duelen) los pies. (2) A mis padres les (duele/duelen) la espalda.	Completa la oración con la palabra que falta (is missing): Es importante ____ Ud. descanse en casa.	¿Qué porcentaje de la superficie de Ecuador ocupa la Amazonia: 25%, 50% o 65%?
$500	¿Qué es lo contrario de…? (1) delante de (2) a la izquierda de (3) cerca	¿Qué mandatos formales (**Ud.** y **Uds.**) corresponden a estos verbos? **hacer, volver**	Completa la oración con los verbos lógicos en el presente: Yo _____ mal; _____ fiebre y dolor de cabeza.	¿Cuál es la forma del presente del subjuntivo para el verbo **beber**? (1) que Ud. ____ (2) que Uds. ____ (3) que tú ____	¿Qué monumento y destino turístico marca la línea ecuatorial? ¿Qué hemisferios divide?
$750	¿Qué expresión en español se usa para pedir instrucciones en la calle?	¿Qué mandatos formales (**Ud.** y **Uds.**) corresponden a estos verbos? **ser, estar, dar**	¿Cuál es un remedio lógico para cada síntoma? (1) la tos (2) una infección bacteriana (3) una muñeca rota	Completa las oraciones con las palabras que faltan (are missing): (1) Yo ____ recomiendo que Ud. (tomar) ____ estas pastillas. (2) Yo ____ recomiendo que tú (tomar) ____ estas pastillas.	¿Cómo se llama el famoso archipiélago de Ecuador? ¿Qué famoso "habitante" de estas islas puede vivir hasta 150 años?
$1000	¿Cómo se dice en español? *Go to the corner, turn left, and continue straight ahead for 3 blocks.*	¿Cómo se dice en español? *Take these pills and stay in bed.*	Tienes una intoxicación alimenticia. Descríbele tus síntomas al médico con dos oraciones completas.	Tu amigo tiene un resfriado. Usa el presente del subjuntivo para darle un consejo práctico.	¿Quién fue el primer europeo en navegar el río Amazonas?

Vocabulario

Sustantivos

el aeropuerto *airport*
el antibiótico *antibiotic*
la avenida *avenue*
el cajero automático *ATM / automatic teller machine*
la calle *street*
la carta *letter*
la clínica *clinic*
la comisaría *police station*
el correo *post office*
la crema *cream*
la cuadra *block (of a street)*
el diagnóstico *diagnosis*
la diarrea *diarrhea*
la esquina *(street) corner*
la estación de tren *train station*
la farmacia *pharmacy*
la fiebre *fever*
la gripe *flu*
la infección *infection*
la intoxicación alimenticia *food poisoning*
el jarabe *(cough) syrup*
el mareo *dizziness, light-headedness, motion/air/sea sickness*
el metro *subway*
el museo *museum*
la oficina de turismo *tourist information office*
el (la) paciente *patient*
el paracetamol *acetaminophen, Tylenol®*
la parada de autobús *bus stop*
el parque zoológico *zoo*
la pastilla *pill, tablet*
el protector solar *sunscreen*
la receta *prescription*
el resfriado *cold*
el sello *(postage) stamp*
la tarjeta postal *postcard*
la tos *cough*
el vómito *vomiting*
el yeso *cast*

Verbos

aplicarse *to apply, put on oneself*
cambiar *to change; to exchange*
cruzar *to cross*
doblar *to turn*
doler (ue) *to hurt, ache*
enamorarse (de) *to fall in love (with)*
enfermarse *to get sick*
guardar cama *to stay in bed*
ir a pie *to go on foot*
lastimarse *to injure oneself, get hurt*
perder (ie; i) *to lose*
perderse (ie; i) *to get lost*
romperse *to break [a bone of the body]*
saber *to know (information)*
sentirse (ie; i) *to feel*

Otras palabras

allí mismo *right there*
bastante *quite*
cerca *near(by)*
derecho *straight ahead*
enfrente de *opposite, across from*
grave *severe*
inesperado *unexpected*
lejos *far*
mejor *better*
peor *worse*

To talk about the unexpected: p. 264
Places or institutions in a city: p. 266
Expressions of location: p. 267
Giving directions: p. 270
Parts of the body: p. 276

For further review, please turn to **Vocabulario temático: español e inglés** at the back of the book.

Go to the ***Puentes*** website for extra vocabulary practice using the Flashcard program.

¡Así es la vida!

CAPÍTULO 9

Paul Bradbury/OJO Images/Getty Images

For a selection of musical styles from this chapter's country of focus, access the **Puentes**, Sixth Edition, iTunes playlist at www.cengagebrain.com

OBJETIVOS

Speaking and Listening
▶ Discussing everyday problems and concerns
▶ Giving advice and making suggestions
▶ Discussing the milestones of life
▶ Expressing empathy and emotion
▶ Indicating doubt, denial, uncertainty, and certainty
▶ Expressing optimism and pessimism

Culture
▶ Literature
▶ Chile

Grammar
▶ Regular, spelling-changing, stem-changing, and irregular verbs in the present subjunctive
▶ Uses of the present subjunctive: Noun clauses expressing will and influence; emotion; uncertainty, doubt, and denial
▶ Using the present indicative to affirm certainty and belief

Video
▶ Imágenes de Chile
▶ En la Hacienda Vista Alegre: Episodio 9

Gramática suplementaria
▶ El subjuntivo en cláusulas adjetivales

Cuaderno de actividades
Reading
▶ Strategy: Distinguishing fact from opinion

Writing
▶ Creating more complex sentences

Playlist
🌐 www.cengagebrain.com

A primera vista

La literatura... reflejo de la vida

Por medio de la magia de las palabras, la literatura nos transporta a diversos tiempos y lugares. Nos hace pensar, nos informa, nos emociona y sobre todo, nos ayuda a poseer *(possess)* toda la experiencia humana. En tu opinión, ¿es la literatura un reflejo *(reflection)* de la vida y la condición humana?

Para hablar de la literatura

► Me gusta escribir / leer...

  ● cuentos / poesía / ensayos *stories / poetry / essays*

► Mi autor(a) / poeta preferido(a) es... *My favorite author / poet is . . .*

► Me identifico con el personaje principal / el (la) narrador(a) en... *I identify with the main character / narrator in . . .*

► Trata de... *It's about . . .*

  ● el conflicto entre... *the conflict between . . .*

  ● la relación entre... *the relationship between . . .*

  ● las experiencias de... *the experiencies of . . .*

► Tiene lugar en... *It takes place in . . .*

A. ¿Comprendes? Contesta las preguntas sobre *El cuaderno de Maya* después de leer la página 295. Comparte la información con un(a) compañero(a).

1. ¿Quién escribió *El cuaderno de Maya*? ¿Cuál fue su primera novela?
2. ¿Cómo se llama la narradora? ¿De dónde es? ¿Cuántos años tiene?
3. ¿Dónde tiene lugar el cuento? ¿Por qué está Maya allí?
4. ¿Por qué está triste Maya? ¿Quién crees que sea Daniel?

B. Comparaciones. Compara *El cuaderno de Maya* con un libro que hayas leído *(that you have read)*.

1. El personaje principal de *El cuaderno de Maya* es una joven; el personaje principal de (por ejemplo, *Harry Potter and the Deathly Hollows*) es (Harry).
2. La historia de *El cuaderno de Maya* es bastante realista; la historia de _____ es _____.
3. *El cuaderno de Maya* tiene lugar en una isla remota; _____ tiene lugar en _____.
4. Al leer *El cuaderno de Maya* podemos aprender algo sobre Chile. Al leer _____, podemos aprender sobre _____.

C. ¿Qué dices tú? Con un(a) compañero(a), contesten las preguntas y conversen sobre sus preferencias.

1. ¿Te gusta escribir? ¿Prefieres escribir cuentos, ensayos o poesía?
2. ¿Cuál es tu autor(a) preferido(a)? ¿Por qué?
3. De niño(a), ¿cuál era tu libro preferido? ¿De qué trata?
4. ¿Te identificas con Maya, el personaje principal de *El cuaderno de Maya*? ¿Te interesa leer ese libro? Explica.

Isabel Allende

La autora chilena Isabel Allende (1942) es una de las escritoras de lengua española más leídas del mundo. La lista de bestsellers multinacionales es larga, pero empieza con su primera novela, *La casa de los espíritus,* publicada en 1982. Más recientemente, en 2011, escribió *El cuaderno de Maya.* Se trata de la historia de una joven estadounidense, Maya, que tiene problemas con drogas y con alcohol. Se va lejos, a Chile, porque unos criminales la quieren matar *(kill).* En su exilio, escribe sobre sus experiencias y su familia.

El cuaderno de Maya
(trozos)

Soy Maya Vidal, diecinueve años, sexo femenino, soltera, sin un enamorado°, por falta de oportunidad y no por quisquillosa, nacida en Berkeley, California, pasaporte estadounidense, temporalmente refugiada en una isla al sur del mundo.

…

Estoy en Chile, el país de mi abuela Nidia Vidal, donde el océano se come la tierra a mordiscos° y el continente sudamericano se desgrana° en islas. Para mayor precisión, estoy en Chiloé, parte de la Región de los Lagos, entre el paralelo 41 y 43, latitud sur, un archipiélago de más o menos nueve mil kilómetros cuadrados de superficie y unos doscientos mil habitantes, todos más cortos de estatura° que yo.

…

¡Ayer se fue Daniel! El 29 de mayo de 2009 quedará° en mi memoria como el segundo día más triste de mi vida, el primero fue cuando se murió mi Popo. Voy a tatuarme° 2009 en la otra muñeca, para que jamás se me olvide. He llorado dos días seguidos, Manuel dice que me voy a deshidratar, que nunca ha visto tantas lágrimas° y que ningún hombre merece° tanto sufrimiento°, especialmente si sólo se ha ido a Seattle y no a la guerra°.

Eduardo Parra/Getty Images

boyfriend

bite by bite
comes unstrung

height

will remain
get a tattoo

tears
deserves / suffering
war

PARA INVESTIGAR

¿Quieres saber más sobre la literatura de lengua española? En Internet, busca información sobre algún gran autor hispano —¡hay demasiados para nombrarlos a todos!— pero entre ellos están Miguel de Cervantes, Gabriel García Márquez, Ana María Matute, Pablo Neruda, Gabriela Mistral, Jorge Borges, Mario Vargas Llosa, Juan Rulfo y Horacio Quiroga.

In this *Paso* you will practice:

▶ Discussing everyday problems and concerns

▶ Giving advice and making suggestions

Grammar:

▶ Regular, spelling-changing, and irregular verbs in the present subjunctive

▶ Using the present subjunctive with expressions of will and influence

🌐 Go to the ***Puentes*** website for extra vocabulary practice using the Flashcard program.

The English equivalents to all **Vocabulario temático** lists are found at the back of the book.

Las vicisitudes del estudiante

🔊 CD3 Track 3-37

MANUEL: ¿Qué te pasa?

OCTAVIO: Estoy totalmente estresado por todas mis obligaciones.

MANUEL: Sí, entiendo perfectamente. Debes encontrar la manera de desconectarte un poco.

OCTAVIO: Tienes razón, pero es difícil.

Algunas quejas comunes

🔊 CD3 Track 3-38

Estoy agotado(a) de tanto trabajar.

Necesito volver a ponerme en forma.

Estoy furioso(a) con mi novio(a).

Mi compañero(a) de cuarto y yo no nos llevamos bien.

No tengo dinero para pagar todas mis cuentas.

Tengo que entregar un trabajo escrito mañana y todavía no lo he empezado.

In everyday spoken language, *to procrastinate* is often expressed as **posponer las cosas** (*to put off things*) or **dejar todo para última hora** (*to leave everything until the last minute*). In writing, the more formal **procrastinar** may be used.

Para dar consejos

🔊 CD3 Track 3-39

Debes…

Tienes que…

dormir ocho horas diarias	buscar una solución
tomarte unos días libres	discutir el problema
comer comidas balanceadas	pedir ayuda
hacer más ejercicio	organizarte mejor
dejar de fumar	dejar de posponer las cosas

Para reaccionar a los consejos

Tienes razón.	Sí, es verdad, pero…
Es buena idea.	Bueno, no sé. No estoy seguro(a).

Ponerlo a prueba

CD3
Track 3-40

9-1 ¡Pobre Selena! Selena y su amiga Carmen viven en Valparaíso, Chile. Escucha la conversación entre las dos jóvenes y completa las oraciones de una manera lógica.

1. Selena está…
   a. enferma.
   b. furiosa.
   c. estresada.
2. El problema es que…
   a. no le gusta nada su jefe *(boss)*.
   b. trabaja más de doce horas diarias.
   c. todavía no ha empezado su trabajo.
3. Primero, Carmen le recomienda a Selena que…
   a. tome vitaminas.
   b. se tome unas vacaciones.
   c. coma comidas balanceadas.
4. También, le recomienda que…
   a. haga más ejercicio.
   b. discuta el problema con su jefe.
   c. consulte a un especialista.
5. Carmen y Selena deciden reunirse…
   a. esa noche.
   b. el jueves.
   c. el sábado.

9-2 Las quejas y las soluciones. Relaciona las quejas con las recomendaciones más lógicas.

____1. Necesito volver a ponerme en forma.

____2. No tengo dinero para pagar todas mis cuentas.

____3. Tengo que entregar un trabajo escrito y no he empezado.

____4. Estoy agotado de tanto trabajar.

____5. Estoy furioso con mi compañero de cuarto.

a. ¿Por qué no te tomas unos días libres?

b. Debes hacer más ejercicio y dejar de fumar.

c. Tienes que dejar de posponer las cosas.

d. Tienes que buscar un trabajo.

e. Debes discutir el problema con él y buscar una solución.

9-3 Las quejas. Conversa con un(a) compañero(a) sobre las quejas típicas de los estudiantes.

1. ¿Estás muy estresado(a)? ¿Cuáles son las fuentes *(sources)* de estrés en tu vida? ¿Qué haces para reducir el estrés?

2. ¿Te consideras una persona organizada? Cuando tienes que entregar un trabajo escrito, ¿esperas hasta el último momento para empezar? En tu opinión, ¿por qué dejan todo para última hora muchos estudiantes?

3. En general, ¿te llevas bien con tu compañero(a) de cuarto? ¿Cuáles son algunas fuentes comunes de fricción o tensión con compañeros de cuarto? ¿Qué soluciones ves para estos problemas?

Paso 1 • doscientos noventa y siete **297**

9-4 La salud de los estudiantes. ¿Tienen ustedes buena salud? ¿Qué pequeños vicios *(small vices)* y buenos hábitos tienen ustedes? Usa la información a continuación para entrevistar a dos o tres compañeros(as).

MODELO

Tú:	¿Con qué frecuencia duermes ocho horas diarias?
Tu compañero(a):	Duermo ocho horas diarias de vez en cuando. Normalmente duermo solo 5 o 6 horas. ¿Y tú?

Expresiones de frecuencia: siempre, todos los días, a menudo, de vez en cuando *(now and then)*, a veces, casi nunca, nunca

	Compañero(a) 1	Compañero(a) 2	Compañero(a) 3
1. Dormir ocho horas diarias			
2. Comer comida basura *(junk food)*			
3. Fumar			
4. Mirar televisión			
5. Hacer ejercicio			
6. Consumir productos con cafeína			

9-5 Las quejas de Amanda. Amanda se graduó de la universidad el año pasado. Consiguió un buen empleo en una empresa internacional, pero sus días son muy largos y difíciles. Con un(a) compañero(a), preparen un diálogo entre Amanda y un(a) buen(a) amigo(a). Hay que incluir:

▶ las quejas de Amanda
▶ consejos apropiados
▶ reacciones a los consejos

9-6 La procrastinación. Lee este artículo sobre la procrastinación y completa la actividad con un(a) compañero(a).

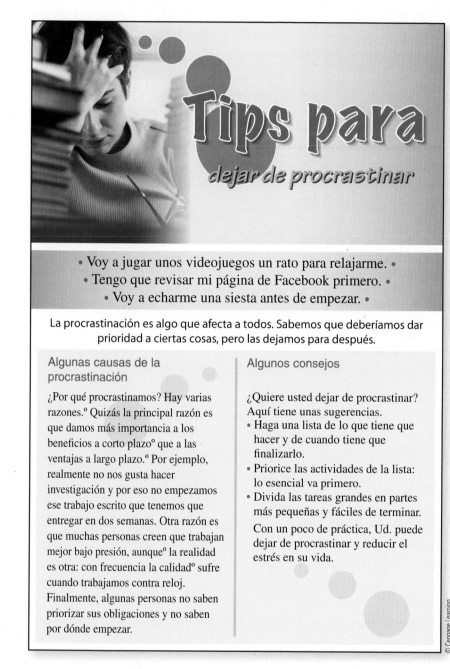

Tips para dejar de procrastinar

• Voy a jugar unos videojuegos un rato para relajarme. •
• Tengo que revisar mi página de Facebook primero. •
• Voy a echarme una siesta antes de empezar. •

La procrastinación es algo que afecta a todos. Sabemos que deberíamos dar prioridad a ciertas cosas, pero las dejamos para después.

Algunas causas de la procrastinación

¿Por qué procrastinamos? Hay varias razones.° Quizás la principal razón es que damos más importancia a los beneficios a corto plazo° que a las ventajas a largo plazo.° Por ejemplo, realmente no nos gusta hacer investigación y por eso no empezamos ese trabajo escrito que tenemos que entregar en dos semanas. Otra razón es que muchas personas creen que trabajan mejor bajo presión, aunque° la realidad es otra: con frecuencia la calidad° sufre cuando trabajamos contra reloj. Finalmente, algunas personas no saben priorizar sus obligaciones y no saben por dónde empezar.

Algunos consejos

¿Quiere usted dejar de procrastinar? Aquí tiene unas sugerencias.
• Haga una lista de lo que tiene que hacer y de cuando tiene que finalizarlo.
• Priorice las actividades de la lista: lo esencial va primero.
• Divida las tareas grandes en partes más pequeñas y fáciles de terminar.

Con un poco de práctica, Ud. puede dejar de procrastinar y reducir el estrés en su vida.

reasons

short-term
long-term

although
quality

© Cengage Learning

1. Según el artículo, ¿qué pequeñas excusas dan muchas personas para procrastinar? ¿Qué excusas usan tú y tus amigos(as) a veces?

2. Según el artículo, ¿por qué procrastinan muchas personas? ¿Qué otras razones *(reasons)* hay, en tu opinión?

3. En el artículo hay tres sugerencias para combatir la procrastinación. ¿Cuál es la sugerencia más importante, en tu opinión? ¿Qué otras sugerencias tienes tú?

4. Dramatiza esta situación con un(a) compañero(a): Imagina que tienes un(a) amigo(a) que siempre deja todo para última hora. Este(a) amigo(a) te pide consejos porque quiere dejar de posponer las cosas. Basándote en las ideas de este artículo, tú le das consejos para cambiar.

Gramática

🌐 **Heinle Grammar Tutorial**:
The present subjunctive

🔊
CD3
Track 3-41

Usos del presente del subjuntivo: cómo influir sobre los demás

Read along as you listen to a patient getting advice from the doctor. What is the patient's problem? Identify three different phrases that the doctor uses to preface her advice to the patient.

—Doctora, sufro de insomnio. Siempre paso toda la noche pensando en mis obligaciones.

—Sí, entiendo. Sé que la vida es muy ajetreada, pero es necesario que usted se desconecte un poco. Es muy importante que se relaje más porque el insomnio crónico puede impactar la salud. Le recomiendo que se tome unos días libres. Luego, quiero que usted lea este folleto *(pamphlet)*. Tiene varias recomendaciones útiles para conciliar el sueño.

A. El presente del subjuntivo. Advice may be phrased in several different ways in Spanish. In **Capítulo 8** you learned two common ways: direct commands and "embedded" commands.

DIRECT COMMAND:

Tome estas pastillas.   *Take these pills.*

EMBEDDED COMMAND:

Le recomiendo que **tome** estas pastillas.   *I recommend that you **take** these pills.*

Embedded commands follow a special sentence pattern composed of three parts. The main clause (first part) is connected by the word **que** (second part) to a dependent noun clause (third part). The verb in this third part is conjugated in the present subjunctive (**el presente del subjuntivo**).

1 Main Clause		2	3 Dependent Noun Clause	
Subject	Expression of Advice	*que*	New Subject	Verb in Present Subjunctive
(Yo)	Le recomiendo	que	(Ud.)	**se tome** unos días libres.
I	*recommend*	*that*	*you*	***take off** a few days.*

B. Las formas de los verbos. To form the present subjunctive of most verbs, you must follow a two-step process:

- ► Conjugate the verb in the **yo** form of the present indicative tense and drop the **-o** ending.
- ► Add a new ending, according to the chart below.

El presente del subjuntivo:	-ar verbs **descansar** (yo descansø)	-er verbs **hacer** (yo hagø)	-ir verbs **salir** (yo salgø)
que yo	descans**e**	hag**a**	salg**a**
que tú	descans**es**	hag**as**	salg**as**
que Ud./él/ella	descans**e**	hag**a**	salg**a**
que nosotros(as)	descans**emos**	hag**amos**	salg**amos**
que vosotros(as)	descans**éis**	hag**áis**	salg**áis**
que Uds./ellos/ellas	descans**en**	hag**an**	salg**an**

C. Las expresiones de influencia. When we give advice to others, we are attempting to influence their behavior. We also influence behavior by giving orders, making requests, expressing our preferences, giving permission, or prohibiting someone from doing something.

Here are some common verbs and expressions of influence. All of these trigger the use of the subjunctive in the dependent clause (the third part of the sentence):

aconsejar	Le/Te aconsejo que...	*I advise you to . . .*
recomendar (ie)	Le/Te recomiendo que...	*I recommend that you . . .*
pedir (i)	Le/Te pido que...	*I ask you to . . .*
prohibir	Le/Te prohíbo que...	*I forbid you to . . .*
sugerir (ie)	Le/Te sugiero que...	*I suggest that (you) . . .*
querer (ie)	Quiero que...	*I want (you) to . . .*
preferir (ie)	Prefiero que...	*I prefer that (you) . . .*
	Es preferible que...	*It's preferable that . . .*
	Es mejor que...	*It's better that . . .*
	Es necesario que...	*It's necessary that . . .*
	Es importante que...	*It's important that . . .*

D. Verbos de comunicación. With certain expressions of influence—the verbs of communication—it is common to use an indirect object pronoun in the main clause. This indirect object pronoun refers to the person that you are trying to influence. The most common verbs of communication are **aconsejar, recomendar, pedir, sugerir,** and **prohibir.**

aconsejar	El médico **nos** aconseja que hagamos más ejercicio. *The doctor recommends (to us) that **we** do more exercise.*
recomendar	También **le** recomienda a papá que deje de fumar. *He also recommends that **Dad** stop smoking.*

Ponerlo a prueba

9-7 Muchos consejos. Jaime está muy preocupado por sus problemas y los de sus parientes y amigos. Su amiga Clarisa le da muchos consejos. Relaciona las oraciones de las dos columnas de una manera lógica. Conjuga el verbo entre paréntesis en el presente del subjuntivo.

> **MODELO**
> JAIME: Mi padre trabaja demasiado.
> CLARISA: (c) Es importante que **descanse.**

_____1. Quiero dejar de fumar.

_____2. Mi novia tiene anorexia.

_____3. Mi madre siempre está nerviosa, pero insiste en beber café constantemente.

_____4. Mis amigos beben mucha cerveza.

_____5. Mis compañeros y yo tenemos mucho estrés.

a. Es mejor que (beber) café descafeinado.

b. Te sugiero que (comprar) los parches *(patches)* de nicotina.

c. Es importante que (descansar).

d. Es necesario que (consultar) a un psicólogo o a un médico.

e. Les aconsejo que (hacer) más ejercicio.

f. Es importante que no (manejar) si toman bebidas alcohólicas.

9-8 Las compañeras de cuarto. Elena y sus compañeras de cuarto no se llevan muy bien. Según Elena, ¿qué les recomienda su consejera *(advisor)*? Escoge el verbo lógico en cada caso y escríbelo en el presente del subjuntivo.

1. La consejera prefiere que nosotras (discutir / descubrir) _____ nuestros problemas. Ella no quiere que nosotras (caminar / cambiar) _____ de cuarto. Así que *(So)* les voy a dar unas sugerencias.
2. Mari, es necesario que tú (limpiar / ducharse) _____ el baño y que no (poner / procrastinar) _____ tu ropa sucia en el piso.
3. Puri y Tere, es importante que ustedes (hacer / cantar) _____ menos ruido *(noise)* por la noche y que no (invitar / tener) _____ tantas fiestas todos los fines de semana.
4. Yo también acepto responsabilidad por nuestros problemas. Ustedes quieren que yo (lavar / fumar) _____ los platos después de comer y que yo no (beber / comer) _____ la leche directamente del cartón. Así lo haré *(And that's what I'll do).*

9-9 El diablito. Estás cuidando *(taking care of)* a Ángel, un niño de ocho años que es un poco desobediente. ¿Cómo reaccionas a cada una de las siguientes declaraciones de Ángel? Tienes que incorporar estas expresiones:

Quiero que…	**Te recomiendo que…**	**Te aconsejo que…**
Prefiero que…	**Te pido que…**	**Te prohíbo que…**

> **MODELO** ÁNGEL: Mis amigos no tienen que hacer la cama. Yo tampoco voy a hacerla. Bueno, ¡hasta luego! Voy a salir a jugar.
>
> TÚ: Te prohíbo que salgas a jugar. Quiero que hagas tu cama inmediatamente. Después, puedes salir.

1. ¡Detesto las espinacas! Son tan verdes y tan... tan horribles. No pienso comerlas jamás.
2. ¡Mira! Pepito me dio este vídeo. ¿Quieres mirarlo conmigo? Se llama *Pasión prohibida*.
3. ¿Tarea? ¿Qué tarea? La profesora no nos dio tarea. Además, mañana no tenemos clase.
4. ¿Más leche? Pero si bebí un vaso grande esta mañana en el desayuno. No quiero beber más leche hoy.
5. ¡Hasta luego! Voy a la casa de Pepito. Sus padres le compraron unos fuegos artificiales. ¡Qué suerte! ¡Chao!
6. Quiero navegar por Internet. Mi amigo Marcos me dijo que hay muchas páginas interesantes con rifles y pistolas.

9-10 Arturo y Elisa. Arturo y su hija Elisa tienen varios malos hábitos de salud. ¿Qué les aconsejas? Con un(a) compañero(a), contesta las preguntas oralmente.

1. ¿Por qué está totalmente estresado Arturo? ¿Qué vicios *(vices)* y malos hábitos tiene? ¿Qué consejos le das para mejorar *(improve)* la salud?

2. ¿Es Elisa una persona activa? ¿Cómo pasa ella su tiempo libre? ¿Qué le gusta comer? ¿Qué consejos le das para tener una vida más saludable?

Gramática

CD3
Track 3-42

El presente del subjuntivo: verbos con cambios ortográficos y verbos irregulares

🌐 **Heinle Grammar Tutorial:**
The present subjunctive

Read along as you listen to Rosa give her friend Julia some advice about stress. Identify all the verbs conjugated in the present subjunctive. What infinitive corresponds to each of those conjugated forms?

JULIA: ¡El estrés me está matando *(killing)*! ¿Qué debo hacer?

ROSA: Julia, estoy preocupada por ti. Es importante que estés más calmada. Yo te voy a ayudar. Pero, mira, es necesario que busques una manera de relajarte. No sé, quizás es mejor que vayas al doctor. Si quieres, te acompaño.

A. Los cambios ortográficos. Many verbs use regular endings in the present subjunctive, but undergo spelling changes just before the verb ending. Here are the four major kinds of spelling-changing verbs.

> ▸ **-car** verbs: c → qu
> bus**car** *(to look for):* bus**que**, bus**qu**es, bus**que**, bus**que**mos, bus**qué**is, bus**que**n

> ▸ **-gar** verbs: g → gu
> ju**gar** *(to play):* jue**gue**, jue**gu**es, jue**gue**, ju**gue**mos, ju**gué**is, jue**gue**n

> ▸ **-zar** verbs: z → c
> almor**zar** *(to eat lunch):* almuer**ce**, almuer**ce**s, almuer**ce**, almor**ce**mos, almor**cé**is, almuer**ce**n

> ▸ **-ger** verbs: g → j
> esco**ger** *(to choose):* esco**ja**, esco**ja**s, esco**ja**, esco**ja**mos, esco**já**is, esco**ja**n

B. Los verbos irregulares. The five verbs below have irregular forms in the present subjunctive. Note also that the impersonal form of **haber** in the present subjunctive is **haya** *(there is/are)*.

	ir *(to go)*	ser *(to be)*	estar *(to be)*	saber *(to know)*	dar *(to give)*
que yo	vaya	sea	esté	sepa	dé
que tú	vayas	seas	estés	sepas	des
que Ud./él/ella	vaya	sea	esté	sepa	dé
que nosotros(as)	vayamos	seamos	estemos	sepamos	demos
que vosotros(as)	vayáis	seáis	estéis	sepáis	deis
que Uds./ellos/ellas	vayan	sean	estén	sepan	den

These forms of the present subjunctive are used in the dependent noun clause after expressions of advice and **que.**

> Es importante que **haya** más ventilación en este cuarto.
> *It's important that **there be** more ventilation in this room.*

9-11 Más consejos, por favor. ¿Qué consejos les darías a estas personas? Escoge el verbo más lógico en cada caso y escríbelo en el presente del subjuntivo.

1. Luis está un poco gordo y quiere adelgazar *(to lose weight)*. Le recomiendo a Luis que (estar / ir) _____ bien informado sobre la nutrición. También, es mejor que él (sacar / saber) _____ cuál es su peso *(weight)* ideal.

2. Eduardo va a graduarse pronto y tiene que buscar empleo. Le sugiero a Eduardo que (empezar / buscar) _____ a solicitar entrevistas. También, es importante que (volver / llegar) _____ a tiempo a las entrevistas.

3. Tonya y Angélica piensan estudiar en el extranjero *(abroad)*. Es necesario que ellas (dar / investigar) _____ sobre varios programas. También, es mejor que (estar / sacar) _____ pasaporte.

4. Laura y su hermana Francisca sufren de depresión a veces. Es importante que ellas (mirar / buscar) _____ atención médica. También, es preferible que (escoger / eliminar) _____ a un psicólogo con experiencia.

5. Ramón tiene una cita el sábado con una chica que no conoce. Es preferible que él le (pedir / dar) _____ flores a la chica. También, es bueno que (ser / saber) _____ sincero y cortés *(courteous)*.

9-12 Querida Ana María. Ana María es una periodista que escribe una columna de consejos sobre los problemas personales. Aquí tienes dos cartas. ¿Cómo las contestarías tú? Escribe tres o cuatro consejos para cada carta; usa el presente del subjuntivo en tus consejos.

Querida Ana María:

Soy estudiante de primer año en la universidad. Estoy muy preocupada porque aunque *(although)* no hago más que estudiar, no saco buenas notas. El estrés en la universidad es increíble. Todas las semanas tenemos exámenes. Además, vivo con mis padres y, por eso, no tengo muchos amigos en la universidad. Espero que tú me puedas ayudar.

María Elena

Estimada Ana María:

Necesito tus consejos. Estoy locamente enamorado de una chica que está en mi clase de cálculo. Desgraciadamente, ella ni se da cuenta de *(has no idea)* que existo. Es que soy un poco tímido y no me atrevo *(I don't dare)* a hablar con ella. ¿Qué debo hacer para conocerla?

José

9-13 Los problemas de mis amigos. Debido a tu reputación como una persona muy sabia *(wise)*, tus amigos siempre consultan contigo. Con un(a) compañero(a), analiza cada problema que se presenta en los dibujos, identifica el problema y prepara una solución para cada uno. Para dar consejos, incluye expresiones como: **Es necesario que, Es importante que, Es mejor que, Es preferible que, Le recomiendo que, Le aconsejo que.**

MODELO

Germán tiene muchas obligaciones, pero quiere ir a la fiesta de Mauricio. Es importante que Germán sea responsable y que estudie para sus exámenes. No le recomiendo a Germán que vaya a la fiesta de Mauricio.

1.

2.

3.

4.

© Cengage Learning

Vocabulario temático

In this *Paso* you will practice:

▶ Talking about the milestones of life

▶ Expressing empathy and emotion

Grammar:

▶ Using the present subjunctive with expressions of emotion

▶ Stem-changing verbs in the present subjunctive

Los grandes momentos de la vida
Buenas noticias

CD3
Track 3-43

VALERIA:	¿Qué me cuentas?
SEBASTIÁN:	Estoy *contentísimo*. ¡Tengo buenas noticias!
VALERIA:	¿Sí? Cuéntame qué pasa.
SEBASTIÁN:	*Mi hermana menor está embarazada y voy a ser tío.*
VALERIA:	*¡Cuánto me alegro!*

Vadym Drobot/Shutterstock.com

Otros sentimientos

CD3
Track 3-44

Estoy *orgulloso(a)*.
  emocionado(a)
  enamorado(a)
  muy alegre

Otras noticias buenas

Acabo de conocer al hombre (a la mujer) de mis sueños.

Mi hermana mayor va a graduarse con honores de la universidad.

Mi primo y su novia van a comprometerse.

Mis mejores amigos van a casarse.

william casey/Shutterstock

Para reaccionar a las buenas noticias

¡Cuánto me alegro!

¡Qué buena noticia!

¡Estupendo!

¡Qué maravilloso!

¡Qué bueno!

To congratulate someone, say **¡Felicidades!** or **¡Enhorabuena!**

Malas noticias

CD3
Track 3-45

Sebastián: ¿Todo bien?

Valeria: En realidad, no. Estoy *muy triste.*

Sebastián: ¿Sí? ¿Qué te pasa?

Valeria: Acabo de recibir malas noticias. *Mis padres van a separarse.*

Sebastián: *¡Cuánto lo siento!*

Warren Goldswain/Shutterstock

Otros sentimientos

CD3
Track 3-46

Estoy *preocupado(a).*
   deprimido(a)
   desconsolado(a)
   sorprendido(a)

Otras noticias malas

Mi hermano y su novia rompieron su compromiso.

Mis tíos van a divorciarse.

Se murió mi tía abuela.

Para reaccionar a las malas noticias

¡Cuánto lo siento!

¡Qué pena!

¡Lo siento mucho!

¡Ojalá que todo salga bien!

To express your condolences, say
(Tiene Ud.) Mi más sentido pésame
([You have] My deepest sympathy).

Ponerlo a prueba

CD3
Track 3-47

9-14 ¿Qué me cuentas? Teresa y Conchita son dos señoras que se ven en el mercado. Escucha la conversación entre ellas. Después, completa las oraciones de una manera lógica.

1. Teresa está…
   a. contenta.
   b. desconsolada.
   c. enamorada.
2. La hija de Teresa…
   a. va a graduarse con honores.
   b. está embarazada.
   c. rompió el compromiso.
3. Conchita le da a su amiga…
   a. una buena noticia.
   b. una mala noticia.
   c. muchos consejos.
4. El hijo de Conchita…
   a. va a casarse.
   b. rompió el compromiso.
   c. acaba de divorciarse.
5. Cuando oye la noticia, Teresa se siente…
   a. sorprendida.
   b. orgullosa.
   c. muy preocupada.

9-15 Así es la vida. Tus amigos te cuentan muchas noticias. ¿Cómo respondes tú a cada una? Escoge la reacción más apropiada para cada situación.

Las noticias de tus amigos

_____ 1. Estoy muy orgulloso. Mi hermano menor va a graduarse con honores de la escuela secundaria.

_____ 2. Estoy desconsolada. Mi abuelo está muy grave y los médicos piensan que va a morir pronto.

_____ 3. Estoy emocionada. Pepe pidió mi mano en matrimonio y ¡yo acepté!

_____ 4. Tengo malas noticias. Por lo visto, mis padres van a separarse.

_____ 5. ¡Estoy contentísima! Acabo de conocer al hombre de mis sueños.

_____ 6. Estoy muy preocupado. La compañía de mi padre está pasando por unas dificultades económicas tremendas.

Tus reacciones

a. ¡Lo siento mucho! ¿Puedo acompañarte a visitarlo al hospital?

b. Estoy muy contento(a) por ustedes. ¿Cuándo van a casarse?

c. ¿Sí? ¡Estupendo! ¿Cómo se llama? ¿Cómo se conocieron?

d. Sí, es una situación mala. ¿Piensas que va a perder su empleo?

e. ¡Qué buena noticia! ¿Cómo van a celebrar su graduación?

f. ¡Qué noticia más triste! ¿Piensas que van a divorciarse?

9-16 Buenas y malas noticias. Aquí tienes varias situaciones, algunas con buenas noticias y otras con malas noticias. Con un(a) compañero(a), lean los diálogos y complétenlos con una expresión apropiada (por ejemplo, **¡Qué sorpresa!**) y con una pregunta lógica (por ejemplo, **¿Cuándo es la boda?**).

1.   Lupe: ¡Estoy tan emocionada! Tengo una cita para el baile de etiqueta _(formal)_ de mi hermandad _(sorority)_.
   Tú: ¡___! ¿___?

2.   Octavio: Estoy muy alegre. Mis abuelos van a celebrar su aniversario de boda. Llevan cincuenta años de casados.
   Tú: ¡___! ¿___?

3.   Mario: ¡Estoy contentísimo! ¿Te acuerdas de _(Do you remember)_ la chica que conocí en la fiesta de Enrique el mes pasado? Pues, ¡nos hemos comprometido!
   Tú: ¡___! ¿___?

4.   Dalia: Estoy muy triste. Mi tía se murió anoche.
   Tú: ¡___! ¿___?

5.   Tú: (Inventa una buena noticia.)
   Tu compañero(a): ¡___! ¿___?

6.   Tu compañero(a): (Inventa una mala noticia.)
   Tú: ¡___! ¿___?

9-17 Los grandes momentos de la vida. El matrimonio y el nacimiento de un bebé son acontecimientos muy importantes en la vida. Entrevista a un(a) compañero(a) sobre estos temas.

Tema A: El matrimonio

Piensa en una ceremonia de boda muy memorable.

1. ¿Cuándo fue la boda? ¿Quiénes se casaron?
2. ¿Cómo fue la ceremonia, sencilla o muy elegante? ¿Dónde se celebró?
3. ¿Pasó algo divertido o conmovedor *(moving)* durante la ceremonia o la recepción? Describe lo que ocurrió.

Tema B: El nacimiento de un bebé

Piensa en el nacimiento del bebé de un familiar o de un(a) amigo(a).

1. ¿Quién tuvo un bebé? ¿Qué nombre le pusieron?
2. ¿Cómo se prepararon los familiares para el nacimiento?
3. ¿Cómo reaccionaste cuando viste al (a la) bebé por primera vez?

9-18 Ritos funerarios. Cuando una persona muere, se le rinde tributo *(he/she is paid tribute)* por medio de ritos funerarios. Estos varían de una región a otra. A continuación, tres estudiantes describen algunos ritos funerarios de sus países. Lee el texto y después contesta las preguntas.

Laura Arriola García, GUATEMALA

"En los pueblos rurales, a menudo se vela° al difunto° en la casa. Allí se pasa toda la noche bebiendo, comiendo, jugando cartas, contando anécdotas. Al día siguiente se hace una misa° y se va al cementerio. Todos van caminando detrás del ataúd,° muchas veces acompañados por un grupo de mariachis".

to hold a wake
deceased

Mass

coffin

Cristóbal Díaz, CUBA

"Cuando una persona muere, se la entierra° en 24 horas. Luego, durante nueve noches, los amigos y los parientes se reúnen para rezar° durante una hora. Esto se llama el novenario; es una costumbre latinoamericana".

bury

pray

Yadira Bacca Palacios, NICARAGUA

"Después del entierro, rezamos el novenario. Durante ese tiempo se pone un vaso de agua en el cuarto de la persona muerta para que su espíritu la tome. Al noveno día, se quita el vaso y se voltea° el colchón° donde dormía la persona".

turn upside down / mattress

1. En algunas áreas rurales de Guatemala, ¿qué hacen las personas mientras velan *(hold a wake)*?
2. ¿Cuántos días es el novenario? ¿Cuál es la actividad principal del novenario?
3. ¿Por qué algunas personas en Nicaragua ponen un vaso con agua en el cuarto de la persona muerta?
4. ¿Qué te parece la costumbre de tocar música mariachi en el cementerio?
5. ¿Cuál(es) de los ritos mencionados celebra también tu familia?

Gramática

🌐 **Heinle Grammar Tutorial:**
The present subjunctive in impersonal expressions

CD3
Track 3-48

Usos del subjuntivo: las emociones

Read along as you listen to the following conversation. How is María feeling? Why? Identify which verbs are in the present subjunctive.

—¿Todo bien, María?

—En realidad, no. Estoy muy preocupada porque mi padre ha perdido su empleo. Tengo miedo de que no encuentre un nuevo trabajo.

—Sí, la crisis económica es muy grave. ¡Espero que todo salga bien!

A. Una breve introducción. There are several ways to express our feelings about important events in our lives. One common way is to say that we feel happy (or concerned, upset, sad, etc.) that something is taking place. To construct a sentence of this type, you must follow the familiar three-part sentence pattern and use the present subjunctive after **que.**

1 Main Clause		2	3 Dependent Noun Clause	
Subject	Expression of Emotion	*que*	New Subject	Verb in the Present Subjunctive
(Yo) *I*	Estoy contentísimo de *am very happy*	que *that*	mi hija *my daughter*	**se case** pronto. ***is getting married*** *soon.*

B. Expresiones de emoción. Below are some common expressions of emotion that trigger the use of the present subjunctive in the dependent clause.

▶ **esperar** *(to hope)*

Esperamos que tu hermano <u>encuentre</u> empleo pronto.
We hope that your brother <u>finds</u> work soon.

▶ **sentir (ie)** *(to regret, to be sorry)*

Sentimos mucho que Uds. <u>no puedan</u> venir a la boda.
*We're very **sorry** that you <u>can't come</u> to the wedding.*

▶ **estar** + adjective of emotion + **de**

Examples of adjectives: **orgulloso(a), contento(a), triste, alegre.**

Ramona **está** muy **orgullosa de** que su hijo <u>se gradúe</u> de la universidad pronto.
*Ramona **is very proud** that her son <u>is graduating</u> from the university soon.*

▶ **tener miedo de** *(to be afraid of)*

Tengo miedo de que mi novia <u>quiera</u> romper nuestro compromiso.
*I'm **afraid that** my fiancée <u>may want</u> to break our engagement.*

▶ **ojalá** *(I hope that / May)*

Ojalá que <u>sean</u> muy felices.
*I **hope** that <u>they are</u> very happy. (**May** they <u>be</u> very happy.)*

▶ **es** + adjective or noun of emotion

Examples: **Es triste, Es bueno, Es ridículo, Es mejor, Es preferible, Es una lástima…**

Es ridículo que Sara <u>no piense</u> asistir a la boda de su hermana.
*It's **ridiculous** that Sara <u>is not planning</u> to attend her sister's wedding.*

Gustar-type verbs: Sentences with these verbs always include an indirect object pronoun in the first part of the sentence: **me, te, le, nos, os, les.** Use the subjunctive for the verb after **que.**

▶ **gustar** (*to like, be pleasing to [someone]*)

No **nos gusta** que <u>no se casen</u> por la Iglesia.
*We don't **like** the fact (It displeases us) that they <u>aren't getting married</u> in church.*

▶ **alegrar** (*to be glad, make [someone] happy*)

A mi padre **le alegra** que yo <u>siga </u>con mis estudios.
*My dad **is happy** (It makes my dad happy) that I <u>am continuing</u> with my studies.*

▶ **preocupar** (*to worry [someone]*)

Me preocupa que mis padres <u>se separen</u>.
*It **worries me** that my parents <u>are separating</u>.*

▶ **sorprender** (*to surprise [someone]*)

¿**Te sorprende** que <u>se comprometan</u>?
*Are **you surprised** (Does it surprise you) that <u>they are getting engaged</u>?*

▶ **molestar** (*to bother*)

Les molesta que <u>no haya</u> una fiesta para celebrar la graduación.
*It **bothers them** that <u>there isn't</u> a party to celebrate the graduation.*

▶ **enfadar** (*to anger, to make one mad*)

Me enfada que <u>no inviten</u> a mi novio a la fiesta.
*It **makes me angry** that <u>they're not inviting</u> my boyfriend to the party.*

Ponerlo a prueba

9-19 Las noticias de Juan. ¿Cómo se siente Juan ante los varios acontecimientos de su vida? Lee las oraciones e indica la respuesta más lógica. También escribe el verbo entre paréntesis en el presente del subjuntivo.

1. (Me alegra / Me preocupa) que mi perro (estar) _____ enfermo.

2. (Estoy orgulloso / Estoy triste) de que mi mejor amiga (graduarse) _____ con honores de la universidad la próxima semana.

3. (Es una lástima / Es muy bueno) que mis amigos no (poder) _____ encontrar trabajo para el verano.

4. (Estoy contentísimo / Tengo miedo) de que mi novia (querer) _____ romper nuestro compromiso. Todavía estoy enamorado de ella.

5. (Siento mucho / Me gusta) que mis primos favoritos (venir) _____ a visitarme en dos semanas.

6. (Me molesta / Me alegra) que mi compañero de cuarto (leer) _____ mi diario sin pedir permiso.

9-20 Chismes. La Sra. García es la chismosa *(gossip)* de su barrio en Viña del Mar, Chile. ¿Qué observa y dice ella sobre la vida de los vecinos? Combina las columnas de una manera lógica y escribe seis oraciones con los chismes de la Sra. García. Escribe los verbos entre paréntesis en el presente del subjuntivo.

> **MODELO**   Es una lástima que los vecinos de enfrente **se divorcien**.

A	**B**
Me sorprende que	los Ortiz (separarse)
Me molesta que	Mimí (llevar) a su novio a su apartamento
Es escandaloso que	el soltero de al lado (casarse) por fin
Me alegra que	los Guzmán (celebrar) sus bodas de oro este año
Me preocupa que	los vecinos de enfrente (divorciarse)
Es una lástima que	Beto siempre (hacer) tanto ruido *(noise)*
Estoy contentísima de que	los Garza siempre (decir) que yo soy chismosa

9-21 ¿Qué te parece? ¿Cuáles son tus reacciones ante estos acontecimientos (hipotéticos) en tu universidad? Trabaja con dos o tres compañeros(as) y sigan el modelo. **¡Ojo!** Hay que usar el presente del subjuntivo.

> **MODELO**   Aumentan la matrícula *(tuition)* el próximo año.
>
> TÚ: Me enfada que **aumenten** la matrícula otra vez. Es la segunda vez en tres años. ¿Cómo se sienten Uds. acerca de esta situación?

Me alegra que…	**Me preocupa que…**
Estoy contentísimo(a) de que…	**Me enfada que…**
Me gusta que…	**Me molesta que…**
Es ridículo que…	**Es una lástima que…**
Me sorprende que…	**Es increíble que…**

1. Las nuevas residencias son "verdes" y utilizan muchos materiales ecológicos.
2. La universidad paga muchísimo dinero a los entrenadores *(coaches)* de los equipos atléticos.
3. No hay suficiente aparcamiento *(parking)* para los coches de los estudiantes.
4. La universidad da muchas becas *(scholarships)* para estudiar en el extranjero.
5. No se permite fumar en los salones de clase.
6. Los estudiantes necesitan estudiar una lengua para graduarse.
7. La biblioteca está abierta 24 horas al día.
8. La librería universitaria tiene un nuevo café de Starbucks.

9-22 El próximo año escolar. Con un(a) compañero(a), describan sus deseos o esperanzas sobre distintos aspectos de la vida universitaria para el próximo año escolar. Usen las siguientes expresiones:

▸ **Ojalá que…**
▸ **Espero que…**

> **MODELO**   la comida de la cafetería
>
> TÚ: Ojalá que sirvan platos con menos grasa.
>
> TU COMPAÑERO(A):   Yo espero que haya más opciones para vegetarianos.

1. las residencias	5. el trabajo académico
2. el gobierno *(government)* estudiantil	6. las actividades extracurriculares
3. el costo de los libros	7. los nuevos profesores
4. los equipos deportivos	8. tu vida social

Gramática

CD3
Track 3-49

El presente del subjuntivo: los verbos con cambios en la raíz

🌐 **Heinle Grammar Tutorial:** The present subjunctive

Read along as you listen to Tito's concerns about his brother's impending divorce. How does Tito feel about the situation? Which three verbs are in the present subjunctive? What infinitives correspond to each verb in the subjunctive?

¿Qué pienso yo sobre el divorcio de mi hermano? En primer lugar, me molesta que él y su esposa piensen divorciarse antes de consultar a un consejero (counselor). ¡Es increíble que ellos no puedan resolver sus problemas! Además, tengo miedo de que mis sobrinos no entiendan la situación. Realmente, es muy triste.

A. Los infinitivos -ar, -er. Verbs that end in **-ar** and **-er** and have stem changes in the present tense also have these very same changes in the present subjunctive. The stem changes occur in all forms, except for **nosotros** and **vosotros.**

Verbs that end in -ar:	e → ie	o → ue
	pensar (to think)	**acostarse** (to go to bed)
que yo	piense	me acueste
que tú	pienses	te acuestes
que Ud./él/ella	piense	se acueste
que nosotros(as)	pensemos	nos acostemos
que vosotros(as)	penséis	os acostéis
que Uds./ellos/ellas	piensen	se acuesten

Common stem-changing -ar verbs:

e → ie	o → ue
despertarse *to wake up*	acostarse *to go to bed*
empezar *to begin*	almorzar *to have lunch*
pensar *to think, to plan (to)*	contar *to count, to tell*
merendar *to snack*	encontrar *to find*
recomendar *to recommend*	probar *to taste, to try*
	jugar (u → ue) *to play (a sport, game)*

Verbs that end in -er:	e → ie	o → ue
	entender (to understand)	**volver** (to return)
que yo	entienda	vuelva
que tú	entiendas	vuelvas
que Ud./él/ella	entienda	vuelva
que nosotros(as)	entendamos	volvamos
que vosotros(as)	entendáis	volváis
que Uds./ellos/ellas	entiendan	vuelvan

Common stem-changing -er verbs:

e → ie	o → ue
atender *to tend to, to assist*	poder *to be able to, can*
entender *to understand*	volver *to return, to go back*
perder *to lose*	
querer *to want, to love (a person)*	

B. Los infinitivos terminados en -ir. Verbs that end in **-ir** and have stem changes in the present tense also have stem changes in the present subjunctive. However, there is one important difference: In the subjunctive, the stem changes take place in *all* persons, including **nosotros** and **vosotros.** Note carefully the three patterns in the chart.

Verbs that end in -ir:	e → ie/i sentir *(to be sorry)*	o → ue/u dormir *(to sleep)*	e → i/i servir *(to serve)*
que yo	sienta	duerma	sirva
que tú	sientas	duermas	sirvas
que Uds./él/ella	sienta	duerma	sirva
que nosotros(as)	sintamos	durmamos	sirvamos
que vosotros(as)	sintáis	durmáis	sirváis
que Uds./ellos/ellas	sientan	duerman	sirvan

Common stem-changing -ir verbs:

e → ie/i	o → ue/u	e → i/i
divertirse *to have a good time*	dormir *to sleep*	pedir *to ask, request*
preferir *to prefer*	morir *to die*	repetir *to repeat*
sentir *to be sorry, to regret*		seguir *to follow*
sentirse *to feel*		servir *to serve*
		vestirse *to get dressed*

Ponerlo a prueba

9-23 El compromiso de Lourdes. Lourdes está escribiendo en su blog sobre su compromiso con William. Escribe los verbos en el presente del subjuntivo.

Mi blog

¡Este ha sido un día increíble! ¡Cuántas emociones! ¡Incredulidad (*Disbelief*)! ¡Miedo! ¡Alegría! De veras, me sorprende que William (1. pedir) _____ mi mano en matrimonio en este momento. Ya que nos queremos tanto, es bueno que él y yo (2. poder) _____ casarnos. Sin embargo, me preocupa que mis padres (3. pensar) _____ que no voy a ir nunca más a Chile. Es una lástima que Chile (4. estar) _____ tan lejos. Ojalá que ellos (5. entender) _____ la situación. Es bueno que mi familia (6. venir) _____ a visitarme este verano. Me alegra que mis padres y mi hermana (7. volver) _____ a visitarme en los EE.UU. Es posible que la visita de mi familia (8. servir) _____ para unirnos a todos. Estoy contenta de que mi familia y William (9. sentirse) _____ a gusto cuando estamos todos juntos. ¡Ojalá que todo (10. salir) _____ bien!

© Cengage Learning

9-24 El matrimonio de Lupe y Leopoldo. Lupe y Leopoldo se casan y todo el mundo tiene una reacción diferente. Completa las oraciones con una expresión de la lista; cambia los verbos al presente del subjuntivo. **¡Ojo!** Todos estos verbos tienen un cambio en la raíz.

> MODELO
>
> Los abuelos de Lupe están contentos de que… su nieta **piense** vivir cerca de casa.

---

su mejor amigo / **no poder** ir a la boda

su nieta / **pensar** vivir cerca de casa

su hija / **preferir** una boda sencilla, no muy costosa

los jóvenes / **no repetir** sus errores

su nuera (*daughter-in-law*) / **no servirle** los platos favoritos a su hijo

su hermano mayor / ya no **dormir** en el mismo dormitorio con él

su futuro esposo / **querer** viajar a Europa en su luna de miel

---

1. Al padre de Lupe le alegra que…

2. A la madre de Leopoldo le preocupa un poco que…

3. Al hermanito de Leopoldo le gusta mucho que…

4. Lupe está encantada de que…

5. Leopoldo está triste de que…

6. Los padres de Lupe están contentísimos de que…

9-25 La vida universitaria. Con un(a) compañero(a), completa los diálogos de una manera lógica. Es necesario añadir *(to add)* **que** y cambiar el verbo al presente del subjuntivo. No te olvides de incluir más información para completar la conversación.

> MODELO
>
> Tu amiga: El sábado voy con Julián al baile formal de mi residencia. Va a ser una noche inolvidable.
>
> Tú: Ojalá / Uds. divertirse…
>
> ¡Ojalá que Uds. se diviertan mucho en la fiesta! El domingo tienes que contarme todo.

1. APARICIO: No entiendo el subjuntivo. Voy a sacar F en el examen.

   Tú: Aparicio, me preocupa / no entender…

2. ADOLFO: Hace dos días que no duermo. Tengo mucho trabajo.

   Tú: Adolfo, no es bueno / no dormir…

3. ELENA: Mi prometido, Agustín, está de viaje por varios días.

   Tú: Ojalá / volver…

4. ALFONSO: Nunca voy a mi clase a las 8:00 porque no puedo levantarme por la mañana.

   Tú: Alfonso, es mejor / acostarse…

5. TUS VECINOS: Tus perros ladran *(bark)* toda la noche y no podemos pegar ojo *(sleep a wink)*.

   Tú: Siento / (Uds.) no poder dormir…

9-26 ¿El amor? ¿En qué situación se encuentran estas personas? ¿Cómo se sienten? Con un(a) compañero(a), describe la situación y los sentimientos de cada persona. Incluye oraciones con el presente del subjuntivo en sus descripciones.

1.

2.

9-27 ¿Y tú? ¿Qué hay de nuevo en tu vida? Conversa con dos o tres compañeros(as) sobre algunos acontecimientos importantes. Tus compañeros(as) tienen que hacerte preguntas y tú tienes que contestarlas para continuar la conversación. Tienen que incluir por lo menos una oración con el presente del subjuntivo en la conversación.

> **MODELO**
>
> Tú: Mi cumpleaños es el próximo sábado. Estoy muy contento(a) de que mis padres vengan a la universidad para celebrar conmigo.
>
> COMPAÑERO(A) 1: ¿Cuántos años vas a cumplir?
>
> COMPAÑERO(A) 2: ¿Van ustedes a comer en algún restaurante?

COMENTARIO CULTURAL *El matrimonio*

¿A qué edad normalmente se comprometen las personas en los EE.UU.? Generalmente, ¿cuánto tiempo dura un compromiso en los EE.UU.? ¿Cómo es la ceremonia para celebrar el matrimonio?

En los países hispanohablantes existen algunas prácticas diferentes con respecto al matrimonio. En

primer lugar, algunos jóvenes se comprometen más tarde que los jóvenes en los Estados Unidos. A veces el compromiso dura varios años. Los jóvenes se casan después de haberse graduado y de haber ahorrado bastante dinero para tener su propia casa o apartamento. En algunos casos, se casan y viven con sus padres. Muchas veces al casarse, la pareja tiene dos ceremonias: una religiosa y otra civil. En algunos países, la ceremonia religiosa es la tradicional, pero la civil es la legal.

Vocabulario temático

In this *Paso* you will practice:

- Indicating doubt, denial, uncertainty, and certainty
- Expressing optimism and pessimism

Grammar:

- Using the present indicative to affirm certainty and belief
- Using the present subjunctive to express doubt, denial, and uncertainty

Cuéntame de tu vida

CD3
Track 3-50

matrabali/istockphoto.com

MATÍAS:	¿Qué hay de nuevo?
NATALIA:	Acabo de tener una entrevista para una beca.
MATÍAS:	¿Sí? ¿Piensas que te la van a dar?
NATALIA:	Creo que sí. Me fue muy bien en la entrevista.

Para expresar grados de certeza o duda

CD3
Track 3-51

¡Sin ninguna duda!	Es posible.	Es dudoso.
Creo que sí.	Quizás.	Es poco probable.
Es casi seguro.	Depende.	Creo que no.
Es muy probable.		¡Imposible!

Para expresar optimismo

Me siento muy optimista.

Pienso que todo se va a arreglar.

¡No te preocupes!

Para expresar pesimismo

Me siento pesimista.

No estoy seguro(a); es muy difícil.

Creo que va a salir mal.

9-28 ¿Cómo se siente Raquel? Escucha la conversación entre Raquel y su amiga Sofía. Completa las oraciones de una manera lógica.

CD3
Track 3-52

____ 1. Raquel está...

    a. contenta.   b. enojada.   c. preocupada.

____ 2. Raquel estudió... para su examen.

    a. muy poco   b. tres horas   c. toda la noche

____ 3. Raquel piensa que va a sacar...

    a. una buena nota.   b. una nota regular.   c. una mala nota.

____ 4. La amiga de Raquel, Sofía, se siente...

    a. optimista.   b. frustrada.   c. pesimista.

____ 5. Al final de la conversación, Raquel...

    a. cambia totalmente de opinión.

    b. sigue pesimista.

    c. decide hablar con su profesor.

9-29 ¿Seguro? Completa las conversaciones de una manera lógica. Escoge la frase más apropiada en cada caso.

1.   Tú: ¿Piensas que te van a dar una beca académica?

      Camila: (Es casi seguro. / Es dudoso.) Mis notas no son muy altas.

2.   Tú: ¿Crees que tú y tu novio van a comprometerse pronto?

      Mía: (Sin ninguna duda. / Imposible.) Él tiene que terminar sus estudios primero.

3.   Tú: ¿Vas a hacer un crucero con tu familia este verano?

      José: (Es muy probable. / Creo que no.) Sé que papá habló con el agente de viajes la semana pasada.

4.   Tú: Estoy preocupado(a) por mi nota en genética.

      Rogelio: (Debes sentirte optimista. / Debes sentirte pesimista.) Siempre sacas notas muy buenas en esa clase.

5.   Tú: No tengo dinero para pagar mis cuentas y he perdido mi trabajo.

      Lina: ¡No te preocupes! Yo te ayudo. (Pienso que todo se va a arreglar. / Creo que va a salir mal.)

9-30 Probabilidades. Entrevista a un(a) compañero(a) con estas preguntas. Cuando sea tu turno de contestar, usa expresiones de certeza o duda y justifica tus respuestas.

MODELO   Tú: ¿Va a casarse tu hermano el año próximo?

    Tu compañero(a):   Imposible. ¡Tiene solamente diez años!

El romance:	1. ¿Va a casarse pronto tu mejor amigo(a)?
	2. ¿Piensas comprometerte antes de graduarte de la universidad?
La familia:	3. ¿Tus padres te van a comprar un coche para tu graduación?
	4. ¿Te van a mandar tus abuelos un regalo especial para tu cumpleaños?
La vida estudiantil:	5. ¿Vas a sacar una "A" en la clase de español este semestre?
	6. ¿Vas a poder pagar todas las cuentas este semestre?
Los viajes:	7. ¿Vas a hacer un crucero este año?
	8. ¿Piensas hacer un viaje a Europa el próximo verano?

Gramática

CD3
Track 3-53

Usos del presente del indicativo para expresar certeza

Read along as you listen to Emilia speculating about the future of her friend Jazmín. What words does Emilia use to express certainty about some aspects of her situation? What words does she choose to show doubt?

Heinle Grammar Tutorial: The present indicative tense

¿El futuro de Jazmín y Vicente? Es evidente que los jóvenes se adoran. Pero, estoy segura de que las familias de ellos no van a aceptar el matrimonio. Es posible que resuelvan sus diferencias, pero lo dudo. Creo que va a terminar en tragedia.

A. Una breve introducción. When giving opinions, we often express different degrees of doubt or uncertainty about the situations before us. For example, the following sentences convey a range of convictions about the outcome of a job interview.

Estoy seguro(a) de que me van a ofrecer el puesto.
I'm sure that they are going to offer me the job.

Creo que me van a ofrecer el puesto.
I believe that they are going to offer me the job.

Dudo que me ofrezcan el puesto.
I doubt that they will offer me the job.

Es imposible que me ofrezcan el puesto.
There's no way (It's impossible) that they will offer me the job.

In this section you will study how Spanish expresses certainty and belief (as in the first two sentences above). Later in this **Paso** you will explore further how Spanish expresses doubt and denial (as modeled in the last two sentences).

B. Para expresar certeza. The following verbs and expressions are used in Spanish to affirm your certainty or strong belief about events and circumstances in your life.

Expresiones de certeza

saber	**Sé** que…	*I know that . . .*
creer	**Creo** que…	*I believe that . . .*
pensar (ie)	**Pienso** que…	*I think that . . .*
estar seguro(a) de	**Estoy seguro(a) de** que…	*I'm sure that . . .*
	Es seguro que…	*It's a sure thing that . . .*
	Es verdad que…	*It's true that . . .*
	Es cierto que…	*It's true that . . .*
	Es evidente que…	*It is evident that . . .*

These expressions are used as the first part in the familiar three-part sentence pattern; however, they do **not** trigger the use of the subjunctive. Instead, you must use the following verb forms in the dependent clause (that is, in the third part of the sentence).

▶ To refer to present and future events: the **present** (present indicative) tense
▶ To refer to past events: the **preterite** or the **imperfect**

	1	2		3	
Subject	**Expression of Certainty/Belief**	*que*	**Subject**	**Verb in the Indicative (Present, Preterite, Imperfect)**	
(Yo)	Estoy seguro de	que	(yo)	**voy** a vivir en Nueva York.	
I	*am sure*	*that*	*I*	***am going** to live in New York.*	
(Yo)	Creo	que	(ellos)	le **dieron** el puesto.	
I	*believe*	*that*	*they*	***gave** him the job.*	

Ponerlo a prueba

9-31 Es la pura verdad. ¡Pobre Sra. Tierno! Los vecinos le han contado muchos chismes *(gossip)* sobre su hijo Bernardo, y resulta *(it turns out)* que todos son la pura verdad. Relaciona cada comentario de la Sra. Tierno con la afirmación de Bernardo que mejor corresponda.

Sra. Tierno

_____ 1. La vecina me dijo que tú y Sofía están divorciados. Yo le dije que no podía ser.

_____ 2. Un pajarito *(A little bird)* me dijo que te casaste con tu secretaria.

_____ 3. Pero, hijo, tú ya tienes treinta y ocho años y me parece que tu secretaria es mucho más joven.

_____ 4. ¿Cómo pueden Uds. llevarse bien con una diferencia de edades tan grande?

_____ 5. Mi amiga Matilde me dijo que dejaste tu puesto en la compañía.

_____ 6. ¿Cómo vas a poder pagar todas tus cuentas?

_____ 7. Matilde me dijo que piensas mudarte a una isla tropical en Polinesia. Hijo, dime que eso no es verdad.

_____ 8. ¿Cómo voy a visitarte si vives en Polinesia?

Bernardo

a. Me parece que el abuelo de Lulú se murió recientemente y le dejó todo su dinero.

b. Sí, mamá, es verdad que estamos divorciados.

c. Es cierto que me casé con ella. Creo que tú ya la conoces. Se llama Lulú.

d. Lulú y yo sabemos que el amor puede vencer *(conquer)* todo.

e. Creo que las posibilidades de trabajo van a ser magníficas allí.

f. Sé que ella tiene veinticinco años. Es evidente que es una mujer madura *(mature)*.

g. Estoy seguro de que voy a encontrar otro puesto sin problemas.

h. Los boletos de avión no cuestan mucho. Estoy seguro de que puedes visitarnos con frecuencia.

9-32 Un poco de análisis. Vuelve a mirar las afirmaciones de Bernardo en la Actividad 9-31. ¿Qué expresiones usa él para expresar certeza *(certainty)*? Escribe cinco de estas expresiones.

MODELO Es verdad (que estamos divoriciados).

9-33 Insegura. Tu amiga, Rosa, no tiene mucha confianza *(confidence)* en sí misma y además es un poco melodramática. ¿Qué le dices para calmarla? Usa expresiones de certeza y afirmación. Completa los diálogos con un(a) compañero(a) y léelos en voz alta.

> **MODELO**   Rosa: Tengo otro examen de química hoy y estoy muy nerviosa. Tengo miedo de sacar una mala nota.
>
>   Tú: Sé que vas a salir bien. Estoy seguro(a) de que vas a sacar una "A". Eres una estudiante muy buena y aplicada.

1. Tuve una entrevista ayer para un puesto de verano. No me fue muy bien.

2. Todavía no tengo compañero para el baile y es en dos semanas. ¡Yo soy la única en mi hermandad *(sorority)* sin compañero!

3. Si no apruebo *(I don't pass)* la clase de matemáticas, no voy a poder graduarme en junio. Entonces mis padres me van a matar *(will kill me)*.

4. Mi compañera de cuarto y yo no nos llevamos bien. Quiero mudarme a otra residencia en la primavera.

5. Fui a la peluquería y me teñí *(I dyed)* el pelo. ¡Mira qué color más horrible!

6. (Inventa una situación original.)

9-34 Este semestre. Piensa en tu vida este semestre y completa las oraciones siguientes de una manera original. Comparte tus respuestas con un(a) compañero(a).

1. Respecto al dinero, pienso que ___.

2. En cuanto a *(Regarding)* mis clases, creo que ___.

3. Cuando pienso en mis amigos, sé que ___.

4. En cuanto a mi compañero(a) de cuarto, es seguro que ___.

5. En cuanto a mi familia, es verdad que ___.

6. Respecto a las notas que recibo en mis clases, es cierto que ___.

⊙ Estrategia Gestures and body language

Intercultural communication involves much more than knowing the right words to say. The way we stand and the gestures we make can greatly influence how persons in another culture perceive our intentions. Also, because body language varies from country to country, what is courteous in one place may be considered inappropriate in another. For example, in Spanish-speaking countries, family members and friends stand several inches closer together than they do in the United States. An American who uses the more comfortable, wider distance when speaking with a Hispanic friend may be seen as cold or standoffish. In Spanish-speaking countries, gestures are used frequently to punctuate conversations in both informal and formal settings. Depicted below are four gestures common to most of the Hispanic world. Can you match each one to its meaning?

a. dinero
b. ¡Ojo! ¡Ten ciudado!
c. ¡Excelente!
d. ¡Tacaño! *(Stingy!)*

1.
2.
3.
4.

© Cengage Learning

Gramática

🌐 **Heinle Grammar Tutorial**:
The present subjunctive in impersonal expressions

CD3
Track 3-54

Usos del presente del subjuntivo: la duda y la negación

Read along as you listen to Santino and Benjamín discussing their financial difficulties. What expressions does Benjamín use to express his uncertainty about upcoming events? Which verbs are in the present subjunctive?

SANTINO: Benjamín, tenemos que pagar el alquiler *(rent)* mañana. ¿Te van a dar el dinero tus padres?

BENJAMÍN: No sé, es posible que me lo den, pero… Mira, para decirte la verdad, todavía no he hablado con ellos.

SANTINO: No comprendo por qué no has hablado con ellos. ¿Y qué va a pasar si no te lo dan?

BENJAMÍN: Entonces, es dudoso que pueda pagar el alquiler. Lo siento.

A. Una breve introducción. In the previous **Gramática** section of this **Paso,** you learned how to express certainty and strong belief. In this section you will learn to express uncertainty, doubt, and denial.

Uncertainty:	**Dudo** que ella esté embarazada.
	*I **doubt** that she is pregnant.*
Denial:	**No es verdad** que ella esté embarazada.
	*It's **not true** that she is pregnant.*

B. Expresiones de duda y negación. Here are some common expressions of uncertainty, doubt, and denial.

▶ To say that you do **not** believe something, or that you are not completely certain about it, use these expressions:

no creer	**No creo** que…	*I don't believe that . . .*
no pensar	**No pienso** que…	*I don't think that . . .*
dudar	**Dudo** que…	*I doubt that . . .*
	Es posible que…	*It's possible that . . .*
	(No) Es probable que…	*It's (un)likely that . . .*
	Es dudoso que…	*It's doubtful that . . .*
	Quizás/Tal vez…	*Perhaps, maybe . . .*

▶ To deny that something is so, use the following expressions:

No es verdad que…	*It's not true that . . .*
No es cierto que…	*It's not true that . . .*
Es imposible que…	*It's impossible that . . .*
No es posible que…	*It's not possible that . . .*

All of the expressions above are used as the first part of the familiar three-part sentence pattern. With these expressions of doubt and denial, be sure to use the subjunctive after **que.**

| | 1 | | 2 | | 3 | |
| Subject | Expression of Uncertainty/Denial | | *que* | Subject | Verb in Present Subjunctive | |

Subject	Expression of Uncertainty/Denial	*que*	Subject	Verb in Present Subjunctive
It	Es possible *is possible*	que *that*	(ella) *she*	**se comprometa.** ***is getting engaged.***
It	No es verdad *isn't true*	que *that*	(ella) *she*	**se case.** ***is getting married.***

C. Un contraste. When creating sentences with expressions of certainty, doubt, and denial, keep in mind that you may change the meaning of the sentence entirely if you add **no** before the verb in the main clause. The choice between **present indicative** and **present subjunctive** depends ultimately on the meaning conveyed.

Indicative required: belief, certainty, affirmation	Subjunctive required: disbelief, doubt, uncertainty, denial
Creo que la clase **es** muy difícil. *I think that the class is very hard.*	No creo que la clase **sea** muy difícil. *I don't think that the class is very hard.*
Estoy seguro(a) de que todos **sacamos** una buena nota. *I'm sure that we're all getting a good grade.*	No estoy seguro(a) de que todos **saquemos** una buena nota. *I'm not sure that we're all getting a good grade.*
Es verdad que él **estudia** seis horas diarias. *It's true that he studies six hours every day.*	No es verdad que él **estudie** seis horas diarias. *It's not true that he studies six hours every day.*

Ponerlo a prueba

9-35 Pensando en el futuro. Eduardo está especulando *(speculating)* sobre el futuro. Completa las oraciones con la forma correcta del verbo. Tienes que escoger entre el presente del indicativo y el presente del subjuntivo.

1. ¿Los estudios? Pienso que (yo / ir) _____ a graduarme en dos años, aunque *(although)* es posible que (yo / graduarse) _____ el próximo año. Es poco probable que (yo / hacer) _____ estudios de postgrado.

2. ¿Mi novia y yo? Creo que (nosotros / ir) _____ a casarnos en cinco años. Dudo que (nosotros / casarse) _____ antes, porque queremos ahorrar dinero para comprar una casa. Es probable que (nosotros / vivir) _____ en Santiago porque hay más oportunidades de trabajo.

3. ¿Mis padres? Es posible que ellos (ir) _____ a vivir en Valparaíso por motivos de trabajo. Es evidente que mi padre (estar) _____ frustrado con su empleo. Creo que el (querer) _____ encontrar algo nuevo.

El presente del indicativo (present indicative) is the official term for the present tense that you've been practicing since the first chapter: **hablo, como, estoy, voy,** etc.

9-36 El optimista y el pesimista. Ignacio e Isabel siempre tienen puntos de vista completamente contrarios *(opposite)*. ¿Cómo responde Ignacio a los comentarios de Isabel sobre la boda de sus amigos, Marisa y Julio? Trabaja con un(a) compañero(a) para completar los diálogos. Sigan el modelo. **¡Ojo!** A veces hay que usar el presente del indicativo, y a veces hay que usar el presente del subjuntivo.

> **MODELO**
> ISABEL: Creo que Marisa y Julio van a vivir con los padres de él.
> IGNACIO: No creo que *Marisa y Julio **quieran** vivir con sus padres.*

1. ISABEL: Pienso que Marisa va a tener una boda sencilla.
   IGNACIO: Dudo que…

2. ISABEL: No creo que los padres de Marisa les den una casa como regalo de boda.
   IGNACIO: ¿No? Pues, yo creo que…

3. ISABEL: Es cierto que Marisa y Julio son felices.
   IGNACIO: En mi opinión, es posible que…

4. ISABEL: Creo que los padres de Marisa están tristes, pero no sé por qué.
   IGNACIO: Es probable que…

5. ISABEL: Es seguro que Marisa sabe adónde van de luna de miel.
   IGNACIO: Julio me dijo ayer que era un secreto, así que es imposible que…

6. ISABEL: Es posible que Marisa quiera tener muchos hijos.
   IGNACIO: Pienso que Julio…

9-37 ¿Qué opinas? ¿Qué piensan tú y tus compañeros(as) sobre estos temas? Expresen y comparen sus opiniones. Sigan el modelo.

> **MODELO**
> Todos los estudiantes deben estudiar un idioma extranjero por un mínimo de dos años.
>
> TÚ: Es una buena idea. Creo que es importante aprender otras lenguas. Y tú, ¿qué piensas?
>
> TU COMPAÑERO(A): No creo que sea buena idea. Debemos tener menos cursos obligatorios en la universidad. Me gustaría tener más tiempo para tomar cursos propios de mi carrera.

1. La universidad debe conceder *(to award)* becas según la necesidad económica, sin tomar en cuenta otros factores (estatus minoritario, talento atlético o artístico, mérito académico, etcétera).

2. Todos los estudiantes universitarios deben pasar parte de su carrera académica estudiando en el extranjero.

3. La universidad debe obligar a sus estudiantes a participar en actividades de servicio comunitario para poder graduarse.

4. Una pasantía *(apprenticeship/internship)* debe ser una parte integral de todas las carreras en la universidad.

9-38 La vida universitaria. La administración de tu universidad quiere que los estudiantes completen la siguiente encuesta sobre la vida universitaria. Primero, expresa tu opinión y justifica tu respuesta. Compara tus opiniones con las de dos o tres compañeros.

> MODELO
>
> El gobierno estudiantil, ¿representa bien a la población universitaria?
> (Creo que / No creo que)
>
> TÚ: No creo que el gobierno estudiantil nos represente bien porque los representantes no interactúan mucho con los estudiantes. Además *(Additionally)*, muy pocos estudiantes votan en las elecciones para el gobierno estudiantil. Y ustedes, ¿qué piensan?

1. El número de estacionamientos *(parking spaces)* para los estudiantes, ¿es adecuado para estacionar sus carros?
   (Pienso que / No pienso que)

2. El laboratorio de computación, ¿tiene suficientes computadoras para todos los estudiantes?
   (Es cierto que / No es cierto que)

3. Las cafeterías, ¿sirven comida sana, rica y a precio moderado?
   (Es verdad que / No es verdad que)

4. Las residencias, ¿están en buenas condiciones?
   (Dudo que / No dudo que)

5. La biblioteca, ¿es moderna y tiene los recursos necesarios para los estudiantes?
   (Creo que / No creo que)

9-39 En el futuro. En una de tus clases, te piden que le escribas una carta al alcalde *(mayor)* de tu comunidad. En la carta, le pides que implemente algunos cambios *(changes)* para mejorar la calidad *(quality)* de vida de los ciudadanos. Piensa en los problemas que existen en tu comunidad: ¿el tráfico?, ¿la criminalidad?, ¿la falta de actividades para los jóvenes?, ¿las personas desamparadas *(needy)*?, ¿otro problema?, ¿otra cosa? Luego, completa las oraciones y escribe la carta.

> Estimado alcalde/Estimada alcaldesa:
>
> Me llamo _____ y soy ciudadano(a) de _____.
>
> Le escribo porque me preocupa mucho el problema de _____ que existe en nuestra comunidad.
>
> Ese problema existe porque _____.
>
> Es verdad que ese problema _____.
>
> No es cierto que todos los ciudadanos de nuestra comunidad _____.
>
> En mi opinión, es importante que _____.
>
> Para resolver el problema, es necesario que _____.
>
> Le agradezco mucho la oportunidad de poderle expresar a Ud. mis ideas sobre ese problema tan preocupante.
>
> Muy atentamente,
>
> Firma *(signature)* _____

Un paso más

¡Vamos a Chile!

DATOS ESENCIALES

Nombre oficial:
República de Chile

Capital: Santiago

Población: 16 890 000
habitantes

Unidad monetaria: el peso

Economía: exportación
de cobre y sal, frutas y
vegetales, vino, productos
industriales, incluyendo
productos para la producción
de alimentos, papel,
productos químicos y de
petróleo; agricultura; pesca

🌐 www.cengagebrain.com

El desierto de Atacama, el desierto más árido del mundo, se extiende al norte de Chile. Esta es tierra de salares *(salt flats)*, géiseres, minas de minerales y observatorios astronómicos. En este desierto mágico también se encuentran miles de geoglifos —manifestaciones de arte prehistórico. Entre ellos está el geoglifo antropomorfo más grande del mundo, Gigante de Atacama. Esta figura misteriosa data alrededor de 900 d.C. y mide *(measures)* 390 pies.

Go to the **Un paso más** section in the *Cuaderno de actividades* for reading, writing, and listening activities that correlate with this chapter.

Additional activities on Chile and **¡Vamos a Chile!** may be found in the **Un paso más** section of the *Cuaderno de actividades*.

Imágenes de Chile

Mira el vídeo y contesta las preguntas.

1. ¿Dónde está situada la capital de Chile?

2. Describe "la Alameda", la avenida principal de Santiago.

3. ¿Qué personajes históricos son conmemorados con monumentos en la capital?

4. ¿Qué diferentes estilos de arquitectura observas en Santiago?

5. ¿Cuáles de los lugares del vídeo te gustaría visitar? Explica por qué.

La historia

Michelle Bachelet (1951–) fue la primera mujer presidente de Chile. Antes de asumir la presidencia en 2006, esta política y médica pediatra sirvió por varios años en el Ministerio de Salud, donde implementó varias reformas en el sistema público de salud. También fue la primera mujer en ocupar el puesto de Ministra de Defensa Nacional.

▶ Desde 2010, Bachelet es Directora Ejecutiva de la "ONU-Mujeres".

VICTOR RUIZ CABALLERO/Reuters/Landov

El deporte

Varias zonas de la Cordillera *(mountain range)* de los Andes presentan las condiciones ideales para practicar los deportes de invierno. Turistas de todo el Hemisferio Sur van a los modernos centros chilenos para practicar esquí y snowboard durante casi todo el año. Debido a su magnífica infraestructura y su proximidad a muchos centros invernales, Santiago es una ciudad candidata para organizar los Juegos Olímpicos de Invierno de 2022.

▶ Portillo es uno de los primeros centros de esquí construidos en América del Sur.

Jorge Royan / Alamy

La agricultura

Con un clima favorable para el cultivo de cereales, frutas y verduras, el Valle Central de Chile es un próspero centro nacional de agricultura. En los últimos años la exportación de estos productos agrícolas a los mercados europeos, asiáticos y norteamericanos ha alcanzado *(has reached)* niveles históricos. Durante los meses de invierno se puede encontrar uvas, manzanas, nectarinas y otras frutas de Chile en cualquier supermercado de los Estados Unidos.

▶ Chile es un líder global en la producción y exportación de vinos finos.

ene/Shutterstock

El mundo es un pañuelo

Lee la información sobre Chile. Luego completa las siguientes comparaciones.

1. Chile es un líder en la exportación de _____, al igual que *(just like)* el estado de _____ en los Estados Unidos.
2. El desierto de _____, en el norte de Chile, es el más árido del mundo. Un desierto muy árido de los Estados Unidos es _____.
3. Un centro de esquí en Chile es _____. Los meses ideales para esquiar en Chile son _____. Un centro de esquí en los Estados Unidos es _____. Los meses ideales para esquiar en los Estados Unidos son _____.
4. El _____ de Chile es el centro nacional de agricultura. Una fruta que exporta es la _____. Los Estados Unidos también exporta frutas, por ejemplo, la _____.
5. Chile eligió *(elected)* su primera mujer presidente en el año _____. Su nombre es _____. Una mujer política importante de los Estados Unidos es _____.

¡Vamos a hablar!

This is a pair activity for **Estudiante A** and **Estudiante B.**

If you are **Estudiante A,** use the information below.

If you are **Estudiante B,** turn now to Appendix A at the end of the book.

Estudiante A

Contexto: Tú (**Estudiante A**) tienes tres dibujos y tu compañero(a) (**Estudiante B**) tiene tres también. Uds. tienen que comparar los dibujos mediante *(through)* descripciones orales y descubrir las diferencias entre los dibujos. Ustedes deben describir:

- lo que pasa en el dibujo
- cómo se sienten las personas
- qué piensan las personas de las circunstancias

Tú vas a empezar así: "El dibujo número uno muestra una mujer y su esposo. Ella está embarazada. Está muy contenta porque quiere tener un bebé. Espera que sea niña. Su esposo… (Continúa con la descripción.)

1.

2.

3.

© Cengage Learning

¡Vamos a ver!

Episodio 9 • En la Hacienda Vista Alegre

Anticipación

A. Hablando se entiende la gente. Habla con un(a) compañero(a). ¿Has tenido alguna vez una relación difícil con una persona (un amigo, un compañero de cuarto, un ex novio, etc.)? ¿Cómo era esta persona? ¿Qué pasó? ¿Cómo reaccionaste tú? ¿Cómo te sentías?

B. ¿Cómo se dice…? Relaciona las siguientes expresiones con la definición apropiada.

1. tener celos *(to be jealous of someone)*
2. espiar *(to keep watch on)*
3. machista *(sexist)*
4. enamorarse de alguien *(to fall in love with someone)*
5. ¡Esto es el colmo! *(This is the last straw!)*

a. cuando te gusta una persona mucho
b. pensar que las mujeres son inferiores
c. algo que llega a su punto máximo
d. observar disimuladamente *(surreptitiously)* las acciones de una persona
e. ser una persona posesiva

▶ Vamos a ver

C. De paseo por la Hacienda Vista Alegre. Primero, lee las preguntas. Después, mira el Episodio 9 del vídeo, observa a los personajes y contesta las preguntas.

1. ¿Con quién está hablando Valeria por teléfono?
2. ¿De quién está celoso *(jealous)* César? ¿Por qué?
3. ¿Por qué Valeria piensa que en la casa no hay privacidad?
4. ¿Cómo es César?
5. ¿Qué pasó con Antonio y su ex novia? ¿Por qué rompieron la relación? ¿Cómo reaccionó Antonio?
6. ¿Qué van a hacer Antonio y Valeria?

En acción

D. Charlemos. Comenta con tus compañeros(as). Si tu novio(a) se enamora de tu mejor amigo(a), ¿cómo vas a reaccionar? ¿Qué te parece la reacción de Antonio ante el comportamiento de su ex novia? ¿Piensas que Valeria tenía motivos para romper la relación con su ex novio? ¿Por qué? ¿Qué crees que va a pasar entre Antonio y Valeria?

E. 3, 2, 1 ¡Acción! Interpreten la siguiente situación en grupos de tres o cuatro estudiantes.

Estás con tus amigos en la Hacienda Vista Alegre y ya tienen mucha confianza para contarse temas personales. Habla con ellos sobre tus sentimientos, opiniones, problemas por los que estás atravesando últimamente, etc. Tienen que expresar opiniones y recomendaciones según lo que les cuenten los (las) compañeros(as).

> Practice the vocabulary and grammar that you learned in this chapter **(las vicisitudes, los grandes momentos de la vida, para dar consejos, para expresar el optimismo / el pesimismo).**

¡Vamos a repasar!

A. Los novios. El amor puede ser la fuente *(source)* de mucha felicidad y de gran tormento también. Trabajando con un(a) compañero(a), dramaticen esta situación.

Estudiante A: Estás en la cafetería y te encuentras con *(you run into)* un(a) buen(a) amigo(a). Tu amigo(a) parece muy agitado(a). ¡Estás preocupado(a)!

1. Empieza la conversación así: **¡Hola! ¿Todo bien?**
3. Hazle *(Ask him/her)* preguntas para obtener más informaciones sobre el problema.
5. Dale consejos. (Incluye el presente de subjuntivo por lo menos en **uno** de tus consejos.)

Estudiante B: Estás furioso(a) con tu novio(a) y necesitas hablar con alguien. Estás en la cafetería y ves a un(a) buen(a) amigo(a). Tu amigo(a) quiere ayudarte.

2. Dile a tu amigo(a) cómo te sientes.
4. Explícale el problema a tu amigo(a) y pídele consejos para resolver el problema.
6. Reacciona a los consejos y dale las gracias.

B. Las tres edades. Trabajando con un(a) compañero(a) de clase, observen bien el cuadro y comenten las preguntas.

El famoso pintor surrealista Salvador Dalí, de España, pintó el cuadro *Las tres edades: la vejez, la adolescencia, la infancia* (1940).

1. Este cuadro representa las tres edades *(ages/ phases)* de la vida. Según el título, ¿cuáles son las tres edades? ¿Qué parte del cuadro corresponde a cada una *(each)* de las edades? ¿Qué figuras usa el artista para representar las tres edades?
2. ¿Qué piensas tu? ¿Hay tres edades en la vida? ¿Qué es lo bueno y lo malo de cada edad?
3. En este cuadro, Dalí usa mucho la doble imagen. Por ejemplo, la figura a la izquierda representa la cabeza de un hombre; pero la pequeña figura de una mujer forma el ojo, la nariz y la boca de su cara. ¿Qué otras imágenes "dobles" observas? En tu opinión, ¿por qué usa el artista esta técnica?

C. Las predicciones. ¿Qué va a pasar en el año 2020? En un papel, escribe tres predicciones. Después, forma un grupo con dos o tres compañeros. Uds. tienen que intercambiar papeles, tomar turnos para leer una predicción y reaccionar a las predicciones.

> **MODELO** En el año 2020, nuestro equipo de fútbol americano va a ganar un campeonato *(championship)* nacional.

COMPAÑERO(A) A: ¡Me siento muy optimista! Estoy seguro(a) de que nuestro equipo va a ganar el campeonato.

COMPAÑERO(A) B: Me siento un poco pesimista. Dudo que nuestro equipo gane el campeonato nacional.

D. Sabelotodo. En equipos, jueguen a ¡Sabelotodo! Formen equipos de dos o tres personas. Otra persona es el (la) moderador(a).

- El equipo "A" escoge una pregunta (por ejemplo, **El presente del subjuntivo por $100**).
- El (La) moderador(a) lee la pregunta en voz alta.
- Las personas del equipo A colaboran y una persona responde a la pregunta. Tienen 30 segundos para responder.
- El (La) moderador(a) decide si la respuesta es correcta.
- Si la respuesta no es correcta, el otro equipo puede contestar la pregunta y "robar" el dinero.

	Las vicisitudes	Los grandes momentos de la vida	Cuéntame de tu vida	El presente del subjuntivo	Chile
$100	¿Cuál **no** es una queja común? (a) Estoy totalmente estresado. (b) Necesito ponerme en forma. (c) Mi compañero y yo nos llevamos bien.	¿Qué significan en inglés estas oraciones? (a) Estoy emocionado. (b) Estoy orgulloso. (c) Estoy deprimido.	¿Qué significa en inglés? ¿Qué hay de nuevo?	Conjuga los verbos en la forma **ellos** del presente del subjuntivo: **ser, ir, estar**	¿Cuál es la capital de Chile?
$200	¿Qué significa en inglés? Tengo que entregar un trabajo escrito mañana.	Completa las oraciones con las palabras lógicas: (a) Mi hermana está ___; el bebé va a nacer en junio. (b) Mi hermano y su novia rompieron su ___ porque ella salió con otro chico.	Completa la oración con el equivalente de *I have just*: ____ de tener una entrevista para una beca.	Conjuga los verbos en las formas **yo** y **nosotros** del presente del subjuntivo: **acostarse, entender**	¿Cuáles son dos deportes de invierno populares en Chile?
$300	Tu amigo está agotado; completa los consejos de una manera lógica: (a) Debes dormir ocho horas ____. (b) Tienes que comer comidas ____.	¿Qué verbos corresponden a estos eventos? Por ejemplo: el divorcio → divorciarse (a) la graduación (b) el funeral	¿Cuál de las oraciones expresa optimismo? (a) Todo se va a arreglar. (b) No estoy seguro. (c) Va a salir mal.	¿Se usa el **presente del subjuntivo** o el **presente del indicativo** después de estas expresiones? (a) Es verdad que… (b) Dudo que… (c) Es imposible que…	¿Quién fue la primera mujer presidente de Chile?
$400	Completa la oración con un verbo lógico: Paco, los cigarrillos son malos para tu salud. Es importante que tú ____ de fumar.	¿Cuál es una frase para (a) reaccionar a las buenas noticias y (b) reaccionar a las malas noticias?	¿Expresan certeza *(certainty)* o duda las siguientes frases? (a) ¡Sin ninguna duda! (b) Quizás. (c) Es dudoso.	¿Qué significan en inglés estas frases? (a) Te aconsejo que… (b) Sugiero que… (c) Te prohíbo que…	Completa la oración: Chile es un líder global en la exportación de ___ y también exporta muchas ____ y ____.
$500	Tu amiga tiene un problema con la procrastinación. Completa la oración de una manera lógica: Tienes que ____.	¿Cómo se dice en español? *It surprises me that they are getting married.*	Completa la oración con las formas lógicas de los verbos: Creo que ellos me (ir) ____ a dar el trabajo pero dudo que ellos me (pagar) ____ mucho.	¿Cómo se dice en español? (a) *We hope that…* (b) *It's sad that…* (c) *It worries me that…*	¿Qué es Atacama y dónde está?

Vocabulario

Sustantivos

el acontecimiento *event*
la ayuda *help*
la beca *scholarship*
la boda *wedding*
el compromiso *engagement (to be married)*
la entrevista *interview*
la noticia *news*
el trabajo escrito *a written academic report, "paper"*
la verdad *truth*

Verbos

acabar de + infinitivo *to have just (done something)*
aconsejar *to advise*
alegrar *to make happy*
casarse *to get married*
comprometerse *to get engaged*
cuidarse *to take care of oneself*
dejar *to leave, to let*
dejar de + infinitivo *to stop (doing something)*
desconectarse *to disconnect, to have some down time*
discutir *to discuss, to argue*
divorciarse *to get divorced*
dudar *to doubt*
enfadar *to anger*
entregar *to turn in*
esperar *to hope*
fumar *to smoke*
llevarse bien/mal *to get along well/poorly*
molestar *to bother, to irritate*
morirse (ue, u) *to die*
personaje *character (of a story)*
ponerse en forma *to get in shape*
posponer *to postpone, to put off*
preocuparse *to worry*
procrastinar *to procrastinate*
prohibir (i) *to forbid, to prohibit*
romper *to break (up)*
salir bien (mal) *to do well (poorly)*
sentir (ie, i) *to regret, to be sorry*
separarse *to separate, to get a (marital) separation*
sorprender *to surprise*
tener lugar *to take place*
tratar de *to deal with, to be about*

Otras palabras

agotado(a) *exhausted, worn out*
balanceado(a) *balanced*
cierto(a) *true, certain*
deprimido(a) *depressed*
desconsolado(a) *grief-stricken*
diario(a) *daily*
difícil *unlikely, difficult*
dudoso(a) *doubtful*
embarazada *pregnant*
emocionado(a) *excited*
enamorado(a) *in love*
estresado(a) *stressed out*
furioso(a) *furious, very angry*
ojalá... *I hope that . . . ; May . . .*
orgulloso(a) *proud*
probable *likely, probable*
quizás *maybe, perhaps*
seguro(a) *sure*
sorprendido(a) *surprised*
tal vez *maybe, perhaps*

To talk about literature, p. 294
To react to good or bad news, pp. 306–307
To indicate degrees of certainty and doubt, p. 317
To express optimism and pessimism, p. 317

For further review, please turn to **Vocabulario temático: español e inglés** at the back of the book.

Go to the *Puentes* website for extra Vocabulary practice using the Flashcard program.

Gramática suplementaria

CAPÍTULO 1

El presente progresivo

Fifteen-year-old Felipe has just called the López home. Read his conversation with Mrs. López and answer these questions: With which two persons would Felipe like to speak? Why can't they talk on the phone just then?

🌐 **Heinle Grammar Tutorial:** Present progressive tenses

▶ **Heinle Grammar Video:** Present progressive

Hablando por teléfono:

FELIPE:	Buenos días, señora López, soy yo, Felipe. ¿Puedo hablar con Marcos?
SRA. LÓPEZ:	Lo siento, Felipe, pero Marcos **está haciendo** la tarea ahora.
FELIPE:	¿Y Silvia? ¿Puedo hablar con ella?
SRA. LÓPEZ:	Ella **está estudiando** también.
FELIPE:	Ah, está bien. Vuelvo a llamar *(I'll call again)* más tarde.

A. La función del presente progresivo. The present progressive tense (**el presente progresivo**) is used to describe what somebody is doing or what is taking place at the moment that someone is speaking. For example, in the conversation above, Marcos cannot speak on the phone because he *is doing* his homework; similarly, Silvia cannot speak because she *is studying*.

Marcos y Silvia **están estudiando.**   *Marcos and Silvia **are studying.***

B. La formación del presente progresivo. To form the present progressive, use the present tense of the verb **estar** together with the present participle of the main verb. Study the examples of this structure below:

Presente progresivo: estar + *present participle*

yo	**estoy estudiando**	*I am studying*
tú	**estás comiendo**	*you are eating*
Ud./él/ella	**está escribiendo**	*he/she is writing*
nosotros(as)	**estamos mirando**	*we are watching*
vosotros(as)	**estáis leyendo**	*you (pl.) are reading*
Uds./ellos/ellas	**están trabajando**	*you (pl.)/they are working*

The present participle is formed by adding **-ando** to the stem of **-ar** verbs and by adding **-iendo** to the stem of most **-er** and **-ir** verbs.

- ▸ **-ar** verbs: hablar + ando → hablando *talking, speaking*
- ▸ **-er** verbs: comer + iendo → comiendo *eating*
- ▸ **-ir** verbs: escribir + iendo → escribiendo *writing*

-Er and **-ir** verbs that have a vowel before the infinitive ending form the present participle by adding **-yendo.**

Infinitive			Present Participle	Meaning
leer	+	yendo →	leyendo	*reading*
construir	+	yendo →	construyendo	*building, constructing*

GS1-1 El blog de Marta. Completa el blog de Marta con los verbos más lógicos de la lista. Escribe los verbos en el presente progresivo.

correr	**escribir**	**escuchar**	**trabajar**
leer	**mirar**	**montar**	**usar**

¡Qué día más tranquilo! Mi hija Daniela **(1)** _____ música en su iPod. Mis hijos, Rafael y David, **(2)** _____ su programa favorito en la tele. Mi esposo **(3)** _____ en el parque con sus amigos. Abuela **(4)** _____ el periódico en el patio. Los vecinos **(5)** _____ en el jardín y yo **(6)** _____ este blog.

GS1-2 En una escuela. Son las diez de la mañana. ¿Qué están haciendo los niños y sus maestras hoy? Mira el dibujo y describe sus actividades de los niños. Escribe cinco oraciones completas en el presente progresivo.

GS1-3 Las excusas. Tu amiga Patricia te llama por teléfono constantemente, pero tú no quieres hablar con ella. Con un(a) compañero(a), crea pequeños diálogos. Sigan el modelo y usen el presente progresivo.

> MODELO   8:00 A.M. (a las ocho de la mañana)
>
> PATRICIA: Hola, ¿qué estás haciendo?
>
> TÚ: Hola, Patricia. Lo siento, pero no puedo hablar ahora. Estoy comiendo el desayuno *(breakfast)*.

1. 9:00 A.M. (a las nueve de la mañana)
2. 11:30 A.M. (a las once y media de la mañana)
3. 2:00 P.M. (a las dos de la tarde)
4. 5:30 P.M. (a las cinco y media de la tarde)
5. 7:00 P.M. (a las siete de la tarde)
6. 9:30 P.M. (a las nueve y media de la noche)

El futuro

Heinle Grammar Tutorial: The future tense

Heinle Grammar Video: Future

The tour guide is explaining to your group what you will be doing on your excursion to Mexico City tomorrow. What are three of the planned activities? Identify three conjugated verbs that refer to the future. What infinitive corresponds to each one?

Su tour empezará con un corto viaje en autobús. Después, nosotros visitaremos la hermosa catedral. Yo les recomendaré varios restaurantes donde ustedes podrán probar los platos típicos de la región. Por la tarde, iremos al Museo de Antropología.

A. La función del futuro. The future tense (**el futuro**) is used in two ways:

▶ to describe what will happen or what somebody will do in the future.
  Notice that the English word *will* is not translated, but expressed through the *verb ending* in Spanish.

Su tour **empezará** con un corto viaje en autobús.	*Your tour **will begin** with a short trip by bus.*
Después, nosotros **visitaremos** la hermosa catedral.	*Afterward, we **will visit** the beautiful cathedral.*

▶ to speculate about what is *probably going on* or what *will probably take place* in the near future.
  In English, probability is expressed by using separate words such as *probably* or *must,* while in Spanish the notion of probability is conveyed by the use of the future tense.

—¿Qué hora es, mamá?	*What time is it, Mom?*
—No sé, hija. **Serán** las cinco.	*I don't know, honey. **It must be** five o'clock.*
—¿Cuándo va a llegar papá?	*When is Dad coming home?*
—No te preocupes. **Llegará** pronto.	*Don't worry. **He will probably arrive** soon.*

B. La formación del futuro. To form the future tense of most verbs, add the appropiate verb endings to the entire infinitive. Notice in the following examples that the same set of endings is used for **-ar, -er,** and **-ir** verbs.

El futuro: verbos regulares

		viajar *(to travel)*	volver *(to return)*	ir *(to go)*
yo	-é	viajar**é**	volver**é**	ir**é**
tú	-ás	viajar**ás**	volver**ás**	ir**ás**
Ud./él/ella	-á	viajar**á**	volver**á**	ir**á**
nosotros(as)	-emos	viajar**emos**	volver**emos**	ir**emos**
vosotros(as)	-éis	viajar**éis**	volver**éis**	ir**éis**
Uds./ellos/ellas	-án	viajar**án**	volver**án**	ir**án**

There are a number of irregular verbs in the future tense. These verbs use the same endings as the regular ones, but the endings are attached to an irregular stem.

El futuro: verbos irregulares

Meaning	Verb	Stem	Endings	Example
to say, to tell	decir	dir-	-é	yo saldré
to do, to make	hacer	har-	-ás	tú saldrás
to have	tener	tendr-	-á	Ud./él/ella saldrá
to put, to place	poner	pondr-	-emos	nosotros(as) saldremos
to come	venir	vendr-	-éis	vosotros(as) saldréis
to leave, to go out	salir	saldr-	-án	Uds./ellos/ellas saldrán
to know	saber	sabr-		
to want	querer	querr-		
to be able to	poder	podr-		

The future of the verb **hay (haber)** is **habrá.**

—¿**Habrá** una excursión por la tarde?

Will there be an excursion in the afternoon?

—No, pero **habrá** una por la mañana.

*No, but **there will be** one in the morning.*

Ponerlo a prueba

GS2-1 Un tour de México. El señor Pacheco quiere hacer un viaje a México. Ahora está hablando con una agente de viajes. Lee la conversación y completa los espacios en blanco con la forma correcta del futuro.

Señor pacheco: ¿Qué ciudades **(1)** _____ (nosotros / visitar)?

Agente: Bueno, primero, **(2)** _____ (ustedes / pasar) dos días en la capital, y después **(3)** _____ (ustedes / empezar) las excursiones a otras ciudades: Taxco, Oaxaca, Guadalajara y otros lugares.

Señor pacheco: ¿**(4)** _____ (Ser) posible explorar un poco las ruinas aztecas?

Agente: ¡Cómo no! También **(5)** _____ (haber) una excursión opcional a Acapulco.

Señor pacheco: ¿**(6)** _____ (nosotros / tener) la oportunidad de visitar Cancún?

Agente: Claro que sí. Ese tour **(7)** _____ (salir) el miércoles, dieciséis de mayo, y **(8)** _____ (volver) el martes, día veintidós.

Señor pacheco: ¡Fenomenal! Parece un viaje fantástico. **(9)** _____ (yo / hablar) con mi esposa y la **(10)** _____ (yo / llamar) la próxima semana con nuestra decisión.

Agente: Muy bien. Hasta pronto.

GS2-2 Los turistas. Examina el dibujo y contesta las preguntas con oraciones completas. ¿Qué pasará *(is probably happening)*? **¡Ojo!** Tienes que usar el futuro en las respuestas.

1. ¿En qué país estarán estos turistas? ¿De dónde serán?

2. ¿Quién será el señor?, ¿la señora a la izquierda *(on the left)*?

3. ¿Quién será la niña? ¿Cuántos años tendrá?

4. ¿Qué le dirá el señor a la vendedora *(vendor)*? ¿Qué le dirá la vendedora?

5. ¿Cuánto costará la piñata? ¿Comprará la piñata el señor?

6. ¿Qué querrá comprar la señora? ¿Cuánto costará?

GS2-3 La visita de tu amigo(a). Tu nuevo(a) amigo(a) mexicano(a) viene a la universidad para visitarte por unos días. ¿Qué harán ustedes durante su visita? Describe los planes; incluye un mínimo de cinco verbos en el futuro. Comparte tus ideas con un(a) compañero(a).

> **MODELO** El primer día, **visitaremos** el campus por la mañana. Por la tarde, **iremos** al nuevo Centro de Wellness y **nadaremos** en la piscina. Por la noche, **iremos** a una fiesta en el apartamento de mis amigos. El segundo día…

CAPÍTULO 3

Gramática suplementaria

▶ **Heinle Grammar Video:** Past
participles as adjectives

El participio pasado

Read the conversation between Linda and Rosaura. Is everything ready for the visit of their house guests? Identify three adjectives they use to describe their preparations.

LINDA:	¿Está todo listo para la visita de nuestros amigos?
ROSAURA:	Sí. Toda la casa está en orden. Las camas están hechas, los platos están lavados y la mesa está puesta.
LINDA:	¿Y la comida está preparada?
ROSAURA:	Todavía no. Pero la voy a preparar ahora mismo.

A. La función del participio pasado. Past participles (**los participios pasados**) are often used as adjectives to describe the condition of people or things. When used in this way, they must agree in number and gender with the noun they describe.

> ▶ Past participles used as adjectives may be placed after the verb **estar.**
> Las camas **están hechas,** los platos **están lavados** y la mesa **está puesta.**
> *The beds **are made,** the dishes **are washed** and the table **is set.***

> ▶ Past participles used as adjectives may also be placed directly after nouns.
> Mi hermano tiene un coche **hecho** en los Estados Unidos.
> *My brother has a car **made** in the United States.*

B. La formación del participio pasado. To form the past participle, replace the -**ar** ending of the infinitive with -**ado,** and the -**er** or -**ir** ending with -**ido.**

Infinitive	Ending		Past Participle	Meaning
-**ar** verbs: preocupar	+ ado	→	**preocupado**	*worried, preoccupied*
-**er** verbs: vender	+ ido	→	**vendido**	*sold*
-**ir** verbs: aburrir	+ ido	→	**aburrido**	*bored*

A number of common verbs have irregular past participles.

Infinitive	Irregular Past Participle	Meaning
abrir	**abierto**	*open; opened*
decir	**dicho**	*said; told*
escribir	**escrito**	*written*
hacer	**hecho**	*done; made*
morir	**muerto**	*dead; died*
poner	**puesto**	*put; set; placed*
resolver	**resuelto**	*resolved; solved*
romper	**roto**	*broken*
ver	**visto**	*seen*
volver	**vuelto**	*returned*

In general, compound words based upon these irregular verbs will share the same kind of irregular past participle.

Infinitive	Past Participle	Meaning
poner	**puesto**	*put*
descom**poner**	descom**puesto**	*broken, out of order*

Ponerlo a prueba

GS3-1 Un mal día. La familia Malapata está pasando un día muy malo. Describe su día; completa los espacios en blanco con el participio pasado del infinitivo.

1. Papá está _____ (frustrar). La computadora en su oficina está _____ (descomponer) y todos los documentos importantes están _____ (borrar [to erase]).

2. Mamá está _____ (preocupar). El autobús llega en diez minutos y los niños todavía no están _____ (vestir [to dress]).

3. ¡Pobre Miguel! La ventana en su cuarto está _____ (romper) y papá se va a poner furioso con él.

4. Las gemelas, Selenia y Sabrina, están _____ (aburrir). Están _____ (resfriar [to be down with a cold]) y no pueden salir de casa.

5. Abuelita está muy _____ (agitar). La puerta de su coche está _____ (cerrar [to lock]) y la llave está _____ (perder [to lose]).

GS3-2 ¡Cálmate! Tu amiga Sofía le va a dar una fiesta a su novio. Ella está un poco preocupada con los preparativos y tú tienes que calmarla. Con un(a) compañero(a) de clase, sigan el modelo y completen los diálogos. **¡Ojo!** Hay que usar participios pasados en las respuestas.

> MODELO
> SOFÍA: ¿Quién va a decorar el pastel?
>
> TÚ: ¡No te preocupes! El pastel ya (already) **está decorado.**

1. —¿Por qué no preparamos los sándwiches ahora?
2. —¿Quién va a poner la mesa?
3. —Ahora tenemos que hacer las camas.
4. —¿Cuándo vamos a envolver (to wrap) los regalos?
5. —Debemos abrir las ventanas; hace calor hoy.
6. —¿Hay más platos sucios? Tenemos que lavarlos antes de que lleguen los invitados (before the guests arrive).

GS3-3 Los estudios. Conversa con un(a) compañero(a) acerca de los estudios. Fíjense bien en el uso de los participios pasados.

1. Normalmente, ¿estás bien **preparado(a)** para tus clases? ¿Cuántas horas estudias en un día típico?
2. ¿Estás bien **preparado(a)** para las clases de hoy? ¿Tienes **hecha** toda la tarea?
3. ¿Estás **aburrido(a)** en alguna de tus clases este semestre? ¿Qué haces cuando estás **aburrido(a)** en clase?
4. ¿En cuál de tus clases estás un poco **frustrado(a)**? Explica por qué.

CAPÍTULO 4

Gramática suplementaria

🌐 **Heinle Grammar Tutorial:** The present perfect tense

▶ **Heinle Grammar Video:** Present perfect

El presente perfecto

Ada and Diego are discussing their preparations for a dinner party. What have they already done to get ready? Identify the verbs for three different things they've done to prepare.

DIEGO: ¿Has comprado el vino para la fiesta?

ADA: Sí, y también he preparado las tapas.

DIEGO: Y el postre, ¿has hecho algún postre especial?

ADA: Sí, he preparado una torta de chocolate.

DIEGO: Gracias, mi amor. Me encanta la torta de chocolate.

A. La función del presente perfecto. The present perfect verb tense (**el presente perfecto**) is used to indicate what somebody *has done* or what events *have taken place.*

—¿**Has comprado** el vino para la fiesta?	*Have you bought the wine for the party?*
—Sí, y también **he preparado** las tapas.	*Yes, and I have also prepared the appetizers.*
—¿Qué **han hecho** Uds. hoy?	*What have you done today?*
—**Hemos trabajado** mucho.	*We've worked very hard.*

B. La formación del presente perfecto. To form the present perfect tense, use the helping verb **haber** *(to have)* and a past participle. The present-tense forms of **haber** are **he, has, ha, hemos, habéis, han.** Notice the two parts of the verb in the following examples.

Presente perfecto: haber + *past participle*

yo	**he trabajado**	*I have worked*
tú	**has comido**	*you have eaten*
Ud./él/ella	**ha salido**	*he/she has left*
nosotros(as)	**hemos visto**	*we have seen*
vosotros(as)	**habéis escrito**	*you (pl.) have written*
Uds./ellos/ellas	**han hecho**	*you (pl.)/they have made*

To form the *past participle* of regular verbs, drop the **-ar, -er,** or **-ir** ending of the infinitive and add **-ado** to **-ar** verbs and **-ido** to **-er** and **-ir** verbs.

Infinitive	Past Participle of Regular Verbs	Meaning
comprar	**comprado**	*bought*
comer	**comido**	*eaten*
salir	**salido**	*left, gone out*

Infinitive	Past Participle of Irregular Verbs	Meaning
abrir	**abierto**	*open; opened*
decir	**dicho**	*said; told*
escribir	**escrito**	*written*
hacer	**hecho**	*done; made*
morir	**muerto**	*dead; died*
poner	**puesto**	*put; set; placed*
resolver	**resuelto**	*resolved; solved*
romper	**roto**	*broken*
ver	**visto**	*seen*
volver	**vuelto**	*returned*

Ponerlo a prueba

GS4-1 Los preparativos. Tú y tus amigos van a dar una gran fiesta para celebrar el noviazgo *(engagement)* de su amiga Rosana. Cada persona tiene ciertas responsabilidades. ¿Qué ha hecho cada persona? Escribe los verbos en el presente perfecto.

1. Yo (mandar) _____ las invitaciones y también (comprar) _____ el vino.

2. Pilar (hacer) _____ una tortilla. Además, (preparar) _____ la sangría.

3. Paco y Sara (poner) _____ la mesa. También (limpiar) _____ el baño.

4. Dina y yo (arreglar) _____ el jardín. Ya (pedir) _____ las flores, también.

5. ¿Y tú? ¿(Alquilar) _____ más sillas? ¿(Ir) _____ al mercado?

GS4-2 El trabajo doméstico. La familia Soto va a tener una fiesta en casa esta noche. ¿Qué han hecho todos en anticipación de esta celebración?

> **MODELO** Elvira ha lavado los platos.

Elvira

1.

Enriqueta

2.

Filomena

3.

Gonzalo

GS4-3 ¿Qué has hecho? Usa las siguientes expresiones para conversar con un(a) compañero(a) de clase sobre sus experiencias gastronómicas y culinarias. Sigan el modelo.

MODELO   comer en un restaurante mexicano

Tú: ¿Has comido en un restaurante mexicano alguna vez *(ever)*?

Tu compañero(a):   Sí, he comido en un restaurante mexicano muchas veces. Me encanta la comida mexicana, especialmente los tamales. ¿Y tú?

O: No, nunca he comido en un restaurante mexicano, pero me gustaría probar unos platos típicos. ¿Y tú?

1. comer en un restaurante tailandés *(Thai)*
2. probar calamares *(squid)*
3. servir comida mexicana a tus amigos alguna vez
4. beber champaña
5. tomar café italiano
6. cocinar para tu familia
7. trabajar de camarero(a)
8. asistir a una cena de gala *(formal dinner)*

Gramática suplementaria

CAPÍTULO 5

El condicional

What would Hernando do if he had more money? Read the conversation to find out. Then, identify four verbs, which are in the conditional tense.

 Heinle Grammar Tutorial: The conditional tense

 **Heinle Grammar Video:** Conditional

EUGENIA: Hernando, ¿qué harías si tuvieras más dinero?

HERNANDO: Estaría muy contento. No tendría que trabajar para pagar la matrícula *(tuition)*. Luego, me mudaría de la residencia. Me iría a vivir en un apartamento más amplio y nuevo, y para las vacaciones de primavera, mis amigos y yo haríamos un crucero a las Bahamas.

A. La función del condicional. The conditional verb tense (**el condicional**) is used in three main ways:

▶ to describe what somebody *would* or *could do* or *what would happen* under certain conditions.

English expresses this idea by adding the word *would*; Spanish uses verb endings to convey this meaning.

Si tuviera mucho dinero, **compraría** un coche nuevo.	*If I had more money **I would buy** a new car.*
También, **iría** a las Bahamas de vacaciones.	*Also, **I'd go** to the Bahamas on vacation.*

▶ to indicate politeness, especially with the verbs **gustar, poder,** and **deber.**

Me gustaría informarme sobre programas de estudios en Argentina.	***I would like*** *to get some information about studying abroad in Argentina.*
¿Podría usted ayudarme?	***Could*** *you help me?*
Deberías buscar la información por Internet.	***You should*** *look for the information on the internet.*

▶ to indicate probability in the past.

—¿Por qué no fue Paco a clase hoy?	*—Why didn't Paco go to class today?*
—No sé. **Estaría** enfermo.	*—I don't know. **He must have been** sick.*

B. La formación del condicional. The conditional of most verbs is formed by adding a set of endings to the whole infinitive; the same set of endings is used for **-ar, -er,** and **-ir** verbs.

El condicional: verbos regulares

		llegar (to arrive)	volver (to return)	vivir (to live)
yo	-ía	llegaría	volvería	viviría
tú	-ías	llegarías	volverías	vivirías
Ud./él/ella	-ía	llegaría	volvería	viviría
nosotros(as)	-íamos	llegaríamos	volveríamos	viviríamos
vosotros(as)	-íais	llegaríais	volveríais	viviríais
Uds./ellos/ellas	-ían	llegarían	volverían	vivirían

For a number of common verbs, this same set of endings must be added to an *irregular stem*; these are the same irregular stems that are used to form the future tense. (See *Gramática suplementaria, Capítulo 2.*)

El condicional: verbos irregulares

Meaning	Verb	Irregular Stem	Endings	Example
to say, to tell	decir	**dir-**	**-ía**	yo haría
to do, to make	hacer	**har-**	**-ías**	tú harías
to have	tener	**tendr-**	**-ía**	Ud./él/ella haría
to put, to place	poner	**pondr-**	**-íamos**	nosotros(as) haríamos
to come	venir	**vendr-**	**-íais**	vosotros(as) haríais
to leave, to go	salir	**saldr-**	**-ían**	Uds./ellos/ellas harían
to know	saber	**sabr-**		
to want	querer	**querr-**		
to be able to	poder	**podr-**		

The conditional of the verb **hay (haber)** is **habría:**

Habría más gente en el tour, pero está lloviendo.

***There would be** more people on the tour, but it's raining.*

Ponerlo a prueba

GS5-1 Un viaje de estudios a Argentina. ¿Qué harían todos los estudiantes si pudieran estudiar *(if they could study)* en Argentina? Escoge un verbo lógico de la lista y escríbelo en el condicional.

aprender	**comer**	**hacer**	**ir**
bailar	**comprar**	**gustar**	**poder**

1. Si pudiera estudiar en la Argentina, yo _____ a bailar el tango.
2. Paco _____ una excursión a las montañas de Patagonia.
3. Mis amigas Laura y Raquel _____ de compras en las boutiques de la capital.
4. A Ángel y a Carlos les _____ salir todas las noches para bailar en las discotecas.
5. Todos nosotros _____ bistec, el plato nacional.
6. También nosotros _____ practicar el español todos los días.

GS5-2 En el extranjero. Varios estudiantes en tu clase han recibido una beca *(scholarship)* para estudiar en el extranjero *(abroad)*. Con dos o tres compañeros(as) de clase, contesten las preguntas y conversen sobre el tema. **¡Ojo!** Tienen que usar el condicional.

1. ¿En qué país te gustaría estudiar? ¿Por qué?
2. ¿Cuánto tiempo pasarías allí?
3. ¿Preferirías vivir con una familia o en una residencia con otros estudiantes?
4. ¿Qué ciudades u otros lugares visitarías durante tu estadía *(during your stay)*?
5. ¿Qué esperarías aprender de esta experiencia?

GS5-3 Situaciones hipotéticas. A veces la vida académica nos presenta con situaciones difíciles y dilemas. ¿Qué harías tú en las siguientes situaciones hipotéticas? Incluye un verbo en el condicional en tu respuesta. Compara tus respuestas con las de un(a) compañero(a).

1. Tienes que hacer una presentación oral en una clase y estás muy nervioso(a).
2. Tu carrera es Biología, pero descubres *(you discover)* que no te gustan los laboratorios.
3. Te llevas muy mal *(you don't get along at all)* con tu compañero(a) de cuarto.
4. Estás tomando un examen y observas que un(a) compañero(a) está haciendo trampa *(cheating)*.
5. Tu despertador *(alarm clock)* no sonó y te perdiste *(missed)* tu examen de Filosofía.

Heinle Grammar Video: Affirmative sentences and negations

Las expresiones indefinidas y negativas

Isidro is tired of working at the store. Read his blog entry to discover why. Identify three negative expressions (words like *nothing, nobody, never*) in Spanish. What is the equivalent in English of each one?

Estoy harto *(fed up)* de trabajar en esta tienda. Los turistas siempre tocan todo y luego nunca compran nada. Además, no veo ningún futuro en las ventas *(sales)*. Yo quiero hacer algo más creativo.

A. Palabras indefinidas y negativas. Here are the most common negative words (words like *never, nobody, nothing*) and their indefinite or affirmative counterparts (words like *always, somebody, something*). To help you remember these words, notice that nearly all the negative words in Spanish begin with the letter **n**.

Palabras indefinidas/afirmativas y negativas

en inglés	en español
somebody, someone *anybody, anyone*	alguien
nobody, no one *not . . . anybody; not . . . anyone*	nadie no... nadie
something, anything	algo
nothing *not . . . anything*	nada no... nada
always	siempre
never *not . . . ever*	nunca no... nunca
some, any	algún (alguno), alguna, algunos, algunas
no, not one *not . . . any; not . . . a single (one)*	ningún (ninguno), ninguna no.... ningún (ninguno), ninguna
also	también
neither *not . . . either*	tampoco no... tampoco
either . . . or	o... o
neither . . . nor *not . . . or*	ni... ni no... ni... ni

B. Los usos. Spanish uses negative words in some ways that are different from English.

> ► Negative words may be placed before the verb.

| Before the verb: | **nadie** | **Nadie** lleva ese estilo. | *Nobody* wears that style. |
| | **nunca** | **Nunca** llevo ese color. | *I never* wear that color. |

> ► Negative words may also be placed after the verb. In this case, it is necessary to add **no** in front of the verb.

| After the verb: | **no… nadie** | **No** hay **nadie** en el probador. | *There isn't anybody in the fitting room.* |
| | **no… nunca** | **No** llevo bikini **nunca.** | *I don't ever wear a bikini.* |

> ► Several negative words may be used properly in the same sentence in Spanish. English avoids double negatives and generally uses a combination of just one negative word and multiple indefinite words.

| **Nunca** haces **nada** para **nadie**. | *You **never** do **anything** for **anyone**.* |
| **Nadie nunca** me ayuda con **nada**. | *Nobody ever* helps me with *anything*. |

C. *Alguno* y *ninguno*. The negative word **ninguno** and the indefinite word **alguno** can be used as pronouns or adjectives. Like all pronouns and adjectives, they have different forms to reflect gender (masculine/feminine) and number (singular/plural).

> ► When used as a pronoun, **alguno** has these forms: **alguno, alguna, algunos, algunas.** When used as an adjective, the forms are **algún, alguna, algunos,** and **algunas.**

As an adjective:
| Algun**as** tiend**as** dan descuentos a los turistas. | *Some stores give discounts to tourists.* |

As a pronoun:
| ¿Quiere comprar **alguno** de estos recuerdos? | *Do you want to buy any of these souvenirs?* |

> ► When used as a pronoun, **ninguno** has these forms: **ninguno, ninguna.** When used as an adjective, the forms are **ningún, ninguna.** Notice that the plural forms are not generally used: ~~ningunos~~, ~~ningunas~~.

As an adjective:
| ¿**No** tienes **ningún** amigo español? | *Don't you have **any** Spanish friends?* |
| No, **no** tengo **ningún** amigo español. | *No, I don't have **any** Spanish friends. / No, I don't have **a single** Spanish friend.* |

As a pronoun:
| No, **no** tengo **ninguno**. | *No, I don't have **a single one**.* |

GS6-1 La Sra. Guerra. Cuando la Sra. Guerra piensa en el comportamiento *(behavior)* de su familia, tiene reacciones positivas y negativas. Lee sus reacciones y decide en cada caso si ella está contenta o no. También, subraya *(underline)* todas las expresiones indefinidas y negativas.

MODELO	Nuestros hijos <u>nunca</u> llevan ropa sucia a la escuela.	☺	☹

1. Nuestra hija Alicia siempre se viste bien para ir a la iglesia.   ☺   ☹
2. Nuestro hijo nunca se pone corbata cuando lleva traje.   ☺   ☹
3. Nadie quiere lavar la ropa; siempre tengo que lavarla yo.   ☺   ☹
4. Ninguno de nuestros hijos abusa de las tarjetas de crédito.   ☺   ☹
5. Mis hijos siempre me compran aretes bonitos para el Día de las Madres.   ☺   ☹
6. Nuestro hijo Adán nunca pone la ropa sucia en la cesta *(hamper)*.   ☺   ☹

GS6-2 De mal humor. Reinaldo —un chico de diez años— está de muy mal humor. Lee las conversaciones y complétalas con las palabras negativas o indefinidas más lógicas.

1. **algo   alguien   nada   nadie**

   ABUELITA: Mañana es el cumpleaños de tu hermanita. ¿Vas a comprarle _____ bonito?

   REINALDO: No, abuelita. No voy a comprarle _____, porque ella nunca quiere compartir sus juguetes *(toys)* conmigo.

2. **algún   también   ningún   tampoco**

   MAMÁ: ¿Te gusta tu chaqueta nueva? El color es muy bonito. Te queda perfectamente, _____.

   REINALDO: Yo creo que es muy fea. Y no me gustan mis nuevos pantalones _____.

3. **algunos   siempre   ninguno   nunca**

   PAPÁ: Vamos al centro comercial esta tarde. ¿Quieres invitar a _____ de tus amigos?

   REINALDO: No, papá, no quiero invitar a _____ de mis amigos. ¡Son todos idiotas!

4. **alguien   siempre   nadie   nunca**

   EL HERMANO MAYOR: Mamá, Reinaldo es un chico muy malo. _____ entra en mi dormitorio y usa mis cosas sin *(without)* permiso.

   REINALDO: ¡No es verdad, mamá! _____ entro en su cuarto. Él es un mentiroso *(liar)*.

GS6-3 Las quejas. ¿Cuáles son algunas de las quejas *(complaints)* típicas en las siguientes situaciones? Comparte tus ideas con un(a) compañero(a). Incluye palabras negativas o indefinidas en las quejas.

MODELO	los profesores, sobre los estudiantes
	—Los estudiantes **nunca** hacen la tarea.

1. los turistas, sobre los productos en la tienda de recuerdos
2. los estudiantes, sobre sus clases o sus profesores
3. los padres, sobre sus hijos
4. los turistas, sobre los precios o la calidad de los artículos en el mercado
5. los novios o las novias, sobre su pareja *(their partner)*

El pluscuamperfecto

Isabel is recounting what happened at her friend Susana's birthday party. Why was Susana's mother upset with her son Jaime? What had the family already done to celebrate Susana's birthday before Jaime arrived? Find examples of three verbs in the past perfect.

Cuando Jaime llegó por fin a casa, ya eran las seis de la tarde. Ya habíamos comido el exquisito almuerzo. Susana ya había abierto sus regalos. Y los niños ya habían roto la piñata.

Mamá estaba furiosa: —¿Por qué has llegado tan tarde para el cumpleaños de tu hermana?

Heinle Grammar Tutorial: The pluperfect tense

Heinle Grammar Video: Pluperfect

A. La función del pluscuamperfecto. The past perfect tense, or pluperfect **(el pluscuamperfecto),** is used to tell what somebody *had done* or what *had happened* before another past event took place.

Susana ya **había abierto** sus regalos cuando Jaime llegó.	*Susana **had** already **opened** her presents when Jaime arrived.*
Cuando llamaste a Marisol, ya **había salido.**	*When you called Marisol, **she had gone out** already.*

B. La formación del pluscuamperfecto. To form the past perfect tense, you must use the imperfect form of the verb **haber** and a past participle. The imperfect forms of **haber** are **había, habías, había, habíamos, habíais, habían.**

Pluscuamperfecto: haber + *past participle*

yo	**había estudiado**	*I had studied*
tú	**habías conocido**	*you had met*
Ud./él/ella	**había terminado**	*he/she had finished*
nosotros(as)	**habíamos visto**	*we had seen*
vosotros(as)	**habíais tomado**	*you (pl.) had taken*
Uds./ellos/ellas	**habían hecho**	*you (pl.)/they had done*

To form the past participle of most verbs, drop the **-ar, -er,** and **-ir** and add **-ado** to **-ar** verbs and **-ido** to **-er** and **-ir** verbs.

Infinitive	Past Participle of Regular Verbs	Meaning
estudiar	**estudiado**	*studied*
venir	**venido**	*come*
vivir	**vivido**	*lived*

Infinitive	Past Participle of Irregular Verbs	Meaning
abrir	**abierto**	*open; opened*
decir	**dicho**	*said; told*
escribir	**escrito**	*written*
hacer	**hecho**	*done; made*
morir	**muerto**	*dead; died*
poner	**puesto**	*put; set; placed*
resolver	**resuelto**	*resolved; solved*
romper	**roto**	*broken*
ver	**visto**	*seen*
volver	**vuelto**	*returned*

Ponerlo a prueba

GS7-1 Una excursión. Lee las descripciones del viaje que hicieron Yvonne y Laura. Completa las oraciones con el pluscuamperfecto de los verbos entre paréntesis.

1. El fin de semana pasado, mi amiga Laura y yo fuimos a playa Flamingo. Yo no (visitar) _____ esa playa antes de este viaje.

2. El viernes por la noche, cenamos en un restaurante conocido por sus mariscos. ¡Nosotras nunca (comer) _____ camarones tan frescos y deliciosos!

3. El sábado llovió mucho y no pudimos nadar en el mar. Nunca en mi vida yo (ver) _____ una lluvia tan fuerte.

4. El domingo exploramos el bosque tropical. Nosotras (estudiar) _____ la biodiversidad en una clase, así que reconocimos muchas de las plantas.

5. Cuando llegamos al hotel esa noche, vimos que unos monos *(monkeys)* (entrar) _____ en nuestro cuarto. ¡Qué desorden!

GS7-2 Antes y después. Entrevista a un(a) compañero(a) sobre las experiencias antes de venir a la universidad. Sigan el modelo.

MODELO estudiar química

TÚ: *Antes de venir a la universidad, ¿habías estudiado química?*

TU COMPAÑERO(A): *Sí, ya había estudiado química por varios años. / No, no había estudiado química.*

Antes de venir a la universidad…

1. estudiar español
2. vivir lejos de tu familia
3. compartir un dormitorio con alguien
4. lavar tu ropa
5. leer tantos libros
6. escribir un trabajo de investigación

GS7-3 ¿Es verdad? ¿Qué cosas interesantes habías hecho antes de venir a la universidad? Escribe oraciones con cuatro o cinco de tus experiencias extraordinarias. Comparte la información con un(a) compañero(a).

MODELO Cuando tenía cinco años, ya **había participado** en un concurso de belleza *(beauty contest)*.
Cuando tenía diez años, ya **había ganado** una competición de golf.
Cuando tenía doce años, mi familia y yo ya **habíamos visitado** treinta estados diferentes.
Cuando tenía dieciséis años…

Los mandatos familiares

Lucas asks his Ecuadorian friend Micaela for tips on his uncoming trip. She replies with three suggestions, which are stated as informal commands (see the verbs in boldface print). What three suggestions does she give him?

Heinle Grammar Tutorial: Informal commands

Heinle Grammar Video: Imperative: Familiar commands

LUCAS: Voy a hacer un viaje a Quito el próximo mes. ¿Qué me recomiendas?

MICAELA: Tengo tres sugerencias para ti. Primero, **descansa** en tu hotel los primeros días porque la altura te va a afectar mucho. Segundo, **haz** una excursión a las islas Galápagos; son únicas en el mundo. Y finalmente, ¡**llévame** contigo, porque yo quiero ir también!

A. Los mandatos familiares. Informal commands (**mandatos familiares**) are used to give directions and instructions to people you would normally address with **tú** or **vosotros**. The familiar commands use different verb forms for affirmative and negative commands.

AFFIRMATIVE:	**Habla** español durante tu viaje.	*Speak Spanish during your trip.*
NEGATIVE:	**No hables** inglés todo el tiempo.	*Don't speak English all the time.*

B. El mandato familiar afirmativo. The affirmative **tú** command uses the same verb form as the **él/ella** form of the present tense.

Infinitive	*él/ella* Present Form	Affirmative *tú* Command
respetar	respeta	**Respeta** las costumbres del país. *Respect the customs of the country.*
aprender	aprende	**Aprende** el idioma del país. *Learn the language of the country.*
pedir	pide	**Pide** información sobre las vacunas. *Ask for information about vaccines.*

Many common verbs have irregular affirmative **tú** commands:

Infinitive	Affirmative *tú* Command
decir	**di**
hacer	**haz**
ir	**ve**
poner	**pon**
salir	**sal**
ser	**sé**
tener	**ten**
venir	**ven**

C. El mandato familiar negativo. In order to tell somebody what *not* to do, you need to use a negative command. To form the negative **tú** command of most verbs, follow this two-step procedure.

- First, conjugate the verb in the **yo** form of the present tense.
- Then, drop the **-o** and add **-es** to **-ar** verbs, and **-as** to **-er** and **-ir** verbs.

Infinitive	*yo* Present Form	Negative *tú* Command
tomar	tomø + es	**no tomes**
poner	pongø + as	**no pongas**
salir	salgø + as	**no salgas**

Here are the irregular negative **tú** commands.

Infinitive	Negative *tú* Command
dar	**no des**
estar	**no estés**
ir	**no vayas**
saber	**no sepas**
ser	**no seas**

D. El mandato familiar plural. Plural commands are used to give instructions or directions to two or more people. In Latin America the **formal** plural commands (**ustedes**) may be used for friends and strangers alike. In Spain, however, the **ustedes** commands are used only for formal situations; to give commands and instructions to several friends or family members, the **vosotros(as)** command is used.

- The affirmative **vosotros(as)** command is formed by dropping the **-r** of the infinitive and adding **-d.**
- The negative **vosotros(as)** command is formed by first conjugating the verb in the **yo** form of the present tense and then dropping the **-o** and adding **-éis** to **-ar** verbs and **-áis** to **-er** and **-ir** verbs.

Infinitive	Affirmative *vosotros(as)* Command	Negative *vosotros(as)* Command
trabajar	**¡Trabajad!**	**¡No trabajéis** tanto!
comer	**¡Comed!**	**¡No comáis** ahora!
venir	**¡Venid!**	**¡No vengáis** tan temprano!

E. Los mandatos con complementos y pronombres reflexivos. Commands are often used together with reflexive pronouns and/or with direct and indirect object pronouns.

- With affirmative commands, the pronouns are attached to the end of the command, and an accent mark is added on the third to last syllable.
- With negative commands, the pronouns are placed in front of the verb.

AFFIRMATIVE:	¡Levánta**te**!	*Get up!*
NEGATIVE:	¡No **te** levantes!	*Don't get up!*

Ponerlo a prueba

GS8-1 Los consejos. Aquí tienes unos consejos para tu viaje a Ecuador. Escribe los verbos en la forma apropiada de los mandatos familiares **(tú).**

> **MODELO** (Beber) <u>Bebe</u> el agua embotellada.
>
> (No beber) <u>No bebas</u> el agua del grifo.

1. (Llevar) _____ tu medicina en una bolsa de mano.
   (No llevar) _____ más de dos maletas *(suitcases).*

2. (Comer) _____ los platos típicos del país.
   (No comer) _____ la comida por la calle porque puedes enfermarte.

3. (Viajar) _____ en avión cuando puedas.
   (No viajar) _____ en autobús porque vas a perder mucho tiempo.

4. (Hacer) _____ un itinerario.
   (No hacer) _____ muchos planes para el primer día, porque necesitas recuperarte del *jetlag.*

5. (Poner) _____ tu pasaporte en un lugar seguro *(secure).*
   (No ponerlo) _____ en tu maleta.

6. (Ir) _____ a la selva amazónica para ver la increíble variedad de flora y fauna.
   Pero (no ir) _____ solo(a). Es muy fácil perderse.

7. (Acostarse) _____ temprano porque necesitas conservar energía.
   Pero (no acostarse) _____ sin mosquitero *(mosquito netting).*

GS8-2 Haciendo ejercicio. Tú y tu compañero(a) tienen que ponerse en forma para unas vacaciones de aventura. Aquí tienen las instrucciones para hacer ejercicios típicos de entrenamiento. Cambia los infinitivos a mandatos familiares y lee las instrucciones en voz alta. Tu compañero(a) tiene que hacer el ejercicio.

1. **Separar** los pies y **subir** los brazos. **Bajar** la mano derecha hasta tocar el pie izquierdo, y vice versa. **Repetir** el ejercicio treinta veces. Después, **inhalar** profundamente y **expulsar** el aire con lentitud.

2. **Marchar** en el mismo lugar por treinta segundos. **Comenzar** con el pie izquierdo y **flexionar** la rodilla derecha hasta llevarla a la altura del pecho. Luego, **cambiar** de pierna rápidamente, y **ejercitarse** otros treinta segundos.

3. **Correr** en el mismo lugar. **Tratar** de mantener el ritmo desde el principio hasta el final. **Contraer** los muslos *(thighs)* al subir las piernas, para relajar la espalda.

GS8-3 Por favor. Te vas de viaje por unos días y un(a) amigo(a) va a cuidar a tu perro y tu apartamento. Dale instrucciones sobre qué debe hacer durante tu ausencia. Usa mandatos familiares. Comparte tus ideas con un(a) compañero(a).

> **MODELO** **Saca** a mi perrito a pasear todos los días.

🌐 **Heinle Grammar Tutorial:** The subjunctive in adjective clauses

▶ **Heinle Grammar Video:** Subjunctive in adjective clauses

El subjuntivo en cláusulas adjetivales

Read the conversation between Claudia and her mother, Eliana. According to Claudia, what kind of man is her fiancé Rolando? What objections does her mother have to this marriage? As you read the conversation, identify the one verb that is in the present subjunctive. Who is described by the phrase containing this verb?

ELIANA: ¿Es cierto que vas a casarte con Rolando?

CLAUDIA: Sí, mamá. Creo que somos muy compatibles. Rolando es un hombre que vive intensamente. Es mi media naranja *(soulmate)*.

ELIANA: Sí, sí, ya lo creo, mi hija. Pero, por favor, piénsalo bien. Rolando ya se ha divorciado dos veces y tiene tres hijos. Debes casarte con un hombre que tenga menos obligaciones.

A. Las cláusulas adjetivales. As you know, the subjunctive is used after verbs that express wishes, feelings, uncertainty, and denial. In all these cases, the sentences follow the special three-part pattern and the subjunctive is used after the word **que.**

	Main Clause			Dependent Noun Clause	
	subject	**+ verb**	**+ que**	**+ subject**	**+ verb**
(wishes/wants)	Eliana	no quiere	que	su hija	**se case** con Rolando.
(feelings/emotions)	Ella	tiene miedo de	que	él	**sea** un don Juan.
(doubt/denial)	Ella	duda	que	él	**ame** de verdad a su hija.

Another kind of dependent clause is known as an *adjectival* clause. Adjectival clauses describe a noun in the main part of the sentence.

	noun	**+ que**	**+verb**
	Claudia debe casarse con **un hombre**	que	**tenga** menos obligaciones.
	*Claudia should marry **a man***	*who*	***has** fewer obligations.*
	Claudia necesita **un esposo**	que	**sea** más responsable.
	*Claudia needs **a husband***	*who*	***is** more responsible.*

B. El subjuntivo en las cláusulas adjetivales. In adjectival clauses, the verb may be used in the present indicative or in the present subjunctive, depending on circumstances.

▶ Use the **present subjunctive** when the adjective clause describes a person, place, or thing that is *nonspecific, hypothetical,* or *nonexistent.*

Necesitamos una secretaria que **hable** japonés.
(We need a secretary with that talent; we have no one specific in mind.)

Quiero encontrar un puesto que **ofrezca** oportunidades para viajar.
(I would like a job that offers such a possibility, but I don't know of any for certain; it is hypothetical.)

No hay nadie que **trabaje** tanto como Elisondo.
(There is no one who works harder; that kind of person does not exist.)

▶ Use the **present indicative** when the adjective clause describes persons, places, or things that are *specific* or *known* to the person speaking.

Tenemos una secretaria que **habla** francés y alemán.
(We already have such a person; the adjective clause describes a specific person.)

Aquí hay dos anuncios para puestos que **ofrecen** buenos beneficios.
(The ads refer to known, specific jobs that offer good benefits.)

Ponerlo a prueba

GS9-1 Los profesores. ¿Qué piensa Héctor de sus profesores? Lee las descripciones y escoge entre el presente del indicativo y el presente del subjuntivo en cada caso. Palabras útiles: inspirar *to inspire*; estimular *to stimulate*; incluir *to include*.

1. Tengo un profesor que me (vuelve / vuelva) loco.

2. En clase, él da conferencias que no (tienen / tengan) sentido *(don't make sense)*.

3. Además, es muy quisquilloso. Siempre nos da exámenes que (son / sean) muy largos y difíciles.

4. El próximo semestre espero tener algún profesor que me (inspira / inspire) a aprender.

5. Sé que es necesario tener exámenes. Pero, los profesores deben asignarnos también algún proyecto que (estimula / estimule) la creatividad.

6. Para mí, las conferencias son un método anticuado de impartir la información. Los profesores deben emplear algún método que (incluye / incluya) los últimos avances tecnológicos.

GS9-2 Frustraciones y esperanzas. Lee los siguientes diálogos y completa los espacios en blanco con el presente del indicativo o el presente del subjuntivo, según el caso.

1. **Problemas del corazón**

    GLORIA: ¿Qué te pasa, Graciela? Parece que estás muy triste.

    GRACIELA: Sí, creo que voy a romper con Luis.

    GLORIA: Pero, ¿por qué? Luis es un hombre que te _____ (amar) mucho y que te _____ (poder) ofrecer todo lo mejor de la vida.

    GRACIELA: Sí, sé que él es muy serio y responsable. Pero yo quiero casarme con un hombre que _____ (ser) más romántico, uno que me _____ (traer) flores y que me _____ (llevar) a lugares exóticos.

    GLORIA: ¡Ay, Graciela! Te estás portando *(You are behaving)* como una adolescente de dieciséis años.

2. **Problemas de trabajo**

ALICIA: Acabo de enterarme de que dejas *(you are leaving)* la compañía, Eduardo. ¿Ya tienes otro puesto?

EDUARDO: Sí, Alicia, y es maravilloso. Es con una compañía que _____ (tener) muy buena reputación en sistemas electrónicos. Además, me han dado un puesto que _____ (ofrecer) buenas posibilidades de ascenso *(promotion)*.

ALICIA: ¡Qué buena suerte! Algún día, yo también espero irme de aquí. Quiero trabajar para una compañía que _____ (estar) más cerca de la casa de mi mamá. También, sueño con *(I dream about)* tener mi propia oficina, una que yo no _____ (tener) que compartir con nadie.

EDUARDO: Mira, Alicia, en mi nueva compañía, sé que buscan un contador que _____ (saber) usar computadoras. ¿Por qué no solicitas el puesto?

GS9-3 Pensando en el futuro. ¿Cuáles son tus sueños *(dreams)* y esperanzas para el futuro? Primero, completa las siguientes frases; usa el presente del indicativo o el presente del subjuntivo, según el caso. Después, compara tus respuestas con las de tu compañero(a) de clase.

1. Ahora, vivo en (un lugar / una ciudad) que…
   Algún día, quiero vivir en (un lugar / una ciudad) que…

2. Ahora, vivo en (una residencia / una casa / un apartamento) que…
   En el futuro, espero tener (una casa / un apartamento) que…

3. Con respecto al trabajo, prefiero un puesto que…
   No quiero un puesto que…

4. Quiero vivir con (un hombre / una mujer) que…
   No quiero casarme con (un hombre / una mujer) que…

Appendices

Appendix A

¡Vamos a hablar! *Capítulo 1*

If you are **Estudiante A**, please turn to page 48.

If you are **Estudiante B**, use the information below.

Estudiante B

Contexto: In this activity, you (**Estudiante B**) and your partner will become better acquainted with two celebrities from Puerto Rico. Each one of you has a chart with partial information. By taking turns asking and answering questions, the two of you will share the information needed to complete the chart.

Your partner will begin by asking you a question about Daddy Yankee. Look at your chart and provide the answer.

> **MODELO**   ESTUDIANTE A: ¿Cuál es el nombre completo de Daddy Yankee?
>   ESTUDIANTE B: Se llama…

Daddy Yankee

Charles Sykes/AP Images

▸ **Nombre: Raymond Luis Ayala Rodríguez**

▸ **Fecha de nacimiento: 3 de febrero de 1977**

▸ **Lugar de nacimiento: San Juan, Puerto Rico**

▸ **Familia: Casado con Mirredys González. Tres hijos—Yamilet, Jeremy y Jesairis**

▸ **Profesión: Cantante de reggaetón, actor, empresario** *(entrepreneur).*

▸ **De interés: Es el mayor proponente del reggaetón: una fusión del reggae y rap, con influencias de salsa, bomba y otros ritmos latinos. Ganó un premio Billboard de la Música Latina en 2011 (dos mil once).**

La India

Chris Gordon/WireImage/Getty Images

▸ **Nombre completo:** _____

▸ **Edad (Age):** _____

▸ **Ciudad de origen:** _____

▸ **Familia: Nombre de su ex esposo** _____
     Número de hijos _____

▸ **Profesión:** _____

▸ **Información de interés:** _____
_____

If you are **Estudiante A**, please turn to page 80.

If you are **Estudiante B**, use the information below.

¡Vamos a hablar! *Capítulo 2*

Estudiante B

Contexto: Imagine that you (**Estudiante B**) and a friend are traveling together in Mexico. You are now in Puerto Vallarta and want to participate in an eco-tour in the area. Each of you has an advertisement for a different tour. Exchange information about the tours, and then decide together which one the two of you will take.

Your classmate will begin by asking: **¿Cuándo hay tours?** Look at your ad and provide the answer.

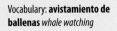

Vocabulary: **avistamiento de ballenas** *whale watching*

Eco-Discovery

Avistamiento de Ballenas y Tour de las Islas Marietas

¡La aventura de su vida!

En esta expedición Ud. puede observar la belleza y armonía de estos mamíferos marinos en su hábitat natural. También puede explorar las playas e islas en la Bahía de Banderas.

Tours:	De lunes a sábado; los tours salen a las 9:00 a.m.
Duración:	7 horas
Precio:	$150 USD ($165 con almuerzo)
Incluye:	Transporte, guías y tour
Llame hoy al:	2-97-79-15

Aventuras Tirolesa

▸ **Días disponibles** *(available):* _____

▸ **Hora de salida:** _____

▸ **Duración:** _____

▸ **Precio:** _____

▸ **Teléfono (para las reservaciones):** _____

▸ **Aspectos interesantes:** _____

¡Vamos a hablar! *Capítulo 3*

If you are **Estudiante A**, please turn to page 122.

If you are **Estudiante B**, use the information below.

Estudiante B

Contexto: In this activity, you and your partner will try to find 10 differences between the drawings each of you has—without looking at the other person's picture! To do this, take turns describing in detail the scene on your page. Focus on the aspects listed below. Your partner will begin by describing Elena.

> ▸ the physical appearance of the two girls
>
> ▸ the room and furniture (including location and condition)
>
> ▸ the activities of each girl

If you are **Estudiante A**, please turn to page 150.

If you are **Estudiante B**, use the information below.

¡Vamos a hablar! *Capítulo 4*

Estudiante B

Contexto: Tu compañero(a) y tú van a completar un crucigrama. Tú tienes las pistas (the clues) para las palabras verticales. Tu compañero(a) las tiene para las palabras horizontales. Tomen turnos leyendo las pistas. Tu compañero(a) va a empezar.

 MODELO

Tu COMPAÑERO(A):	La pista para el número 1 horizontal es: "Trabaja en un restaurante."
Tú:	¿Es "camarero"?
Tu COMPAÑERO(A):	¡Sí! ¿Cuál es la pista para el número 1 vertical?

Vertical

1. Lo necesitas para comer la carne.
2. Sirves la hamburguesa en esto.
3. Una bebida de frutas.
4. Un producto lácteo, popular en la pizza y en los sándwiches.
5. Un postre típico de leche, huevos y vainilla.

9. Dos condimentos: ___ y sal.
12. (Inventa una pista original.)
13. (Inventa una pista original.)
15. (Inventa una pista original.)

¡Vamos a hablar! *Capítulo 5*

If you are **Estudiante A,** please turn to page 186.

If you are **Estudiante B,** use the information below.

Estudiante B

Contexto: Tú (**Estudiante B**) y tu compañero(a) (**Estudiante A**) son investigadores privados. Una novia celosa *(jealous)* quiere que Uds. investiguen a Felipe Moreno, su novio. Tu compañero(a) entrevistó a Felipe sobre sus actividades del viernes pasado, el mismo *(same)* día que tú lo seguiste *(tailed him)*. El dibujo representa lo que viste hacer a Felipe. Tu tarea es encontrar discrepancias entre lo que Felipe le dijo a tu compañero(a) y lo que tú viste que hizo. Tomen turnos describiendo las actividades de Felipe y hagan una lista de las actividades que no concuerdan *(don't match)*.

1. Por la mañana...

2. Luego...

3. Por la tarde...

4. Por la noche...

© Cengage Learning

If you are **Estudiante A**, please turn to page 216.

If you are **Estudiante B**, use the information below.

¡Vamos a hablar! *Capítulo 6*

Estudiante B

Contexto: Tú **(Estudiante B)** sabes la ropa que Marta lleva y tienes que descubrir lo que lleva Mario. Tu compañero(a) **(Estudiante A)** sabe la ropa que Mario lleva y tiene que descubrir lo que lleva Marta. Háganse preguntas *(Ask each other questions)* para saber qué ropa llevan Mario y Marta. Tu compañero(a) va a empezar con la primera pregunta: **¿Lleva Marta un vestido rosado?**

© Cengage Learning

¡Vamos a hablar! *Capítulo 7*

If you are **Estudiante A,**
please turn to page 258.

If you are **Estudiante B,** use
the information below.

Estudiante B

Contexto: Tú y tu compañero(a) van a hablar de dos películas. En la primera parte, tu compañero(a) (**Estudiante A**) va a leerte un resumen *(summary)* de una película, y tú (**Estudiante B**) tienes que completar las palabras que faltan *(missing words)*. Después ustedes van a hablar de la película.

En la segunda parte, tú (**Estudiante B**) vas a leerle un resumen de otra película a tu compañero(a), y él/ella (**Estudiante A**) tiene que completar las palabras que faltan.

PRIMERA PARTE

A. El resumen: Era la _____ del año 1946. George Bailey _____ por una crisis. Su tío Billy había perdido los 8000 dólares que _____ que ingresar en el banco. George y Billy _____ el dinero por todas partes pero no lo _____.

George estaba desesperado y no _____ qué hacer. Decidió dar un _____ por el pueblo para pensar en una posible _____. Por fin _____ al río. Profundamente deprimido *(depressed)*, pensaba suicidarse cuando de repente _____ a un anciano caer al agua. George se lanzó al _____ y salvó al anciano.

_____, mientras se secaba la ropa mojada *(wet)*, el anciano le _____ a George que era su _____ de la guarda. El ángel le enseñó a George una _____ alternativa de cómo Bedford Falls habría sido *(would have been)* si George no hubiera nacido *(if he hadn't been born)*.

B. Conversa con tu compañero(a) sobre la película.

- ¿Cómo se llama este drama del distinguido director Frank Capra?
- ¿Has visto esta película?
- ¿Cuál es tu escena favorita?

SEGUNDA PARTE

A. El resumen: Magdalena vivía con su padre en Los Ángeles. Ella tenía casi quince años. Solo pensaba en su fiesta de quinceañera, en el vestido y en la limosina Hummer.

Magdalena tenía un novio y quedó embarazada *(pregnant)*. Su padre era muy estricto y cuando descubrió que su hija estaba embarazada, la echó *(threw her out)* de la casa.

Magdalena se fue a vivir con su tío abuelo Tomás. En la casa de Tomás también vivía su primo Carlos. Los padres de Carlos no lo querían porque tenía tendencias homosexuales. Magdalena, Carlos y Tomás aprendieron a vivir juntos.

B. Conversa con tu compañero(a) sobre la película:

- Esta película se llama *Quinceañera*. ¿A qué se refiere el título?
- ¿Has asistitdo a una fiesta de quince? ¿Cómo fue?
- ¿Te gustaría ver esta película?

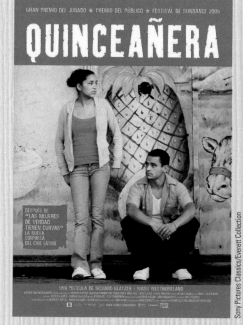

If you are **Estudiante A**, please turn to page 288.

If you are **Estudiante B**, use the information below.

¡Vamos a hablar! *Capítulo 8*

Estudiante B

Contexto: Tú (**Estudiante B**) trabajas en una farmacia en Ecuador. Un(a) turista (**Estudiante A**) está enfermo(a) y te pide consejos. Tú tienes que empezar. Tienes que hacer lo siguiente:

- Saludar al (a la) turista.
- Hacerle preguntas sobre sus síntomas.
- Darle un diagnóstico.
- Darle consejos.
- Apuntar la información.

Síntomas:
- ☐ *Dolor de cabeza*
- ☐ *Dolor de garganta*
- ☐ *Dolor de estómago*
- ☐ *Náuseas*
- ☐ *Diarrea*
- ☐ *Congestión*
- ☐ *Tos*
- ☐ *Fiebre*

Otros síntomas:

Diagnóstico:

Recomendaciones y medicamentos:

¡Vamos a hablar! *Capítulo 9*

If you are **Estudiante A,** please turn to page 328.

If you are **Estudiante B,** use the information below.

Estudiante B

Contexto: Tú (**Estudiante B**) tienes tres dibujos y tu compañero(a) (**Estudiante A**) tiene tres también. Uds. tienen que comparar los dibujos mediante *(through)* descripciones orales y descubrir *(discover)* las diferencias entre los dibujos. Ustedes necesitan describir:

- lo que pasa en el dibujo
- cómo se sienten las personas
- qué piensan las personas de las circunstancias

Tu compañero(a) va a empezar. Escucha y después describe en qué se diferencia tu dibujo.

1.

2.

3.

© Cengage Learning

Appendix B *Regular Verbs*

Simple Tenses

Infinitive	Present Indicative	Imperfect	Preterite	Future	Conditional	Present Subjunctive	Past Subjunctive	Commands
hablar *to speak*	hablo	hablaba	hablé	hablaré	hablaría	hable	hablara	
	hablas	hablabas	hablaste	hablarás	hablarías	hables	hablaras	habla (no hables)
	habla	hablaba	habló	hablará	hablaría	hable	hablara	(no) hable
	hablamos	hablábamos	hablamos	hablaremos	hablaríamos	hablemos	habláramos	hablemos
	habláis	hablabais	hablasteis	hablaréis	hablaríais	habléis	hablarais	hablad (no habléis)
	hablan	hablaban	hablaron	hablarán	hablarían	hablen	hablaran	(no) hablen
aprender *to learn*	aprendo	aprendía	aprendí	aprenderé	aprendería	aprenda	aprendiera	
	aprendes	aprendías	aprendiste	aprenderás	aprenderías	aprendas	aprendieras	aprende (no aprendas)
	aprende	aprendía	aprendió	aprenderá	aprendería	aprenda	aprendiera	(no) aprenda
	aprendemos	aprendíamos	aprendimos	aprenderemos	aprenderíamos	aprendamos	aprendiéramos	aprendamos
	aprendéis	aprendíais	aprendisteis	aprenderéis	aprenderíais	aprendáis	aprendierais	aprended (no aprendáis)
	aprenden	aprendían	aprendieron	aprenderán	aprenderían	aprendan	aprendieran	(no) aprendan
vivir *to live*	vivo	vivía	viví	viviré	viviría	viva	viviera	
	vives	vivías	viviste	vivirás	vivirías	vivas	vivieras	vive (no vivas)
	vive	vivía	vivió	vivirá	viviría	viva	viviera	(no) viva
	vivimos	vivíamos	vivimos	viviremos	viviríamos	vivamos	viviéramos	vivamos
	vivís	vivíais	vivisteis	viviréis	viviríais	viváis	vivierais	vivid (no viváis)
	viven	vivían	vivieron	vivirán	vivirían	vivan	vivieran	(no) vivan

Compound Tenses

Present progressive	estoy estás está estamos estáis están	hablando	aprendiendo	viviendo	
Present perfect indicative	he has ha hemos habéis han	hablado	aprendido	vivido	
Present perfect subjunctive	haya hayas haya hayamos hayáis hayan	hablado	aprendido	vivido	
Past perfect indicative	había habías había habíamos habíais habían	hablado	aprendido	vivido	

Appendix C   Stem-changing Verbs

Infinitive / Present Participle / Past Participle	Present Indicative	Imperfect	Preterite	Future	Conditional	Present Subjunctive	Past Subjunctive	Commands
pensar *to think* **e → ie** pensando pensado	**pienso** **piensas** **piensa** pensamos pensáis **piensan**	pensaba pensabas pensaba pensábamos pensabais pensaban	pensé pensaste pensó pensamos pensasteis pensaron	pensaré pensarás pensará pensaremos pensaréis pensarán	pensaría pensarías pensaría pensaríamos pensaríais pensarían	**piense** **pienses** **piense** pensemos penséis **piensen**	pensara pensaras pensara pensáramos pensarais pensaran	**piensa (no pienses)** **(no) piense** pensemos pensad **(no penséis)** **(no) piensen**
acostarse *to go to bed* **o → ue** acostándose acostado	me **acuesto** te **acuestas** se **acuesta** nos acostamos os acostáis se **acuestan**	me acostaba te acostabas se acostaba nos acostábamos os acostabais se acostaban	me acosté te acostaste se acostó nos acostamos os acostasteis se acostaron	me acostaré te acostarás se acostará nos acostaremos os acostaréis se acostarán	me acostaría te acostarías se acostaría nos acostaríamos os acostaríais se acostarían	me **acueste** te **acuestes** se **acueste** nos acostemos os acostéis se **acuesten**	me acostara te acostaras se acostara nos acostáramos os acostarais se acostaran	**acuéstate (no te acuestes)** **(no) acuéstese** acostémonos **acostaos (no os acostéis)** **(no) acuéstense**
sentir *to be sorry* **e → ie, i** sintiendo sentido	**siento** **sientes** **siente** sentimos sentís **sienten**	sentía sentías sentía sentíamos sentíais sentían	sentí sentiste **sintió** sentimos sentisteis **sintieron**	sentiré sentirás sentirá sentiremos sentiréis sentirán	sentiría sentirías sentiría sentiríamos sentiríais sentirían	**sienta** **sientas** **sienta** **sintamos** **sintáis** **sientan**	**sintiera** **sintieras** **sintiera** **sintiéramos** **sintierais** **sintieran**	**siente (no sientas)** **(no) sienta** sintamos sentid **(no sintáis)** **(no) sientan**
pedir *to ask for* **e → i, i** **pidiendo** pedido	**pido** **pides** **pide** pedimos pedís **piden**	pedía pedías pedía pedíamos pedíais pedían	pedí pediste **pidió** pedimos pedisteis **pidieron**	pediré pedirás pedirá pediremos pediréis pedirán	pediría pedirías pediría pediríamos pediríais pedirían	**pida** **pidas** **pida** **pidamos** **pidáis** **pidan**	**pidiera** **pidieras** **pidiera** **pidiéramos** **pidierais** **pidieran**	**pide (no pidas)** **(no) pida** pidamos pedid **(no pidáis)** **(no) pidan**
dormir *to sleep* **o → ue, u** **durmiendo** dormido	**duermo** **duermes** **duerme** dormimos dormís **duermen**	dormía dormías dormía dormíamos dormíais dormían	dormí dormiste **durmió** dormimos dormisteis **durmieron**	dormiré dormirás dormirá dormiremos dormiréis dormirán	dormiría dormirías dormiría dormiríamos dormiríais dormirían	**duerma** **duermas** **duerma** **durmamos** **durmáis** **duerman**	**durmiera** **durmieras** **durmiera** **durmiéramos** **durmierais** **durmieran**	**duerme (no duermas)** **(no) duerma** durmamos dormid **(no durmáis)** **(no) duerman**

Appendix D Change of Spelling Verbs

Infinitive / Present Participle / Past Participle	Present Indicative	Imperfect	Preterite	Future	Conditional	Present Subjunctive	Past Subjunctive	Commands
comenzar (e → ie) *to begin* **z → c** before e comenzando comenzado	comienzo comienzas comienza comenzamos comenzáis comienzan	comenzaba comenzabas comenzaba comenzábamos comenzabais comenzaban	**comencé** comenzaste comenzó comenzamos comenzasteis comenzaron	comenzaré comenzarás comenzará comenzaremos comenzaréis comenzarán	comenzaría comenzarías comenzaría comenzaríamos comenzaríais comenzarían	**comience** **comiences** **comience** **comencemos** **comencéis** **comiencen**	comenzara comenzaras comenzara comenzáramos comenzarais comenzaran	comienza (**no comiences**) (**no**) **comience** comencemos comenzad (**no comencéis**) (**no**) **comiencen**
conocer *to know* **c → zc** before a, o conociendo conocido	**conozco** conoces conoce conocemos conocéis conocen	conocía conocías conocía conocíamos conocíais conocían	conocí conociste conoció conocimos conocisteis conocieron	conoceré conocerás conocerá conoceremos conoceréis conocerán	conocería conocerías conocería conoceríamos conoceríais conocerían	**conozca** **conozcas** **conozca** **conozcamos** **conozcáis** **conozcan**	conociera conocieras conociera conociéramos conocierais conocieran	conoce (**no conozcas**) (**no**) **conozca** **conozcamos** conoced (**no conozcáis**) (**no**) **conozcan**
construir *to build* **i → y;** **y inserted** before a, e, o construyendo construido	**construyo** **construyes** **construye** construimos construís **construyen**	construía construías construía construíamos construíais construían	construí construiste **construyó** construimos construisteis **construyeron**	construiré construirás construirá construiremos construiréis construirán	construiría construirías construiría construiríamos construiríais construirían	**construya** **construyas** **construya** **construyamos** **construyáis** **construyan**	**construyera** **construyeras** **construyera** **construyéramos** **construyerais** **construyeran**	**construye** (**no construyas**) (**no**) **construya** **construyamos** construid (**no construyáis**) (**no**) **construyan**
leer *to read* **i → y;** **stressed** **i → í** leyendo leído	leo lees lee leemos leéis leen	leía leías leía leíamos leíais leían	leí leíste **leyó** leímos leísteis **leyeron**	leeré leerás leerá leeremos leeréis leerán	leería leerías leería leeríamos leeríais leerían	lea leas lea leamos leáis lean	**leyera** **leyeras** **leyera** **leyéramos** **leyerais** **leyeran**	lee (no leas) (no) lea leamos leed (no leáis) (no) lean

Infinitive Present Participle Past Participle	Present Indicative	Imperfect	Preterite	Future	Conditional	Present Subjunctive	Past Subjunctive	Commands
pagar	pago	pagaba	**pagué**	pagaré	pagaría	**pague**	pagara	
to pay	pagas	pagabas	pagaste	pagarás	pagarías	**pagues**	pagaras	paga (**no pagues**)
g → gu	paga	pagaba	pagó	pagará	pagaría	**pague**	pagara	(**no**) **pague**
before e	pagamos	pagábamos	pagamos	pagaremos	pagaríamos	**paguemos**	pagáramos	**paguemos**
pagando	pagáis	pagabais	pagasteis	pagaréis	pagaríais	**paguéis**	pagarais	pagad (**no paguéis**)
pagado	pagan	pagaban	pagaron	pagarán	pagarían	**paguen**	pagaran	(**no**) **paguen**
seguir	**sigo**	seguía	seguí	seguiré	seguiría	**siga**	siguiera	
(e → i, i)	sigues	seguías	seguiste	seguirás	seguirías	**sigas**	siguieras	sigue (**no sigas**)
to follow	sigue	seguía	siguió	seguirá	seguiría	**siga**	siguiera	(**no**) **siga**
gu → g	seguimos	seguíamos	seguimos	seguiremos	seguiríamos	**sigamos**	siguiéramos	**sigamos**
before a, o	seguís	seguíais	seguisteis	seguiréis	seguiríais	**sigáis**	siguierais	seguid (**no sigáis**)
siguiendo	siguen	seguían	siguieron	seguirán	seguirían	**sigan**	siguieran	(**no**) **sigan**
seguido								
tocar	toco	tocaba	**toqué**	tocaré	tocaría	**toque**	tocara	
to play, touch	tocas	tocabas	tocaste	tocarás	tocarías	**toques**	tocaras	toca (**no toques**)
c → qu	toca	tocaba	tocó	tocará	tocaría	**toque**	tocara	(**no**) **toque**
before e	tocamos	tocábamos	tocamos	tocaremos	tocaríamos	**toquemos**	tocáramos	**toquemos**
tocando	tocáis	tocabais	tocasteis	tocaréis	tocaríais	**toquéis**	tocarais	tocad (**no toquéis**)
tocado	tocan	tocaban	tocaron	tocarán	tocarían	**toquen**	tocaran	(**no**) **toquen**

Appendix E *Irregular Verbs*

Infinitive Present Participle Past Participle	Present Indicative	Imperfect	Preterite	Future	Conditional	Present Subjunctive	Past Subjunctive	Commands
andar *to walk* andando andado	ando andas anda andamos andáis andan	andaba andabas andaba andábamos andabais andaban	**anduve** **anduviste** **anduvo** **anduvimos** **anduvisteis** **anduvieron**	andaré andarás andará andaremos andaréis andarán	andaría andarías andaría andaríamos andaríais andarían	ande andes ande andemos andéis anden	**anduviera** **anduvieras** **anduviera** **anduviéramos** **anduvierais** **anduvieran**	anda (no andes) (no) ande andemos andad (no andéis) (no) anden
*caer *to fall* cayendo caído	**caigo** caes cae caemos caéis caen	caía caías caía caíamos caíais caían	caí caíste **cayó** caímos caísteis **cayeron**	caeré caerás caerá caeremos caeréis caerán	caería caerías caería caeríamos caeríais caerían	**caiga** **caigas** **caiga** **caigamos** **caigáis** **caigan**	cayera cayeras cayera cayéramos cayerais cayeran	cae (no caigas) (no) caiga caigamos caed (no caigáis) (no) caigan
*dar *to give* dando dado	**doy** das da damos dais dan	daba dabas daba dábamos dabais daban	**di** **diste** **dio** **dimos** **disteis** **dieron**	daré darás dará daremos daréis darán	daría darías daría daríamos daríais darían	**dé** des **dé** demos deis den	diera dieras diera diéramos dierais dieran	da (no des) (no) **dé** demos dad (no deis) (no) den
*decir to say, tell diciendo dicho	**digo** **dices** **dice** decimos decís **dicen**	decía decías decía decíamos decíais decían	**dije** **dijiste** **dijo** **dijimos** **dijisteis** **dijeron**	**diré** **dirás** **dirá** **diremos** **diréis** **dirán**	**diría** **dirías** **diría** **diríamos** **diríais** **dirían**	**diga** **digas** **diga** **digamos** **digáis** **digan**	dijera dijeras dijera dijéramos dijerais dijeran	**di** (no digas) (no) diga digamos decid (no digáis) (no) digan
*estar *to be* estando estado	**estoy** **estás** **está** estamos estáis **están**	estaba estabas estaba estábamos estabais estaban	**estuve** **estuviste** **estuvo** **estuvimos** **estuvisteis** **estuvieron**	estaré estarás estará estaremos estaréis estarán	estaría estarías estaría estaríamos estaríais estarían	**esté** **estés** **esté** estemos estéis **estén**	estuviera estuvieras estuviera estuviéramos estuvierais estuvieran	**está** (no **estés**) (no) **esté** estemos estad (no **estéis**) (no) **estén**

*Verbs with irregular *yo* forms in the present indicative

Appendix E Irregular Verbs (continued)

Infinitive / Present Participle / Past Participle	Present Indicative	Imperfect	Preterite	Future	Conditional	Present Subjunctive	Past Subjunctive	Commands
haber *to have* habiendo habido	he has ha [hay] hemos habéis han	había habías había habíamos habíais habían	hube hubiste hubo hubimos hubisteis hubieron	habré habrás habrá habremos habréis habrán	habría habrías habría habríamos habríais habrían	haya hayas haya hayamos hayáis hayan	hubiera hubieras hubiera hubiéramos hubierais hubieran	
*hacer *to make, do* haciendo hecho	hago haces hace hacemos hacéis hacen	hacía hacías hacía hacíamos hacíais hacían	hice hiciste hizo hicimos hicisteis hicieron	haré harás hará haremos haréis harán	haría harías haría haríamos haríais harían	haga hagas haga hagamos hagáis hagan	hiciera hicieras hiciera hiciéramos hicierais hicieran	haz (no hagas) (no) haga hagamos haced (no hagáis) (no) hagan
ir *to go* yendo ido	voy vas va vamos vais van	iba ibas iba íbamos ibais iban	fui fuiste fue fuimos fuisteis fueron	iré irás irá iremos iréis irán	iría irías iría iríamos iríais irían	vaya vayas vaya vayamos vayáis vayan	fuera fueras fuera fuéramos fuerais fueran	ve (no vayas) (no) vaya vayamos id (no vayáis) (no) vayan
*oír *to hear* oyendo oído	oigo oyes oye oímos oís oyen	oía oías oía oíamos oíais oían	oí oíste oyó oímos oísteis oyeron	oiré oirás oirá oiremos oiréis oirán	oiría oirías oiría oiríamos oiríais oirían	oiga oigas oiga oigamos oigáis oigan	oyera oyeras oyera oyéramos oyerais oyeran	oye (no oigas) (no) oiga oigamos oíd (no oigáis) (no) oigan
poder (o → ue) *can, to be able* pudiendo podido	puedo puedes puede podemos podéis pueden	podía podías podía podíamos podíais podían	pude pudiste pudo pudimos pudisteis pudieron	podré podrás podrá podremos podréis podrán	podría podrías podría podríamos podríais podrían	pueda puedas pueda podamos podáis puedan	pudiera pudieras pudiera pudiéramos pudierais pudieran	

*Verbs with irregular *yo* forms in the present indicative

Infinitive / Present Participle / Past Participle	Present Indicative	Imperfect	Preterite	Future	Conditional	Present Subjunctive	Past Subjunctive	Commands
*poner	pongo	ponía	puse	pondré	pondría	ponga	pusiera	
to place, put	pones	ponías	pusiste	pondrás	pondrías	pongas	pusieras	pon (no pongas)
poniendo	pone	ponía	puso	pondrá	pondría	ponga	pusiera	(no) ponga
puesto	ponemos	poníamos	pusimos	pondremos	pondríamos	pongamos	pusiéramos	pongamos
	ponéis	poníais	pusisteis	pondréis	pondríais	pongáis	pusierais	poned (no pongáis)
	ponen	ponían	pusieron	pondrán	pondrían	pongan	pusieran	(no) pongan
querer (e → ie)	quiero	quería	quise	querré	querría	quiera	quisiera	
to want, wish	quieres	querías	quisiste	querrás	querrías	quieras	quisieras	quiere (no quieras)
queriendo	quiere	quería	quiso	querrá	querría	quiera	quisiera	(no) quiera
querido	queremos	queríamos	quisimos	querremos	querríamos	queramos	quisiéramos	queramos
	queréis	queríais	quisisteis	querréis	querríais	queráis	quisierais	quered (no queráis)
	quieren	querían	quisieron	querrán	querrían	quieran	quisieran	(no) quieran
reír	río	reía	reí	reiré	reiría	ría	riera	
to laugh	ríes	reías	reíste	reirás	reirías	rías	rieras	ríe (no rías)
riendo	ríe	reía	rio	reirá	reiría	ría	riera	(no) ría
reído	reímos	reíamos	reímos	reiremos	reiríamos	riamos	riéramos	riamos
	reís	reíais	reísteis	reiréis	reiríais	riáis	rierais	reíd (no riáis)
	ríen	reían	rieron	reirán	reirían	rían	rieran	(no) rían
*saber	sé	sabía	supe	sabré	sabría	sepa	supiera	
to know	sabes	sabías	supiste	sabrás	sabrías	sepas	supieras	sabe (no sepas)
sabiendo	sabe	sabía	supo	sabrá	sabría	sepa	supiera	(no) sepa
sabido	sabemos	sabíamos	supimos	sabremos	sabríamos	sepamos	supiéramos	sepamos
	sabéis	sabíais	supisteis	sabréis	sabríais	sepáis	supierais	sabed (no sepáis)
	saben	sabían	supieron	sabrán	sabrían	sepan	supieran	(no) sepan
*salir	salgo	salía	salí	saldré	saldría	salga	saliera	
to go out	sales	salías	saliste	saldrás	saldrías	salgas	salieras	sal (no salgas)
saliendo	sale	salía	salió	saldrá	saldría	salga	saliera	(no) salga
salido	salimos	salíamos	salimos	saldremos	saldríamos	salgamos	saliéramos	salgamos
	salís	salíais	salisteis	saldréis	saldríais	salgáis	salierais	salid (no salgáis)
	salen	salían	salieron	saldrán	saldrían	salgan	salieran	(no) salgan

*Verbs with irregular yo forms in the present indicative

Infinitive / Present Participle / Past Participle	Present Indicative	Imperfect	Preterite	Future	Conditional	Present Subjunctive	Past Subjunctive	Commands
ser *to be* siendo sido	soy eres es somos sois son	era eras era éramos erais eran	fui fuiste fue fuimos fuisteis fueron	seré serás será seremos seréis serán	sería serías sería seríamos seríais serían	sea seas sea seamos seáis sean	fuera fueras fuera fuéramos fuerais fueran	sé (no seas) (no) sea seamos sed (no seáis) (no) sean
*tener *to have* teniendo tenido	tengo tienes tiene tenemos tenéis tienen	tenía tenías tenía teníamos teníais tenían	tuve tuviste tuvo tuvimos tuvisteis tuvieron	tendré tendrás tendrá tendremos tendréis tendrán	tendría tendrías tendría tendríamos tendríais tendrían	tenga tengas tenga tengamos tengáis tengan	tuviera tuvieras tuviera tuviéramos tuvierais tuvieran	ten (no tengas) (no) tenga tengamos tened (no tengáis) (no) tengan
traer *to bring* trayendo traído	traigo traes trae traemos traéis traen	traía traías traía traíamos traíais traían	traje trajiste trajo trajimos trajisteis trajeron	traeré traerás traerá traeremos traeréis traerán	traería traerías traería traeríamos traeríais traerían	traiga traigas traiga traigamos traigáis traigan	trajera trajeras trajera trajéramos trajerais trajeran	trae (no traigas) (no) traiga traigamos traed (no traigáis) (no) traigan
*venir *to come* viniendo venido	vengo vienes viene venimos venís vienen	venía venías venía veníamos veníais venían	vine viniste vino vinimos vinisteis vinieron	vendré vendrás vendrá vendremos vendréis vendrán	vendría vendrías vendría vendríamos vendríais vendrían	venga vengas venga vengamos vengáis vengan	viniera vinieras viniera viniéramos vinierais vinieran	ven (no vengas) (no) venga vengamos venid (no vengáis) (no) vengan
ver *to see* viendo visto	veo ves ve vemos veis ven	veía veías veía veíamos veíais veían	vi viste vio vimos visteis vieron	veré verás verá veremos veréis verán	vería verías vería veríamos veríais verían	vea veas vea veamos veáis vean	viera vieras viera viéramos vierais vieran	ve (no veas) (no) vea veamos ved (no veáis) (no) vean

*Verbs with irregular *yo* forms in the present indicative

Appendix F *Pronoun Chart*

Subject pronouns

▶ Subject pronouns identify the topic of the sentence, and often indicate who or what is performing an action.

▶ Subject pronouns are generally used in Spanish only for clarification or for emphasis.

▶ The subject pronouns **Ud.** and **Uds.** are often used as a sign of courtesy.

▶ There is no Spanish equivalent for *it* as the subject of a sentence.

I	**yo**	*we*	**nosotros / nosotras**
you	{ **tú** / **usted (Ud.)**	*you (plural)*	{ **vosotros / vosotras** / **ustedes (Uds.)**
he	**él**	*they*	**ellos / ellas**
she	**ella**		
it	**Ø**		

Reflexive pronouns

▶ Reflexive pronouns are used with reflexive verbs such as **despertarse**, **bañarse**, and **divertirse**.

▶ Reflexive pronouns are often translated into English as *myself, yourself, himself,* etc.

▶ Sometimes the reflexive meaning is simply understood, or is expressed in other ways.

▶ The plural reflexive pronouns **nos, os,** and **se** may also be used reciprocally, to mean *each other* or *one another*. (Elena y Marta **se** escriben. *Elena and Marta write to each other.*)

(yo)	**me** lavo	*I wash myself*		(nosotros)	**nos** lavamos	*we wash ourselves*
(tú)	**te** lavas	*you wash yourself*		(vosotros)	**os** laváis	*you wash yourselves*
(Ud.)	**se** lava	*you wash yourself*		(Uds.)	**se** lavan	*you wash yourselves*
(él/ella)	**se** lava	*he/she washes him/herself*		(ellos/ellas)	**se** lavan	*they wash themselves*

Indirect object pronouns

▶ Indirect object pronouns indicate *to whom* or *for whom* something is done. Occasionally, they express the notions *from whom* or *of whom*.

▶ Indirect object pronouns are placed before a conjugated verb, or attached to an infinitive.

▶ Indirect object pronouns are used with the verb **gustar** and with similar verbs such as **encantar**, **importar**, **interesar, parecer.**

▶ **Le** and **les** are often used together with proper nouns or equivalent noun phrases. (**Le** escribí una carta **a mi padre.**)

▶ When used with direct object pronouns, **le** and **les** are replaced by **se.** (**Le** escribí una carta **a mi padre.** → **Se** la escribí ayer.)

to me	**me**	to us	**nos**
to you	{ **te** / **le**	to you (plural)	{ **os** / **les**
to him/her/it	**le**	to/for them	**les**

Direct object pronouns

▶ Direct object pronouns answer the questions *whom* or *what* with respect to the verb. They receive the action of the verb.

▶ Direct object pronouns are placed before a conjugated verb, or attached to an infinitive.

▶ Direct object pronouns are placed **after** any other indirect object pronoun or reflexive pronoun. (¿La falda? Mamá me **la** regaló para mi cumpleaños.)

me	**me**	*us*	**nos**
you	**te** **lo** (masc.) **la** (fem.)	*you* (plural)	**os** **los** (masc.) **las** (fem.)
him, it *her, it*	**lo** **la**	*them*	**los** (masc.) **las** (fem.)

Prepositional pronouns

▶ Prepositional pronouns are used after prepositions such as **de, para, por, con, sin, cerca de,** etc.

▶ After the preposition **con,** you must use certain special forms to express *with me* (**conmigo**) and *with you* (familiar) (**contigo**).

▶ Subject pronouns, rather than prepositional pronouns, are used after the propositions **entre** (*between*), and **según** (*according to*).

mí	**nosotros / nosotras**
ti	**vosotros / vosotras**
usted (Ud.)	**ustedes (Uds.)**
él / ella	**ellos / ellas**

Possessive adjectives

▶ The forms of possessive adjectives look very much like the forms of various kinds of pronouns. These words, however, are always used together with a noun in order to indicate ownership.

▶ Since these words are adjectives, you must make them agree in number (singular / plural) and gender (masculine / feminine) with the nouns that follow them (For example, **nuestras casas**).

my	**mi(s)**	*our*	**nuestro(a) / nuestros(as)**
your	**tu(s)** **su(s)**	*your*	**vuestro(a) / vuestros(as)** **su(s)**
his / her	**su(s)**	*their*	**su(s)**

Appendix G Rules of Accentuation

Written accent marks

In both English and Spanish, a *stressed syllable* is the part of the word that is spoken most loudly and with the greatest force, such as <u>stu</u> - *dent* or *u - ni - <u>ver</u> - si - ty*.

In Spanish, stress generally falls on an easily predictable syllable of the word. Words that *do not* follow these patterns must carry a *written accent mark,* known as **un acento ortográfico** or **una tilde.**

1. Words that end in a consonant other than **-n** or **-s** are stressed on the last syllable. Words that follow this rule do not need a written accent mark:

   co - **mer**
   re - **loj**
   ge - ne - **ral**
   Ba - da - **joz**
   ciu - **dad**

   Words that *do not* follow this rule need a written accent mark on the stressed syllable:

   ár - bol
   Rod - **rí** - guez

2. Words that end in a vowel or in the consonants **-n** or **-s** are stressed on the second-to-last syllable. Most words follow this rule, and therefore do not need a written accent mark:

   ca - sa
   tra - **ba** - jo
   e - le - **fan** - tes
   vi - ven

   Words that *do not* follow this pattern carry a written accent mark on the stressed syllable:

   me - **nú**
   Á - fri - ca
   Ni - co - **lás**
   al - **bón** - di - gas *(meatballs)*
   na - **ción**

3. In order to apply the previous rule correctly, keep in mind these special vowel combinations:

   - In general, one syllable is formed when the "weak" vowels **i** or **u** are next to the "strong" vowels **a, e,** or **o.** In the following cases, for example, the stress falls on the second-to-last syllable and no written accent mark is needed.

     gra - cias
     bue - no

     A written accent mark is used, however, when the stress falls on the **i** or **u** and the vowels are divided into two syllables:

     dí - a
     ra - **íz** *(root)*
     grú - a *(crane)*

- The combination of two "strong" vowels—**a, e, o**—is generally divided into two syllables. In the following cases, for example, the stress falls naturally on the second-to-last syllable, and no written accent mark is needed:

  mu - **se** - o
  ma - **es** - tro

4. Written accent marks are occasionally used to distinguish two words that are spelled exactly alike but have different meanings:

Without the written accent		With the written accent	
te	*to you*	**té**	*tea*
mi	*my*	**mí**	*me* (prepositional pronoun)
el	*the*	**él**	*he*
tu	*your*	**tú**	*you*

Capítulo 1: ¡Sabelotodo! – Soluciones

	Paso preliminar	Información básica	La familia y los amigos	El tiempo libre	Los verbos y las preguntas	Puerto Rico
$10	calendario: masculino; mochila: femenino	*Any three:* Hola, Buenos días, Buenas tardes, Buenas noches, ¿Qué tal?	**vecino:** *neighbor;* **novio:** *boyfriend, fiancé*	*Any four:* el fútbol, el fútbol americano, el tenis, el básquetbol, el golf, el béisbol, etc.	**ir:** voy; **ser:** soy; **estar:** estoy	San Juan
$25	estudiantes; profesores	con un(a) compañero(a) de clase: **tú;** con tu profesor(a): **Ud.**	*Any six:* el padre, la madre, el hermano, la hermana, el tío, la tía, el hijo, la hija, el esposo, la esposa, el abuelo, la abuela, etc.	Yo <u>escucho/ toco</u> música. Tú <u>vas</u> de compras.	*Who?:* ¿Quién? *When?:* ¿Cuándo? *Why?:* ¿Por qué?	Roberto Clemente
$50	diez, veinte, treinta, cuarenta, cincuenta, sesenta, setenta, ochenta, noventa, cien	ocho-cero-tres-cinco-cuarenta y cinco- noventa y tres-dieciséis	nuestra familia; sus hermanas; el padre de María	**patinar:** me gusta **deportes:** me gustan	yo paso, tú pasas, él pasa, nosotros pasamos, (vosotros pasáis), ellos pasan	el kayaking y el snorkeling
$75	Tengo una pregunta.	¿De dónde eres?; ¿En qué año (de estudios) estás?	**Juan:** Mi amigo se llama/es Juan. **Puerto Rico:** (Él/Juan) Es de Puerto Rico. **19 años:** (Él/Juan) Tiene diecinueve años.	Nosotros <u>montamos</u> en bicicleta. Ellos <u>patinan</u> sobre hielo.	**leer:** yo leo, tú lees, él lee, nosotros leemos, (vosotros leéis), ellos leen. **escribir:** yo escribo, tú escribes, él escribe, nosotros escribimos, (vosotros escribís), ellos escriben	taína, española, africana
$100	*Any ten:* un bolígrafo, un calendario, una computadora, un cuaderno, un diccionario, un lápiz, un libro, una luz, una mesa, una mochila, una pizarra, una puerta, un pupitre, un reloj, una silla, un teléfono celular, una tiza, una ventana, etc.	Su apellido es _____. Se escribe _____. *(Check for correct name and spelling with Spanish alphabet.)*	*Samples:* Mi familia y mis hermanos comen juntos. Mis padres miran televisión.	*never:* **nunca;** *often:* **a menudo/con frecuencia;** *sometimes:* **a veces**	¿A tus padres les gusta bailar?	Borinquen

Capítulo 2: ¡Sabelotodo! – Soluciones

	Vocabulario esencial	La hora y los horarios	Los viajes	Los verbos	México
$10	lunes, martes, miércoles, jueves, viernes, sábado, domingo	¿Qué hora es?	*Any three:* el avión, el tren, el autobús, el taxi, el automóvil, el barco *(boat)*, la bicicleta, la motocicleta, etcétera	yo prefiero, tú prefieres, él prefiere, nosotros preferimos, (vosotros preferís), ellos prefieren	Distrito Federal
$25	enero, febrero, marzo, abril, mayo, junio, julio, agosto, septiembre, octubre, noviembre, diciembre	Es la una y diez de la tarde.	*Your first and last names, please.*	**hacer:** yo hago; **poner:** yo pongo; **salir:** yo salgo	Barranca del Cobre
$50	primero, segundo, tercero, cuarto, quinto	Son las nueve menos cuarto/ quince de la noche. (*Or:* Son las ocho y cuarenta y cinco de la noche.)	¿Conoce Ud. un buen restaurante típico? / ¿Qué restaurante me recomienda? *or similar response*	*I plan to . . .:* Pienso… *I'd like to . . .:* Me gustaría…	más de veinte millones / aproximadamente veinte millones
$75	Hoy es el *(day)* de *(month)* de dos mil (+ *last two numbers for this year*).	*It's midnight.:* Es medianonoche. *It's noon.:* Es mediodía.	*I want a room for two people for three nights.:* Quiero una habitación/ un cuarto para dos personas por tres noches.	*to know a person:* conocer; *to be familiar with a place:* conocer	Teotihuacan
$100	un millón quinientos sesenta y dos mil setecientos quince	Son las quince horas (15 h).	*How much does the package/excursion cost?:* ¿Cuánto cuesta la excursión/ el paquete? *What is included?:* ¿Qué está incluido?/¿Qué incluye?	**decir:** yo digo, nosotros decimos; **dormir:** yo duermo, nosotros dormimos; **pedir:** yo pido, nosotros pedimos	la Revolución Mexicana; Emiliano Zapata

Capítulo 3: ¡Sabelotodo! – Soluciones

	La familia, la descripción y la comparación	La casa, los muebles y los quehaceres domésticos	La rutina y los verbos reflexivos	*Ser* y *estar*	Venezuela
$50	*Any four:* los perros, los gatos, los pájaros, los peces (tropicales), los hámsters, etc.	*Any four:* la cocina, la sala, el comedor, el dormitorio, el baño, la sala de estar, el cuarto multiuso, etc.	yo me baño, tú te bañas, él se baña, nosotros nos bañamos, (vosotros os bañáis), ellos se bañan	**ser:** yo soy, tú eres, él es, nosotros somos, (vosotros sois), ellos son **estar:** yo estoy, tú estás, él está, nosotros estamos, (vosotros estáis), ellos están	Caracas
$100	mis primos; mi sobrina	*Any four:* lavar los platos, lavar la ropa, hacer las camas, poner la mesa, limpiar el baño *(or other room)*, darles de comer a los perros, cocinar	¿A qué hora <u>te despiertas</u> tú por la mañana?	Mis amigos y yo <u>somos</u> estudiantes en la universidad.	el Salto del Ángel
$150	perezoso: <u>trabajador</u>; gordo: <u>delgado/flaco</u>; guapo: <u>feo</u>; joven: <u>viejo/mayor</u>	*every day:* <u>todos los días</u>; *often:* <u>a menudo/ con frecuencia</u>; *sometimes:* <u>a veces</u>; *never:* <u>nunca</u>	<u>Me levanto</u> temprano; <u>me ducho</u> y <u>me visto</u> rápidamente.	Mis amigos <u>son</u> de Venezuela. Ahora <u>están</u> en los Estados Unidos.	*Any one answer:* Luchó por la independencia. Fue el primer presidente.
$200	Juan <u>es</u> bajo; <u>tiene</u> pelo rubio; <u>lleva</u> anteojos; no <u>tiene/ lleva</u> barba.	encima de: <u>debajo de</u>; a la izquierda de: <u>a la derecha de</u>; delante de: <u>detrás de</u>	Juan <u>se lava</u> los dientes y <u>se pone</u> colonia antes de salir.	Su casa <u>es</u> grande y moderna pero <u>está</u> muy sucia. <u>Está</u> lejos de la uni.	el petróleo; La Organización de Países Exportadores de Petróleo
$250	Lucía es tan alta como Rosa, pero Paco es el más alto de la familia.	*Any six:* la mesa, las sillas, el sofá, el sillón, la lámpara, la cama, la cómoda, el estante para libros, etc.; *Any two:* el horno, el refrigerador, la estufa, el microondas	Mi compañero(a) de cuarto y yo nos divertimos en el gimnasio.	¿Cómo es tu novio? → <u>La pregunta es sobre las características del novio: alto, simpático, etc.</u> ¿Cómo está tu novio? → <u>La pregunta es sobre su estado.</u> En inglés: *What is your boyfriend like? vs How is your boyfriend feeling?*	*Any three:* Tienen forma rectangular. Los cuartos están alrededor de un patio. Las paredes son de estuco. Las ventanas tienen rejas (de hierro).

Capítulo 4: ¡Sabelotodo! – Soluciones

	Las comidas	En el restaurante	En el mercado	Los complementos	Perú
$50	*Any three:* la leche, el jugo, el café, el té, el refresco/la gaseosa, el vino, la cerveza, etc.	*Is the tip included?*	*Do you need anything else?*	hamburguesas	Lima
$100	el desayuno, el almuerzo, la cena	La cuenta, por favor.	¿Cuánto le debo?	me	la papa/la patata
$150	*Any four:* la langosta, los camarones, el bistec, el pescado, el pollo, las chuletas de cerdo, el jamón, la hamburguesa, etc.	la cuchara; el cuchillo y el tenedor	*Any six:* las naranjas, las bananas, los plátanos, las fresas, el melón, la sandía, la piña, los melocotones/los duraznos, las peras, las uvas	**La** prefiero con carne/vegetales.	Titicaca
$200	*Any five:* el brócoli, la lechuga, el tomate, los espárragos, las zanahorias, el maíz, la papa/la patata, etc.	De plato principal, quiero/deseo/voy a probar/quisiera (+ *name of a main dish in Spanish*). Para beber, quiero/deseo/quisiera (+ *name of a beverage*).	¿Me puede dar un kilo de manzanas? / Quiero un kilo de manzanas.	**Nos** recomienda la sopa/la ensalada.	los chinos; los chifas
$250	*Any eight:* el aderezo, la mayonesa, la sal, la pimienta, el azúcar, la torta/el pastel, el flan, el helado, las galletas, los churros, etc.	¿Me puede traer (unos cubitos de) hielo?	una <u>barra</u> de pan; una <u>bolsa</u> de arroz; una <u>docena</u> de huevos	Sí, **se la** doy. / No, no **se la** doy.	Machu Picchu; los incas

Capítulo 5: ¡Sabelotodo! – Soluciones

	Clases y opiniones	Profesiones y planes	En la universidad	El pretérito	Pasado, presente y futuro	Argentina
$50	¿Cuál es tu carrera? *May also accept:* ¿Cuál es tu especialización? / ¿En qué te especializas?	No estoy seguro(a) todavía.	*I plan to graduate around the beginning of May.*	**trabajar:** trabajé, trabajaste, trabajó, trabajamos, trabajasteis, trabajaron **comer:** comí, comiste, comió, comimos, comisteis, comieron	**Ayer:** el pasado; **hace dos años:** el pasado; **la próxima semana:** el futuro	Buenos Aires
$100	A Paco <u>le encanta</u> (encantar) el cálculo.	*I'd like to do graduate work.*	¿A qué hora termina tu última clase?	**ir:** fui, fuiste, fue, fuimos, fuisteis, fueron **ser:** fui, fuiste, fue, fuimos, fuisteis, fueron	*last year:* el año pasado; *next year:* el próximo año / el año que viene	equipo médico
$150	*My chemistry professor is very demanding and picky.*	Quiero ser (+*profession, such as* dentista, maestro, *etc.*).	<u>Antes de</u> vestirme, me duché. <u>Después de</u> estudiar, me acosté.	**hice:** hacer; **puse:** poner; **supe:** saber; **quise:** querer	a. La semana pasada yo <u>estudié</u> física. b. Por lo general yo <u>estudio</u> dos horas todos los días.	El mate es un tipo de té (o una infusión de agua y hojas de la planta yerba mate).
$200	*Any four:* la antropología, la sociología, la psicología, las ciencias políticas, la historia, la geografía, etc.	*Any three:* el médico, el enfermero, el dentista, el veterinario, el psicólogo	<u>hacer</u> una excursión; <u>recolectar</u> datos para los proyectos	El profesor <u>dio</u> una presentación y nosotros <u>tomamos</u> apuntes.	Espero ir. *I hope to go.* / Pienso ir. *I plan to go.* / Quiero ir. *I want to go.*	Cristina Fernández (de Kirchner)

Capítulo 6: ¡Sabelotodo! – Soluciones

	De compras en un gran almacén	En un mercado de artesanías	Los verbos como *gustar*	*Por* y *para*; las expresiones indefinidas y negativas	España
$100	3er piso = tercer piso; 5° piso = quinto piso; 8° piso = octavo piso	*a gold necklace; some silver earrings*	*to care about* = importar; *to be interested in* = interesar; *to be missing or lacking* = faltar	nadie: **alguien;** ninguno: **alguno**	La capital es Madrid; está en el centro de la península.
$200	*Any six colors:* rojo, anaranjado, amarillo, verde, azul, morado, marrón, blanco, negro, gris *And one pattern:* de rayas, con lunares, de cuadros, estampado	*Any five:* una gorra, una guayabera, un sarape, un plato de cerámica, unas maracas, una piñata, un abanico, una boina, una billetera, un bolso, una mantilla, unas castañuelas, etc.	Me **encanta** su estilo. Me **encantan** tus zapatos. Me **encanta** ir de compras.	Voy a la tienda **para** comprar un regalo **para** mi mamá.	diseñadora (de ropa)
$300	*Any ten items (with* **el/la/ los/las***):* el traje, la camisa, los pantalones, la corbata, el cinturón, el vestido, la falda, la blusa, los pantalones cortos, los vaqueros, la sudadera, etcétera.	¿Cuánto cuesta el (ese) brazalete? *Or* ¿Cuánto es el (ese) brazalete?	A mi padre **le** interesa; A mi amigo y a mí **nos** interesa; A mis amigos **les** interesa.	No hay **ningún** mercado **por** aquí.	el aceite de oliva y el vino
$400	*¿Qué desea?* Estoy buscando… [*item*]. *¿De qué color?:* Prefiero/ Quiero… (color). / No me importa el color. *¿Qué talla lleva Ud.?:* Llevo la talla (pequeña/mediana/ grande).	¡Es muy caro! ¿Me puede…. **hacer un descuento**?	Los pantalones me parecen **bonitos** pero la blusa me parece **fea**.	No, no voy a comprar nada.	los nacionalistas y los republicanos
$500	Quiero probarme esta chaqueta. ¿Dónde está el probador?	Me la llevo.	Esa chaqueta me queda (muy) pequeña.	Estuve en el centro comercial **por** dos horas. Compré un cinturón **por** $20. **Por** fin, volví a casa.	el catalán, el gallego, el euskera (el vasco)

	Las invitaciones y las diversiones	Las estaciones y el tiempo	Las celebraciones y las tradiciones	Los cuentos; el imperfecto y el pretérito	Costa Rica
$100	**Para aceptar** *(any one):* ¡Me encantaría! / ¡Cómo no! / ¡Qué buena idea! **Para declinar:** Lo siento, pero tengo que… / Gracias, pero no puedo.	la estación de lluvia, la estación seca	la Noche Vieja; el Año Nuevo	**jugar:** jugaba, jugabas, jugaba, jugábamos, jugabais, jugaban **comer:** comía, comías, comía, comíamos, comíais, comían	San José
$200	*Any four logical activities, such as:* bucear en el mar, tomar el sol, nadar, esquiar, pasear en barco de vela, jugar al vóleibol, correr.	En los Estados Unidos: el invierno En Argentina: el verano	(1) el Día de la Independencia; (2) la Jánuca	**ir:** fuimos **celebrar:** celebramos **salir:** salimos **hacer:** hicimos **tener:** tuvimos	Arenal
$300	Me divertí (mucho). / Lo pasé (muy) bien.	Hace calor; Está despejado.	El 14 de febrero; *Any logical activity, such as:* regalar flores o chocolates, comer en un restaurante, brindar con champaña.	Cuando yo <u>era</u> niño, mi familia y yo <u>íbamos</u> al campo todos los años.	La carreta; se usaba para transportar café.
$400	*Any two logical questions, such as:* ¿Qué película dan? / ¿A qué hora empieza? / ¿Cuánto cuestan los boletos? / ¿Dónde nos encontramos?	¿Cuál es el pronóstico para mañana? / ¿Qué tiempo va a hacer mañana?	Para celebrar la <u>Navidad</u>, mi familia y yo <u>decoramos</u> un árbol y <u>cantamos</u> villancicos.	¡No me digas! ¿Cuándo ocurrió/pasó?	La abolición del ejército / El presidente disolvió el ejército.
$500	El fin de semana pasado, yo <u>monté</u> a caballo, <u>hice</u> caminatas y <u>fui</u> de caza.	*Any three logical statements describing today's weather, such as:* Hace frío/ calor/fresco. Hace sol/viento. Está nublado/ despejado. Está lloviendo/ nevando.	*Any two logical activities for each:* La Noche de las Brujas: pedir dulces, llevar disfraz. El Día de Acción de Gracias: reunirse con la familia, comer pavo, comer pastel de calabaza, mirar partidos de fútbol americano.	Elena <u>fue</u> a las montañas el fin de semana pasado. Mientras ella <u>acampaba</u>, <u>empezó</u> a nevar.	En septiembre, las tortugas llegan a la costa pacífica de Costa Rica para depositar huevos.

Capítulo 8: ¡Sabelotodo! – Soluciones

	Las diligencias y las instrucciones	Los mandatos formales	Las partes del cuerpo y en el consultorio médico	El presente del subjuntivo	Ecuador
$100	*Is it in walking distance? / Can you walk there?*	(b) Caminen cien metros.	*Any 8 parts of the body except for* **pies, espalda, cabeza, muñeca:** el ojo, la oreja, el oído, la lengua, la nariz, la boca, la garganta, el cuello, el corazón, el pulmón, el pecho, la pierna, el brazo, la mano, etc.	(b) para hacer recomendaciones	Quito
$250	(1) en el correo (2) en el banco (3) en la farmacia	**visitar:** visite, visiten **comer:** coma, coman	(1) Me <u>duelen</u> los pies. (2) A mis padres les <u>duele</u> la espalda.	Es importante <u>que</u> Ud. descanse en casa.	50%
$500	(1) detrás de (2) a la derecha de (3) lejos	**hacer:** haga, hagan **volver:** vuelva, vuelvan	Yo <u>estoy/me siento</u> mal; <u>tengo</u> fiebre y dolor de cabeza.	(1) Ud. <u>beba</u> (2) Uds. <u>beban</u> (3) tú <u>bebas</u>	la Mitad del Mundo; el hemisferio norte y el hemisferio sur
$750	¿Cómo se va a…? *OR* ¿Hay un/una ___ por aquí? *OR* Por favor, ¿dónde está el/la ___?	**ser:** sea, sean **estar:** esté, estén **dar:** dé, den	(1) el jarabe (2) los antibióticos (3) un yeso	(1) Yo <u>le</u> recomiendo que Ud. <u>tome</u> estas pastillas. (2) Yo <u>te</u> recomiendo que tú <u>tomes</u> estas pastillas.	las islas Galápagos; las tortugas
$1000	Vaya a la esquina, doble a la izquierda y siga derecho por tres cuadras.	Tome estas pastillas y guarde cama.	*Any two logical sentences, such as:* Me duele el estómago. Tengo náuseas/ vómitos/ diarrea.	*Any logical and grammatically correct response, such as:* Te recomiendo que descanses. / Es importante que bebas jugo de naranja.	Francisco de Orellana

Capítulo 9: ¡Sabelotodo! – Soluciones

	Las vicisitudes	Los grandes momentos de la vida	Cuéntame de tu vida	El presente del subjuntivo	Chile
$100	(c) Mi compañero y yo nos llevamos bien.	(a) *I'm excited.* (b) *I'm proud.* (c) *I'm depressed.*	*What's new?*	**ser:** sean **ir:** vayan **estar:** estén	Santiago
$200	*I have to turn in a paper tomorrow.*	(a) Mi hermana está **embarazada**; el bebé va a nacer en junio. (b) Mi hermano y su novia rompieron su **compromiso** porque ella salió con otro chico.	**Acabo** de tener una entrevista para una beca.	**acostarse:** me acueste; nos acostemos **entender:** entienda; entendamos	el esquí y el snowboard
$300	(a) Debes dormir ocho horas **diarias**. (b) Tienes que comer comidas **balanceadas**.	(a) graduarse (b) morir(se)	(a) Todo se va a arreglar.	(a) presente del indicativo (b) presente del subjuntivo (c) presente del subjuntivo	Michelle Bachelet
$400	Paco, los cigarrillos son malos para tu salud. Es importante que tú **dejes** de fumar.	*Accept any logical reaction from each group.* **Buenas noticias:** ¡Cuánto me alegro! / ¡Qué buena noticia! / ¡Estupendo! / ¡Qué bueno! **Malas noticias:** ¡Cuánto lo siento! / ¡Qué pena! / ¡Lo siento mucho!	(a) certeza (b) duda (c) duda	(a) *I advise you . . .* (b) *I suggest that . . .* (c) *I prohibit you . . . / I forbid you . . .*	Chile es un líder global en la exportación de **vino(s)** y también exporta muchas **frutas** y **verduras/ vegetales**.
$500	*Accept any logical response with the verbs in infinitive form:* Tienes que **dejar de posponer las cosas / organizarte mejor**.	Me sorprende que (ellos) se casen.	Creo que ellos me **van** a dar el trabajo pero dudo que ellos me **paguen** mucho.	(a) Esperamos que… (b) Es triste que… (c) Me preocupa que…	Es un desierto. Está en el norte de Chile.

Vocabulario

The meanings provided in this glossary are limited to those used in the contexts of this textbook. Genders of nouns are given only if they are an exception to the -o and -a endings. The number of the chapter where the vocabulary word or expression first appears is indicated in parentheses after the definition. Spelling changes in stem-changing verbs are indicated in parentheses after the verb given, where appropriate.

The following abbreviations are used in this glossary:

adj.	adjective	**m.**	masculine
conj.	conjunction	**n.**	noun
f.	feminine	**PP**	paso preliminar
form.	formal	**pl.**	plural
inf.	infinitive	**sing.**	singular
inform.	informal	**v.**	verb

A

a *prep. at, to*
  a finales de *at the end of (5)*
  a la derecha *to the right (3)*
  a la izquierda *to the left (3)*
  a la parrilla *grilled (4)*
  a menudo *often, frequently (1)*
  ¿a qué hora? *at what time? (1)*
  a veces *sometimes (3)*
abanico *fan (6)*
abierto(a) *open (2)*
abogado(a) *lawyer (5)*
abrigo *coat (6)*
abril *April (2)*
abrir *to open (PP)*
abuela *grandmother (1)*
abuelo *grandfather (1)*
abuelos *grandparents (1)*
acabar de (+ inf.) *to have just (done something) (9)*
acampar *to go camping (7)*
aceptar *to accept (6)*
aconsejar *to advise (9)*
acontecimiento *event (9)*
acostarse (ue) *to go to bed (3)*
acostumbrar (a) *to be accustomed (to) (7)*
actividad *(f.) activity (1)*
aderezo *salad dressing (4)*
¿adónde? *to where? (1)*
aeropuerto *airport (8)*
afeitarse *to shave (3)*
agencia de viajes *travel agency (2)*
agente de bienes raíces *(m., f.) real estate agent (5)*
agosto *August (2)*
agotado(a) *exhausted (9)*
agricultor(a) *farmer (5)*

agua *(f.)* **de la llave** *tap water*
ajetreado(a) *hectic (3)*
ají picante *(m.) chili pepper*
ajustado(a) *tight-fitting (6)*
alegrar *to make happy (9)*
alegrarse *to be happy (9)*
alfombra *rug (3)*
álgebra *algebra (5)*
algo *anything, something (1)*
algodón *(m.) cotton*
alimentarse *to eat, nourish oneself*
allí mismo *right there (8)*
almacén *(m.) department store (6)*
  gran almacén *department store (6)*
almorzar (ue) *to eat lunch (4)*
almuerzo *(n.) lunch (4)*
alojamiento *lodging (5)*
alquilar *to rent (3)*
alto(a) *tall (3)*
ama de casa *homemaker (5)*
amable *friendly (3)*
amarillo(a) *yellow (6)*
amigo(a) *friend (3)*
amueblado(a) *furnished (3)*
análisis *(m.) analysis (8)*
anaranjado(a) *orange (color) (6)*
anfitrión (anfitriona) *host (hostess)*
anillo *ring (6)*
anteojos *eyeglasses (3)*
antes (de) *before (3)*
antibiótico *antibiotic (8)*
antipático(a) *unpleasant (3)*
antropología *anthropology (5)*
año *year (2)*
  año pasado *last year (5)*
  el próximo año *next year (5)*

apagar *to put out (7)*
apartamento *apartment (1)*
aparte de *aside from*
apellido *surname, last name (1)*
aplicarse *to apply, put on oneself (8)*
aprender *to learn (1)*
aprobar (ue) *to pass the basic courses (5)*
aprobarse (ue) *to be approved*
apuntes *(m.) notes (5)*
aquellos(as) *those*
árbol *(m.) tree (7)*
arena *sand*
arete *(m.) earring*
arma *weapon*
arreglarse *to fix oneself up, get ready (3)*
arroz *(m.) rice (4)*
arte *(m.) art (5)*
artesanía *arts and crafts, handicraft (6)*
asado(a) *roasted (4)*
asignatura *subject (5)*
asistir a *to attend (1)*
aspirina *aspirin (8)*
atropellar *run over*
aunque *even, even though (3); although*
autobús *(m.) bus (2)*
  parada de autobuses *bus stop (8)*
avenida *avenue (8)*
avión *(m.) airplane (2)*
ayer *yesterday (5)*
ayuda *(n.) help (9)*
ayudar *to help (3)*
azúcar *(m.) sugar (4)*
azul *blue (6)*
  azul marino *navy blue (6)*

B

bailar *to dance (1)*
bajo(a) *short (3)*
balanceado(a) *balanced (9)*
banana *banana (4)*
banco *bank (2)*
bañarse *to take a bath (3)*
bañera *bathtub (3)*
baño *bath(room) (2)*
barato(a) *cheap, inexpensive (6)*
barba *beard (3)*
barco *boat*
　barco de vela *sailboat (7)*
barra (de pan) *loaf (of bread) (4)*
bastante *quite (8)*
bebé *(m., f.)* *baby (9)*
beber *to drink (4)*
beca *scholarship (9)*

beige *beige (6)*
bellas artes *fine arts (5)*
bendecir *to bless*
bendición *(f.)* *blessing*
biblioteca *library (1)*
bien *(adv.)* *well, fine (1)*
bistec *(m.)* *beef (4)*
bigote *(m.)* *moustache (3)*
boleto *(m.)* *ticket (2)*
billetera *wallet (6)*
biología *biology (5)*
blanco(a) *white (6)*
blusa *blouse (6)*
boca *mouth (8)*
boda *wedding (9)*
boina *beret (6)*
boleto *ticket (2)*

bolígrafo *pen (PP)*
bolsa *bag (4)*
bolso de cuero *leather purse (6)*
bordado(a) *embroidered*
borrador *(m.)* *eraser (PP)*
bosque *(m.)* *forest (2)*
bota *boot (6)*
botella *bottle (4)*
brazalete de plata *(m.)* *silver bracelet (6)*
brazo *arm (8)*
brevemente *briefly*
brindar *to toast, make a toast (7)*
brócoli *(m.)* *broccoli (4)*
bucear *to dive, snorkel (7)*
bueno(a) *good (3)*
buscar *to look for (6)*

C

caballo *horse*
　montar a caballo *to go horseback riding (7)*
cabeza *head (8)*
cacique *(m.)* *leader*
cadena de oro *gold necklace (6)*
caerse *to fall down (5)*
calcetín *(m.)* *sock (6)*
cálculo *calculus (5)*
calendario *calendar (PP)*
caliente *hot*
calle *(f.)* *street (1)*
calor *heat*
　hace calor *it's warm (7)*
　tener calor *to be hot (1)*
calvo(a) *bald (3)*
calzar *to wear, take (shoe size)*
cama *bed (2)*
　hacer la cama *to make the bed (3)*
camarero(a) *waiter (waitress) (4)*
camarón *(m.)* *shrimp (4)*
cambiar *to change; to exchange (8)*
caminar *to walk (8)*
caminata: hacer caminatas *to go hiking (7)*
camisa *shirt (6)*
camiseta *T-shirt (6)*
campo *country(side) (7)*
canción *(f.)* *song (1)*
candelabro *Menorah, candelabra (7)*
canela *cinnamon*
canoso(a) *gray-haired (3)*
cansado(a) *tired (1)*
cantante *(m., f.)* *singer*
cantar *to sing (7)*
cara *face (3)*
　lavarse la cara *to wash one's face (3)*
carácter *(m.)* *character, personality (3)*
caraqueño(a) *resident of Caracas*
cariñoso(a) *affectionate (3)*
caro(a) *expensive (6)*
carrera *major (field of study) (5); race (3)*
　carrera de auto *auto racing*
carta *letter (8); menu (4)*
cartas *(playing) cards (7)*

cartel *(m.)* *poster (PP)*
casa *house (1)*
casado(a) *married (1)*
casamiento *marriage*
casarse *to get married (9)*
casi nunca *hardly ever (1)*
castaño(a) *chestnut (color), brown (3)*
castañuelas *castanets (6)*
catarro *cold (8)*
catedral *(f.)* *cathedral (8)*
catorce *fourteen (PP)*
cazar *to hunt*
celebración *(f.)* *celebration (7)*
celebrar *to celebrate (7)*
cena *supper, dinner (4)*
cenar *to eat supper (3)*
cerca *near (by) (8)*
　cerca (de) *close to (1)*
cereal *cereal (4)*
cero *zero (PP)*
cerrado(a) *closed (2)*
cerrar (ie) *to close (2)*
cerveza *beer (4)*
césped *(m.)* *lawn*
champaña *champagne (7)*
chaqueta *jacket (6)*
cheque de viajero *(m.)* *traveler's check (2)*
chico(a) *boy (girl) (3)*
chocar contra *to run into*
chocolate *(m.)* *chocolate (4)*
chuleta de cerdo *pork chop (4)*
churro *fritter (4)*
cien *one hundred (2)*
cien mil *one-hundred thousand (2)*
ciencias naturales *natural sciences (5)*
ciencias políticas *political sciences (5)*
ciencias sociales *social sciences (5)*
ciento uno *one hundred one (2)*
cierto(a) *true, certain (9)*
cinco *five (PP)*
cinco mil *five thousand (PP)*
cincuenta *fifty (1)*
cine *(m.)* *cinema, movie theater (7)*
cinematografía *film-making (5)*

cinturón *(m.)* *belt (6)*
cita *(n.)* *date (9)*
ciudad *(f.)* *city (2)*
cliente *(m., f.)* *customer, client*
clínica *clinic (8)*
clóset *(m.)* *closet (3)*
coche *(m.)* *car (2)*
cocina *kitchen (3)*
cocinar *to cook (3)*
codo *elbow (8)*
colegio *elementary school, high school (1)*
collar *(m.)* *necklace (6)*
color *(m.)* *color (6)*
　color crema *cream color (6)*
　color miel *honey color, hazel (colored)*
comedor *(m.)* *dining room (3)*
comer *to eat (1)*
　dar de comer *to feed (3)*
comida *food, meal (4)*
　comida rápida *fast food*
comisaría *police station (8)*
¿cómo? *how? (1)*
cómoda *bureau (3)*
cómodo(a) *comfortable (6)*
compañero(a) *partner (PP); date, escort (9)*
　compañero(a) de clase *classmate (1)*
　compañero(a) de cuarto *roommate (3)*
compañía *company (1)*
　compañía multinacional *multinational company (5)*
compartir *to share (4)*
completo(a) *complete; full (2)*
comprar *to buy (3)*
comprender *to understand (1)*
comprensivo(a) *comprehensive*
comprometerse *to get engaged (9)*
compromiso *engagement (to be married) (9)*
computadora *computer (PP)*
con *with (1)*
　con frecuencia *frequently, often (3)*
　con lunares *polka-dotted (6)*
concierto *concert (7)*
conferencia *(n.)* *lecture (5)*
conjunto *(musical) group (7)*

conmigo *with me*

conocer *to know (a person) (2), to be introduced to, meet (7)*

conocido(a) *known*

conseguir (i) *to get, obtain (5)*

consejero(a) *counselor (5)*

consejo *advice (9)*

consultor(a) *consultant (5)*

contador(a) *accountant (5)*

contar (ue) *to tell (a story) (7)*

contento: estar contento(a) *to be happy (1)*

contestar *to answer (1)*

convenir (ie) *to be helpful*

convertirse (ie) *to become*

copa *glass (4)*

    copa de vino *glass of wine (4)*

corazón *(m.)* *heart (8)*

corbata *necktie (6)*

cordillera *mountain range*

correo *post office (8)*

correo electrónico *e-mail (1)*

correr *to run (1)*

cortar *to cut*

    cortarse *to cut oneself, get cut*

cosa *thing (1)*

costar (ue) *to cost (2)*

creer *to believe, think (opinion) (5)*

crema *cream (8)*

criar *to raise (children)*

cruel *cruel*

cruzar *to cross (8)*

cuaderno *notebook (PP)*

cuadra *block (of a street) (8)*

cuadro *painting (3)*

    de cuadros *plaid (6)*

¿cuál(es)? *which one(s)? (1)*

¿cuándo? *when? (1)*

¿cuánto(a)? *how much? (1)*

¿cuántos(as)? *how many? (1)*

cuarenta *forty (PP)*

cuarto *room (1); fourth (2)*

cuatro *four (PP)*

cuatrocientos *four hundred (2)*

cubierto *place setting (4)*

cubito de hielo *ice cube (4)*

cuchara *spoon (4)*

cucharita *teaspoon (4)*

cuchillo *knife (4)*

cuello *neck (8)*

cuenta *(n.)* *bill, check (2); account (2)*

cuento *short story (7)*

cuidado: tener cuidado *to be careful (1)*

cuidarse *to take care of oneself (9)*

cumbre *(f.)* *peak*

cumpleaños *birthday (7)*

    pastel de cumpleaños *(m.)* *birthday cake (7)*

curso *course, term (of study) (5)*

D

daño *damage*

dar *to give (3)*

    dar de comer *to feed (3)*

    dar un beso *to give a kiss (1)*

    dar un paseo *to take a walk (7)*

    darse la mano *to shake hands*

dato *fact, information (1)*

de *of; from*

    de estilo moderno *modern (in style)*

    de estilo tradicional *traditionally styled*

    de ida *one-way (2)*

    de ida y vuelta *round-trip (2)*

    de la madrugada A.M. *(early morning) (2)*

    de la mañana A.M., *6* A.M. *to noon (2)*

    de la noche P.M., *sundown to midnight (2)*

    de la tarde P.M., *noon to sundown (2)*

    de nada *you're welcome (PP)*

    de rayas *striped (6)*

    de tamaño mediano *medium-sized (3)*

debajo de *under (3)*

deber *to owe (4)*

    deber + inf. *must (4)*

    deberse a *to be due to*

décimo(a) *tenth*

decorar *to decorate (7)*

dedo *finger (8)*

dedo del pie *toe (8)*

dejar *to leave; to let (9)*

    dejar de (+ inf.) *to stop (doing something) (9)*

delante de *in front of (3)*

delgado(a) *thin (3)*

demasiado(a) *(too) much (5)*

dentista *(m., f.)* *dentist (5)*

dentro de *inside*

depender *to depend (9)*

deporte *(m)* *sport (1)*

deprimido(a) *depressed (9)*

derecho *(adv.)* *straight ahead (8); (n.) law (5); right*

desayunar *to eat breakfast (4)*

desayuno *(n.)* *breakfast (4)*

descansar *to rest, relax (7)*

descompuesto(a) *out of order (3)*

desconectarse *to disconnect; to have some down time (9)*

desconsolado(a) *grief-stricken (9)*

descuento *(n.)* *discount (2)*

desear *to want, wish for (4)*

desfile *(m.)* *parade (7)*

desocupar *to check out (of hotel)*

desordenado(a) *messy (3)*

desorganizado(a) *disorganized (5)*

despedirse (i, i) *to say good-bye*

despejado *clear (7)*

despertarse (ie) *to wake up (3)*

después *after (1); afterwards (5)*

    después de *after (5)*

detrás de *behind (3)*

día *(m.)* *day (2)*

    Día de Acción de Gracias *(m.) Thanks-giving (7)*

    Día de Año Nuevo *(m.) New Year's Day (7)*

    Día de la Independencia *(m.) Fourth of July (7)*

    Día de las Brujas *(m.) Halloween (7)*

    Día de los Enamorados *(m.) St. Valentine's Day (7)*

    día festivo *holiday (7)*

diagnóstico *diagnosis (8)*

diario(a) *daily (9)*

diarrea *diarrhea (8)*

dibujar *to draw (7)*

dibujo *drawing (7)*

diccionario *dictionary (PP)*

diciembre *December (2)*

diecinueve *nineteen (PP)*

dieciocho *eighteen (PP)*

dieciséis *sixteen (PP)*

diecisiete *seventeen (PP)*

diente *(m.)* *tooth (8)*

diez mil *ten thousand (2)*

diez *ten (PP)*

difícil *difficult (9)*

diligencia *errand (8)*

dimitir *to resign*

Dios *God*

dirección *(f.)* *address (1)*

director(a) de personal *personnel director (5)*

disco compacto *compact disc*

discutir *to discuss (9)*

disfraz *(m.)* *costume (7)*

disfrutar (de) *to enjoy (7)*

divertido(a) *funny (7)*

divertirse (ie) *to have a good time (3)*

divorciado(a) *divorced (1)*

divorciarse *to get divorced (9)*

doblar *to turn (8)*

doble *double (2)*

    habitación doble *(f.) double room (2)*

doce *twelve (PP)*

docena *dozen (4)*

doler (ue) *to hurt, ache (8)*

dolor *(m.)* *pain (8)*

domingo *Sunday (2)*

¿dónde? *where? (1)*

    ¿de dónde? *from where? (1)*

dormir (ue) *to sleep (2)*

dormirse (ue, u) *to fall asleep (3)*

dormitorio *dormitory (3)*

dos millones *two million (2)*

dos *two (PP)*

doscientos *two hundred (2)*

ducha *(n.)* *shower (2)*

ducharse *to take a shower (3)*

dudar *to doubt (9)*

dudoso(a) *doubtful (9)*

dulces *(m.)* *candy (7)*

durante *during (3)*

durazno *peach (4)*

E

ecología *ecology (5)*
educación *(f.)* *education (5)*
educado(a) *well-mannered*
efectivo: en efectivo *cash (2)*
ejercicio *exercise (1)*
el *the (sing.) (PP)*
embarazada *pregnant (9)*
emocionado(a) *excited (9)*
empezar *to begin*
empleado(a) *employee; maid (3)*
en *on (PP)*
  en efectivo *cash (2)*
  en el medio *in the middle (3)*
enamorado(a) *in love (9)*
enamorarse (de) *to fall in love
  (with) (8)*
encantar *to love (a thing or activity) (5)*
encarcelado(a) *incarcerated*
encender (ie) *to light (7)*
encima de *on top of (3)*
encontrar (ue) *to find (6); to meet (7)*
enero *January (2)*
enfadar *to anger (9)*
enfermarse *to get sick (7)*
enfermedad *(f.)* *illness (8)*
enfermero(a) *nurse (5)*
enfermo(a) *sick, ill (1)*
  estar enfermo(a) *to be sick (1)*
enfrente de *opposite, across
  from (8)*
enojado(a) *angry (1)*
  estar enojado(a) *to be angry (1)*
ensalada *salad (4)*
ensayo *essay*

enseguida *right away (4)*
enterarse *to find out*
entonces *then (5)*
entre *between (3)*
  entre semana *during the week (1)*
entregar *to hand in (9)*
entrevista *(n.)* *interview (9)*
enviar *to send, to mail (3)*
envolver (ue) *to wrap*
época *era; time*
equipo *team (7)*
escalar en roca *to rock climb, go rock
  climbing (7)*
escalera *stairs, staircase (3)*
escaparate *(m.)* *window (of a shop)*
escoger *to choose, pick, select (6)*
escribir *to write (1)*
escuchar *to listen to (1)*
ese/esa *that, that one (6)*
esos/esas *those (3)*
espalda *back (8)*
esperar *to wait; to hope (7)*
esposo(a) *husband (wife) (3)*
esquiar *to ski (7)*
esquina *(street) corner (8)*
estación *(f.)* *season (of the year) (7)*
estación de tren *(f.)* *train station (8)*
estadidad *(f.)* *statehood*
estadística *statistics (5)*
estado libre asociado *commonwealth (1)*
estampado(a) *printed (6)*
estante *shelf (3)*
estar *to be (1)*
  estar contento(a) *to be happy (1)*

estar de buen/mal humor *to be in a
  good/bad mood (1)*
estar de maravilla *to be in awe (1)*
estar enfermo(a) *to be sick (1)*
estar enojado(a) *to be angry (1)*
estar nervioso(a) *to be nervous (1)*
estar ocupado(a) *to be busy (1)*
estar pendiente de *to keep track of*
estar preocupado(a) *to be worried (1)*
estar triste *to be sad (1)*
este/esta *this, this one (6)*
estilo *(n.)* *style (3)*
  de estilo moderno *modern (in style)*
  de estilo tradicional *traditionally
   styled*
estómago *stomach (8)*
estos/estas *these, these ones(6)*
estrella *star (7)*
estresado(a) *stressed out (9)*
estudiante *(m., f.)* *student (PP)*
  estudiante de derecho *(m., f.)* *law
   student*
estudios de postgrado *graduate
  school (5)*
estudios profesionales *professional
  studies (5)*
estufa *stove (3)*
excursión *(f.)* *trip, tour (2); field trip (5)*
exhibir *to be on exhibit (7)*
exigente *demanding (5)*
exigir *to require*
éxito *success*
explicación *(f.)* *explanation*
exposición *(f.)* *exhibition (7)*

F

fabuloso(a) *great (7)*
falda *skirt (6)*
fallecer *to pass away, to die (3)*
faltar *to be short, missing,
  lacking (6)*
familia *family (1)*
familiar *(m.)* *family member (3)*
farmacia *pharmacy (8)*
fascinante *fascinating (5)*
fatal *terrible (7)*
febrero *February (2)*
fecha *(n.)* *date (2)*
feo(a) *ugly (3)*
festival *(m.)* *festival (7)*
festivo(a): día festivo *holiday (7)*
fideo *noodle*

fiebre *(f.)* *fever (8)*
fiesta *party (1)*
fin *(m.)* *end*
  a finales de *at the end of (5)*
  fin de semana *weekend (1)*
  fin de semana pasado *last weekend (5)*
  por fin *finally*
firmar *to sign*
física *physics (5)*
flan *(m.)* *custard (4)*
florecer *to flourish*
formal *dressy, fancy (6)*
foto *(f.)* *picture (1)*
fractura *(n.)* *fracture (8)*
frasco *jar (4)*
fregadero *kitchen sink (3)*

fresa *strawberry (4)*
fresco: hace fresco *it's cool (7)*
frijol *(m.)* *bean (4)*
frío(a) *cold*
  hace frío *it's cold (7)*
  tener frío *to be cold (1)*
frito(a) *fried (4)*
fuego *fire*
  fuegos artificiales *fireworks (7)*
fuente *(f.)* *source (9)*
fumar *to smoke (9)*
función *(f.)* *show (7)*
fundador(a) *founder*
furioso(a) *furious (9)*
fútbol *(m.)***: fútbol (europeo)** *soccer (1)*
  fútbol americano *football (1)*

G

gafas *eyeglasses (3)*
  gafas de sol *sunglasses (6)*
galleta *cookie (4)*
ganado *livestock (5)*
ganas: tener ganas de (+ inf.) *to feel like
  (doing something) (1)*
garganta *throat (8)*

gaseosa *soda (4)*
gato *cat (3)*
gemelos *twins (1)*
geografía *geography (5)*
gerente *(m., f.)* *manager (5)*
gimnasio *gym (1)*
gobernador(a) *governor (1)*

gordo(a) *fat (3)*
gorra *cap (6)*
gracias *thank you, thanks (PP)*
graduarse *to graduate (5)*
gramática *grammar (1)*
gran almacén *(m.)* *department store (6)*
grave *severe (8); serious, grave (9)*

gripe (f.) flu (8)
gris gray (6)
guante (m.) glove (6)

guapo(a) handsome (3)
guardar cama to stay in bed (8)
guayabera loose-fitting men's shirt (6)

guerra war (2)
gustar to like, be pleasing (1)

H

habitación (f.) room
  habitación doble double room (2)
  habitación sencilla single room (2)
hablar to talk, speak (1)
hacer to make, do
  hace buen(mal) tiempo it's good (bad) weather (7)
  hacer caminatas to go hiking (7)
  hacer ejercicio to exercise, do exercise (1)
  hacer estudios de postgrado to go to graduate school (5)
  hacer la cama to make the bed (3)
  hacer un picnic to have a picnic (7)
  hacer un viaje to take a trip (2)
hacerse to become (5)

hambre (f.): **tener hambre** to be hungry (1)
hamburguesa hamburger (4)
hámster (m.) hamster (3)
hasta until (2)
  hasta tarde until later (3)
hay (haber) there is/there are (PP)
helado ice cream (4)
herido: ser herido to be injured
hermanastro(a) stepbrother (stepsister) (3)
hermano(a) brother (sister) (1)
hijastro(a) stepson (stepdaughter) (3)
hijo(a) son (daughter) (1)
historia history (5)
hogar (m.) home (3)

hoja de papel sheet of paper (PP)
hombre (m.) man (6)
hombro shoulder (8)
honesto(a) honest
horario schedule (5)
horno oven (4)
  al horno baked (4)
hospital (m.) hospital (1)
hotel (m.) hotel (2)
hoy today (2)
  por hoy nowadays
huelga (n.) strike
huevos revueltos scrambled eggs (4)
humanidades (f.) humanities (5)
humilde (adj.) humble

I

ida: de ida one-way (2)
  de ida y vuelta round-trip (2)
iglesia church (7)
igualmente likewise
impermeable (m.) raincoat (6)
importar to matter (6)
impresora printer (PP)
indiferente indifferent
inesperado unexpected (8)
infección (f.) infection (8)

informática computer science (5)
ingeniería engineering (5)
ingeniero(a) engineer (5)
inglés (m.) English (language) (1)
inodoro toilet (3)
intercambiar to exchange (7)
interesar to be interested in, interest (5)
internado internship
intoxicación alimenticia (f.) food poisoning (8)

investigación (f.) research (5)
invierno winter (7)
inyección (f.) shot
ir to go (1)
  ir a pie to go on foot (8)
  ir de caza to hunt (7)
  ir de picnic to go on a picnic (7)
irresponsable irresponsible (3)
isla island (3)

J

jamón (m.) ham (4)
Janucá Hannukah (7)
jarabe (m.) (cough) syrup (8)
jardín (m.) yard (3)
joven young (3)

joya jewel
jueves Thursday (2)
jugador(a) player (7)
jugar (ue) to play (1)
jugo de naranja orange juice (4)

julio July (2)
junio June (2)
juntos(as) together (1)
justo(a) fair, equitable (5)

K

kilo kilo (metric pound) (4)

L

la the (sing.) (PP)
lado: al lado de to the side of (3)
lago lake (7)
lámpara lamp (3)
lana wool
langosta lobster (4)
lápiz (m.) pencil (PP)
largo(a) long (5)
lastimar to hurt, injure (8)
lastimarse to injure oneself, get hurt (8)
lavabo bathroom sink (3)
lavaplatos (m.) dishwasher (3)
lavar to wash (3)
  lavarse el pelo/las manos/la cara to wash one's hair/hands/face (3)
lechuga lettuce (4)

leer to read (1)
legado legacy
lejos far (8)
  lejos (de) far from (1)
lentamente slowly
levantamiento uprising
levantar pesas to lift weights (7)
levantarse to get up (3)
libertad (f.) freedom
libre free, unoccupied (9)
  tiempo libre free time (1)
libro book (PP)
limpiar to clean (1)
  limpiar el polvo to dust (3)
limpio(a) (adj.) clean (3)
lindo(a) pretty

literatura literature (5)
litro liter (4)
llave (f.) key (2)
llegada arrival (2)
llegar (ue) to arrive (2)
llevar to wear (clothing) (6); to take, carry (7)
  llevarse bien (mal) to get along well (poorly) with someone (9)
llover (ue) to rain (7)
lluvia rain (7)
los/las the (pl.) (PP)
luchar to fight (3)
lucir to stand out; to wear, show off
luego then, next, later (5)
lugar (m.) place (2)
lunes Monday (2)

M

madera *wood (4)*
madrastra *stepmother (3)*
madre *(f.) mother (1)*
madrina *godmother (3)*
madrugada *dawn, early morning (5)*
maestría *master's degree*
maestro(a) *teacher (5)*
maíz *(m.) corn (4)*
mal de altura *(m.) altitude sickness (8)*
mal(o)(a) *bad (1)*
maleducado(a) *rude, ill-mannered*
manifestación *(f.) demonstration*
mano *(f.) hand*
   lavarse las manos *to wash one's hands (3)*
mantequilla *butter (4)*
mantilla *lace scarf (6)*
mañana *tomorrow (2)*
   de la mañana A.M., *6* A.M. *to noon (2)*
   por la mañana *in the morning (1)*
mapa *(m.) map (PP)*
maquillarse *to put on make-up*
maquinaria *machinery (5)*
maracas *maracas (6)*
marcar *to score*
mareo *dizziness, light-headedness, motion sickness (8)*
mariscos *shellfish (4)*
marrón *brown (6)*
martes *Tuesday (2)*
marzo *March (2)*
más *more*
   más tarde *later on (5)*
   más... que *more . . . than (3)*

mascota *pet (3)*
matemáticas *mathematics (5)*
mayo *May (2)*
mayonesa *mayonnaise (4)*
mayor *older; elderly (3)*
mechado(a) *shredded*
media hermana *half sister (3)*
mediano(a) *medium (3)*
   de tamaño mediano *medium-sized (3)*
medianoche *(f.) midnight (2)*
medicina *medicine (5)*
médico(a) *doctor (5)*
medio *half*
   de en medio *middle (child) (3)*
   en el medio *in the middle (3)*
medio hermano *half brother (3)*
mediodía *(m.) noon, midday (2)*
mejilla *cheek*
mejor *better; best (3)*
melocotón *(m.) peach (4)*
menor *younger; youngest (3)*
menos... que *less . . . than (3)*
mensaje *(m.) message, text message (3)*
mentiroso(a) *lying, deceitful*
menú *(m.) menu (4)*
mercado *market (6)*
merendar (ie) *to snack (4)*
merienda *snack; snack time (4)*
mermelada *marmalade (4)*
mes *(m.) month (2)*
   mes pasado *last month (5)*
   mes próximo *next month (5)*
mesa *table (PP)*

mesita *end table (3)*
mesita de noche *night stand (3)*
mí mismo(a) *myself (5)*
microondas *microwave (3)*
miedo: tener miedo *to be afraid (1)*
miércoles *Wednesday (2)*
mil *one thousand (2)*
millón *(m.) million (2)*
mirar *to watch, to look at (1)*
mochila *backpack (PP)*
moda *fashion (6)*
   última moda *latest fashion (6)*
moderno(a) *modern (3)*
molestar *to bother; to irritate (9)*
montaña *mountain (7)*
montar en bicicleta (a caballo) *to ride a bike (a horse) (1)*
morado(a) *purple (6)*
morirse (ue, u) *to die (9)*
mostrar (ue) *to show (6)*
moverse (ue) *to move (a part of the body)*
muchísimo(a) *very much (7)*
mucho(a) *much, a lot (1)*
mudarse *to move (one's residence), move out*
muebles *(m.) furniture (3)*
muerte *(f.) death*
mujer *(f.) woman (6)*
multinacional *(adj.) multinational (5)*
muñeca *wrist (8)*
museo *museum (2)*
música *music (1)*

N

nacer *to be born (1)*
nadar *to swim (7)*
nariz *(f.) nose (8)*
náuseas *nausea (8)*
navegar *to navigate, surf (the Internet)*
Navidad *(f.) Christmas (7)*
necesitar *to need (1)*
negocios *business (5)*
negro(a) *black (3)*
nervioso: estar nervioso(a) *to be nervous (1)*
nevar (ie) *to snow (7)*
nieto(a) *grandson (granddaughter) (3)*

nieve *(f.) snow (7)*
niñez *(f.) childhood*
niño(a) *child*
noche *(f.) night*
   de la noche P.M., *sundown to midnight (2)*
   por la noche *in the evening (1), at night (5)*
Noche Vieja *(f.) New Year's Eve (7)*
Nochebuena *Christmas Eve (7)*
nombre *(m.) name (1)*
normalmente *normally, usually (3)*
nota *(n.) (academic) grade (5)*

noticias *news (3)*
novecientos *nine hundred (2)*
novela *novel (1)*
noveno(a) *ninth (6)*
noventa *ninety (PP)*
noviembre *November (2)*
novio(a) *boyfriend/girlfriend (1); fiancé/fiancée (9)*
nublado *cloudy (7)*
nueve *nine (PP)*
nuevo(a) *new (1)*
número *number (1)*
nunca *never (PP)*

O

obra (de teatro) *play, drama (7)*
obrero(a) *laborer (5)*
observatorio *observatory (5)*
ochenta *eighty (PP)*
ocho *eight (PP)*
ochocientos *eight hundred (2)*
octavo(a) *eighth (6)*
octubre *October (2)*

ocupado(a) *busy (1)*
   estar ocupado(a) *to be busy (1)*
ocupar *to check in* (a hotel)
ocurrir *to happen, occur (7)*
oficina *office*
   oficina de turismo *tourism office (8)*
oficio *occupation, trade (5)*
oído *inner ear (8)*
ojalá *I hope that . . . ; May . . . (9)*

ojo *eye (3)*
once *eleven (PP)*
optimista *optimistic (9)*
ordenado(a) *neat, tidy (3)*
oreja *outer ear (8)*
organizar *to organize (9)*
orgulloso(a) *proud (9)*
otoño *autumn, fall (7)*
otro(a) *other; another (7)*

P

paciente (m., f.)   patient (8)
padecer   to suffer (from illness)
padrastro   stepfather (3)
padre (m.)   father (1)
padres   parents (1)
padrino   godfather (3)
paella   rice dish with saffron, seafood, chicken (4)
pagar   to pay (for) (6)
página   page (PP)
pájaro   bird (3)
palta rellena   avocado stuffed with chicken or tuna salad (4)
pan (m.)   bread (4)
   barra (de pan)   loaf (of bread) (4)
   pan tostado (m.)   toast (4)
panecillo   roll (bread) (4)
pantalones cortos (m.)   shorts (6)
pantalones (m.)   pants (6)
papa   potato (4)
papas fritas   French fries (4)
papelería   stationery store
paquete (m.)   package (4)
¿para qué?   what for? (1)
paracetamol   acetaminophen, Tylenol (8)
parada de autobuses   bus stop (8)
paraguas (m.)   umbrella (6)
parecer   to seem, appear (6)
pariente(a) (n.)   relative (3)
parrilla: a la parrilla   grilled (4)
parque (m.)   park (1)
parque zoológico (m.)   zoo (8)
partido   game (1)
pasado(a)   last (5)
pasar   to spend (time) (1)
   pasarlo bien   to have a good time (7)
Pascua   Easter (7)
pasear   to stroll (7)
paseo: dar un paseo   to take a walk (7)
pasillo   aisle (3)
pastel (m.)   cake (7)
   pastel de calabaza (m.)   pumpkin pie (7)
   pastel de cumpleaños (m.)   birthday cake (7)
pastilla   pill, tablet (8)
patata   potato (4)
paterno(a)   paternal (3)
patinar (sobre hielo)   to (ice) skate (1)
pavo   turkey (7)
pecas   freckles
pecho   chest (8)
pedir (i, i)   to ask for; to order (4)
   pedir la bendición   to ask someone for a blessing
peinarse   to comb one's hair

película   movie (1)
pelo   hair (3)
   lavarse el pelo   to wash one's hair (3)
pendiente: estar pendiente de   to keep track of
pensar (ie)   to think, to plan (2)
peor   worse; worst (3)
pera   pear (4)
perder (ie)   to lose (8)
perderse (ie)   to get lost (8)
perdón   pardon me, excuse me (PP)
perezoso(a)   lazy (3)
periódico   newspaper (1)
periodismo   journalism (5)
periodista (m., f.)   journalist (5)
perro   dog (3)
perseguir   to pursue
personaje (m.)   character (of a story) (9)
personalidad (f.)   personality (3)
pesa: levantar pesas   to lift weights (7)
pesado(a)   heavy (5)
Pésaj (m.)   Passover (7)
pescado   fish (cooked) (4)
pescar   to fish (7)
pesimista   pessimistic (9)
pésimo   miserable (7)
pez tropical   tropical fish (3)
picnic (m.): ir de picnic   to go on a picnic (7)
pie (m.)   foot (8)
   ir a pie   to go on foot (8)
pierna   leg (8)
pimienta   black pepper (4)
pintar   to paint (7)
pintura   painting (7)
piña   pineapple (4)
piscina   swimming pool (2)
piso   floor (6)
pizarra   chalkboard (PP)
planchar   to iron (3)
   planta baja   ground/first floor (6)
planta   floor (6)
plátano   banana (4)
plato   dish (3)
   plato de cerámica   ceramic plate (6)
   plato principal   first course (4)
   segundo plato   second course (4)
playa   beach (2, 7)
poco(a)   (a) little, not much (1)
poder (ue)   to be able, can (2)
poesía   poetry (1)
pollo asado   roast chicken (4)
poner   to put; to turn on (TV, radio); to set (the table) (3)
ponerse   to put on (3)

ponerse en forma   to get in shape (9)
por   by
   por casualidad   by chance
   por fin   finally (5)
   por la mañana   in the morning (1)
   por la noche   at night (1)
   por la tarde   in the afternoon (1)/in the evening (5)
¿por qué?   why? how come? (1)
porque   because (1)
posponer   to postpone, put off (9)
postre (m.)   dessert (4)
practicar   to play (a sport), practice (1)
preferir (ie)   to prefer (2)
pregunta (n.)   question (1)
preguntar   to ask
prenda (de vestir)   article of clothing (6)
preocupado(a)   worried (1)
   estar preocupado(a)   to be worried (1)
preocuparse   to worry (9)
preparar   to prepare (3)
presentación (f.)   presentation (5)
presentar   to present, to introduce (7)
préstamo   loan
primavera   spring (7)
primer plato   first course (4)
primero(a)   first (5)
primo(a)   cousin (3)
principios: a principios de   at the beginning of (5)
prisa: tener prisa   to be in a hurry (1)
privado(a)   private (2)
probable   likely, probable (9)
probador (m.)   dressing room (6)
probar (ue)   to taste, to try (4)
   probarse (ue)   to try on (6)
procrastinar   to procrastinate (9)
profesor(a)   professor (PP), teacher (1)
programa (m.)   program, show (1)
programador(a)   programmer (5)
prohibir   to forbid; to prohibit (9)
pronóstico   forecast (7)
propina   tip (4)
protector solar   sunscreen (8)
proteger   to protect
próximo(a)   next (5)
proyecto   project (5)
psicología   psychology (5)
psicólogo(a)   psychologist (5)
pueblo   group of people (2)
puesto   job (9)
pulmones (m.)   lungs (8)
punto   stitch
pupitre (m.)   desk (PP)

Q

¿quién(es)?   who? (1)
¿qué?   what? (1)
quedar   to fit (6)
   quedarse   to stay, to remain (7)
quehaceres (m.)   household chores (3)
queja   complaint (9)

quemarse   to get burned
querer (ie)   to want (PP, 2)
queso   cheese (4)
química   chemistry (5)
quince   fifteen (PP)
quinientos   five hundred (2)

quinto   fifth (2)
quisquilloso(a)   picky (5)
quitar el polvo   to dust
quitarse   to take off (clothing) (3)
quizás   perhaps (9)

R

radiodespertador *(m.)* *clock radio (with alarm) (3)*
radiografía *x-ray*
rama *branch*
rato *while (5)*
razón *(f.):* **tener razón** *to be right (1)*
rebaja: de rebaja *on sale (6)*
receta *recipe (4); prescription (8)*
recetar *to prescribe (8)*
rechazar *to reject*
recibir *to receive (7)*
recoger *to put in order, pick up a room (3)*
recolectar *to collect (5)*
recomendar (ie) *to recommend (4)*
recuerdo *souvenir (6)*
red social *(f.)* *social network (1)*
redacción *(f.)* *writing*

refresco *soda (4)*
refrigerador *(m.)* *refrigerator (3)*
regalar *to give (as a present) (7)*
regalo *present, gift (7)*
   papel de regalo *wrapping paper*
regatear *to bargain, haggle over a price (6)*
regresar *to return, go back (1)*
regular *(adj.)* *average, so-so (5)*
relajarse *to relax (7)*
reloj *(m.)* *clock (PP)*
remedio *remedy (8)*
renombre *(m.)* *renown*
reproductor de MP3/MP4 *(m.)* *MP3/MP4 player (PP)*
resbaloso(a) *slippery (7)*
reservación *(f.)* *reservation (2)*
resfriado *(n.)* *cold (8)*

residencia estudiantil *residence, dormitory (1)*
respuesta *response, answer (1)*
restaurante *(m.)* *restaurant (1)*
retrato *(n.)* *portrait*
reunirse *to get together (7)*
revista *magazine (1)*
revuelto(a) *scrambled (4)*
rico(a) *delicious (4)*
rodilla *knee (8)*
rojo(a) *red (3)*
romper *to break (up) (9)*
romperse *to break (7)*
ropa *clothing (6)*
rosado(a) *pink (6)*
roto(a) *broken (3)*
rubio(a) *blond(e) (3)*

S

sábado *Saturday (2)*
saber *to know (information) (8)*
sabroso(a) *delicious*
sacar *to get a grade (5)*
   sacarle *to take (out)*
sal *(f.)* *salt (4)*
sala *living room (3)*
   sala de clase *classroom (PP)*
salida *departure (2)*
salir *to leave, go out (3); to go out (on a social occasion) (7)*
   salir bien (mal) *to do well (poorly) (9)*
saludar *to greet*
sandalia *sandal (6)*
sandía *watermelon (4)*
sándwich *(m.)* *sandwich (4)*
sarape *(m.)* *Mexican sarape (6)*
seco(a) *dry*
sed *(f.):* **tener sed** *to be thirsty (1)*
seda *silk*
seguir (i, i) *to follow (3)*
segundo(a) *second (2)*
   segundo plato *second course (4)*
seguro(a) *sure (9)*
seis *six (PP)*
seiscientos *six hundred (2)*

sello (postage) *stamp (8)*
semana *week (2)*
   fin de semana *(m.)* *weekend (1)*
   semana pasada *last week (5)*
   Semana Santa *Holy Week*
semestre *(m.)* *semester (1)*
sencillo(a) *simple (6)*
   habitación sencilla *(f.)* *single room (2)*
sentarse (ie) *to sit down (3)*
sentir (ie, i) *to regret, be sorry (9)*
   sentirse (ie, i) *to feel (3)*
señalar *to point out*
separarse *to separate, to get a (marital) separation (9)*
septiembre *September (2)*
séptimo(a) *seventh (6)*
ser *to be (1)*
   ser herido *to be injured*
serio(a) *serious (3)*
servilleta *napkin (4)*
servir (i, i) *to serve (4)*
sesenta *sixty (PP)*
setecientos *seven hundred (2)*
setenta *seventy (PP)*
sexto(a) *sixth (6)*
sí mismo(a) *himself, herself*

siempre *always (3)*
siete *seven (PP)*
siglo *century*
silla *chair (PP)*
simpático(a) *likable (3)*
sinagoga *synagogue (7)*
síntoma *(m.)* *symptom (8)*
sobre *above; on (3)*
sobrevivir *to survive*
sobrino(a) *nephew (niece) (3)*
sociología *sociology (5)*
sofá *(m.)* *sofa (3)*
sol: hace sol *it's sunny (7)*
soltero(a) *single (1)*
sombrero *hat (6)*
sopa *soup (4)*
sorprender *to surprise (9)*
sorprendido(a) *surprised (9)*
sótano *basement (6)*
su *your (formal) (PP)*
sucio(a) *dirty (3)*
sudadera *sweatshirt (6)*
sueño: tener sueño *to be sleepy (1)*
suéter *(m.)* *sweater (6)*
suficiente *enough (9)*
supermercado *supermarket*

T

tal vez *maybe, perhaps (9)*
talla *size (6)*
tamaño *size (3)*
tan... como *as . . . as (3)*
tanto(a)(s)... como *as much (many) . . . as (3)*
tarde *(f.)* *afternoon (2); (adv.) late (3)*
   de la tarde P.M., *noon to sundown (2)*
   más tarde *later on (5)*
   por la tarde *in the afternoon (1)*
tarjeta *card (2)*
   tarjeta de crédito *credit card (2)*
   tarjeta de débito *debit card (2)*
   tarjeta estudiantil *student I.D. card (2)*
   tarjeta postal *postcard (8)*

taza *cup (4)*
   taza de café *cup of coffee (4)*
té *(m.)* *tea (4)*
teatro *theater (7)*
teléfono celular *cell phone (PP)*
televisión *(f.)* *television (1)*
televisor *(m.)* *television set (3)*
temperatura *temperature (7)*
temporalmente *temporarily (9)*
temprano *early (3)*
tenedor *(m.)* *fork (4)*
tener *to have (1)*
   tener calor *to be hot (1)*
   tener cuidado *to be careful (1)*

tener frío *to be cold (1)*
tener ganas de (+ inf.) *to feel like (doing something) (1)*
tener hambre *to be hungry (1)*
tener lugar *to take place (9)*
tener miedo *to be afraid (1)*
tener prisa *to be in a hurry (1)*
tener razón *to be right (1)*
tener sed *to be thirsty (1)*
tener sueño *to be sleepy (1)*
tener vómitos *to be vomiting (8)*
tenis *(m.)* *tennis (1)*
teoría *theory (5)*
tercer(o)(a) *third (2)*

terminar *to finish (7)*
tía *aunt (1)*
tiempo *weather (7)*
tiempo libre *free time (7)*
tienda *(n.)* *store (2)*
tímido(a) *shy (3)*
tina *bathtub (3)*
tío *uncle (1)*
tiza *chalk (PP)*
tobillo *ankle (8)*
tocar *to play* (a musical instrument); *to touch (1)*
toda la noche *all night*
todos los días *every day (1)*
tomar *to take, drink (1); to take (4)*
   tomar apuntes *to take notes (5)*

tomar el sol *to sunbathe (7)*
tomate *(m.)* *tomato (4)*
torcer (ue) *to twist, sprain*
tormenta *storm (7)*
torta *cake (4)*
tortilla *omelette (4); flour tortilla (Mexico) (4)*
tos *(f.)* *cough (8)*
trabajador(a) *hard-working (3)*
   trabajador(a) social *social worker (5)*
trabajar *to work (1)*
trabajo *(n.)* *work, job (3)*
   trabajo escrito *written paper (9)*
tradicional *traditional*
traje *(m.)* *suit (6)*

traje de baño *(m.)* *bathing suit (6)*
transporte *(m.)* *transportation (2)*
tras *after*
tratado *treaty*
tratar de (+ inf.) *to deal with, to be about (9)*
   tratarse *to treat oneself (9)*
trece *thirteen (PP)*
treinta *thirty (PP)*
treinta y uno *thirty-one (PP)*
tren *(m.)* *train (2)*
trepar *to climb*
tres *three (PP)*
trescientos *three hudred (2)*
triste *sad (1)*
   estar triste *to be sad (1)*

U

último(a) *last (6)*
   última moda *latest fashion (6)*

un poco (de)... *a little (of) . . . (1)*
universidad *(f.)* *university (1)*

uno *one (PP)*

V

vacaciones *(f.)* *vacation (7)*
vacunarse *to get innoculated (8)*
valer *to cost*
vaqueros *jeans (6)*
vaso *glass (4)*
   vaso de leche *glass of milk (4)*
vecino(a) *neighbor (1)*
veinte *twenty (PP)*
veintidós (veintitrés, veinticuatro...)
   twenty-two (twenty-three, twenty-four . . .) *(PP)*
veintiuno *twenty-one (PP)*
vela *candle (7)*
velorio *wake, vigil*
vendedor(a) *salesperson (5)*

ventaja *advantage*
ventana *window (PP)*
ver *to look (7)*
verano *summer (7)*
verdad *(f.)* *truth (9)*
verde *green (3)*
vestido *dress (6)*
vestirse (i, i) *to get dressed (3); to wear(6)*
veterinario(a) *veterinarian (5)*
viajar *to travel (2)*
viaje *(m.)* *trip (2)*
vida *life*
   vida diaria *daily life*
   vida marina *aquatic life (5)*
vídeo *video (1)*

videojuegos *video games (1)*
viejo(a) *old (3)*
viento: hace viento *it's windy (7)*
viernes *Friday (2)*
villancico *(Christmas) carol (7)*
visitar *to visit (1)*
vivir *to live (1)*
volver (ue) *to return, to go back (2)*
vómito *vomiting (8)*
vuelo *airplane flight (2)*
vuelta: de ida y vuelta *round-trip (2)*
vuestro(a) *your (inform., pl.)(1)*

Y

y *and (1)*

yeso *cast (8)*

yo *I (1)*

Z

zona arqueológica *archaeological site (2)*

Vocabulario

INGLÉS - ESPAÑOL

The following abbreviations are used in this glossary:

adj.	adjective	**m.**	masculine
conj.	conjunction	**n.**	noun
f.	feminine	**PP**	paso preliminar
form.	formal	**pl.**	plural
inf.	infinitive	**sing.**	singular
inform.	informal	**v.**	verb

A

A.M. *de la mañana;* **A.M., early morning** *de la madrugada* (2)
a *un(a)* (PP)
  (a) little *poco(a)* (1)
  a lot *mucho(a)* (1)
above *sobre* (3)
accept *aceptar* (6)
account *cuenta* (2)
accountant *contador(a)* (5)
**accustomed: to be accustomed
  (to)** *acostumbrar a* (7)
acetaminophen *paracetamol* (8)
ache *(v.) doler (ue)* (8)
across from *enfrente de* (8)
activity *actividad (f.)* (1)
address *(n.) dirección (f.)* (1)
advice *(n.) consejo* (9)
advise *aconsejar* (9)
affectionate *cariñoso(a)* (3)
afraid: to be afraid *tener miedo* (1)
after *después* (1); *después de* (5)
afternoon *tarde (f.)* (1)
  in the afternoon *por la tarde* (1)
afterwards *después* (5)
ahead: straight ahead *derecho
  (adv.)* (8)

airplane *avión (m.)* (2)
  airplane flight *vuelo* (2)
airport *aeropuerto* (8)
aisle *pasillo* (3)
algebra *álgebra* (5)
all night *toda la noche*
although *aunque* (6)
altitude sickness *mal de altura* (8)
always *siempre* (3)
analysis *análisis (m.)* (8)
and *y* (1)
anger *(v.) enfadar* (9)
angry *enojado(a)* (1)
  to be angry *estar enojado(a)* (1)
ankle *tobillo* (8)
another *otro(a)* (7)
answer *(n.) respuesta* (1); *(v.) contestar* (1)
anthropology *antropología* (5)
antibiotic *antibiótico* (8)
anything *algo* (1)
apartment *apartamento* (1)
appear *parecer* (6)
apply *aplicarse* (8)
approved: to be approved *aprobarse (ue)* (1)
April *abril* (2)
aquatic life *vida marina* (5)

archaeological site *zona arqueológica* (2)
arm *brazo* (8)
arrival *llegada* (2)
arrive *llegar (ue)* (2)
art *arte (m.)* (5)
  fine arts *bellas artes* (5)
  arts and crafts *artesanía* (6)
as . . . as *tan... como* (3)
as much (many) . . . as *tanto(a)(s)...
  como* (3)
aside from *aparte de*
ask *preguntar*
  ask for *pedir (i, i)* (4)
asleep: to fall asleep *dormirse (ue, u)* (3)
aspirin *aspirina* (8)
at night *por la noche* (1)
at what time? *¿a qué hora?* (1)
attend *asistir a* (1)
August *agosto* (2)
aunt *tía* (1)
auto racing *(n.) carrera de autos*
autumn *otoño* (7)
avenue *avenida* (8)
average *(adj.) regular* (5)
**avocado stuffed with chicken or tuna
  salad** *palta rellena* (4)

B

baby *(n.) bebé (m., f.)* (9)
back *espalda* (8)
backpack *mochila* (PP)
bad *mal(o)(a)* (1)
badly behaved *maleducado(a)* (3)
bag *(n.) bolsa* (4)
baked *al horno* (4)
balanced *balanceado(a)* (9)
bald *calvo(a)* (3)
banana *plátano, banana* (4)
bank *banco* (2)
bargain *(v.) regatear* (6)
basement *sótano* (6)

bath(room) *baño* (2)
bath: to take a bath *bañarse* (3)
bathing suit *traje de baño (m.)* (6)
bathroom sink *lavabo* (3)
bathtub *bañera, tina* (3)
be *estar, ser* (1)
  to be able *poder (ue)* (2)
  to be about *tratar de (+ inf.)*
  to be accustomed (to) *acostumbrar
  a* (7)
  to be afraid *tener miedo* (1)
  to be approved *aprobarse (ue)*
  to be careful *tener cuidado* (1)

to be cold *tener frío* (1)
be due to *deberse a*
be happy *alegrarse* (9)
be helpful *convenir (ie)*
be hot *tener calor* (1)
be hungry *tener hambre* (1)
be in a good/bad mood *estar de buen/
  mal humor* (1)
be in a hurry *tener prisa* (1)
be injured *ser herido*
be interested in *interesar* (5)
be introduced to *conocer* (7)
be on exhibit *exhibir* (7)

be pleasing   *gustar (1)*
be right   *tener razón (1)*
be short, missing, lacking   *faltar (6)*
be sleepy   *tener sueño (1)*
be sorry   *sentir (ie, i) (9)*
be thirsty   *tener sed (1)*
be vomiting   *tener vómitos (8)*
beach *(n.)*   *playa (2, 7)*
bean   *frijol (m.) (4)*
beard   *barba (3)*
because   *porque (1)*
become   *convertirse (ie)*
bed   *cama (2)*
    go to bed   *acostarse (ue) (3)*
    make the bed   *hacer la cama (3)*
beef   *bistec (m.) (4)*
beer   *cerveza (4)*
before   *antes (de) (3)*
begin   *empezar (ie)*
beginning: at the beginning of   *a principios de (5)*
behind   *detrás de (3)*
beige   *beige (6)*
believe   *creer (5)*
belt   *cinturón (m.) (6)*
beret   *boina (6)*

better, best   *mejor (3)*
between   *entre (3)*
bill *(n.)*   *cuenta (2)*
biology   *biología (5)*
bird   *pájaro (3)*
birthday   *cumpleaños (m.) (7)*
    birthday cake   *pastel de cumpleaños (m.) (7)*
black   *negro(a) (3)*
black pepper   *pimienta (4)*
bless   *bendecir*
blessing   *bendición (f.)*
    ask someone for a blessing   *pedir la bendición*
block (of a street)   *cuadra (8)*
blond(e)   *rubio(a) (3)*
blouse   *blusa (6)*
blue   *azul (6)*
boat   *barco*
book   *libro (PP)*
boot   *bota (6)*
born: to be born   *nacer (1)*
bother   *molestar (9)*
bottle *(n.)*   *botella (4)*
boy   *chico (3)*
boyfriend   *novio (1)*

bracelet: silver bracelet   *brazalete de plata (m.) (6)*
branch   *rama*
bread   *pan (m.) (4)*
    loaf of bread   *barra (de pan) (4)*
break *(v.)*   *romperse (7)*
break up   *romper (9)*
breakfast *(n.)*   *desayuno (4)*
    eat breakfast   *desayunar (4)*
briefly   *brevemente (3)*
broccoli   *brócoli (m.) (4)*
broken   *roto(a) (3)*
brother   *hermano (1)*
    half brother   *medio hermano (3)*
brown   *castáno (3), marrón (6)*
bureau   *cómoda (3)*
burned: to get burned   *quemarse (8)*
bus *(n.)*   *autobús (m.) (2)*
bus stop   *parada de autobuses (8)*
business   *negocios (5)*
busy   *ocupado(a) (1)*
be busy   *estar ocupado(a) (1)*
butter   *mantequilla (4)*
buy   *comprar (3)*
by   *por (1)*
    by chance   *por casualidad*

C

cake   *torta (4); pastel (m.) (7)*
calculus   *cálculo (5)*
calendar   *calendario (PP)*
candelabra   *candelabro (7)*
candle   *vela (7)*
candy   *dulces (m.) (7)*
cap   *gorra (6)*
car   *coche (m.) (2)*
card   *tarjeta (2)*
    playing cards   *cartas (7)*
    postcard   *tarjeta postal (8)*
care: to take care of oneself   *cuidarse (9)*
careful: to be careful   *tener cuidado (1)*
carry   *llevar (7)*
cash   *en efectivo (2)*
cast   *yeso (8)*
castanets   *castañuelas (6)*
cat   *gato (3)*
cathedral   *catedral (f.) (8)*
celebrate   *celebrar (7)*
celebration   *celebración (f.) (3)*
cell phone   *teléfono celular (PP)*
century   *siglo*
cereal   *cereal (m.) (4)*
certain   *cierto(a) (9)*
chair   *silla (PP)*
chalk   *tiza (PP)*
chalkboard   *pizarra (PP)*
champagne   *champaña (7)*
change *(v.)*   *cambiar (8)*
character   *carácter (m.) (3)*
    character (of a story)   *personaje (m.) (9)*
cheap   *barato(a) (6)*
check *(n.)*   *cuenta (2)*
    traveler's check   *cheque de viajero (2)*
check in (a hotel)   *ocupar*
check out (of hotel)   *desocupar*
cheek   *mejilla*

cheese   *queso (4)*
chemistry   *química (5)*
chest   *pecho (8)*
chestnut (color)   *castaño(a) (3)*
chicken: roast chicken   *pollo asado (4)*
child   *niño(a)*
childhood   *niñez (f.)*
chili pepper   *ají picante (m.)*
chocolate   *chocolate (m.) (4)*
choose   *escoger (6)*
chores: household chores   *quehaceres (m.) (3)*
Christmas   *Navidad (f.) (7)*
    (Christmas) carol   *villancico (7)*
Christmas Eve   *Nochebuena (7)*
church   *iglesia (7)*
cinema   *cine (m.) (7)*
cinnamon   *canela*
city   *ciudad (f.) (2)*
classroom   *sala de clase (PP)*
classmate   *compañero(a) de clase (1)*
clean   *(adj.) limpio(a) (3); (v.) limpiar (1)*
clear   *despejado (7)*
client   *cliente (m., f.)*
climb   *trepar*
clinic   *clínica (8)*
clock   *reloj (m.) (PP)*
clock radio   *radiodespertador (m.) (3)*
close *(v.)*   *cerrar (ie) (2)*
close to   *cerca (de) (1)*
closed   *cerrado(a) (2)*
closet   *clóset (m.) (3)*
clothing   *ropa (6)*
    article of clothing   *prenda (de vestir) (6)*
cloudy   *nublado (7)*
coat *(n.)*   *abrigo (8)*
cold *(n.)*   *resfriado, catarro; (adj.) frío(a)*
    it's cold   *hace frío (7)*
    to be cold   *tener frío (1)*

collect   *recolectar (5)*
color *(n.)*   *color (m.) (6)*
comb: to comb one's hair   *peinarse*
comfortable   *cómodo(a) (6)*
commonwealth   *estado libre asociado (1)*
compact disc (CD)   *disco compacto*
company   *compañía (1)*
    multinational company   *compañía multinacional (5)*
complaint   *queja (9)*
complete   *completo(a) (2)*
comprehensive   *comprensivo(a)*
computer   *computadora (PP)*
computer science   *informática (5)*
concert   *concierto (7)*
consultant   *consultor(a) (5)*
cook *(v.)*   *cocinar (3)*
cookie   *galleta (4)*
cool: it's cool   *hace fresco (7)*
corn   *maíz (m.) (4)*
corner   *esquina (8)*
cost *(v.)*   *valer (6); costar (ue)*
costume   *disfraz (m.) (7)*
cotton   *algodón (m.)*
cough   *tos (f.) (8)*
    (cough) syrup   *jarabe (para la tos) (m.) (8)*
counselor   *consejero(a) (5)*
country(side)   *campo (7)*
course: first course   *primer plato (4)*
    second course   *segundo plato (4)*
    course, term (of study)   *curso (5)*
cousin   *primo(a) (3)*
crafts: arts and crafts   *artesanía (6)*
cream color   *color crema (6)*
cream   *crema (8)*
credit card   *tarjeta de crédito (2)*
cross   *cruzar (8)*
cruel   *cruel*

cup   taza (4)
   cup of coffee   taza de café (4)

custard   flan (4)
customer   cliente (m., f.)

cut (v.)   cortar
   cut oneself, to get cut   cortarse

D

daily   diario(a) (9)
   daily life   vida diaria
damage (n.)   daño
dance (v.)   bailar (1)
date (n.)   fecha (2); cita (9); compañero(a) (9)
daughter   hija (1)
dawn   madrugada (5)
day   día (m.) (2)
   every day   todos los días (1)
deal with   tratar de (+inf) (9)
death   muerte (f.)
debit card   tarjeta de débito (2)
deceitful   mentiroso(a) (3)
December   diciembre (2)
decorate   decorar (7)
delicious   rico(a) (4)
demanding   exigente (5)
demonstration   manifestación (f.)
dentist   dentista (m., f.) (5)
department: department store   gran
   almacén (m.) (6)
departure (n.)   salida (2)
depend   depender (9)
depressed   deprimido(a) (9)

desk   pupitre (m.) (PP)
dessert   postre (m.) (4)
diagnosis   diagnóstico (8)
diarrhea   diarrea (8)
dictionary   diccionario (PP)
die   fallecer (4); morirse (ue, u) (9)
difficult   difícil (9)
dining room   comedor (m.) (3)
dinner   cena (4)
dirty   sucio(a) (3)
disconnect   desconectarse (9)
discount (n.)   descuento (2)
discuss   discutir (9)
dish (n.)   plato (3)
dishwasher   lavaplatos (m.) (3)
disorganized   desorganizado(a) (5)
dive (v.)   bucear (7)
divorced   (adj.) divorciado(a) (1)
   to get divorced   divorciarse (9)
dizziness   mareo (8)
do   hacer (3)
   to do business   comerciar (6)
   to do exercise   hacer ejercicio (1)
   to do well (poorly)   salir bien (mal) (9)

doctor   médico(a) (5)
dog   perro (3)
dormitory   residencia estudiantil (1);
   dormitorio (3)
double   doble (2)
   double room   habitación doble (f.) (2)
doubt (v.)   dudar (9)
doubtful   dudoso(a) (9)
dozen   docena (4)
drama   obra (de teatro) (7)
draw   dibujar (7)
drawing   dibujo (7)
dress   vestido (6)
dressed: to get dressed   vestirse (i, i) (3)
dressy   formal (6)
drink (v.)   tomar (1); beber (4)
dry   seco(a)
due: to be due to   deberse a (3)
during   durante (3)
   during the week   entre semana (1)
dust (v.)   limpiar el polvo (3)

E

ear (inner)   oído (8); **(outer)**   oreja (8)
early   temprano (3)
   early morning   madrugada (5)
earring   arete (m.) (6)
Easter   Pascua (7)
eat   comer (1), alimentarse
   eat breakfast   desayunar (4)
   eat lunch   almorzar (ue) (4)
   eat supper   cenar (3)
ecology   ecología (5)
education   educación (f.) (5)
eggs: scrambled eggs   huevos revueltos (4)
eight hundred   ochocientos (2)
eight   ocho (PP)
eighteen   dieciocho (PP)
eighth   octavo(a) (6)
eighty   ochenta (PP)
elbow   codo (8)
elderly   mayor (3)

elementary school   colegio (1)
eleven   once (PP)
e-mail   correo electrónico (1)
embroidered   bordado(a)
employee   empleado(a)(3)
end (n.)   fin (m.)
   at the end of   a finales de (5)
engaged: to get engaged: comprometerse (9)
engagement (to be married):   compromiso (9)
engineer   ingeniero(a) (5)
engineering   ingeniería (5)
English (language)   inglés (m.) (1)
enjoy   disfrutar (de) (7)
enough   suficiente (9)
equitable   justo(a) (5)
era   época
eraser   borrador (m.) (PP)
errand   diligencia (8)
escort (n.)   compañero(a) (9)

essay   ensayo
even   aunque (3)
evening   noche (1)
   in the evening   por la noche (1)
event   acontecimiento (9)
every day   todos los días (1)
exchange (v.)   cambiar (8)
exchange   intercambiar (7)
excited   emocionado(a) (9)
excuse me   perdón (PP)
exercise (n.)   ejercicio (1)
   to exercise, to do exercise   hacer ejercicio (1)
exhausted   agotado(a) (9)
exhibit: to be on exhibit   exhibir (7)
exhibition   exposición (f.) (7)
expensive   caro(a) (6)
explanation   explicación (f.)
eye   ojo (3)
eyeglasses   anteojos, gafas (3)

F

face (n.)   cara (3); (v.) enfrentar (9)
   wash one's face   lavarse la cara (3)
fact   dato (1)
fair   justo(a) (5)
fall (n.)   otoño (7); (v.) caerse (5)
fall asleep   dormirse (ue, u) (5)
fall in love (with)   enamorarse (de) (8)
family   familia (1)
   family member   familiar (m.) (3)
fan   abanico (6)
fancy   formal (6)
far   lejos (8)

far from   lejos (de) (1)
farmer   agricultor(a) (5)
fascinating   fascinante (5)
fashion   moda (6)
   latest fashion   última moda (6)
fat   gordo(a) (3)
father   padre (m.) (1)
February   febrero (2)
feed   dar de comer (3)
feel (v.)   sentirse (ie, i) (9)
   feel like (doing something)   tener ganas
   de (+ inf.) (1)

festival   festival (m.) (7)
fever   fiebre (f.) (8)
fiancé (fiancée)   novio(a) (9)
field trip   excursión (f.) (5)
fifteen   quince (PP)
fifth   quinto (2)
fifty   cincuenta (PP)
fight (v.)   luchar (3)
film-making   cinematografía (5)
finally   por fin
find (v.)   encontrar (ue) (6)
   find out   enterarse

fine (adv.) *bien (1)*
finger *dedo (8)*
finish (v.) *terminar (7)*
fire *fuego (7)*
fireworks *fuegos artificiales (7)*
first *primer(o)(a) (5)*
   first course *plato principal (m.) (4)*
   first floor *planta baja (3)*
   first name *nombre (m.) (1)*
fish (cooked) *pescado (4)*
fish (v.) *pescar (7)*
   tropical fish *pez tropical (m.) (3)*
fit (v.) *quedar (8)*
five *cinco (PP)*
five hundred *quinientos (2)*
five thousand *cinco mil (2)*
fix oneself up *arreglarse*
flight: airplane flight *vuelo (2)*
floor *piso (6); planta (3)*
   ground/first floor *planta baja (6)*

flourish *florecer*
flu *gripe (f.) (8)*
follow *seguir (i, i) (3)*
food *comida (4)*
   fast food *comida rápida*
   food poisoning *intoxicación alimenticia
   (f.) (8)*
foot *pie (m.) (8)*
   go on foot *ir a pie (8)*
football *fútbol americano (m.) (1)*
forbid *prohibir (9)*
forecast (n.) *pronóstico (7)*
forest *bosque (m.) (2)*
fork *tenedor (m.) (4)*
forty *cuarenta (PP)*
founder *fundador(a)*
four *cuatro (PP)*
four hundred *cuatrocientos (2)*
fourth *cuarto (2)*

Fourth of July *Día de la Independencia
   (m.) (7)*
fracture (n.) *fractura (8)*
freckles *pecas*
free (adj.) *libre (9)*
   free time *tiempo libre (7)*
freedom *libertad (f.)*
French fries *papas fritas (4)*
frequently *a menudo (1); con frecuencia (3)*
Friday *viernes (2)*
fried *frito(a) (4)*
friend *amigo(a) (3)*
friendly *amable (3)*
fritter *churro (4)*
full *completo(a) (2)*
funny *divertido(a) (7)*
furious *furioso(a) (9)*
furnished *amueblado(a) (3)*
furniture *muebles (m.) (3)*

G

game *partido (1)*
geography *geografía (5)*
get *conseguir (i) (5)*
   to get a grade (in school) *sacar (5)*
   to get a (marital) separation
     separarse (9)
   to get along well (poorly) with
     someone *llevarse bien (mal) (9)*
   to get burned *quemarse*
   to get cut *cortarse (80)*
   to get divorced *divorciarse (9)*
   to get dressed *vestirse (i, i) (3)*
   to get engaged *comprometerse (9)*
   to get hurt *lastimarse (8)*
   to get in shape *ponerse en forma (9)*
   to get lost *perderse (ie) (8)*
   to get married *casarse (9)*
   to get ready *arreglarse (3)*
   to get sick *enfermarse (7)*
   to get together *reunirse (7)*
   to get up *levantarse (3)*
gift (v.) *regalar (7); (n.) regalo (7)*
girl *chica (3)*
girlfriend *novia (1)*

give *dar (3)*
   give (as a present) *regalar (7)*
   give a kiss *dar un beso (1)*
glass *copa, vaso (4)*
   glass of milk *vaso de leche (4)*
   glass of wine *copa de vino (4)*
glove *guante (m.) (6)*
go *ir (1)*
   to go back *regresar (1); volver (ue) (2)*
   to go camping *acampar (7)*
   to go hiking *hacer caminatas (7)*
   to go horseback riding *montar a caballo (7)*
   to go on a picnic *ir de picnic (7)*
   to go on foot *ir a pie (8)*
   to go out *salir (3); to go out (on a social
     occasion) salir (7)*
   to go to bed *acostarse (ue) (3)*
   to go to graduate school *hacer estudios
     de postgrado (5)*
God *Dios*
godfather (godmother) *padrino (madrina) (3)*
good *bueno(a) (3)*
good bye: to say good-bye *despedirse
   (i, i) (3)*

governor *gobernador(a) (1)*
grade *nota (5)*
graduate (v.) *graduarse (5)*
   to go to graduate school *hacer estudios
     de postgrado (5)*
grammar *gramática (1)*
grandfather (grandmother) *abuelo (abuela) (1)*
grandparents *abuelos (1)*
grandson (granddaughter) *nieto(a) (3)*
grave (adj.) *grave (9)*
gray *gris (6)*
gray-haired *canoso(a) (3)*
great *fabuloso(a) (7)*
green *verde (3)*
greet *saludar*
grief-stricken *desconsolado(a) (9)*
grilled *a la parrilla (4)*
ground floor *planta baja (3)*
group: musical group *conjunto (7)*
gym *gimnasio (1)*

H

hacerse *to become (5)*
haggle over a price *regatear (6)*
hair *pelo (3)*
   to comb one's hair *peinarse (3)*
   to wash one's hair *lavarse el pelo (3)*
Halloween *Día de las Brujas (m.) (7)*
ham *jamón (m.) (4)*
hamburger *hamburguesa (4)*
hamster *hámster (m.) (3)*
hand (n.) *mano (f.)*
   to wash one's hands *lavarse las manos (3)*
hand in *entregar (9)*
handicraft *artesanía (6)*
handsome *guapo(a) (3)*
Hannukah *Janucá (7)*
happen *ocurrir (7)*

happy: to be happy *estar contento(a) (1)*
   to make happy *alegrar (9)*
hardly ever *casi nunca (1)*
hard-working *trabajador(a) (3)*
hat *sombrero (6)*
have *tener (1)*
   to have a good time *divertirse (ie, i) (3),
     pasarlo bien (7)*
   to have a snack *merendar (ie) (4)*
   to have just (done something) *acabar
     de (+ inf.) (9)*
   to have some down time
     desconectarse (9)
hazel (colored) *miel*
head *cabeza (8)*
heart *corazón (m.) (8)*

heavy *pesado(a) (5)*
hectic *ajetreado(a) (3)*
help (n.) *ayuda (9); (v.) ayudar (3)*
helpful: to be helpful *convenir (ie) (2)*
high school *colegio (1)*
hiking: to go hiking *hacer caminatas (7)*
himself (herself) *sí mismo(a)*
history *historia (5)*
holiday *día festivo (7)*
Holy Week *Semana Santa*
home *hogar (m.) (3)*
homemaker *ama de casa (5)*
honest *honesto(a)*
honey color *color miel*
hope (v.) *esperar (7)*
   I hope that . . . *ojalá... (9)*

horse *caballo*
    to go horseback riding *montar a caballo (7)*
hospital *hospital (m.) (1)*
host (hostess) *anfitrión (anfitriona)*
hot *caliente*
    to be hot *tener calor (1)*
hotel *hotel (m.) (2)*

house *casa (1)*
household chores *quehaceres (m.) (3)*
how? *¿cómo? (1)*
how come? *¿por qué?*
how many? *¿cuántos(as)? (1)*
how much? *¿cuánto(a)? (1)*
humanities *humanidades (f.) (5)*
humble (adj.) *humilde*

hungry: to be hungry *tener hambre (1)*
hunt *cazar, ir de caza (7)*
hurry: to be in a hurry *tener prisa (1)*
hurt (v.) *doler (ue); lastimar (8)*
    to get hurt *lastimarse (8)*
husband *esposo (3)*

I

ice cream *helado (4)*
ice cube *cubito de hielo (4)*
ill-mannered *antipático(a)*
illness *enfermedad (f.) (8)*
in front of *delante de (3)*
in the afternoon *por la tarde (1)*
in the evening *por la noche (1)*
in the morning *por la mañana (1)*
incarcerated *encarcelado(a)*

indifferent *indiferente*
inexpensive *barato(a) (6)*
infection *infección (f.) (8)*
information *dato (1)*
injure oneself *lastimarse (8)*
injured: to be injured *ser herido*
inside *dentro de*
interest, to be interested in *interesar (5)*
internship *internado*

interview (n.) *entrevista (9)*
introduce *presentar (7)*
introduced: to be introduced to *conocer (7)*
iron *planchar (3)*
irresponsible *irresponsable (3)*
irritate *molestar (9)*
island *isla (3)*

J

jacket *chaqueta (6)*
January *enero (2)*
jar *frasco (4)*
jeans *vaqueros (6)*

jewel *joya*
job *puesto (9)*
journalism *periodismo (5)*
journalist *periodista (m., f.) (5)*

July *julio (2)*
June *junio (2)*

K

keep track of *estar pendiente de*
key (n.) *llave (f.) (2)*
kilo (metric pound) *kilo (4)*
kitchen *cocina (3)*

kitchen sink *fregadero (3)*
knee *rodilla (8)*
knife *cuchillo (4)*

know (people) *conocer (2),* (information) *saber (8)*
known *conocido(a)*

L

laborer *obrero(a) (5)*
lace scarf *mantilla (6)*
lake *lago (7)*
lamp *lámpara (3)*
last (adj.) *pasado(a) (5)*
    last month *mes pasado (5)*
    last week *semana pasada (5)*
    last weekend *fin de semana pasado (5)*
last (v.) *durar (9)*
late *tarde (3)*
later *luego (5)*
    later on *más tarde (5)*
latest *último(a) (6)*
    latest fashion *última moda (6)*
law *derecho (n.) (5)*
lawn *césped (m.)*
lawyer *abogado(a) (5)*
lazy *perezoso(a) (3)*
leader (n.) *cacique (m.)*
learn *aprender (1)*
leave (go out) *salir (3); dejar (9)*

lecture (n.) *conferencia (5)*
left: to the left *a la izquierda (3)*
leg *pierna (8)*
legacy *legado*
less . . . than *menos... que (3)*
let *dejar (9)*
letter *carta (8)*
lettuce *lechuga (4)*
library *biblioteca (1)*
life: daily life *vida diaria (1)*
    aquatic life *vida marina (5)*
lift weights *levantar pesas (7)*
light (v.) *encender (ie) (7)*
light-headedness *mareo (8)*
likable *simpático(a) (3)*
like (v.) *gustar (1)*
likely *probable (9)*
likewise *igualmente (1)*
listen to *escuchar (1)*
liter *litro (4)*
literature *literatura (5)*

little: a little (of) . . . *un poco (de)... (1)*
live (v.) *vivir (1)*
livestock (n.) *ganado (5)*
living room *sala (3)*
loaf (of bread) *barra (de pan) (4)*
loan (n.) *préstamo*
lobster *langosta (4)*
lodging *alojamiento (5)*
long *largo(a) (5)*
look *ver (7)*
    to look at *mirar (1)*
    to look for *buscar (6)*
lose *perder (ie) (8)*
love (a thing or activity) *encantar (5)*
    in love *enamorado(a) (9)*
lunch (n.) *almuerzo (4)*
    to eat lunch *almorzar (ue) (4)*
lungs *pulmones (m.) (8)*
lying *mentiroso(a)*

M

machinery *maquinaria (5)*
magazine *revista (1)*
maid *empleado(a) (3)*
mail (v.) *enviar (3)*

major (field of study) (n.) *carrera (5)*
make *hacer (3)*
    to make happy *alegrar (9)*
    to make the bed *hacer la cama (3)*

man *hombre (m.) (6)*
manager *gerente (m., f.) (5)*
map (n.) *mapa (m.) (PP)*
maracas *maracas (6)*

March *marzo (2)*
market *mercado (6)*
marmalade *mermelada (4)*
marriage *casamiento*
married *casado(a) (1)*
   to get married *casarse (9)*
master's degree *maestría*
mathematics *matemáticas (5)*
matter *importar (6)*
May *mayo (2)*
maybe *tal vez (9)*
mayonnaise *mayonesa (4)*
meal *comida (4)*
medicine *medicina (5)*
medium *mediano(a) (3)*
   medium-sized *de tamaño mediano (3)*
meet *conocer, encontrar (ue), reunirse (7)*
Menorah *candelabro (7)*
menu *menú (m.), carta (4)*

messy *desordenado(a) (3)*
microwave *microondas (3)*
midday *mediodía (m.) (2)*
middle (child) *de en medio (3)*
   in the middle *en el medio (3)*
midnight *medianoche (f.) (2)*
million *millón (m.) (2)*
miserable *pésimo(a) (7)*
modern *moderno(a) (3)*
Monday *lunes (2)*
month *mes (m.) (2)*
   last month *mes pasado (5)*
   next month *mes próximo (5)*
more . . . than *más... que (3)*
morning: in the morning *por la mañana (1)*
mother *madre (f.) (1)*
motion sickness *mareo (8)*
mountain *montaña (7)*
mountain range *cordillera*

moustache *bigote (m.) (3)*
mouth *boca (8)*
move (a part of the body) *moverse*
   to move (one's residence), to move out *mudarse*
movie *película (1)*
movie theater *cine (m.) (7)*
MP3/MP4 player *reproductor de MP3/MP4 (m.) (PP)*
much *mucho(a) (1)*
multinational *(adj.)* *multinacional (5)*
   multinational company *compañía internacional (5)*
museum *museo (2)*
music *música (1)*
musical group *conjunto (7)*
must *deber + inf. (4)*
myself *mí mismo(a) (5)*

N

name *nombre (m.) (1)*
   last name *apellido (1)*
napkin *servilleta (4)*
nausea *náuseas (8)*
navigate *navegar*
navy blue *azul marino (6)*
near(by) *cerca de (8)*
neat *ordenado(a) (3)*
neck *cuello (8)*
necklace *collar (m.) (6)*
   gold necklace *cadena de oro (6)*
necktie *corbata (6)*
need *(v.)* *necesitar (1)*
neighbor *vecino(a) (1)*
nephew *sobrino (3)*
nervous: to be nervous *estar nervioso(a) (1)*

never *nunca (PP)*
new *nuevo(a) (1)*
New Year's Day *Día de Año Nuevo (m.) (7)*
New Year's Eve *Noche Vieja (f.) (7)*
news *noticias (3)*
newspaper *periódico (1)*
next *luego (5); próximo(a) (5)*
   next month *mes próximo (5)*
niece *sobrina (3)*
night *noche (f.)*
   all night *toda la noche (7)*
   at night *por la noche (5)*
night stand *mesita de noche (3)*
nine *nueve (PP)*
nine hundred *novecientos (2)*
nineteen *diecinueve (PP)*

ninety *noventa (PP)*
ninth *noveno(a) (6)*
noodle *fideo*
noon *mediodía (m.) (2)*
normally *normalmente (3)*
nose *nariz (f.) (8)*
not much *poco(a) (1)*
notebook *cuaderno (PP)*
notes *apuntes (m.) (5)*
nourish oneself *alimentarse*
novel *novela (1)*
November *noviembre (2)*
nowadays *hoy por hoy*
number *número (1)*
nurse *enfermero(a) (5)*

O

observatory *observatorio (5)*
obtain *conseguir (i) (5)*
occupation *oficio (5)*
October *octubre (2)*
office *oficina*
often *a menudo (1); con frecuencia (3)*
old *viejo(a) (3)*
older, oldest *mayor (3)*
omelette *tortilla (4)*
on *en (PP); sobre (3)*

   on top of *encima de (3)*
one hundred *cien (2)*
one hundred one *ciento uno (2)*
one thousand *mil (2)*
one-hundred thousand *cien mil (2)*
one-way *de ida (2)*
open *(v.)* *abrir (2)*
open *abierto(a) (2)*
opposite *(adj.)* *enfrente de (8)*
optimistic *optimista (9)*

orange (color) *anaranjado(a) (6)*
orange juice *jugo de naranja (4)*
order *(v.)* *pedir (i, i) (4)*
order: out of order *descompuesto(a) (3)*
organize *organizar (9)*
other *otro(a) (7)*
oven *horno (4)*
owe *deber (4)*

P

P.M. (afternoon) *de la tarde (2); (night) de la noche (2)*
package *paquete (m.) (4)*
page *(n.)* *página (PP)*
pain *dolor (m.) (8)*
paint *(v.)* *pintar (7)*
painting *(n.)* *cuadro (3), pintura (7)*
pants *pantalones (m.) (6)*
paper: sheet of paper *hoja de papel (PP)*
   wrapping paper *papel de regalo*
parade *desfile (m.) (7)*
pardon me *perdón (PP)*

parents *padres (1)*
park *parque (m.) (1)*
partner *compañero(a) (PP)*
party *(n.)* *fiesta (1); (political) partido (1)*
pass away *fallecer (3)*
pass the basic courses *aprobar (ue) (5)*
Passover *Pésaj (m.) (7)*
paternal *paterno(a) (3)*
patient *paciente (m., f.) (8)*
pay (for) *pagar (6)*
peach *durazno, melocotón (m.) (4)*
peak *(n.)* *cumbre (f.) (5)*

pear *pera (4)*
pen *bolígrafo (PP)*
pencil *lápiz (m.) (PP)*
people: group of people *pueblo (2)*
perhaps *quizás; tal vez (9)*
personality *personalidad (f.) (3); carácter (m.) (3)*
personnel director *director(a) de personal (5)*
pessimistic *pesimista (9)*
pet *mascota (3)*
pharmacy *farmacia (8)*
physics *física (5)*

pick (v.) escoger (6)
picky quisquilloso(a) (5)
picnic: to go on a picnic ir de picnic (7)
  to have a picnic hacer un picnic (7)
picture foto (f.) (1)
pie: pumpkin pie pastel de calabaza (m.) (7)
pill pastilla (8)
pineapple piña (4)
pink rosado(a) (6)
place (n.) lugar (m.) (2)
place setting cubierto (4)
plaid de cuadros (6)
plan (v.) pensar (ie) (2)
plate: ceramic plate plato de cerámica (6)
play (n.) obra (de teatro) (7)
play (v.) jugar (ue) (1)
  to play (a musical instrument) tocar (1)
  to play (a sport) practicar (1); jugar (ue) (1)
player jugador(a) (7)
pleasing: to be pleasing gustar (1)
poetry poesía (1)
point out señalar
police station comisaría (8)
polka-dotted con lunares (6)

pool (swimming) piscina (2)
poorly: to do poorly salir mal (9)
population población (f.) (2)
pork chop chuleta de cerdo (4)
portrait (n.) retrato
post office correo (8)
postage stamp sello (8)
postcard tarjeta postal (8)
poster cartel (m.) (PP)
postpone posponer (9)
potato papa, patata (4)
practice (v.) practicar (1)
prefer preferir (ie) (2)
pregnant embarazada (9)
prepare preparar (3)
prescribe recetar (8)
prescription receta (8)
present (n.) regalo (7); (v.) presentar (7)
presentation presentación (f.) (5)
printed estampado(a) (6)
printer impresora (PP)
private privado(a) (2)
probable probable (9)
procrastinate procrastinar (9)

professional studies estudios
  profesionales (5)
professor profesor(a) (PP)
program (n.) programa (m.) (1)
programmer programador(a) (5)
prohibit prohibir (9)
project (n.) proyecto (5)
protect proteger
proud orgulloso(a) (9)
psychologist psicólogo(a) (5)
psychology psicología (5)
pumpkin pie pastel de calabaza (m.) (7)
purple morado(a) (6)
purse: leather purse bolso de cuero (6)
pursue perseguir
put poner (3)
  to put in order, pick up the room
   recoger (3)
  to put off posponer (9)
  to put on make-up maquillarse
  to put on oneself ponerse (3);
   aplicarse (8)
  to put out apagar (7)

Q

question (n.) pregunta (1)

quite bastante (8)

R

race (n.) carrera (3)
rain (n.) lluvia (7); (v.) llover (ue) (7)
raincoat impermeable (m.) (6)
raise (v.) criar
read leer (1)
ready: to get ready arreglarse (3)
real estate agent agente (m., f.) de bienes
  raíces (5)
receive recibir (7)
recipe receta (4)
recommend recomendar (ie) (4)
red rojo(a) (3)
refrigerator refrigerador (m.) (3)
regret (v.) sentir (ie, i) (9)
reject rechazar
relative (n.) pariente (m.) (3)
relax descansar; relajarse (7)
remain (v.) quedarse (7)
remedy remedio (8)

renown renombre (m.)
rent (v.) alquilar (3)
require (v.) exigir
research investigación (f.) (5)
reservation reservación (f.) (2)
residence residencia estudiantil (1)
resign dimitir
response (n.) respuesta (1)
rest descansar
restaurant restaurante (m.) (1)
return (v.) regresar, volver (ue) (2)
rice arroz (m.) (4)
  rice dish with saffron, seafood,
   chicken paella (4)
ride a bike (a horse) montar en bicicleta
  (a caballo) (1)
right (n.) derecho
  to be right tener razón (9)
  to the right a la derecha (3)

right away enseguida (4)
right there allí mismo (8)
ring (n.) anillo (6)
roasted asado(a) (4)
rock climb, go rock climbing escalar en
  roca (7)
roll (bread) panecillo (4)
room habitación (f.) (2), cuarto (1)
  classroom sala de clase (PP)
  double room habitación doble (2)
  dressing room probador (m.) (6)
  single room habitación sencilla (2)
roommate compañero(a) de cuarto (3)
round-trip de ida y vuelta (2)
rude antipático(a)
rug alfombra (3)
run correr (1)
  run into chocar contra
  run over atropellar

S

sad triste (1)
  to be sad estar triste (1)
sailboat barco de vela (7)
salad ensalada (4)
salad dressing aderezo (4)
sale: on sale de rebaja (6)
salesperson vendedor(a) (5)
salt sal (f.) (4)
sand arena
sandal sandalia (6)
sandwich sándwich (m.) (4)
sarape (Mex.) sarape (m.) (6)
Saturday sábado (2)

say good-bye despedirse (i, i)
schedule (n.) horario (5)
scholarship beca (9)
school: go to graduate school hacer
  estudios de post-grado (5)
science: natural science ciencias naturales (5)
  political science ciencias políticas (5)
  social science ciencias sociales (5)
score (v.) marcar
scrambled revuelto(a) (4)
season (of the year) estación (f.) (7)
second segundo(a) (2)
  second course segundo plato (4)

seem parecer (6)
select escoger (6)
semester semestre (m.) (1)
send enviar (3)
separate separarse (9)
September septiembre (2)
serious serio(a) (3); grave (9)
serve servir (i, i) (4)
set (the table) poner (3)
seven hundred setecientos (2)
seventeen diecisiete (PP)
seventh séptimo(a) (6)
seventy setenta (PP)

severe *grave (8)*
shake hands *darse la mano*
share *(v.)* *compartir (4)*
shave *(v.)* *afeitarse (3)*
sheet of paper *hoja de papel (PP)*
shelf *estante (3)*
shellfish *mariscos (4)*
shirt *camisa (6)*
   loose-fitting men's shirt *guayabera (6)*
short *bajo(a) (3)*
short story *cuento (7)*
shorts *pantalones cortos (m.) (6)*
shot *inyección (f.)*
shoulder *hombro (8)*
show *(n.)* *función (f.) (7); programa (m.) (1);*
   (v.) *mostrar (ue) (8)*
   show off *lucir (6)*
shower *(n.)* *ducha (2)*
   to take a shower *ducharse (5)*
shredded *mechado(a)*
shrimp *camarón (m.) (4)*
shy *tímido(a) (3)*
sick, ill *enfermo(a) (1)*
sick: to get sick *enfermarse (7)*
   to be sick *estar enfermo(a) (1)*
side: to the side of *al lado de (3)*
sign *(v.)* *firmar*
silk *seda*
simple *sencillo(a) (6)*
sing *cantar (7)*
singer *cantante (m., f.)*
single room *habitación sencilla (f.) (2)*
single *soltero(a) (1)*
sister *hermana (1)*
   half sister *media hermana (3)*
sit down *sentarse (ie)(3)*
six hundred *seiscientos (2)*
six *seis (PP)*
sixteen *dieciséis (PP)*
sixth *sexto(a) (6)*
sixty *sesenta (PP)*
size *(n.)* *talla (6)*
skate *patinar (1)*
   ice skate *patinar sobre hielo (1)*
ski *(v.)* *esquiar (7)*
skirt *falda (6)*

sleep *(v.)* *dormir (ue) (2)*
sleepy: to be sleepy *tener sueño (1)*
slippery *resbaloso(a) (7)*
slowly *lentamente, despacio (PP)*
smoke *(v.)* *fumar (9)*
snack, snack time *merienda (4)*
   to have a snack *merendar (ie) (4)*
snorkel *(v.)* *bucear (7)*
snow *(n.)* *nieve (f.) (7); (v.) nevar (ie) (7)*
soccer *fútbol (europeo) (1)*
social network *red social (f.) (1)*
sociology *sociología (5)*
sock *calcetín (m.) (6)*
soda *gaseosa, refresco (4)*
sofa *sofá (m.) (3)*
something *algo (1)*
sometimes *a veces (3)*
son *hijo (1)*
song *canción (f.) (1)*
sorry: be sorry *sentir (ie, i) (9)*
so-so *regular (5)*
soup *sopa (4)*
source *fuente (f.) (9)*
souvenir *recuerdo (6)*
speak *hablar (1)*
spend (time) *pasar (1)*
spoon *cuchara (4)*
sport *deporte (m.) (1)*
spring *primavera (7)*
St. Valentine's Day *Día de los*
   Enamorados (m.) (7)
stairs, staircase *escalera (3)*
stamp (postage) *sello (8)*
stand out *(v.)* *lucir*
star *estrella (7)*
statehood *estadidad (f.)*
stationery store *papelería*
statistics *estadística (5)*
stay *(v.)* *quedarse (7)*
stay in bed *guardar cama (8)*
stepbrother (stepsister) *hermanastro(a) (3)*
stepfather *padrastro (3)*
stepmother *madrastra (3)*
stepson (stepdaughter) *hijastro(a) (3)*
stitch *punto*
stomach *estómago (8)*

stop (doing something) *dejar de (+ inf.) (9)*
store *(n.)* *tienda (2)*
   department store *gran almacén (m.) (6)*
storm *tormenta (7)*
story *cuento (7)*
stove *estufa (3)*
straight ahead *(adv.)* *derecho (8)*
strawberry *fresa (4)*
street *calle (f.) (1)*
street corner *esquina (8)*
stressed out *estresado(a) (9)*
strike *(n.)* *huelga*
striped *de rayas (6)*
stroll *(v.)* *pasear (7)*
student *estudiante (m., f.) (PP)*
   law student *estudiante de derecho (6)*
student I.D. card *tarjeta estudiantil (2)*
style *(n.)* *estilo (3)*
   modern (in style) *de estilo moderno*
   traditionally styled *de estilo tradicional*
subject *asignatura (5)*
success *(n.)* *éxito (1)*
suffer (from illness) *padecer*
sugar *azúcar (m.) (4)*
suit *traje (m.) (6)*
summer *verano (7)*
sunbathe *tomar el sol (7)*
Sunday *domingo (2)*
sunglasses *gafas de sol (6)*
sunny: it's sunny *hace sol (7)*
sunscreen *protector solar (8)*
supermarket *supermercado*
supper *cena (4)*
sure *seguro(a) (9)*
surf (the Internet) *navegar (1)*
surname *apellido (1)*
surprise *(v.)* *sorprender (9)*
surprised *sorprendido(a) (9)*
survive *sobrevivir*
sweater *suéter (m.) (6)*
sweatshirt *sudadera (6)*
swim *(v.)* *nadar (7)*
swimming pool *piscina (2)*
symptom *síntoma (m.) (8)*
synagogue *sinagoga (7)*
syrup (cough) *jarabe (para la tos) (m.) (6)*

T

table *mesa (PP)*
   end table *mesita (3)*
tablet *pastilla (8)*
take (shoe size) *calzar (6)*
take *tomar (1); llevar (7)*
   to take a shower *ducharse (5)*
   to take a trip *hacer un viaje (2)*
   to take a walk *dar un paseo (7)*
   to take care of oneself *cuidarse (9)*
   to take notes *tomar apuntes (5)*
   to take off (clothing) *quitarse (3)*
   to take out *sacarle*
   to take place *tener lugar (9)*
talk *(v.)* *hablar (1)*
tall *alto(a) (3)*
tap water *agua de la llave*
taste *(v.)* *probar (ue) (4)*
tea *té (m.) (4)*

teacher *profesor(a) (1); maestro(a) (5)*
team *(n.)* *equipo (7)*
teaspoon *cucharita (4)*
television *televisión (f.) (1)*
television set *televisor (m.) (3)*
tell (a story) *contar (ue) (7)*
temperature *temperatura (7)*
temporarily *temporal (9)*
ten *diez (PP)*
ten thousand *diez mil (2)*
tennis *tenis (m.) (1)*
tenth *décimo (6)*
terrible *fatal (7)*
thank you, thanks *gracias (PP)*
Thanksgiving *Día de Acción de Gracias*
   (m.) (7)
that, that one *ese/esa (6)*
the *el (la), los (las) (PP)*

theater *teatro (7)*
   movie theater *cine (m.) (7)*
then *luego, entonces (5)*
theory *teoría (5)*
there is/are *hay (haber) (PP)*
these *estos/estas (3);* these ones
   estos/estas (6)
thin *delgado(a) (3)*
thing *cosa (1)*
think *(v.)* *pensar (ie) (2)*
   (opinion) *creer (5)*
third *tercer(o)(a) (2)*
thirsty: to be thirsty *tener sed (1)*
thirteen *trece (PP)*
thirty *treinta (PP)*
thirty-one *treinta y uno (PP)*
this, this one *este/esta (6)*
those, those ones *esos/esas; aquellos*

throat   *garganta (8)*
Thursday   *jueves (2)*
ticket   *boleto (2)*
tidy   *ordenado(a) (3)*
tight-fitting   *ajustado(a) (6)*
time   *tiempo (7); época*
  free time   *tiempo libre (1)*
  to have a good time   *divertirse (ie, i) (3);*
    pasarlo bien (7)
tip *(n.)*   *propina (4)*
tired   *cansado(a) (1)*
toast *(v.)*   *brindar (7); (n.) pan tostado (m.) (4)*
today   *hoy (2)*
toe   *dedo del pie (8)*
together   *juntos (1)*
  to get together   *reunirse (7)*
toilet   *inodoro (3)*
tomato   *tomate (m.) (4)*
tomorrow   *mañana (2)*

too much   *demasiado(a) (5)*
tooth   *diente (m.) (8)*
tortilla (flour)   *tortilla (Mex.) (4)*
touch *(v.)*   *tocar (5)*
tour *(n.)*   *excursión (f.) (2)*
tourism office   *oficina de turismo (8)*
trade   *oficio (5)*
traditionally styled   *de estilo tradicional*
train *(n.)*   *tren (m.) (2)*
train station   *estación de tren (f.) (8)*
transportation   *transporte (m.) (2)*
travel agency   *agencia de viajes (2)*
travel   *viajar (2)*
traveler's check   *cheque de viajero (m.) (2)*
treat oneself   *tratarse*
treaty   *tratado*
tree   *árbol (m.) (7)*
trip *(n.)*   *viaje (m.) (2); excursión (f.) (2)*
true   *cierto(a) (9)*

truth   *verdad (f.) (9)*
try *(v.)*   *tratar (9); probar (ue) (4)*
  to try on   *probarse (ue) (6)*
  to try to (do something)   *tratar de*
    (+ inf.) (9)
T-shirt   *camiseta (6)*
Tuesday   *martes (2)*
turkey   *pavo (7)*
turn *(v.)*   *doblar (8)*
turn on (the TV, radio)   *poner (3)*
twins   *gemelos (1)*
twist *(v.)*   *torcer (ue)*
two   *dos (PP)*
two hundred   *doscientos (2)*
two million   *dos millones (2)*
Tylenol   *paracetamol (8)*

U

ugly   *feo(a) (3)*
umbrella   *paraguas (m.) (6)*
uncle   *tío (1)*
under   *debajo de (3)*
understand   *comprender (1)*

unexpected   *inesperado(a) (3)*
university   *universidad (f.) (1)*
unoccupied   *libre (9)*
unpleasant   *antipático(a) (3)*
until   *hasta (3)*

until late   *hasta tarde (3)*
uprising   *levantamiento*
usually   *normalmente (3)*

V

vacation   *vacaciones (f.) (7)*
very much   *muchísimo(a) (7)*
veterinarian   *veterinario(a) (5)*

video   *vídeo (1)*
videogames   *videojuegos (1)*
vigil *(n.)*   *velorio*

visit *(v.)*   *visitar (1)*
vomiting   *vómito (8)*

W

wait *(v.)*   *esperar (7)*
waiter (waitress)   *camarero(a) (4)*
wake *(n.)*   *velorio*
wake up   *despertarse (ie) (3)*
walk   *caminar (8)*
  to take a walk   *dar un paseo (7)*
wallet   *billetera (6)*
want *(v.)*   *desear (4); querer (ie) (2)*
war   *guerra (2)*
warm: it's warm   *hace calor (7)*
wash *(v.)*   *lavar (3)*
  wash one's hair/hands/face   *lavarse el*
    pelo/las manos/la cara (3)
watch *(v.)*   *mirar (1)*
watermelon   *sandía (4)*
weapon   *arma*
wear   *llevar (6); (shoe size)   calzar*
weather *(n.)*   *tiempo (3)*
  it's good (bad) weather   *hace buen (mal)*
    tiempo (7)
wedding   *boda (9)*
Wednesday   *miércoles (2)*

week   *semana (2)*
  last week   *semana pasada (5)*
  last weekend   *fin de semana pasado (5)*
  weekend   *fin de semana (m.) (1)*
weight: to lift weights   *levantar pesas (7)*
welcome: you're welcome   *de nada (PP)*
well *(adv.)*   *bien (1)*
  to do well   *salir bien (9)*
  to get along well   *llevarse bien (9)*
well-mannered   *educado(a)*
what for?   *¿para qué? (1)*
what?   *¿qué? (1)*
when?   *¿cuándo? (1)*
where from?   *¿de dónde? (1)*
where to?   *¿adónde? (1)*
where?   *¿dónde? (1)*
which one(s)?   *¿cuál(es)? (1)*
while   *rato (5)*
white   *blanco(a) (6)*
who?   *¿quién(es)? (1)*
why?   *¿por qué? (1)*
wife   *esposa (3)*

window   *ventana (PP); escaparate (m.)*
windy: it's windy   *hace viento (7)*
winter   *invierno (7)*
wish for   *desear (4)*
with   *con (1)*
  with me   *conmigo*
woman   *mujer (f.) (6)*
wood   *madera (4)*
wool   *lana*
work *(n.)*   *trabajo (3); (v.) trabajar (1)*
worker   *trabajador(a) (3)*
  social worker   *trabajador(a) social (5)*
worried   *preocupado(a) (1)*
worry *(v.)*   *preocuparse (9)*
  to be worried   *estar preocupado(a) (1)*
worst, worse   *peor (3)*
wrap   *envolver (ue) (6)*
wrist   *muñeca (8)*
write   *escribir (1)*
writing   *redacción (f.)*
  written paper   *trabajo escrito (9)*

X

x-ray   *radiografía*

Y

yard *jardín (m.)* (3)
year *año* (2)
   last year *el año pasado* (5)
   next year *el próximo año* (5)

yellow *amarillo(a)* (6)
yesterday *ayer* (5)
young *joven* (3)

younger, youngest *menor* (3)
your *(form. sing.) su; (inform., pl.)*
   vuestro(a) (1)

Z

zoo *parque zoológico (m.)* (8)

Vocabulario temático

PASO PRELIMINAR

En la sala de clase	In the classroom
¿Qué hay en la sala de clase?	What is there in the classroom?
Hay...	There is/are . . .
También hay...	There is also . . .
un bolígrafo	a pen
un borrador	an eraser
un calendario	a calendar
un cartel	a poster
una computadora	a computer
un cuaderno	a notebook
un diccionario	a dictionary
un estudiante	a (male) student
una estudiante	a (female) student
una hoja de papel	a sheet of paper
una impresora	a printer
un lápiz	a pencil
un libro	a book
un mapa	a map
una mesa	a table, desk
una mochila	a bookbag/backpack
la pizarra	the chalkboard
la profesora	the (female) teacher
una puerta	a door
un pupitre	a student desk
un reloj	a clock
un reproductor de MP3/MP4	MP3/MP4 player
la sala	the room
una silla	a chair
un teléfono celular	cell phone
una tiza	a piece of chalk
una ventana	a window

Las instrucciones del professor / de la profesora	Classroom instructions
Abran el libro en la página…	Open your book to page…
Repitan.	Repeat.
Contesten en español.	Answer in Spanish.
Lean la información.	Read the information.
Estudien las páginas…	Study pages . . .
Cierren el libro.	Close your book.
Escuchen.	Listen.
Trabajen con un(a) compañero(a).	Work with a partner.
Hagan la tarea para…	Do the homework for . . .

El abecedario	The alphabet
—¿Qué es esto?	—What is this?
—Es un pupitre.	—It is a desk.
—¿Cómo se escribe "pupitre"?	—How do you spell it/write it?
—Se escribe pe-u-pe-i-te-erre-e.	—You spell it p-u-p-i-t-r-e.

a	a	Argentina	a	Argentina
b	be	Bolivia	b	Bolivia
c	ce	Colombia	c	Colombia
d	de	Dinamarca	d	Denmark
e	e	Ecuador	e	Ecuador
f	efe	Francia	f	France
g	ge	Guatemala	g	Guatemala
h	hache	Honduras	h	Honduras
i	i	Inglaterra	i	England
j	jota	Japón	j	Japan
k	ka	Kenia	k	Kenya
l	ele	Luxemburgo	l	Luxemburg
m	eme	Mónaco	m	Monaco
n	ene	Nicaragua	n	Nicaragua
ñ	eñe	España	ñ	Spain
o	o	Omán	o	Oman
p	pe	Perú	p	Peru
q	cu	Quito	q	Quito
r	erre	Rusia	r	Russia
s	ese	Suiza	s	Switzerland
t	te	Tailandia	t	Thailand
u	u	Uruguay	u	Uruguay
v	uve	Venezuela	v	Venezuela
w	uve doble	Washington	w	Washington
x	equis	México	x	Mexico
y	ye	Yemen	y	Yemen
z	zeta	Nueva Zelanda	z	New Zealand

Los números de 0 a 20	Numbers from 0–20
¿Cuántos pupitres hay en la sala de clase?	How many desks are there in the classroom?
Hay veinte.	There are twenty.
¿Cuántas sillas hay?	How many chairs are there?
Hay veintiuna.	There are twenty-one.

0	cero	0	zero
1	uno	1	one
2	dos	2	two
3	tres	3	three
4	cuatro	4	four
5	cinco	5	five
6	seis	6	six
7	siete	7	seven
8	ocho	8	eight
9	nueve	9	nine
10	diez	10	ten
11	once	11	eleven
12	doce	12	twelve
13	trece	13	thirteen
14	catorce	14	fourteen
15	quince	15	fifteen
16	dieciséis	16	sixteen
17	diecisiete	17	seventeen
18	dieciocho	18	eighteen
19	diecinueve	19	nineteen
20	veinte	20	twenty

Los números de 10 a 100

10	diez (once, doce, trece…)
20	veinte (veintiuno, veintidós, veintitrés…)
30	treinta (treinta y uno, treinta y dos…)
40	cuarenta (cuarenta y uno, cuarenta y dos…)
50	cincuenta (cincuenta y uno, cincuenta y dos…)
60	sesenta (sesenta y uno…)
70	setenta (setenta y uno…)
80	ochenta (ochenta y uno…)
90	noventa (noventa y uno…)
100	cien (ciento uno, ciento dos, ciento tres…)

Para presentarnos / Introducing ourselves

—Hola. Me llamo *Amanda*.

—Hi. I'm (My name is) *Amanda*.

—Hola, *Amanda*. Soy *Chris*.
—Mucho gusto.
—Mucho gusto, Amanda.

—Hi, *Amanda*. I'm *Chris*.
—Nice to meet you.
—Nice to meet you, Amanda.

Cómo hablar con tu professor(a) / Talking with your professor

Más despacio, por favor. — (Speak) More slowly, please.

Tengo una pregunta. — I have a question.
¿Cómo se dice…? — How do you say . . . ?
¿Qué quiere decir…? — What does . . . mean?
¿Puede repetir, por favor? — Could you repeat that, please?

¿En qué página? — On what page?
Sí./No. — Yes./No.
No sé. — I don't know.
Gracias. — Thank you./Thanks.
De nada. — You're welcome.
Perdón. — Pardon me.
Con permiso. — Excuse me.

CAPÍTULO 1

Paso 1

Las presentaciones informales / Introducing yourself to classmates

—Hola. Soy *Francisco Martín*. ¿Cómo te llamas?
—Me llamo *Elena Suárez Lagos*.
—Mucho gusto, *Elena*.
—Mucho gusto, *Francisco*.

—Hi. I'm *Francisco Martín*. What's your name?
—I'm *Elena Suárez Lagos*.
—Nice to meet you, *Elena*.
—It's a pleasure to meet you, *Francisco*.

Las presentaciones formales / Introducing yourself to professors

—Buenos días. Me llamo *Rafael Díaz*. ¿Cómo se llama usted?
—Soy *Carmen Acosta*.
—Encantado.
—Igualmente.

—Good morning. My name is *Rafael Díaz*. What is your name?
—I'm *Carmen Acosta*.
—Pleased to meet you.
—Likewise./Same here.

Los saludos informales / Greeting classmates and friends

—Hola, *Patricia*.
—Hola, *Margarita*.
—¿Cómo estás?
—*Bien*, gracias. ¿Y tú?

Regular.
—Muy bien. *Hablamos* más tarde.
—Está bien. *Hasta luego.*
Nos vemos.

—Hi, *Patricia*.
—Hi, *Margarita*.
—How are you?
—*Fine (Good)*, thanks. And you?
So-so.
—Great. *We'll talk* later.
—O.K. *See you later. See you around.*

Los saludos formales / Greeting your professors

—Buenas tardes, *profesor(a)*.

—Buenas tardes, *Roberto*.
—¿Cómo está usted?
—*Estoy bastante bien*. ¿Y usted? *Ocupado(a), pero bien.*
—*Bien*, gracias. Bueno, nos vemos en clase.
—Adiós. *Hasta mañana.*

—Good afternoon, *professor*.

—Good afternoon, *Roberto*.
—How are you?
—*I'm quite well*. And you? *Busy, but well.*
—Fine, thanks. Well, see you in class.
—Good-bye. *See you tomorrow.*

Más saludos y despedidas / More ways to greet and say good-bye

Buenos días. — Good morning.
Buenas tardes. — Good afternoon/evening.
Buenas noches. — Good evening/night.
Chao. *(informal)* — Bye. *(informal)*
Hasta pronto. — See you soon.
¡Que pases un buen fin de semana! *(informal)* — Have a good weekend! *(informal)*
¡Que pase un buen fin de semana! *(formal)* — Have a good weekend! *(formal)*

Para expresar los estados / Expressing how you feel

—¿Qué tal? *(informal)* — How are you? *(informal)*
—Estoy… de maravilla. — I'm great.
—¿Cómo estás? *(informal)* — How are you? *(informal)*
—Estoy muy *enfermo(a)*. ¿Y tú? — I'm very *sick/ill*. And you?
—¿Cómo está Ud.? *(formal)* — How are you? *(formal)*
—Estoy un poco *cansado(a)*. ¿Y Ud.? — I'm (feeling) a bit *tired*. And you?

Algunos estados / How you feel

de maravilla	great
(bastante) bien	(quite) well
regular	so-so
mal	bad
de buen humor	in a good mood
de mal humor	in a bad mood
cansado/cansada	tired
contento/contenta	happy
enfermo/enferma	sick/ill, under the weather
enojado/enojada	angry

nervioso/nerviosa	nervous
ocupado/ocupada	busy
preocupado/preocupada	worried
triste	sad

Información básica

Exchanging basic information with classmates

—¿Cómo te llamas? — —What is your name?
—Me llamo *Victoria Rosati Álvarez*. — —My name is *Victoria Rosati Álvarez*.
—Todos me dicen *Viki*. — —Everyone calls me *Viki*.
—¿De dónde eres? — —Where are you from?
—Soy de *Nueva York*. Nací en *San Juan, Puerto Rico*. — —I'm from *New York*. I was born in *San Juan, Puerto Rico*.
—¿Dónde vives? — —Where do you live?
—Aquí en la Universidad vivo en la residencia *Capstone*. — —Here at the university I live in *Capstone Residence Hall*.
una casa en la calle Azalea los apartamentos Greenbriar cerca del campus — *a house on Azalea Street Greenbriar Apartments close to the campus*
—¿En qué año (de estudios) estás? — —What year (of studies) are you in?
—Estoy en *primer* año. — —I'm in *my first year (a freshman)*.
segundo — *second year (a sophomore)*
tercer — *third year (a junior)*
cuarto — *fourth year (a senior)*
—¿Cuántas clases tienes este semestre? — —How many classes do you have this semester?
—Tengo *cuatro clases y un laboratorio*. — —I have *four classes and a lab*.
—¿Cuál es tu número de teléfono? — —What's your phone number?
Mi celular es el *7-98-46-16 (siete, noventa y ocho, cuarenta y seis, dieciséis)*. — My cell phone is 798-4616.
—¿Cuál es tu dirección de correo electrónico? — —What's your e-mail address?
—Es *Viki278@yahoo.com (Viki dos, siete, ocho, arroba yahoo punto com)*. — —It's Viki278@yahoo.com.

Paso 2

La familia y los amigos

Family and friends

—¿Cómo es tu familia, *Dulce*? — —What's your family like, *Dulce*?
—Aquí tengo una foto. Mira. — —Here's a picture of us. Look.
Este es mi hermano mayor, *Carlos*. Tiene *veinte* años. — This is my older brother, *Carlos*. He's *twenty (years old)*.
Esta soy yo. Tengo *diecisiete* años. — This is me. I'm *seventeen*.
Esta es mi tía *Felicia*. Es *soltera* y vive *con nosotros*. — This is my aunt, *Felicia*. She's *single* and lives *with us*.

—Este es mi papá. Se llama *Arturo*. — This is my dad. His name is *Arturo*.
—Esta es mi mamá. Se llama *Beatriz*. — This is my mom. Her name is *Beatriz*.
—Estos son mis buenos amigos, *Marcos* y *Sara*. — These are my good friends *Marcos and Sara*.
—Esta es mi hermana menor, *Elisa*. Tiene *diez* años. — This is my younger sister, *Elisa*. She's *ten*.

Otros familiares

Other family members

los abuelos	grandparents
el abuelo	grandfather
la abuela	grandmother
los padres	parents
el padre	father
la madre	mother
los esposos	spouses/married couple
el esposo	husband
la esposa	wife
los hijos	children/sons and daughters
el hijo	son
la hija	daughter
los gemelos	twins
los tíos	uncle and aunt
el tío	uncle
la tía	aunt

Otros amigos

Other friends and acquaintances

los novios	engaged couple
el novio	boyfriend/fiancé
la novia	girlfriend/fiancée
unos (buenos) amigos	some (good) friends
un (buen) amigo	a (good) friend (male)
una (buena) amiga	a (good) friend (female)
los vecinos	neighbors
el vecino	neighbor (male)
la vecina	neighbor (female)
mis compañeros de cuarto	my roommates
mi compañero de cuarto	my roommate (male)
mi compañera de cuarto	my roommate (female)

Nuestra rutina entre semana En casa

Our weekday routine At home

Entre semana mis padres trabajan mucho. — During the week my parents work a lot
Están súper ocupados. — They are very busy.
Mi hermanito pasa el día en el colegio. — My brother spends the day at school.
Aprende a leer y a escribir — He's learning to read and to write.
Por la noche mis padres y mi hermano comen juntos y conversan. — At night my parents and my brother eat together and talk/chat.
En la universidad — At the university
Mis amigos y yo asistimos a clases todos los días. — My friends and I attend classes every day.
Por la noche tenemos que estudiar mucho. — At night we have to study a lot.
A veces practicamos deportes o miramos televisión. — Sometimes we play sports or we watch television.

Otras actividades

Normalmente yo…
paso mucho tiempo
  en las redes sociales.
voy al gimnasio por
  la mañana/por la tarde.
escucho música/mi iPod.
A veces yo…
limpio el cuarto/el apartamento.

preparo la comida.
tomo café con mis amigos.

Other activities

Normally I…
I spend a lot of time in
  social networks.
I go to the gym in the
  morning/in the afternoon.
I listen to music/my iPod.
Sometimes I…
I clean the room/the
  apartment.
I prepare meals/dinner.
I get coffee with my friends.

Paso 3

El tiempo libre

¿Qué te gusta hacer en tu
  tiempo libre?
Me gusta ir a fiestas y bailar.

Me gusta montar en bicicleta o
  correr en el parque.
Me gusta practicar *el tenis*.
el básquetbol
el fútbol americano
el béisbol
Me gusta mirar películas y
  partidos de fútbol.

Free-time activities

What do you like to do
  with your free time?
I like to go to parties
  and dance.
I like to ride my bike or
  run in the park.
I like to play *tennis*.
basketball
football
baseball
I like to watch movies and
  soccer matches.

Otros pasatiempos

¿Con qué frecuencia *vas
  de compras?*
vas al cine?
Voy de compras *a menudo.*
a veces
casi todos los días
Casi *nunca* voy al cine.

Nunca
¿A tus amigos y a ti les gusta
  jugar videojuegos?
patinar (sobre hielo)
nadar
Sí, nos gusta mucho.
No, no tanto.

Other pastimes

How often *do you go
  shopping?*
do you go to the cinema?
I go shopping *often.*
sometimes
almost every day
I almost *never* go to the
  cinema.
Never
Do your friends and you
  like *to play videogames?*
to skate (to ice skate)
to swim
Yes, we like it a lot.
No, not so much.

CAPÍTULO 2

Paso 1

Cómo hablar de horarios

—¿A qué hora sale *el vuelo 245?*

—Sale a *la una.*
—¿A qué hora llega?
—Llega a *las tres.*
—¿A qué hora abre *el museo?*

—Abre a *las nueve y media.*

Talking about schedules

—What time does *flight
  245* leave?
—It leaves at *one o'clock.*
—What time does it arrive?
—It arrives at *three o'clock.*
—What time does
  the museum open?
—It opens at *nine-thirty.*

—¿A qué hora cierra?
—Cierra a *la una y media.*

—What time does it close?
—It closes at *one-thirty.*

Cómo decir la hora

¿Qué hora es?
Perdón, ¿me puede
  decir la hora?
Es mediodía.
Es la una.
Es la una y media.
Son las dos.
Son las dos y cuarto. / Son las
  dos y quince.
Son las cinco.
Son las ocho menos veinte. /
  Son las siete y cuarenta.
Es medianoche.

Telling time

What time is it?
Excuse me, can you tell
  me the time?
It's noon.
It's one o'clock.
It's one-thirty.
It's two o'clock.
It's quarter past two. /
  It´s two-fifteen.
It's five.
It's twenty to eight. /
  It's seven-forty
It's midnight.

Para expresar "A.M." y "P.M."

—¿A qué hora llegamos?
—*A las tres de la tarde.*
de la mañana
de la tarde
de la noche
de la madrugada

Expressing A.M. and P.M.

—What time do we arrive?
—*At three o'clock.*
6 A.M. to noon
noon to sundown
sundown to midnight
early morning hours

Los días de la semana

—¿Qué día es hoy?
—Hoy es *lunes.*
lunes
martes
miércoles
jueves
viernes
sábado
domingo
—¿Cuándo está abierto
  el museo?
—Está abierto *todos los días,
  de lunes a sábado.*
—¿Cuándo está cerrado?
—Está cerrado *los domingos.*

Days of the week

—What day is today?
—Today is *Monday.*
Monday
Tuesday
Wednesday
Thursday
Friday
Saturday
Sunday
—When is *the museum*
  open?
—It's open *every day,
  Monday through Saturday.*
—When is it closed?
—It's closed on *Sundays.*

Los meses del año

—¿Qué fecha es hoy?
—Es el *25 (veinticinco)*
  de *noviembre.*
enero
febrero
marzo
abril
mayo
junio
julio
agosto
septiembre
octubre
noviembre
diciembre

Months of the year

—What is today's date?
—It's the *25th of
  November.*
January
February
March
April
May
June
July
August
September
October
November
December

—¿Cuándo salimos para *Mérida*?

—Salimos el *martes, primero de junio.*

—¿Cuándo regresamos?

—Regresamos el *jueves, 10 de junio.*

—When do we leave for *Merida?*

—We leave *Tuesday, June 1st.*

—When do we come back?

—We come back *Thursday, July 10th.*

Para planificar un viaje

—¿En qué puedo servirle?

—Me gustaría hacer una excursión este fin de semana. ¿Qué me recomienda?

—¿Prefiere ir a la playa, o visitar una zona arqueológica?

—Quiero visitar una zona arqueológica.

—Le recomiendo la excursión a Chichén Itzá.

—¿Cuándo sale la excursión?

—Sale el viernes a las ocho de la mañana. Regresa el domingo por la noche.

—¿Cuánto es la excursión?

—El paquete cuesta cinco mil pesos.

—¿Qué está incluido en el paquete?

—Incluye el transporte, el hotel y los desayunos. El transporte es en *autobús.*
    tren
    avión

—¿Cómo quiere pagar?

—Voy a pagar *en efectivo.*
    con tarjeta de crédito/débito
    con cheque de viajero

Making travel plans

—May I help you?

— I would like to take a trip this weekend. What do you recommend?

—Do you prefer to go to the beach or to visit. an archaeological site?

—I want to visit an archaeological site.

—I recommend the side trip to Chichén Itzá.

—When does the side trip leave?

—It leaves on Friday at eight in the morning. It returns on Sunday night.

—How much is the side trip?

—The package costs five thousand pesos.

—What is included in the package?

—It includes transportation, the hotel and breakfast. The transportation is *by bus.*
    train
    plane

—How do you want to pay?

—I am going to pay *in cash.*
    with a credit/debit card
    with a traveler's check

Paso 2

En el hotel

Para conseguir una habitación

—¿En qué puedo servirle?

—Quisiera
    una habitación.
    hacer una reservación.

—¿Para cuántas personas?

—Para *dos.*

—¿Para cuándo?

—Para *el ocho de abril.*

—¿Por cuántas noches?

—Por *tres noches.*

—¿Qué tipo de habitación quiere?

—Quiero una habitación
    con dos camas.
    sencilla
    doble

Hotel arrangements

Getting a room

—May I help you?

—I would like
    a room.
    to make a reservation

—For how many people?

—For *two.*

—For when?

—For *April 8.*

—For how many nights?

—For *three nights.*

—What type of room do you want?

—I want a room
    with two beds.
    a single
    a double

—Su nombre y apellidos, por favor.

—*Roberto Rivera Moreno.*

—Aquí tiene la llave. Su habitación está en el *tercer* piso.

—Gracias.

—Your first and last name, please.

—*Roberto Rivera Moreno.*

—Here's the key. Your room is on the *third* floor.

—Thanks.

Preguntas típicas en un hotel

—¿Sabe Ud. dónde está *el banco?*

—Sí, hay uno en la esquina.

—¿Conoce Ud. un buen restaurante típico?

—Sí, *Casa Lolita* es uno de los mejores y no está lejos del hotel.

—¿Dan descuentos para *estudiantes?*

—*Sí, con la tarjeta estudiantil.*

No, lo siento, no damos descuentos.

—¿En qué piso está *la piscina?*
                    el gimnasio

—Está en *la planta baja.*

Common questions in a hotel

—Do you know where there is *a bank?*

—Yes, there is one on the corner.

—Do you know of a good typical restaurant?

—Yes, *Casa Lolita* is one of the best and it's not far from the hotel.

—Do you give a discount to *students?*

—*Yes, with a student I.D. card.
No, I'm sorry, we don't offer discounts.*

—Which floor is *the pool* on?
                the gym

—It's on *the ground floor.*

Los pisos

la planta baja
el primer piso
el segundo piso
el tercer piso
el cuarto piso
el quinto piso

Floors of a building

ground floor
first floor
second floor
third floor
fourth floor
fifth floor

Los números de 100 a 10 000 000

—¿Cuánto cuesta *una habitación doble?*
    el boleto (de ida/de ida y vuelta)

—*Mil cien (1100) pesos.*

100 cien
101 ciento uno(a)
200 doscientos(as)
300 trescientos(as)
400 cuatrocientos(as)
500 quinientos(as)
600 seiscientos(as)
700 setecientos(as)
800 ochocientos(as)
900 novecientos(as)
1000 mil
5000 cinco mil
10 000 diez mil
100 000 cien mil

750 000 setecientos(as) cincuenta mil

Numbers from 100 to 10,000,000

—How much does a *double room cost?*
    the ticket (one way/ roundtrip)

—*One thousand one hundred pesos.*

100 one hundred
101 one hundred one
200 two hundred
300 three hundred
400 four hundred
500 five hundred
600 six hundred
700 seven hundred
800 eight hundred
900 nine hundred
1,000 one thousand
5,000 five thousand
10,000 ten thousand
100,000 one-hundred thousand

750,000 seven-hundred fifty thousand

1 000 0000 un millón
2 000 000 dos millones
10 500 000 diez millones
quinientos(as) mil

1,000,000 one million
2,000,000 two million
10,500,000 ten million,
five hundred thousand

CAPÍTULO 3

Paso 1

Mi familia

—¿Cómo es tu familia,
Carlos?
—Mi familia es *grande*.
de tamaño mediano
pequeña
En casa somos *seis: mis padres,
mis hermanas, mi tía y yo.*

Mis abuelos *paternos* viven
en Maracaibo.
Mis abuelos *maternos*
fallecieron hace años.
Tengo *dos* primos por parte
de mi *papá*.

Talking about your family

—What's your family like,
Carlos?
—My family is *large*.
medium-sized
small
—There are *six* of us:
*my parents, my sisters,
my aunt, and myself.*
My *paternal* grandparents
live in Maracaibo.
My *maternal* grandparents
died years ago.
I have *two* cousins on my
father's side.

Otros parientes

el abuelo/la abuela
el nieto/la nieta
el tío/la tía
el primo/la prima

el sobrino/la sobrina
el padrino/la madrina
el padrastro/la madrastra
el medio hermano/
la media hermana
el hermanastro/la hermanastra
el hijastro/la hijastra

Other relatives

grandfather/grandmother
grandson/granddaughter
uncle/aunt
cousin (male)/
cousin (female)
nephew/niece
godfather/godmother
stepfather/stepmother
half brother/half sister

stepbrother/stepsister
stepson/stepdaughter

Las mascotas

—¿Tienen Uds. mascotas?
—No, no tenemos ninguna.
Sí, tenemos *varias mascotas*.
un perro
un gato
unos pájaros
unos peces tropicales
un hámster

Talking about pets

—Do you have any pets?
—No, we don't have any.
Yes, we have *several pets.*
a dog
a cat
some birds
some tropical fish
a hamster

Las descripciones personales

¿Cómo es *Dulce*?
Dulce es muy *bonita*. Es *de
estatura mediana.*
Tiene el pelo *castaño* y
los ojos *verdes.*
¿Y *Carlos*? ¿Cómo es?
Carlos es *muy buena persona.*
Es *amable.*
También, es *responsable
y trabajador.*

Describing people

What is *Dulce* like?
Dulce is *very pretty*. She is
medium-height.
She has *brown* hair and
green eyes.
And *Carlos*? What is he like?
Carlos is *a very good person*
He is *friendly.*
Also, he is *responsible and
hard-working*

Rasgos físicos

Es *alto/bajo.*
de estatura mediana
delgado/gordo

joven/viejo; mayor
guapo/feo
calvo
Tiene el pelo
negro y los ojos *azules.*
rubio   *verdes*
castaño   *castaños*
rojo
canoso
Tiene *barba.*
bigote
Lleva *gafas/anteojos.*

**Describing physical
characteristics**

He is *tall/short.*
of medium height
*slender (thin)/fat
(heavy-set)*
young/old; elderly
good-looking/ugly
bald
He/She has
black hair and *blue* eyes.
blonde   *green*
brown   *brown*
red
gray
He has *a beard.*
a mustache
He wears *glasses.*

La personalidad
y el carácter

Es *simpático/antipático.*
tímido/sociable
cariñoso/un poco distante

También, es muy
serio/divertido.
perezoso/trabajador
optimista/pesimista
responsable/irresponsable
Es un poco raro.
Tiene un buen sentido del humor.

**Describing personality
and character traits**

He is *nice/unpleasant.*
shy/outgoing
*warm, affectionate/
a little aloof*
He is also very
serious/fun (to be with).
lazy/hard-working
optimistic/pessimistic
responsible/irresponsible
He is a little strange.
He has a good sense
of humor.

Paso 2

Los cuartos y los muebles

—¿Dónde viven tú y tu familia?

—Acabamos de
comprar una nueva casa.
alquilar
—¿Cómo es tu (nueva) casa?

—Tiene *dos pisos* y hay *seis
cuartos.*
En la planta baja, hay *una
cocina, un comedor y
una sala.*
En el primer piso, hay *tres
dormitorios grandes y
un baño.*
una alfombra
una bañera/una tina
una cama
una cocina
un comedor
una cómoda
un cuadro

**Describing rooms and
furnishings**

—Where do you and your
family live?
—We've just
bought a new house.
rented
—What is your (new)
house like?
—It has *two floors*
and *six rooms.*
On the first (ground) floor,
there's *a kitchen, a dining
room, and a living room.*
On the second floor, there
are *three large bedrooms
and a bathroom.*
a rug
a bathtub
a bed
a kitchen
a dining room
a chest of drawers
a painting/a picture

una ducha	a shower
un estante	a book shelf
una estufa	a stove
un fregadero	a (kitchen) sink
un inodoro	a toilet
una lámpara	a lamp
un lavabo	a sink/lavatory
un lavaplatos	a dishwasher
una mesa	a table
una mesita	a small table/end table
una mesita de noche	a night stand
un microondas	a microwave oven
un refrigerador	a refrigerator
una sala	a living room
unas sillas	some chairs
un sillón	an easy chair
un sofá	a sofa/couch
un televisor	a TV set

Cómo describir algunas características de una casa

How to describe some characteristics of a house

Mi casa es *nueva (vieja).*
My house is *new (old).*
La sala es *grande (de tamaño mediano, pequeña).*
The living room is *big (medium-sized, small).*
Los muebles son *elegantes (cómodos)*
The furniture is *elegant (comfortable)*

Cómo describir algunas condiciones de una casa

How to describe some conditions of a house

Normalmente, mi dormitorio está *ordenado (desordenado).*
Normally, my bedroom is *tidy/neat (messy).*
Por lo general, la cocina está *limpia (sucia).*
Generally, the kitchen is *clean (dirty).*
Por desgracia, el refrigerador está *descompuesto* y la ventana está *rota.*
Unfortunately, the refrigerator is *not working* and the window is *broken.*

Para indicar relaciones espaciales

Describing where something is located

—¿Dónde está el gato?
—Where's the cat?
—Está...
—It's . . .
en las cortinas, a la izquierda del estante
on the curtains, to the left of the bookshelf
en la lámpara, a la derecha del estante
on the lamp, to the right of the bookshelf
sobre la cama
on (top of) the bed
encima de la mesita, detrás del radiodespertador
on top of the end table behind the clock radio
entre los libros
among/between the books
al lado de la computadora
next to/beside the computer
delante del clóset
in front of the closet
debajo de la cama
under(neath) the bed
en la mochila, en el medio del cuarto
in the bookbag, in the middle of the room

Paso 3

Mi rutina

My daily routine

Un día ajetreado

A hectic day

Por la mañana
In the morning
Normalmente, me despierto *a las ocho (temprano/tarde).*
I wake up *at eight o'clock (early/late).*
Me levanto *a las ocho y cuarto.*
I get up *at a quarter past eight.*
Me ducho y me visto rápidamente.
I take a shower and dress quickly.
Salgo de casa *a las nueve menos cuarto.*
I leave the house *at quarter to nine.*
Paso el día *en clase un la uni.*
I spend the day *in class, at the university.*

Por la tarde y por la noche
In the afternoon and in the evening/at night
Después de clase, mis amigos y yo vamos con frecuencia *a un café (al centro estudiantil, al gimnasio).*
After class, my friends and I often go *to a cafe (to the student center, to the gym).*
Antes de estudiar, ceno con mi familia.
Before studying, I eat supper with my family.
Por lo general, estudio *por dos o tres horas.*
Generally, I study for *two or three hours.*
Me acuesto *a la medianoche (a la una, bastante tarde).*
I go to bed *at midnight (at one o'clock, quite late).*

Los quehaceres domésticos

Household chores

¿Cómo dividen Uds. las responsabilidades para los quehaceres?
How do you divide up household chores?
Todos los días la empleada *limpia la casa y lava la ropa.*
Everyday, the maid *cleans the house and does the laundry.*
Yo siempre *les doy de comer a los perros.*
I always *feed the dogs*
Normalmente mi hermana *lava los platos.*
Usually my sister *washes the dishes.*
Por lo general, mi padre *ayuda con los quehaceres.*
Generally, my father *helps around the house.*
Le gusta *cocinar.*
He likes *to cook.*
Mi hermanito nunca *pone la mesa.*
My little brother never *sets the table.*
Nunca quiere *hacer su cama.*
He never wants *to make his bed.*

Expresiones de frecuencia

Expressions of frequency

siempre	always
todos los días	every day
una vez por semana	once a week
a veces	sometimes
con frecuencia	frequently/often
nunca/no… nunca	never

CAPÍTULO 4

Paso 1

El desayuno

—¿Qué te gusta desayunar?

—Casi siempre como...
y bebo...
un vaso de leche
la mermelada
los huevos (revueltos)
la mantequilla
el pan tostado
el cereal
el jugo de naranja
una taza de café con leche
y azúcar

Breakfast

—What do you like to
have for breakfast?
—I almost always eat . . .
and drink . . .
a glass of milk
jam/marmalade
(scrambled) eggs
butter
toast
cereal
orange juice
a cup of coffee with milk
and sugar

El almuerzo

—¿Qué almuerzas?

—Por lo general, como...
y bebo...
una cerveza
el maíz
los mariscos
la langosta
los camarones
el brócoli
una copa de vino
las chuletas de cerdo
una papa/una patata (al horno)
el pollo asado

Lunch / Midday meal

—What do you have for
lunch?
—Generally I eat . . .
and drink . . .
a beer
corn
seafood
lobster
shrimp
broccoli
a glass of wine
pork chops
a (baked) potato
roasted chicken

La merienda

—¿Qué meriendas?

—Depende de la hora. Por la
mañana, prefiero... Por la tarde,
prefiero...

un sándwich de jamón y queso

un helado
un refresco/una gaseosa
una taza de té
una tortilla (de huevos)
unos churros
unas galletas
una hamburguesa
un vaso de té frío
una taza de chocolate

Snack

—What do you have for a
snack?
—It depends on the time
of day. In the morning
I prefer . . . In the
afternoon, I prefer . . .
a ham and cheese
sandwich
ice cream
a soft drink
a cup of tea
an omelette
some churros (fritters)
some cookies
a hamburger
a glass of iced tea
a cup of hot chocolate

La cena

—¿Qué prefieres cenar?

—En los restaurantes pido...
En casa como...
el bistec a la parrilla
el arroz con frijoles

Supper

—What do you prefer to
have for supper?
—In restaurants, I order . . .
At home, I eat . . .
grilled steak
rice and beans

las papas fritas
la ensalada de lechuga y tomate
con aderezo
el pescado
el panecillo
la sopa
el flan
la torta

French fries
a lettuce and tomato salad
with dressing
fish
a roll
soup
flan (custard)
cake

En el restaurante
Antes de pedir

—¡Camarero(a)!
—Necesito *un menú*, por favor.
—Aquí *lo* tiene.
—¿Cuál es el plato del día?
—Hoy tenemos *lomo saltado.*

—Quiero probar algo típico.
¿Qué me recomienda?

—Le recomiendo *el lomo
saltado* o *la palta rellena.*

In a restaurant
Before ordering

—Waiter/Waitress!
—I need *a menu*, please.
—Here *it* is.
—What is today's special?
—Today we have *lomo
saltado.*
—I want to try something
typical. What do you
recommend?
—I recommend *lomo
saltado* or *palta rellena
(stuffed avocado).*

Para pedir

—¿Qué desea pedir?

—De primer plato, quiero *sopa a
la criolla.* De plato principal,
deseo *lomo saltado.*

—¿Y para beber?
—Para beber, quisiera *una
copa de vino.*
—¿Quiere algo de postre?
—De postre, voy a probar *el flan.*

—¿Necesita algo más?

—¿Me puede traer
unos cubitos de hielo?
la sal
la pimienta

To place an order

—What do you want to
order?
—For the first course,
I want *soup, creole style.*
For the second course,
I want *lomo saltado.*
—And to drink?
—To drink, I'd like
a glass of wine.
—Do you want dessert?
—For dessert, I'm going to
try *the flan.*
—Do you need anything
else?
—Could you bring me
some ice cubes?
salt
pepper

Después de comer

—La cuenta, por favor.
—Se la traigo enseguida.
—¿Está incluida la propina
en la cuenta?
—No, no está incluida.
Sí, está incluida.

After eating

—The check/bill please.
—I'll bring it right to you.
—Is the tip included in
the check?
—No, it's not included.
Yes, it's included.

El cubierto

un tenedor
un cuchillo
una cuchara
una cucharita
una servilleta
la sal
la pimienta
una copa

Place setting

fork
knife
spoon
teaspoon
napkin
salt
pepper
(wine) glass

un vaso — glass
unos cubitos de hielo — some ice cubes

Paso 2

En el mercado
—¿Qué desea Ud.?
—¿Me puede dar *un kilo de manzanas*?
—Aquí tiene. ¿Necesita Ud. algo más?
—Sí, quiero *un melón*.

—¡Enseguida!
¿Algo más?
—No, gracias. Eso es todo.
¿Cuánto le debo?

At a market
—What would you like?
—Could you give me *a kilo of apples*?
—Here you go. Do you need anything else?
—Yes, I want *a melon/cantaloupe*.

—Right away!
Anything else?
—No, thanks. That's everything. How much do I owe you?

Otras frutas
unas bananas/unos plátanos
unos melocotones/unos duraznos
unas peras
unas fresas
una piña
una sandía
las uvas

Other fruits
bananas/plantains
peaches
pears
strawberries
pineapple
watermelon
grapes

Otros comestibles
un paquete de galletas
una bolsa de arroz
un litro de leche
un frasco de mayonesa
una barra de pan
una botella de agua mineral
una docena de huevos

Other foods
a package of cookies
a bag of rice
a liter of milk
a jar of mayonnaise
a loaf of bread
a bottle of mineral water
a dozen eggs

CAPÍTULO 5

Paso 1

Cómo hablar de los horarios y las especializaciones
—¿Qué clases tomas este semestre?
—Este semestre tomo *inglés y literatura*.
—¿Te gusta tu horario?

—Sí, me encanta.
No, no me gusta porque...

—¿A qué hora empieza tu primera clase?
—Mi primera clase empieza *a las ocho*.
—¿A qué hora termina tu última clase?

Talking about your schedule and academic major
—What classes are you taking this semester?
—This semester I'm taking *English and literature*.
—Do you like your schedule?
—Yes, I love it.
No, I don't like it because . . .
—What time does your first class start?
—My first class starts at *eight o'clock*.
—What time is your last class over?

—Mi última clase termina *a las dos y media*.
—¿Cuál es tu carrera?
—Todavía no (lo) sé. Estudio *economía*.
—¿Cuándo piensas graduarte?

—Pienso graduarme
a finales de mayo.
a principios de diciembre

—My last class is over *at two-thirty*.
—What's your major?
—I don't know yet. I study *economics*.
—When do you plan on graduating?
—I plan to graduate *at the end of May*.
at the beginning of December

Las asignaturas
Humanidades y bellas artes
arte
música
literatura
teatro

Ciencias sociales
antropología
ciencias políticas
geografía
historia
psicología
sociología

Ciencias naturales
biología
física
ecología
química

Matemáticas
álgebra
cálculo

Estudios profesionales
negocios
derecho
medicina
ingeniería
informática
educación
periodismo
cinematografía

Courses (of study)
Humanities and Fine Arts
art
music
literature
theater

Social sciences
anthropology
political science
geography
history
psychology
sociology

Natural sciences
biology
physics
ecology
chemistry

Mathematics
algebra
calculus

Professsional studies
business
law
medicine
engineering
computer science
education
journalism
film-making

Cómo pedir y dar opiniones sobre las clases
—¿Qué piensas de tus clases este semestre?
—Mi clase de *microbiología* es bastante *interesante/aburrida*
Me encanta mi clase de *historia del arte*.
No me gusta nada mi clase de *ciencias marinas*.
Las conferencias de *historia medieval* son *fascinantes / pesadas*.

How to ask and give opinions about classes
—What do you think of your classes this semester?
—My microbiology is quite *interesting/boring*
I love my *art history* class.

I don't like my *marine science* class at all.
The lectures in *medieval history* are *fascinating / tedious*.

Los exámenes de cálculo son *dificiles pero justos.*
...largos pero fáciles

The calculus exams are *difficult but fair.*
...long but easy.

Opiniones sobre los profesores

—¿Qué tal tus profesores?

—Son *bastante dinámicos(as).*
muy exigentes
un poco quisquillosos(as)
Mi profesor de *química* es muy *organizado/desorganizado.*

Expressing opinions about professors

—What about your professors?
—They're *quite dynamic.*
very demanding
a bit/little picky
My *chemistry* professor is very *organized/unorganized.*

Las notas

—¿Cómo te va en *psicología*?

—(No) Me va bien.
Saqué una nota muy buena en *mi presentación.*
el último trabajo escrito
(No) Salí muy bien en el examen.

Grades

—How's it going for you in *psychology*?
—It's (not) going well.
I got a good/high grade on *my presentation.*
the last (research) paper
I did (not do) well in the test.

Las profesiones, los oficios y los planes para el futuro

—¿A qué te quieres dedicar?

—Quiero ser *médico(a).*
—No estoy seguro(a) todavía.
—¿Qué quieres hacer después de graduarte?
—Me gustaría *hacer estudios de postgrado.*

estudiar medicina
Espero trabajar *para el gobierno.*
con una empresa multinacional

Professions, trades and plans for the future

—What do you want to do (for a living)?
—I want to be *a doctor.*
—I'm not sure yet.
—What do you want to do after you graduate?
—I'd like to *do graduate work / go to grad school.*
study medicine
I hope to work *for the government.*
with a multinational company

Profesiones y ocupaciones

abogado(a)
agente de bienes raíces
agricultor(a)
ama de casa
consejero(a)
consultor(a)
contador(a)
dentista
director(a) de personal
enfermero(a)
gerente
ingeniero(a)
maestro(a)
médico(a)
obrero(a)
periodista

Professions and occupations

lawyer
real estate agent
farmer
homemaker
advisor/counselor
consultant
accountant
dentist
director of personnel
nurse
manager
engineer
teacher
doctor
laborer
journalist

programador(a)
psicólogo(a)
trabajador(a) social
vendedor(a)
veterinario(a)

programmer
psychologist
social worker
salesperson
veterinarian

Paso 2

Cómo hablar del pasado

¿Qué hiciste ayer?
Primero, me levanté y me vestí.

Después de desayunar, asistí a clases.
Luego, volví a casa y almorcé con mi familia.
Entonces, estudié para mi examen de 3 a 5.
Más tarde salí con mis amigos a un club para bailar.

Antes de acostarme, miré la tele por un rato.

Talking about the past

What did you do yesterday?
First, I got up and got dressed.
After eating breakfast, I went to class.
Next, I returned home and ate lunch with my family.
Then, I studied for my exam from 3 to 5.
Later (on), I went out to a club with my friends to dance.
Before I went to bed, I watched TV for a while.

Paso 3

Cómo hablar de las excursiones académicas

El semestre pasado mi clase de ciencias marinas hizo una excursión al centro acuático de la universidad.
El director del centro hizo una presentación sobre *los delfines* y todos tomamos apuntes.

Luego, tuvimos que *recolectar datos* para nuestros proyectos.
Más tarde, fuimos *al observatorio del centro.*
Pudimos observar *varios animales acuáticos.*

Talking about field trips

Last semester my marine science class took a trip to the aquatic center of the university.
The director of the center gave a presentation on *dolphins* and we all took notes.
Then, we had to *collect data* for our projects.
Later, we went to the *center's observatory.*
We were able to observe *different aquatic animals.*

CAPÍTULO 6

Paso 1

De compras en un gran almacén

—Por favor, ¿dónde se encuentran *los zapatos para hombres/caballeros?*
mujeres/damas
niños(as)
jóvenes
—Están en *la planta baja.*

Shopping in a department store

—Excuse me, where could I find *men's shoes?*
women's
boy's (girl's)
teen's
—They are on the *main (ground) floor.*

La ropa / Clothing

La ropa	Clothing
una blusa	a blouse
unas botas	boots
unos calcetines	socks
una camisa	a shirt
una camiseta	a T-shirt
una chaqueta	a jacket
un cinturón	a belt
una corbata	a necktie
una falda	a skirt
unos guantes	gloves
un impermeable	a raincoat
unas pantalones	pants/trousers
unos pantalones cortos	shorts
unas sandalias	sandals
una sudadera	a sweatshirt
un suéter	a sweater
un traje	a suit
un traje de baño	a bathing suit
unos vaqueros	jeans
un vestido	a dress

Los pisos / Floors

Los pisos	Floors
el sótano	basement
la planta baja	the main (ground) floor
el primer (1er) piso	first floor
el segundo (2º) piso	second floor
el tercer (3er) piso	third floor
el cuarto (4º) piso	fourth floor
el quinto (5º) piso	fifth floor
el sexto (6º) piso	sixth floor
el séptimo (7º) piso	seventh floor
el octavo (8º) piso	eighth floor
el noveno (9º) piso	ninth floor
el décimo (10º) piso	tenth floor

Los colores y otros detalles / Colors and other details

Los colores y otros detalles	Colors and other details
anaranjado	orange
amarillo	yellow
azul	blue
azul marino	navy blue
blanco	white
beige	beige
(color) crema	cream (color)
gris	gray
marrón	brown
morado	purple
negro	black
rojo	red
rosado	pink
verde	green
con lunares	with polka dots
de cuadros	plaid
de rayas	striped
estampado	printed

Para comprar la ropa / Buying clothes

—¿Qué desea? — What do you want?
—Estoy buscando un suéter. — I'm looking for a sweater.
—Es para Ud. o es un regalo? — Is it for you or is it gift?

—Es para mí. — It's for me.
—¿De qué color? — In what color?
—Quiero un suéter *verde*. — I want a *green* sweater.
—*No me importa el color.* — *It doesn't matter what color.*

—¿Qué talla lleva Ud.? — What size do you wear?
—Llevo la talla — I wear a size
  mediana. — *medium.*
  pequeña — *small*
  (extra) grande — *(extra) large*
—¿Qué le parece este suéter? — How do you like/What do you think of this sweater?

—No sé. Me parece — I don't know. It seems
  un poco caro. — *a little expensive.*
  demasiado formal — *too formal (dressy)*
—¿Tiene otro *más barato*? — Do you have another one *that's less expensive*?
  más sencillo — *that's more simple / plainer*
—¿Quiere probarse *este suéter*? — Do you want to try *this sweater* on?

—Sí, quiero probármelo. — Yes, I'd like to try it on.
  ¿Dónde está el probador? — Where is the dressing room?

—¿Cómo le queda *el suéter*? — How does *the sweater* fit?
—Me queda *bien/mal.* — It fits well/poorly.
  ¿Tiene una talla más — Do you have a *bigger/*
  grande/pequeña? — *smaller size*?
—¿Cuánto cuesta? — How much does it cost?
—Está de rebaja. Cuesta — It's on sale. It costs
  40,00 euros. — *40.00 euros.*
—Bien. Me lo llevo. — Good. I'll take it.

Paso 2

Los recuerdos / Souvenirs

Los recuerdos	Souvenirs
¿Qué se puede comprar en un mercado típico?	What can you buy at a typical market?
una billetera	a wallet
una boina	a beret
una cadena de oro	a gold chain
una gorra	a cap
una guayabera	a guayabera (a shirt worn by men in warm climates)
una mantilla	a lace shawl
una piñata	a piñata
unas castañuelas	castanets
unas gafas de sol	sunglasses
unas maracas	maracas
unos aretes	earrings
un abanico	a fan
un anillo	a ring
un bolso de cuero	a leather purse
un brazalete de plata	a silver bracelet
un collar	a necklace
un paraguas	an umbrella
un plato de cerámica	a ceramic plate (dish)
un sarape	a sarape
un sombrero	a hat

Para escoger un artículo / Choosing an article

—¿Me puede mostrar *esa camiseta?*
—Can you show me *that T-shirt?*

—Aquí *la* tiene.
—Here you go.

—¿Tiene Ud. *esta camiseta en azul?*
—Do you have *this T-shirt in blue?*

—Lo siento, no nos queda ninguna.
—Sorry, we're out.

Para regatear / Bargaining

—¿Cuánto cuesta *ese anillo?*
—How much does *that ring* cost?

—*Cuarenta euros.*
—*Forty euros.*

—¡Uy! ¡Qué caro! ¿Me puede hacer un descuento?
—Wow! That's expensive! Can you give me a discount?

—Bueno... para Ud., se lo dejo en *treinta y cinco euros.*
—Well . . . for you, I'll sell it for *35 euros.*

—Le doy *treinta euros.*
—I'll give you *30 euros.*

—No, lo siento. No puedo aceptar menos de *treinta y tres.*
—No, I'm sorry. I can't take less than *33 euros.*

—Está bien. Me *lo* llevo.
—That's fine. I'll take *it.*

CAPÍTULO 7

Paso 1

El tiempo libre: las invitaciones / Free time: Invitations

Para invitar / Inviting

—¿Quieres ir *al cine* el sábado?
—Do you want to go *to the movies* on Saturday?

   al teatro
   al museo de arte
   a un concierto
   to the theater
   to the art museum
   to a concert

—¿Por qué no *salimos a bailar* esta noche?
jugamos a las cartas
damos un paseo
vamos al partido de fútbol
—Why don't we
go out dancing tonight?
play cards
take a walk
go to the soccer match

Para aceptar la invitación / To accept an invitation

¡Qué buena idea!
¡Cómo no!
¡Me encantaría!
What a great idea!
Sure, why not!
I'd love to!

Para declinar la invitación / To decline an invitation

Lo siento, pero *tengo que estudiar.*
Gracias, pero no puedo.
Estoy cansado(a).
Tengo otro compromiso.

No sé jugar.
Quizás la próxima vez.

I'm sorry but *I have to study.*
Thanks, but I can't.
I'm tired.
I have another engagement.
I don't know how to play.
Maybe next time.

Para pedir información y hacer los planes / To ask for information and make plans

—¿A qué hora empieza?
—What time does it start?

—Empieza *a las ocho.*
—It starts *at eight o'clock.*

—¿Dónde nos encontramos?
—Where shall we meet?

—Paso por tu casa *a las siete y media.*
—I'll come by your house/ I'll pick you up *at seven-thirty.*

—¿Cuánto cuestan los boletos?
—How much do the tickets cost?

—La entrada es gratuita.
—It's free to get in.

Otras preguntas útiles / More useful questions

¿Qué película dan?
What movie are they showing?

¿Qué obra presentan?
What play are they presenting?

¿Quiénes tocan?
Who/What band is playing?

¿Quiénes juegan?
Who/What teams are playing?

El fin de semana / The weekend

Un fin de semana divertido / A fun weekend

—¿Qué tal tu fin de semana?
—How was your weekend?

—Me divertí muchísimo.
—I had a lot of fun.

—¿Adónde fuiste?
—Where did you go?

—Fui *al lago.*
—I went *to the lake.*

—¿Qué hiciste?
—What did you do?

—Mi amigo(a) y yo *paseamos en barco de vela.*
—My friend and I *went out in a sail boat.*

—¡Qué divertido!
—How fun!

—Sí, lo pasamos muy bien. ¿Y tú qué hiciste?
—Yes, we had a good time. And what did you do?

Un fin de semana regular/malo / An average/bad weekend

—¿Cómo pasaste el fin de semana?
—How did you spend the weekend?

—Lo pasé *fatal.*
bastante mal
—It was *terrible.*
pretty bad

—¿Qué pasó?
—What happened?

—Me enfermé y tuve que quedarme en casa.
—I got sick and had to stay at home.

—¡Qué lástima!
—That's too bad!

—Sí, pero hoy me siento mejor. ¿Y tú cómo pasaste el fin de semana?
—Yes, but I feel better today. And you, how did you spend the weekend?

Actividades populares / Popular activities

En las montañas:
acampar
dormir bajo las estrellas
escalar en roca

hacer caminatas

In the mountains:
to go camping
to sleep under the stars
to rock climb/go rock climbing
to go hiking

En la playa:
bucear
esquiar
nadar
pasear en barco de vela
tomar el sol

At the beach:
to snorkel/go diving
to ski
to swim
to go sailing
to sunbathe

En el campo:
montar a caballo
ir de caza

In the countryside:
to go horseback riding
to go hunting

pescar	to fish/go fishing		

pescar — to fish/go fishing

En el gimnasio: — **At the gym:**
correr — to run
levantar pesas — to lift weights
hacer yoga — to do yoga
hacer ejercicio aeróbico — to do aerobics

En un festival: — **At a festival:**
escuchar música — to listen to music
ver artesanías — to look at the arts and crafts
probar la comida — to try/taste the food
bailar — to dance

En casa: — **At home:**
descansar — to rest
mirar televisión — to watch television
relajarse — to relax
leer — to read

Paso 2

Las estaciones — Seasons

En las zonas templadas: — **In temperate regions:**
el otoño — fall/autumn
el invierno — winter
la primavera — spring
el verano — summer

En las zonas tropicales: — **In tropical regions:**
la estación de lluvia — rainy season
la estación seca — dry season

El tiempo — Weather

¿Qué tiempo hace hoy? — What's the weather like today?

Hace buen tiempo. — The weather's nice/good.
Hace sol y mucho calor. — It's sunny and very hot.
El día está pésimo. — It's a miserable day.
Está lloviendo mucho. — It's raining hard.
¡Destesto la lluvia! — I hate the rain!
Hace mucho frío. — It's very cold out.
Está nevando. — It's snowing.
¡Me gusta la nieve! — I like the snow!
Hace fresco hoy. — It's cool out today.
Hace mucho viento. — It's very windy.
Creo que va a llover. — I think it's going to rain.

Otras expresiones de tiempo — Other weather expressions

Hace *fresco*. — It's *cool* out.
(mucho) calor — *(very) hot*
(mucho) frío — *(very) cold*
(mucho) viento — *(very) windy*
(muy) buen tiempo — *(very) nice weather*
(muy) mal tiempo — *(very) bad weather*
Está *lloviendo*. — It's *raining*.
nevando — *snowing*
Está *despejado*. — It's *clear* out.
nublado — *cloudy*

El día está *pésimo*. — The weather's *really bad* today.
fatal — *terrible*
¿A cuántos grados estamos? — What is the temperature?
Estamos a 20 grados. — It's 20 degrees.
¿Cuál es el pronóstico para mañana? — What's the forecast for tomorrow?
Va a *llover*. — It's going *to rain*.
nevar — *to snow*
haber una tormenta — *There's going to be a storm.*

Los días festivos y las celebraciones — Holidays and celebrations

Para celebrar el Día de la Independencia, siempre vamos a ver un desfile en mi pueblo. Cuando era niño(a), *me gustaba ver los fuegos artificiales*. — To celebrate Independence Day, we always go see a parade in my town. When I was little, *I used to like watching fireworks.*

Para celebrar el Día de Acción de Gracias, normalmente toda la familia se reúne en mi casa. Siempre comemos pavo y pastel de calabaza. Cuando era niño(a), *jugaba al fútbol americano con mis primos*. — To celebrate Thanksgiving, usually my whole family getstogether at my house. We always eat turkey and pumpkin pie. When I was a child, *I would play football with my cousins.*

Para celebrar mi cumpleaños, por lo general salgo a comer con mi familia. Cuando era niño(a), *tenía una fiesta todos los años*. — To celebrate my birthday, I generally go out to eat with my family. When I was little, *I had a party every year.*

Las celebraciones y las costumbres — Celebrations and traditions

la Navidad — Christmas
decorar un árbol y cantar villancicos — decorate a tree and sing carols
la Nochebuena — Christmas Eve
intercambiar regalos — exchange presents
la Janucá — Hannukah
encender las velas del candelabro — light the candles on the candelabra/Menorah

la Noche Vieja — New Year's Eve
brindar con champaña — make a toast with champagne

el Día de Año Nuevo — New Year's Day
reunirse con amigos — get together with friends
la Pascua Florida — Easter
ir a la iglesia — go to church
el Pésaj — Passover
ir a la sinagoga — go to synagogue/shul
el Día de las Brujas — Halloween
llevar disfraz y pedir dulces — wear a costume and go trick-or-treating

el Día de los Enamorados — St. Valentine's Day
regalar flores o chocolates — give flowers or chocolates (as a gift)

el cumpleaños — birthday

apagar las velas del pastel de cumpleaños — blow out the candles of the birthday cake

Paso 3

Cómo contar un cuento

—¿Qué me cuentas?
—¿Sabes qué pasó?

—Dime, dime, ¿qué pasó?

—*Gregorio se rompió la pierna.*
—¡No me digas! ¿Cuándo ocurrió?

—*Anteayer.*
—¿Dónde estaba?

—*Estaba en las montañas, de vacaciones.*
—¿Cómo pasó?
—*Gregorio hacía una caminata con sus amigos. Como llovía un poco, todo estaba resbaloso Gregorio se cayó y se rompió la pierna*
—*Ay, pobrecito.*
—*Sí, es una lástima.*

How to tell a story

—What's new/What's up?
—Do you know what happened?
—Tell me, tell me; what happened?
—Greg broke his leg.
—You're kidding! When did that happen?
—*The day before yesterday.*
—Where was he (when it happened)?
—*He was in the mountains, on vacation.*
—How did it happen?
—*Greg was hiking with his friends. Since it was raining a little, everything was slippery. Greg fell and broke his leg.*
—Oh, the poor thing!
—*Yes, it's a shame/too bad.*

Expresiones de interés

¡No me digas!
¿De veras?
¡Ay, pobrecito!
¡Qué horror!
¡Qué alivio!
Eso es increíble.
¡Menos mal!

¡Qué buena (mala) suerte!

Showing interest

You're kidding!
Really?
Oh, poor thing!
How awful!
What a relief!
That's incredible.
Thank goodness! / That's a relief!
What good (bad) luck!

Algunas preguntas típicas

¿Dónde estaba?
¿Cuándo ocurrió?
¿Qué hora era?
¿Qué tiempo hacía?
¿Cómo fue/pasó?
Y luego, ¿qué?

Some typical questions

Where was he/she?
When did it happen?
What time was it?
What was the weather like?
How did it happen?
And then what (happened)?

CAPÍTULO 8

Paso 1

Unas diligencias por la ciudad

—Perdone, ¿dónde se puede *comprar sellos?*
cambiar dinero

Running errands around a city

—Excuse me, where can you *buy stamps?*
change money

comprar protector solar
comprar tarjetas postales
—En *el correo.*
el banco
la farmacia
la tienda de recuerdos

buy sunscreen
buy postcards
—At *the post office.*
the bank
the pharmacy/drugstore
the souvenir shop

Unos lugares importantes

el aeropuerto
la catedral
la clínica
la comisaría
el correo
la estación de metro
la estación del tren
la farmacia
la iglesia
la oficina de turismo
la parada de autobús
el parque zoológico

Some important places

airport
cathedral
clinic/hospital
police station
post office
subway station
train station
pharmacy
church
tourism office
bus stop
zoo

Para indicar la ubicación

—Por favor, ¿dónde está *el correo?*
—Está *al final de la calle.*
en la esquina
a tres cuadras de aquí
—¿Se puede ir a pie?

—Sí, está bastante cerca.
—No, está lejos de aquí. Es mejor tomar *el autobús.*
el metro

Locating tourist destinations

—Excuse me, where's the *post office?*
—It's *at the end of the street.*
on the corner
three blocks from here
—Can you get there on foot?
—Yes, it's fairly close.
—No, it's far from here. It's better to take *the bus.*
the subway

Expresiones de ubicación

detrás de
delante de
a la izquierda de
a la derecha de
al lado de
enfrente de
entre
al otro lado de la calle

Expressions of location

behind
in front of
to the left of
to the right of
next to
in front of/facing, opposite
between
on the other side of the street

Para pedir y dar instrucciones

—Por favor, ¿cómo se va a *la oficina de turismo?*
—Siga todo derecho. Está al final de la calle, a la izquierda.

—Perdone, ¿hay *un banco* por aquí?
—Sí, el Banco Nacional está bastante cerca. Camine 100 metros por esta calle. Está a la derecha, al lado de la farmacia.

Asking for and giving directions

—Please, how do you get to *the tourism office?*
—Keep going straight. It's at the end of the street, on the left.
—Excuse me, is there *a bank* around here?
—Yes, National Bank is fairly close. Walk 100 meters along this street. It's on the right, next to the pharmacy.

Otras instrucciones

Vaya a la esquina.
Tome *la Avenida de la Independencia.*
Tome la *segunda* calle a la *izquierda.*
Siga derecho por *cuatro* cuadras.

Doble a la *derecha* en la calle *República.*
Camine *cien* metros.

Cruce la calle.

Giving other directions

Go to the corner.
Take *Indepedence Avenue.*

Take the *second* street on the *left.*
Keep going straight for *four* blocks.
Turn to the *right* at *Republic* Street.
Walk *a hundred* meters (one block).
Cross the street.

Paso 2

Las partes del cuerpo

la boca	mouth
el brazo	arm
la cabeza	head
el codo	elbow
el corazón	heart
el cuello	neck
los dedos	fingers
los dedos del pie	toes
los dientes	teeth
la espalda	back
el estómago	stomach
la garganta	throat
el hombro	shoulder
la mano	hand
la muñeca	wrist
la nariz	nose
el oído	inner ear
los ojos	eyes
la oreja	ear
el pecho	chest
el pie	foot
la pierna	leg
los pulmones	lungs
la rodilla	knee
el tobillo	ankle

Parts of the body

Para indicar lo que te duele

—¿Qué le duele?
—Me duele *el pecho.*
  Me duelen *los oídos.*
  Tengo dolor de *cabeza.*

To indicate what is hurting you

—What's hurting you?
—My *chest* hurts.
  My *ears* hurt.
  I have a *headache.*

Las enfermedades

—¿Qué tiene?
—Me siento mal. Tengo tos y fiebre.

Illnesses

—What's wrong?
—I feel poorly/sick. I'm coughing and have a fever.

Otros síntomas

Tengo *tos.*
  fiebre
  diarrea
  náuseas
  mareos
  vómitos
Me lastimé *la espalda.*
  el pie
Me rompí *un brazo.*
  la pierna

Other symptoms

I have *a cough.*
have a *fever*
have *diarrhea*
feel *nauseous*
feel *dizzy*
am *vomiting*
I hurt *my back.*
  my foot
I broke *my arm.*
  my leg

El diagnóstico

—¿Qué tengo, doctor(a)?

—Ud. tiene *gripe.*
  un virus
  un resfriado
  una infección
  una intoxicación alimenticia

The diagnosis

—What's wrong with me, doctor?
—You have *the flu.*
  a virus
  a cold
  an infection
  food poisoning

Los remedios

—¿Qué debo hacer?
—Tome estas pastillas y guarde cama por unos días.

The remedies

—What should I do?
—Take these pills and stay in bed for a few days.

Otros remedios y consejos

Tenemos que ponerle un yeso.

Tome *estas pastillas para el dolor.*

  este jarabe para la tos
Quiero que Ud.
  guarde cama.
  descanse mucho en casa
  tome estos antibióticos
Le recomiendo que
  tome paracetamol cada cuatro horas.
  se aplique esta crema tres veces al día

Other remedies and advice

We have to put a cast on you.
I'm going to give you some *pills for the pain / painkillers.*
  this cough syrup
I want you
  to stay in bed.
  to rest a lot at home
  to take these antibiotics
I recommend that
  you take acetaminophen every four hours.
  apply this cream/lotion three times a day

CAPÍTULO 9

Paso 1

Las vicisitudes del estudiante

—¿Qué te pasa?
—Estoy totalmente estresado(a) por todas mis obligaciones.

Student difficulties

—What's the matter?
—I'm completely stressed out with all my obligations.

—Sí, entiendo perfectamente. Debes encontrar la manera de desconectarte un poco.

—Tienes razón, pero es difícil.

—Yes, I understand completely. You need to find a way to disconnect a bit.

—You're right, but it's hard.

Algunas quejas comunes

Estoy agotado(a) de tanto trabajar.
Necesito volver a ponerme en forma.
Estoy furioso(a) con mi novio(a).
Mi compañero(a) de cuarto y yo no nos llevamos bien.
No tengo dinero para pagar todas mis cuentas.
Tengo que entregar un trabajo escrito mañana y todavía no lo he empezado.

Some common complaints

I'm exhausted from so much work.
I need to get back into shape.
I'm furious with my boyfriend/girlfriend.
My roommate and I don't get along well.
I have no money to pay all my bills.
I have to turn in a (research) paper tomorrow and I haven't even started it.

Para dar consejos

Debes...
Tienes que...
   dormir ocho horas diarias

   buscar una solución
   tomarte unos días libres
   discutir el problema
   comer comidas balanceadas
   pedir ayuda
   hacer más ejercicio
   organizarte mejor
   dejar de fumar
   dejar de posponer las cosas

Giving advice

You should . . .
You have to . . .
   get eight hours of sleep every night
   find a solution
   take some days off
   discuss the problem
   eat balanced meals
   ask for help
   exercise more
   organize yourself better
   stop smoking
   stop procrastinating

Para reaccionar a los consejos

Tienes razón.
Sí, es verdad, pero...
Es buena idea.
Bueno, no sé. No estoy seguro(a).

Reacting to the advice

You're right.
Yes, it's true, but . . .
It's a good idea.
Well, I don't know. I'm not sure.

Paso 2

Los grandes momentos de la vida

Buenas noticias

—¿Qué me cuentas?
—Estoy *contentísimo*. ¡Tengo buenas noticias!
—¿Sí? Cuéntame qué pasa.

—*Mi hermana mayor está embarazada y voy a ser tío.*

—¡Cuánto me alegro!

Major events in your life

Good news

—What's new?
—I'm *extremely happy*. I have good news!
—Really? Tell me what is going on.
—*My older sister is pregnant and I'm going to be an uncle.*
—I'm so happy (for you)!

Otros sentimientos

Estoy *orgulloso(a)*.
   emocionado(a)
   enamorado(a)
   muy alegre

Other feelings

I am *proud*.
   excited
   in love
   very happy

Otras noticias buenas

Acabo de conocer al hombre (a la mujer) de mis sueños.
Mi hermana mayor va a graduarse con honores de la universidad.
Mi primo y su novia van a comprometerse.
Mis mejores amigos van a casarse.

Other good news

I've just met the man (woman) of my dreams.
My older sister is graduating from the university with honors.
My cousin and his girlfriend are getting engaged.
My best friends are getting married.

Para reaccionar a las buenas noticias

¡Cuánto me alegro!
¡Qué buena noticia!
¡Estupendo!
¡Qué maravilloso!
¡Qué bueno!

Reacting to good news

I'm so happy!
What great news!
Great! / Fantastic!
That's wonderful!
That's great!

Malas noticias

—¿Todo bien?
—En realidad, no. Estoy *muy triste*.
—¿Sí? ¿Qué te pasa?
—Acabo de recibir malas noticias. *Mis padres van a separarse.*
—¡Cuánto lo siento!

Bad news

—Is everything okay?
—Actually, no. I'm *very sad*.
—Really? What's wrong?
—I just got bad news. *My parents are separating.*
—I'm so sorry!

Otros sentimientos

Estoy *preocupado(a)*.
   deprimido(a)
   desconsolado(a)
   sorprendido(a)

Other feelings

I am *worried*.
   depressed
   grief-stricken
   surprised

Otras noticias malas

Mi hermano y su novia rompieron su compromiso.

Mis tíos van a divorciarse.

Se murió mi tía abuela.

Other bad news

My brother and his fiancée broke off their engagement.
My aunt and uncle are getting a divorce.
My great aunt died.

Para reaccionar a las malas noticias

¡Cuánto lo siento!
¡Qué pena!
¡Lo siento mucho!
¡Ojalá que todo salga bien!

Reacting to bad news

I'm so sorry!
How sad!
I'm very sorry!
I hope (Hopefully) everything will be fine.

Paso 3

Cuéntame de tu vida

—¿Qué hay de nuevo?

—Acabo de tener una entrevista para una beca.

—¿Sí? ¿Piensas que te la van a dar?

—Creo que sí. Me fue muy bien en la entrevista.

Para expresar grados de certeza o duda

¡Sin ninguna duda!

Creo que sí.
Es casi seguro.
Es muy probable.

Tell me about your life

—What's up? / What's going on?

—I just had an interview for a scholarship.

—Yeah? Do you think they will give it to you?

—I think so. The interview went really well.

Expressing certainty and doubt

Certainly! / Without a doubt!
I think so.
It's almost a sure thing.
It's very likely.

Es posible.
Quizás.
Depende.
Es dudoso.
Es poco probable.
Creo que no.
¡Imposible!

It's possible.
Perhaps.
It depends.
It's doubtful.
It's very unlikely.
I don't think so.
Impossible!/No way!

Para expresar optimismo

Me siento muy optimista.
Pienso que todo se va a arreglar.

¡No te preocupes!

Expressing optimism

I feel very optimistic.
I think that everything will turn out fine.
Don't worry!

Para expresar pesimismo

Me siento pesimista.
No estoy seguro(a); es muy difícil.
Creo que va a salir mal.

Expressing pessimism

I feel pessimistic.
I'm not sure; it's unlikely.
I think it will turn out badly.

Index

WOODG... ... ...